Kohlhammer

Waldemar von Suchodoletz (Hrsg.)

Therapie der Lese-Rechtschreib-Störung (LRS)

Traditionelle und alternative
Behandlungsmethoden im Überblick

Mit Beiträgen von

Hedwig Amorosa, Dagmar Berwanger,
Petra Küspert, Gerd Mannhaupt,
Michèle Noterdaeme, Wolfgang Schneider,
Gerd Schulte-Körne, Waldemar von Suchodoletz,
Katrin Zimdars und Kerstin Zink

Verlag W. Kohlhammer

1. Auflage 2003

Alle Rechte vorbehalten
© 2003 W. Kohlhammer GmbH Stuttgart
Umschlag: Gestaltungskonzept Peter Horlacher
Gesamtherstellung:
W. Kohlhammer Druckerei GmbH + Co. Stuttgart
Printed in Germany

ISBN 3-17-017530-0

Verzeichnis der Autoren

Amorosa, Hedwig, apl. Prof. Dr. med.
Abteilung für teilleistungs- und verhaltensgestörte Kinder der
Heckscher Klinik,
Wolfratshauserstr. 350, 81479 München
Hedwig.Amorosa@lrz.uni-muenchen.de

Berwanger, Dagmar, Dr. Dipl. Psych.
Institut für Kinder- und Jugendpsychiatrie und Psychotherapie,
Ludwig-Maximilians-Universität
Nussbaumstr. 7, 80336 München
Dagmar.Berwanger@lrz.uni-muenchen.de

Küspert, Petra, Dr. phil.
König-Heinrich-Str. 62, 97082 Würzburg
Petra.Kuespert@gmx.de

Mannhaupt, Gerd, HD Dr. phil.
Fachgebiet für Grundschulpädagogik und Kindheitsforschung,
Universität Erfurt
Nordhäuser Straße 63, 99089 Erfurt
gerd.mannhaupt@uni-erfurt.de

Noterdaeme, Michèle, Dr. med.
Abteilung für teilleistungs- und verhaltensgestörte Kinder der
Heckscher Klinik,
Wolfratshauserstr. 350, 81479 München
michele.noterdaeme@lrz.uni-muenchen.de

Schneider, Wolfgang, Prof. Dr. phil.
Institut für Psychologie, Universität Würzburg,
Lehrstuhl für Psychologie IV
Wittelsbacherplatz 1, 97074 Würzburg
psy4020@rzbox.uni-wuerzburg.de

Schulte-Körne, Gerd, Dr. HD Dr. med.
Klinik für Psychiatrie und Psychotherapie des Kindes- und Jugendalters,
Philipps-Universität
Hans-Sachs-Str. 6, 35039 Marburg
schulte1@post.med.uni-marburg.de

Suchodoletz, Waldemar v., Prof. Dr. med.
Institut für Kinder- und Jugendpsychiatrie und Psychotherapie,
Ludwig-Maximilians-Universität
Nussbaumstr. 7, 80336 München
Suchodoletz@lrz.uni-muenchen.de

Zimdars, Katrin, Dr. med.
Abteilung für Kinder- und Jugendpsychiatrie und Psychotherapie,
Universität Erlangen-Nürnberg
Schwabachanlage 6 und 10, 91054 Erlangen
Katrin.Zimdars@psych.imed.uni-erlangen.de

Zink, Susanne, Dr. med.
Abteilung für Kinder- und Jugendpsychiatrie und Psychotherapie,
Universität Erlangen-Nürnberg
Schwabachanlage 6 und 10, 91054 Erlangen
Susanne.Zink@psych.imed.uni-erlangen.de

Inhalt

Vorwort

Lesen und Schreiben gelten als zwei der wichtigsten Kulturtechniken des Menschen. Wer die Schriftsprache nur unvollständig beherrscht, dessen soziale Chancen sind erheblich eingeschränkt. Auch wenn in naher Zukunft mit einer Perfektionierung von Computer-Rechtschreibhilfen und der Entwicklung effektiver sprachverstehender Programme die Wichtigkeit von Rechtschreibkenntnissen abnehmen wird, so bleibt die zentrale Bedeutung der Schriftsprache doch bestehen. Perfekte Lesefähigkeiten sind in unserer Informationsgesellschaft notwendiger denn je. Wer Texte nur mühsam lesen kann und deren Inhalt lediglich bruchstückhaft erfasst, für den wird lebenslanges Lernen zur Qual.

Nicht wenigen Kindern fällt der Erwerb der Schriftsprache außerordentlich schwer. Die Ursachen können vielfältig sein, wie z. B. unzureichender Unterricht, häufiges Fehlen in der Schule, mangelnde Unterstützung durch das Elternhaus, allgemeine Lernschwäche oder auch Seh- bzw. Hörstörungen. Bei etwa 7 % aller Kinder treten beim Erlernen des Lesens und Schreibens aber Schwierigkeiten auf, für die sich keine einleuchtende Erklärung finden lässt. Derartige umschriebene Lese-Rechtschreib-Störungen (LRS, ältere Bezeichnung: Legasthenie) stehen im Mittelpunkt des Buches.

Aus Verlaufsbeobachtungen wissen wir, dass viele LRS-Kinder keinen ihren intellektuellen Möglichkeiten entsprechenden Schulabschluss erreichen und somit auch keine adäquate Berufsausbildung. Aufgrund chronischer Misserfolgserlebnisse besteht zudem die Gefahr einer Verschärfung der Lernprobleme durch Schulunlust, Lernblockaden, Selbstwertzweifel und Resignation. Um auch für diese Kinder Voraussetzungen für eine optimale Entwicklung zu schaffen, ist die Erarbeitung wirksamer Behandlungsmethoden eine vordringliche Aufgabe, der sich nicht nur Experten, sondern auch Laien angenommen haben. Heute können Betroffene, deren Eltern sowie Therapeuten aus einer breiten Palette von Angeboten auswählen.

Bei vielen Behandlungsprogrammen ist jedoch unklar, ob sie auch tatsächlich helfen. Es herrscht zwar kein Mangel an Büchern über die Lese-Rechtschreib-Störung und wie sie zu beheben sei, doch ist es kaum noch möglich, sich einen Überblick über alle inzwischen entwickelten Therapiemethoden zu verschaffen. Bisherige Publikationen erläutern einzelne Vorgehensweisen aus der Sicht der Vertreter des jeweiligen Verfahrens. Auskunft über andere Förder- und Behandlungsmöglichkeiten wird aber nur selten gegeben. Insbesondere über alternative Angebote, die sich in der Bevölkerung großer Akzeptanz erfreuen, sind ausgewogene Informationen nur schwer zu erhalten. In Büchern von Verfechtern einzelner Methoden ist die Darstellung recht einseitig. Einzelarbeiten über unkonventionelle Therapieverfahren erscheinen zumeist in kaum erhältlichen Zeitschriften. Am ergiebigsten ist die Suche im Internet, doch ist die Seriosität dort gegebener Informationen nur schwer einzuschätzen. Auf allen Homepages ist trotz der Unterschiedlichkeit des Vorgehens stets von außergewöhnlichen Erfolgen die Rede, sodass dem Ratsuchenden eine Unterscheidung zwischen tatsächlich Effizientem und Unsinnigem, das lediglich dem Anbieter nützt, schwer fällt.

In diesem Buch sind Beiträge von Experten, die sich aus unterschiedlichem Blickwinkel mit Fragen der LRS-Behandlung auseinander setzen, vereint. Neben einzelnen Methoden werden Besonderheiten der Therapie sehr schwerer Störungen und Möglichkeiten zur Vorbeugung durch eine Förderung von Risikokindern vor Schulbeginn beschrieben. Ziel ist es, Unsicherheiten im Umgang mit LRS-Kindern abzubauen und die Angebotspalette transparenter zu gestalten. Dazu werden Grundideen und praktisches Vorgehen der unterschiedlichsten Behandlungsverfahren erläutert. Da sich Eltern und Therapeuten am meisten dafür interessieren, ob eine Methode auch wirklich hilft und weniger für die ihr zugrunde liegende Idee, wird ausführlich auf die Wirksamkeit der verschiedenen Therapieangebote eingegangen.

Anliegen ist es nicht, das einzig Richtige vorzugeben, sondern die Breite der Möglichkeiten aufzuzeigen. Damit sollen Betroffene und Therapeuten in die Lage versetzt werden, sich auf der Basis ausreichender Informationen für oder gegen einen Behandlungsvorschlag zu entscheiden. Nur wer Möglichkeiten und Grenzen der einzelnen Förder- und Therapieangebote kennt, kann Kindern mit einer Lese-Rechtschreib-Störung die derzeit beste Betreuung anbieten.

Nicht versäumen möchte ich, Frau Maier und Frau Wohlrab für die unermüdliche Unterstützung bei der Erarbeitung des Manuskriptes zu danken. Sie waren bei der Beschaffung der Originalliteratur, beim Schreiben und Korrigieren eine unverzichtbare Hilfe.

München, Frühjahr 2003   W. v. Suchodoletz

1 Spannungsfeld zwischen etablierten und alternativen Behandlungsverfahren

Waldemar von Suchodoletz

1.1 Einleitung

Vor gut hundert Jahren tauchten in der Fachliteratur erstmals Beschreibungen von Kindern auf, die trotz guter Intelligenz große Probleme beim Schriftspracherwerb hatten. Seither haben sich Fachleute unterschiedlicher Disziplinen mit der Frage auseinander gesetzt, wodurch eine solche Schwäche hervorgerufen sein könnte und wie sie zu beseitigen sei. Trotz intensiver Forschung ist bislang eine abschließende Klärung der Ursachen nicht gelungen. Gegenwärtig stehen sich zahlreiche mehr oder weniger gut begründete Vermutungen gegenüber. Da Annahmen über zugrunde liegende Störungen immer auch zu Behandlungskonzepten führen, gibt es genauso viele Therapievorschläge wie Hypothesen über die Ursachen. Wie in anderen Bereichen auch entwickelten sich auf dem Gebiet der LRS-Behandlung sowohl wissenschaftlich begründete als auch alternative Angebote.

Wissenschaftlich begründete Verfahren berufen sich auf sonder- und heilpädagogische sowie lerntheoretische Erkenntnisse. Sie beruhen auf einem spezifischen Training von Lese- und Rechtschreibroutinen. Erfolge stellen sich relativ langsam ein und langfristiges, intensives Üben ist erforderlich, um relevante Ergebnisse zu erzielen.

Da auf diesem Wege schnelle Erfolge nicht zu erreichen sind, ist eine Suche nach Alternativen sowohl auf Seiten der Therapeuten als auch der Betroffenen bzw. deren Eltern verständlich. Entsprechend der damit verbundenen Nachfrage hat sich ein unüberschaubarer Markt an unkonventionellen Angeboten herausgebildet. Die Gefahr ist groß, dass auch Verfahren angepriesen werden, die keinerlei Nutzen bringen oder sogar schaden.

Die Hinwendung zu unkonventionellen Methoden entspricht dem allgemeinen Trend auf dem Gesundheitsmarkt. Erhebungen haben ergeben, dass sich in ganz Europa alternative Behandlungsverfahren zunehmend ausbreiten. In einer repräsentativen Umfrage des Instituts für Demoskopie in Allensbach bei 2111 Personen über 16 Jahren gaben 50 % der Befragten im Jahre 2000 an, dass sie an die Wirksamkeit alternativer Methoden glauben, und nur 3 % bezweifelten jeglichen Nutzen (zitiert nach Bühring 2001).

Alternative Angebote gehen von ganz verschiedenen Annahmen über die Ursachen der Lese-Rechtschreib-Störung aus. Verfechter der einzelnen Behandlungskonzepte stehen sich unversöhnlich gegenüber und jeder ist von der Richtigkeit des eigenen Standpunktes überzeugt. Die Vielfalt und Widersprüchlichkeit der Auffassungen ist nicht nur für Laien verwirrend.

Die Diskussion zwischen Vertretern naturwissenschaftlich begründeter und alternativer Therapieangebote verläuft häufig emotional, wenig sachbezogen und ist in der Regel unfruchtbar. Hier prallen Grundüberzeugungen aufeinander, denn Behandlungskonzepte spiegeln allgemeine Vorstellungen über den Menschen wider. Die jeweilige Auffassung ist das subjektiv gefärbte Ergebnis der eigenen Lebensgeschichte, wird aber oft als unumstößliche Wahrheit angesehen und nicht weiter hinterfragt. Entgegengesetzte Überzeugungen rufen Verunsicherung und Angst hervor, sodass eine Auseinandersetzung mit prinzipiell anderen Ideen vermieden wird.

In diesem Kapitel wird der Versuch unternommen, Grundprinzipien etablierter und alternativer Behandlungsverfahren zur Diskussion zu stellen. Dabei sollen Unterschiede und Gemeinsamkeiten herausgearbeitet und Denkanstöße zu einem konstruktiven Gedankenaustausch gegeben werden.

1.2 Etablierte Behandlungsverfahren

Allgemein anerkannte Verfahren zur LRS-Therapie beruhen auf wissenschaftlich begründeten Konzepten. Rationalität und empirische Überprüfbarkeit sind Grundprinzipien. Wie weit verbreitet wissenschaftlich begründete Behandlungsmethoden in der Betreuung von LRS-Kindern tatsächlich sind, ist nicht genauer bekannt. Da es mit Ausnahme weniger Bundesländer keine Standards für die Ausbildung von LRS-Therapeuten gibt, ist die Situation unübersichtlich. Wie die Erfahrung zeigt, haben sich viele Therapeuten eine eigene Strategie erarbeitet, indem sie Teile unterschiedlicher Angebote kombinieren. Das Vorgehen in der Praxis entspricht auf diese Weise den subjektiven Vorstellungen des Einzelnen über die LRS und wie sie am besten zu beseitigen sei, ohne dass ein rational begründetes Urteil über die Effektivität der angebotenen Interventionen abgegeben werden kann.

Auch wenn Therapeuten anerkannte Behandlungsverfahren mit wissenschaftlicher Fundierung einsetzen, besteht häufig sowohl bei ihnen selbst als auch bei Eltern Unzufriedenheit mit der Therapie. Diese beruht nicht nur darauf, dass kein schneller Erfolg versprochen werden kann und die Interventionen mit erheblichen Anstrengungen von Seiten des Kindes und der Eltern einhergehen, sondern auch darauf, dass bei ehrlicher Beantwortung von Fragen viele offen bleiben müssen. So ist die Ursache der LRS nicht ausreichend geklärt und über kognitive Grundstörungen, die einer kausalen Therapie zugänglich wären, gibt es widersprüchliche Angaben. Im Gegensatz zu Vertretern unkonventioneller Behandlungsangebote können wissenschaftlich orientierte Therapeuten keine einfachen Antworten geben und die Sicherheit ausstrahlen, die das Bewusstsein erzeugt, die Ursachen der Lernprobleme des Kindes genau zu kennen.

Die Wissenschaft lebt vom Zweifel und wissenschaftlich begründete Therapieverfahren müssen sich immer wieder infrage stellen. Bei neuen Erkenntnissen ist das zugrunde liegende Konzept zu überprüfen und gegebenenfalls zu revidieren. Wie die Geschichte zeigt, sind nicht selten Behandlungsmethoden, die ursprünglich als wissenschaftlich fundiert angesehen wurden, aus der Sicht späterer Jahre unhaltbar und haben nicht nur nicht genützt, sondern möglicherweise sogar geschadet. Ein auf der Wissenschaft basierendes Betreuungsangebot kann lediglich dem gegenwärtigen Kenntnisstand entsprechen und hat keine für immer gesicherte Gültigkeit.

Diese kritische Distanz, die aus rationaler Sicht allen Behandlungskonzepten gegenüber einzunehmen ist, geht mit einer gewissen Unsicherheit einher. Das verständliche Bedürfnis von Betroffenen und Therapeuten nach einfachen Erklärungen führt zu einer Hinwendung zu alternativen Konzepten.

1.3   Alternative Behandlungsverfahren

Die Bezeichnung »Alternative Therapiemethoden« wurde als **Sammelbegriff** für eine Vielzahl unterschiedlicher Behandlungsansätze gewählt. Unorthodoxe, unkonventionelle oder komplementäre Methoden sind andere, vielfach benutzte Oberbegriffe. Die Grenze zwischen wissenschaftlich begründeten und alternativen Therapieansätzen ist unscharf. Auch viele der alternativen Methoden erheben Anspruch auf Wissenschaftlichkeit. Allerdings werden Zusammenhänge vereinfacht dargestellt und Erkenntnisse, die den eigenen

Hypothesen widersprechen, verschwiegen. Dadurch wird der Eindruck erweckt, als sei die Ursache der LRS geklärt und das vorgeschlagene Therapieverfahren wissenschaftlich hinlänglich begründet.

Das Angebot an alternativen Verfahren ist selbst für Fachleute geradezu unüberschaubar. Genaue Informationen sind schwer zu erhalten, da das Wissen weniger in schriftlicher Form festgehalten, sondern mehr durch Vorträge und in Seminaren bzw. Arbeitsgruppen von Person zu Person weitergegeben wird. Eine Beurteilung der Seriosität einzelner Methoden ist zudem nicht immer ganz einfach. Durch die Einführung zahlreicher neuer Begriffe sind viele Behandlungskonzepte für Außenstehende kaum verständlich. So wird z. B. in der Davis-Therapie von »Orientierungs-Punkt«, »Ausrichtung«, »Feineinstellung« und »Auslöse-Wörtern« gesprochen und für das Neurolinguistische Programmieren ist ein Glossar durchzuarbeiten, damit Begriffe wie »Ankern«, »Normalisieren«, »Kalibrieren« und »Reframing« eingeordnet werden können.

Dass bei manchen unkonventionellen Methoden Scharlatanerie mit im Spiel ist, wird selbst von Befürwortern alternativer Verfahren nicht bestritten. Auch von dieser Seite wird eine Abgrenzung ernst zu nehmender Angebote von unseriösen gefordert.

Unorthodoxe Verfahren finden in der Öffentlichkeit **große Akzeptanz** und in den Medien wird ausführlich über spektakuläre Erfolge berichtet. Talkshows, in denen charismatische Verfechter ungewöhnlicher Therapiekonzepte eindrucksvoll die schwierige Situation Betroffener und die unter der Behandlung schnell einsetzende Verbesserung schildern, tragen zu einer Verbreitung immer neuer Behandlungsvarianten bei.

Weshalb sich auch Methoden, deren Konzepte rational nicht nachvollziehbar sind, derart großer Beliebtheit erfreuen, darüber kann nur spekuliert werden. Empirische Untersuchungen, warum sich Eltern alternativen Methoden zuwenden, wer besonders angesprochen wird und welche Erfahrungen Eltern mit unkonventionellen Therapien machen, gibt es kaum. Obwohl diese Themen von erheblicher praktischer Relevanz sind, werden sie von der empirischen Forschung weitgehend ignoriert.

Von wissenschaftlich orientierten Therapeuten werden Erfolge alternativer Methoden auf der Anbieterseite auf geschicktes Marketing zurückgeführt und auf der Nutzerseite werden das Bedürfnis nach einfachen Erklärungen, der Wille zu glauben und ein niedriges Bildungsniveau angenommen. Eine derartige Argumentation greift aber zu kurz. Zumindest zum Bildungsniveau gibt es entgegengesetzt lautende Erkenntnisse. Nach einer Umfrage des IKK Bundesverbandes von 1994 sind im Gegensatz zu den genannten Vermutungen eher Jüngere, höher Gebildete und besser Verdienende unkonventionellen Verfahren gegenüber besonders aufgeschlossen (zitiert nach Kahrs et al. 2000).

Den **Ursachen der Attraktivität** alternativer Heilmethoden sind Kahrs et al. (2000) durch eine Befragung chronisch Kranker, die mit derartigen Angeboten Erfahrung hatten, nachgegangen. Dabei zeigte sich, dass die Behandlung selbst dann, wenn keine Besserung der Symptomatik eingetreten war, positiv bewertet wurde. Das Gefühl, Zuwendung zu erhalten, ernst genommen zu werden und bei der Auseinandersetzung mit der Erkrankung von Experten unabhängig zu sein, wurde als Erleichterung empfunden. Positiv bewertet wurde auch, dass bei vielen alternativen Verfahren ein »ganzheitliches Vorgehen« unter Berücksichtigung des psychosozialen Hintergrundes erfolgt. Die Bandbreite alternativer Angebote ist zudem so groß, dass zu jeder Lebensauffassung und Grundeinstellung das dazu passende Verfahren gefunden werden kann. Dadurch erleben die Betroffenen eine Bestätigung ihrer eigenen Lebenserfahrung und ihre Erwartungen werden nicht enttäuscht.

Verbreitung alternativer Behandlungsmethoden

Repräsentative Untersuchungen über die Häufigkeit alternativer Behandlungsmaßnahmen bei LRS-Kindern liegen nicht vor. Um einen Eindruck über den Verbreitungsgrad im deutschsprachigen Raum zu erhalten, fragten wir in zwei Mailing-Listen nach, in denen insgesamt etwa dreihundert Fachleute, die sich mit Störungen der Laut- und Schriftsprache und deren Behandlung auseinander setzen, zusammengeschlossen sind. Uns interessierte, wie verbreitet einzelne alternative Behandlungsmethoden in der Region des jeweiligen Experten sind und als wie effektiv sie eingeschätzt werden. Obwohl, wie mehrere zustimmende, aber auch ärgerliche Rückmeldungen zeigten, eine praxisrelevante und emotional stark besetzte Problematik angesprochen wurde, war die Beteiligung an der Umfrage relativ gering, sodass lediglich eine eingeschränkte Interpretation der Ergebnisse möglich ist.

Aus den Antworten wurde deutlich, dass Kinesiologie, Ordnungsschwellentraining, Tomatis-Methode und Neurolinguistisches Programmieren derzeit im gesamten deutschsprachigen Raum bei der Behandlung von LRS-Kindern eine Rolle spielen. Auch der Bekanntheitsgrad der Prismenbrillenverordnung war relativ hoch, während die Davis-Methode, das Blicktraining und die Color-Brillen nur lokale Verbreitung gefunden haben. Welches Verfahren vorwiegend zum Einsatz kommt, ist regional verschieden. Ein bis zwei Methoden scheinen jeweils vorzuherrschen, während die anderen selten bzw. nur in Einzelfällen zum Einsatz kommen. Hinsichtlich der Wirksamkeit wurden bei allen aufgeführten alternativen Methoden von den meisten die Antwortalternativen angekreuzt: »Hilft vielleicht einigen Kindern« bzw. »Hilft nicht, schadet aber auch nicht«. Nur von Einzelnen wurde die Auffassung vertreten, dass das entsprechende Verfahren mit Sicherheit hilft oder dass es eher schadet. In den Antworten wurden neben den neun im Fragebogen genannten alternativen Methoden zwölf weitere aufgeführt, die in einzelnen Regionen zur Anwendung kommen.

Zusammenfassend sprechen die Ergebnisse dafür, dass im deutschsprachigen Raum zur Behandlung lese-rechtschreibschwacher Kinder alternative Behandlungsverfahren weite Verbreitung gefunden haben. Viele Experten stehen diesen aber eher skeptisch gegenüber. Wegen der geringen Beteiligung und der Selektion bei der Auswahl der Adressaten durch eine Umfrage innerhalb von Mailing-Listen sind diese Aussagen aber wenig verlässlich.

Zuverlässiger als unsere eigene Befragung sind Repräsentativumfragen anderer Arbeitsgruppen, die zu alternativen Heilmethoden ohne speziellen Bezug zur Lese-Rechtschreib-Störung vorliegen. Die Ergebnisse zeigen übereinstimmend einen hohen Bekanntheitsgrad und eine große Aufgeschlossenheit in der Bevölkerung gegenüber unkonventionellen Behandlungen. So ergab z. B. eine Befragung von 1685 Erwachsenen durch Kahrs et al. (2000), dass 75 % alternative Therapieangebote nutzen würden, wenn eine Finanzierung erfolgen würde, und jeder Zweite hatte bereits Erfahrung mit unkonventionellen Methoden. Homöopathie (32 %), Phytotherapie (29 %), Akupunktur bzw. chinesische Medizin (16 %), Bach-Blüten-Therapie (8 %) und anthroposophisches Vorgehen (2 %) wurden besonders häufig genutzt. Der Bekanntheitsgrad der genannten Verfahren lag zwischen 40 und 99 %. Das positive Image unorthodoxer Behandlungswege spiegelt sich darin wider, dass 60 % der Aussage zustimmten, dass alternative Methoden ohne Zweifel schon vielen Menschen helfen konnten.

Finanzierung alternativer Behandlungen

Die Finanzierung von LRS-Therapien mit alternativen Methoden wird widersprüchlich gehandhabt. Auf der einen Seite lehnen Jugendamt, Krankenkassen bzw. Sozialamt eine Bezahlung häufig mit dem Hinweis ab, dass eine solche bei wissenschaftlich nicht begründeten Interventionen grundsätzlich nicht erfolge. Auf der anderen Seite zeigen Berichte von Eltern sowie von Anbietern unkonventioneller Therapien, dass viele Kassen Behandlungskosten nach Einzelfallbegutachtung übernehmen. Auch führen Krankenkassen Modellprojekte zur Wirksamkeit und Wirtschaftlichkeit alternativer Verfahren durch. Wie Interviews mit Kassenvertretern gezeigt haben, sind diese allerdings weniger davon überzeugt, dass sich durch den Einsatz alternativer Methoden die Versorgungsqualität erhöht, sondern eher, dass alternative Angebote das Image einer Krankenkasse verbessern und der Mitgliedergewinnung dienlich sein können (Kahrs et al. 2000).

1.4 Beziehung zwischen etablierten und alternativen Behandlungsverfahren

Das Verhältnis zwischen Verfechtern konventioneller und unorthodoxer Therapiemethoden, aber auch das zwischen Vertretern verschiedener alternativer Angebote ist durch gegenseitiges Unverständnis gekennzeichnet. Das Wissen über die jeweils andere Seite ist zudem gering. Der Graben zwischen naturwissenschaftlich und unkonventionell orientierten Konzepten scheint unüberbrückbar.

Etablierten Therapierichtungen wird von alternativer Seite vorgeworfen, dass diese nur am Symptom ansetzen und zugrunde liegende Ursachen ignorieren würden. Die Forschung befasse sich zudem mit für die Praxis wenig bedeutsamen Themen und die Ergebnisse der üblichen »Erbsenzählerei« seien unverständlich. In Anbetracht der Irrelevanz der bearbeiteten Fragestellungen lohne es auch nicht, die Resultate wissenschaftlicher Studien verstehen zu wollen.

Vertreter alternativer Behandlungsmethoden beklagen, dass naturwissenschaftliche Standpunkte mit Arroganz vertreten würden. Als Beispiel wird das Memorandum der Bundesärztekammer (1992, S. 9) angeführt, in dem es heißt: »Die besonderen Therapierichtungen beruhen auf Dogmen und die ›Schulmedizin‹ zeichnet sich gerade durch ihre für die Wissenschaft bezeichnende Offenheit für neue Ansätze und die Bereitschaft zur ständigen Selbstkorrektur sowie einen weltweiten Erfahrungsaustausch aus.« Diese Aussage entspreche in keiner Weise den allgemeinen Erfahrungen. Auch bei naturwissenschaftlich begründeten und weit verbreiteten Therapien herrschten Vorurteile und tradiertes Verhalten vor. Erwiesenermaßen unnütze oder sogar schädliche Therapien, wie z. B. die Behandlung eines mäßig erhöhten Blutdrucks oder Cholesterinspiegels, seien trotz in kontrollierten Studien nachgewiesener Ineffektivität sehr beliebt. Auch bei Therapeuten mit naturwissenschaftlichem Anspruch seien also positive Einschätzungen einer Behandlungsstrategie nur schwer zu korrigieren und blieben hartnäckig bestehen. In Anbetracht dieser Situation sei Überheblichkeit im Auftreten wissenschaftlich orientierter Therapeuten weder angebracht noch gerechtfertigt.

Das Urteil von Therapeuten, deren Denken naturwissenschaftlich geprägt ist, über **alternative Vorgehensweisen** fällt nicht weniger harsch aus. So schreibt z. B. Scheyers (1986): »Außenseitermethoden haben mehr oder weniger einige charakteristische Merkmale gemein: die Naivität, Simplizität oder Primitivität eigener Deutungs- oder Erklärungsversuche – unter Nichtbeachtung sowie teilweise in offensichtlicher Unkenntnis der ungeheuren Kompliziertheit biologischer Vorgänge –, den apodiktischen Dogmatismus hypothetischer, oft geradezu monomanisch verteidigter, zuweilen abstruser und ins Wahnhafte grenzender Vorstellungen, Mängel der Reproduzierbarkeit behaupteter Ergebnisse, eine überwiegend kasuistische Beweisführung bei mangelhafter Abgrenzung gegen Suggestiv- oder Placebo-Effekte, sowie schließlich eine Vernachlässigung wissenschaftlich allgemein anerkannter und üblicher, objektiver und exakter Kontroll- und Beweisverfahren.« Eine argumentative Diskussion sei nicht möglich, da alternative Verfahren auf Glaubensbekenntnissen beruhten und logischen Erwägungen unzugänglich seien. Zudem stünden monetäre Interessen einer sachbezogenen Auseinandersetzung im Wege. Alternative Methoden werden als unwirksam bis schädlich eingestuft. Negative Auswirkungen bestünden nicht nur darin, dass Ressourcen von Kindern, Eltern und Gesellschaft unnütz verbraucht, sondern auch darin, dass durch das Versprechen schneller Erfolge falsche Hoffnungen geweckt werden. Eine adäquate Bewältigung der Schulprobleme würde dadurch verhindert und Enttäuschung sei vorprogrammiert. Dies bliebe nicht ohne negative Auswirkungen auf die Entwicklung des Kindes.

Trotz dieser Unvereinbarkeit der Grundeinstellungen ist auch von wissenschaftlich orientierten LRS-Therapeuten eine ernsthafte Beschäftigung mit alternativen Behandlungsverfahren zu fordern. Unkonventionelle Methoden erfreuen sich großer Beliebtheit und sind in der Praxis weit verbreitet. Auch wenn sie nicht offiziell anerkannt sind, so haben sie doch in staatliche Einrichtungen wie (Förder-)Schulen und sozialpädiatrische Zentren Eingang gefunden. Entgegen der Forderung des Sozialgesetzbuches (SGB V), nur nachweislich Wirksames zu bezahlen, übernehmen Krankenkassen vielfach die Finanzierung. Um Eltern kompetent Auskunft geben zu können, müssen Kenntnisse über die gängigen Alternativangebote somit auch von naturwissenschaftlich orientierten Therapeuten verlangt werden.

Eine Auseinandersetzung mit alternativen Therapieverfahren wird an einigen Universitäten zumindest versucht. So gibt es an der Rostocker Universität eine Stiftungsprofessur für alternative Behandlungsverfahren und an der Münchner Universität wurde 1988 im Modellversuch eine Forschungsstelle zur »Integration von Naturheilverfahren in Forschung und Lehre« eingerichtet. Die Studenten erhielten in einer zwei-semestrigen Veranstaltung die Möglichkeit, einen Einblick in Konzepte alternativer Verfahren zu gewinnen und sich mit ein oder zwei Techniken intensiver auseinander zu setzen. Forschungsschwerpunkt bildete die Entwicklung von Standards für alternative Verfahren und die Erarbeitung von Qualitätskontrollen.

Eine Entideologisierung des Streites zwischen Anhängern naturwissenschaftlich orientierter und alternativer Methoden wurde durch den Grundgedanken der evidenzbasierten Therapie möglich. Aus dieser Sicht ist für die Bewertung eines Behandlungsverfahrens nicht die Gültigkeit des zugrunde liegenden Konzeptes, sondern einzig und allein die Effektivität entscheidend. »**Wer heilt, hat Recht**« gilt unabhängig von theoretischen Grundauffassungen. Wenn relevante Behandlungserfolge eintreten, ist eine Methode empfehlenswert, auch wenn die Wirkung wissenschaftlich bislang nicht zu erklären ist und das zugrunde liegende Konzept unsinnig erscheint. Damit gilt für naturwissenschaftlich orientierte wie auch für alternative Therapieangebote in gleicher Weise, dass zur Anerkennung eines Behandlungsverfahrens ein glaubwürdiger Effektivitätsnachweis zu erbringen ist. Dieser muss mit exakten Methoden erfolgen und kann sich nicht auf Einzelfalldarstellungen, unsystematische Beobachtungen und den Verweis auf die Plausibilität der zugrunde liegenden Idee beschränken.

1.5   Wirksamkeitsnachweis

Der Hauptvorwurf, der gegenüber unkonventionellen Behandlungen erhoben wird, bezieht sich auf das Fehlen verlässlicher Wirksamkeitsnachweise. Sobald kontrollierte Studien durchgeführt werden, erwies sich die überprüfte Methode als ineffektiv. Von Vertretern alternativer Verfahren hingegen wird argumentiert, dass die Effektivität unorthodoxen Vorgehens durch die tägliche Erfahrung längst erwiesen sei, aber zu Unrecht von wissenschaftlicher Seite nicht anerkannt werde. Es wird darauf verwiesen, dass alternative Methoden nach wissenschaftlichen Kriterien nicht zu überprüfen seien, da kontrollierte Doppelblindstudien nicht durchgeführt werden könnten.

Das Für und Wider von Wirksamkeitsnachweisen ist also ein zentrales Thema in der Auseinandersetzung zwischen etablierten und alternativen Angeboten. Im Folgenden soll hierauf näher eingegangen werden.

1.5.1   Wirksamkeit einer Behandlung

Was Wirksamkeit einer Behandlung bedeutet, das meint jeder genau zu wissen. Wenn aber eine **Definition** gegeben werden soll, dann geraten wir in Bedrängnis. Ist eine Behandlung wirksam, wenn eine Reaktion, ein Effekt auftritt? Ist z. B. ein auditives Wahrnehmungstraining zur Therapie eines LRS-Kindes wirksam, weil das Kind anschließend Tonhöhen besser differenzieren kann, oder ist es ausschließlich dann als wirksam einzustufen, wenn sich die Sicherheit beim Lesen und Schreiben verbessert, oder auch, wenn Eltern zufrieden sind und sich die familiäre Situation entspannt hat? Dürfen wir nur von einer Wirksamkeit des auditiven Wahrnehmungstrainings sprechen, wenn die Effekte auf die Übungen selbst zurückzuführen sind, oder auch, wenn sie als Folge des vom Therapeuten ausgestrahlten Optimismus hervorgerufen wurden?

Wirksamkeit ist also schwer zu fassen und Abel und Windeler (1996) kommen zu der Schlussfolgerung: »Es gibt gar keinen Wirksamkeitsbegriff in der Medizin, sondern jeder Arzt hat, wenn überhaupt, seinen privaten Wirksamkeitsbegriff.«

Wie deutlich wird, ist zur Beurteilung der Wirksamkeit einer Behandlung eine Festlegung erforderlich, in welchen Bereichen Effekte erwartet werden. Das Ergebnis ist aber auch davon abhängig, wie dieser Effekt gemessen wird. So wird z. B. die **Einschätzung der Wirksamkeit** einer LRS-Therapie unterschiedlich ausfallen je nachdem, ob das Urteil des Kindes, der Eltern bzw. der Lehrer herangezogen oder ob ein Lese-Rechtschreib-Test eingesetzt wird. Bei Letzterem wiederum ist von Bedeutung, welcher Test zur Anwendung kommt.

Die Operationalisierung der Wirksamkeit einer Behandlung ist also hoch komplex und nur in Annäherung möglich. »Die Wirksamkeit einer Therapie kann niemals eindeutig und endgültig bewiesen, sondern allenfalls mehr oder weniger gut durch Beobachtungen belegt werden« (Abel und Windeler 1996).

1.5.2 Wissenschaftlich begründete Wirksamkeitsnachweise

Wenn die Wirksamkeit einer Behandlung als wissenschaftlich belegt gelten soll, dann muss der Nachweis mit exakt kontrollierten Studien erfolgt sein. Dazu sind ausgefeilte Untersuchungsdesigns entwickelt worden, deren Ziel es ist, vorgetäuschte Effekte mit ausreichender Sicherheit auszuschließen. Alle wesentlichen Störgrößen, welche die Ergebnisse beeinflussen könnten, sind zu berücksichtigen. Als »Goldstandard« gelten randomisierte Doppelblindstudien.

Soll eine **Therapieevaluation** aussagekräftig sein, so sind neben einer Behandlungsgruppe eine oder mehrere **Vergleichsgruppen** bzw. Vergleichsbedingungen einzubeziehen. Nur so sind tatsächliche Behandlungseffekte von Veränderungen abzugrenzen, die unabhängig von der Therapie auftreten.

Bei der Zusammenstellung der Gruppen stellt die Gewährleistung von Strukturgleichheit ein schwierig zu lösendes Problem dar. Strukturgleichheit bedeutet, dass die Fähigkeiten der Kinder in den Therapie- und Kontrollgruppen und die Umgebungsbedingungen während der Beobachtungsphase vergleichbar sind. Wenn z. B. bei einer Überprüfung der Effektivität der Davis-Methode alle Kinder von Eltern, die von dieser Therapie begeistert sind, in die Therapiegruppe aufgenommen würden und diejenigen, deren Eltern dieser Behandlungsart skeptisch gegenüber stehen, in die Kontrollgruppe, dann können allein durch Unterschiede in Erwartungshaltung und Engagement des Elternhauses Gruppenunterschiede in der Leistung der Kinder entstehen. Bei Nichtbeachtung solcher Einflussfaktoren sind Fehleinschätzungen der Effektivität der zu überprüfenden Behandlungsmethode die Folge.

Um in Therapie- und Kontrollgruppe bekannte und unbekannte Störgrößen (konfundierende Variablen) möglichst in gleicher Verteilung vorzufinden und um einer Beeinflussung der Gruppenzusammensetzung durch denjenigen, der die Studie durchführt, vorzubeugen, ist eine **Randomisierung** erforderlich. Darunter wird eine Verteilung der Kinder auf die Gruppen nach Zufallskriterien verstanden.

Ein weiteres wesentliches Charakteristikum kontrollierter Studien besteht im **Doppelblinddesign**. Eine »Verblindung« erfolgt sowohl auf der Seite der Untersucher als auch auf Probandenseite. In klassischen Arzneimittelstudien wissen weder Arzt noch Patient, ob Letzterer zur Therapie- oder Kontrollgruppe gehört, d. h., ob er das zu überprüfende Medikament oder ein Kontrollpräparat (Placebo oder Vergleichsmedikament) einnimmt.

Doppelblindbedingungen lassen sich bei der Evaluation von LRS-Therapieverfahren schwieriger realisieren, jedoch durch eine Adaptation des Vorgehens weitgehend erreichen. Eine »Verblindung« auf Untersucherseite gelingt dadurch, dass Therapeut und derjenige, der den Behandlungserfolg überprüft, unterschiedliche Personen sind. Bei der Untersuchung auf Therapieeffekte ist somit nicht bekannt, ob das Kind zur Therapie- oder Kontrollgruppe gehört. Eine »Verblindung« auf Seiten des Kindes kann durch Einführung von Kontrollbedingungen, die der Therapie vergleichbar sind, erreicht werden. So könnten z. B. bei einer Überprüfung der Effektivität der

Edu-Kinestetik in der Kontrollgruppe Bewegungen durchgeführt werden, welche die Mittellinie nicht überschreiten, oder bei einer Überprüfung der LRS-Therapie mit Color-Brillen (Irlen-Therapie) für die Kontrollkinder solche Brillen eingesetzt werden, bei denen die Farben statt nach einer exakten Bestimmung der sensiblen Farbbänder nach dem Zufallsprinzip ausgewählt wurden.

In kontrollierten Studien ist des Weiteren vor der Untersuchung festzulegen, welcher Effekt erwartet (z. B. Verbesserung der Rechtschreibleistung) und wie dieser gemessen wird (z. B. T-Wert-Differenz im DRT). So wird verhindert, dass der Untersucher im Nachhinein aus einer Vielzahl erhobener Werte diejenigen zur Interpretation auswählt, die am besten in sein Konzept passen.

Bei der Wahl der **Zielparameter** ist darauf zu achten, dass relevante Werte gemessen werden. Gelegentlich bereitet dies Schwierigkeiten, da in einer Evaluationsstudie die Beurteilung des eigentlichen Behandlungsziels nicht immer möglich ist. Zum Beispiel besteht das Ziel einer LRS-Therapie im Wesentlichen darin, den Kindern einen erfolgreicheren Schulabschluss zu ermöglichen. In einer Studie kann aber nicht abgewartet werden, bis diese ihre Schulzeit beendet haben. Deshalb müssen Ersatzwerte herangezogen werden, die das eigentliche Therapieziel adäquat abbilden (Surrogatparameter). Im Falle einer LRS-Therapie sind sinnvolle Surrogatparameter Ergebnisse in Lese-Rechtschreib-Tests. Wenn hingegen Veränderungen in der Blicksteuerung (Evaluation eines Blicktrainings) oder die Fähigkeit zur Lautstärkenunterscheidung (Evaluation auditiver Trainingsmethoden) gemessen werden, dann sind aus solchen Evaluationsstudien Aussagen über die Eignung des Behandlungsverfahrens zur LRS-Therapie nicht möglich.

Da in Studien nicht nur Erwartungen und Hoffnungen, sondern auch handfeste wirtschaftliche Interessen Ergebnisse beeinflussen können, wird eine **Offenlegung der Finanzierung** gefordert. Renommierte Zeitschriften nehmen Arbeiten über die Effektivität einer Behandlung nur noch an, wenn aus der Beschreibung eindeutig die Art der Finanzierung der Untersuchung hervorgeht.

Aus dem Gesagten wird deutlich, dass ein Nachweis von Behandlungseffekten in der Durchführung sehr anspruchsvoll ist. Es kann deshalb kaum verwundern, dass bislang nur wenige gut kontrollierte Effektivitätsstudien zur LRS-Therapie durchgeführt wurden und auf diesem Gebiet ein großer Nachholbedarf besteht. Bei der Besprechung einzelner Behandlungsverfahren im Verlauf der folgenden Kapitel wird sich zeigen, wie sträflich selbst grundlegende Forderungen an Evaluationsstudien missachtet werden. Ergebnisse vieler Überprüfungen der Effektivität von LRS-Behandlungsverfahren lassen in Wirklichkeit keine Aussage über die Wirksamkeit der getesteten Methode zu.

1.5.3   Wirksamkeitsnachweise nach alternativen Konzepten

Vertreter unkonventioneller Therapiemethoden belegen die Effektivität ihres Vorgehens durch Einzelfallschilderungen und unsystematische Beobachtungen. In Prospekten und auf Homepages sind euphorische Berichte von Kindern und Eltern zu finden, in denen dramatische Verbesserungen geschildert werden, die nicht nur die Lese-Rechtschreib-Fähigkeit, sondern auch Konzentrationsvermögen, allgemeine Lebenszufriedenheit und vieles andere mehr betreffen. Therapeuten verweisen darauf, dass sie in ihrer langjährigen Praxis unzählige Erfolge gesehen haben und bei den allermeisten in Behandlung befindlichen Kindern und Eltern einen hohen Grad an Zufriedenheit erleben.

Erhebungen, die diese extrem positiven Erfahrungen mit alternativen LRS-Therapien belegen, fehlen allerdings. Doch wenn Parallelen zu unkonventionellen Behandlungen in der Medizin gezogen werden, dann erscheint der berichtete hohe Grad an **Zufriedenheit** durchaus glaubhaft. In Repräsentativumfragen bejahen die meisten der Befragten mit Therapieerfahrung die Frage, ob die alternative Methode geholfen hätte, und 90 % würden die selbst erlebte Therapie auch anderen empfehlen (Kahrs et al. 2000). Die Zufriedenheit scheint aber weitgehend unabhängig vom Behandlungseffekt zu sein. So wünschten z. B. in einer Studie zur Effektivität des Ordnungsschwellentrainings (s. Kap. 7) auch Eltern, die keinen positiven Effekt auf die Schulleistungen ihres Kindes feststellen konnten, eine Fortsetzung des Trainings.

Unsystematische Beobachtungen führen durch Vorannahmen, Erwartungen, Selbsttäuschung und Eigeninteresse bei der Beurteilung der Wirksamkeit einer Behandlung leicht zu falsch positiven Ergebnissen. Dabei ist nicht davon auszugehen, dass unliebsame Beobachtungen bewusst ausgesondert werden. Subjektive Überzeugungen und Hoffnungen auf Therapieerfolge führen zu selektiver Wahrnehmung erwünschter Effekte, die wiederum die vorgefasste Meinung verstärkt und als Bestätigung des eigenen Behandlungskonzeptes nachhaltig in Erinnerung bleibt. Auch ist es bei unsystematischen Beobachtungen nicht möglich, spontane Entwicklungen von tatsächlichen Behandlungseffekten abzugrenzen. Dazu sind Kontrollgruppen unerlässlich. Auch von ganz anderen Faktoren hervorgerufene Veränderungen werden im positiven Falle der Behandlung zugeschrieben. So werden alternative Therapien oft ergänzend zu etablierten Interventionen eingesetzt, ein Behandlungserfolg aber einseitig auf die alternativen Methoden bezogen.

Wie wenig die Wirksamkeit unorthodoxer Methoden bislang belegt ist, geht aus dem Ende März 2002 veröffentlichten Abschlussbericht der Kommission des Weißen Hauses zur Bewertung unkonventioneller Therapieverfahren hervor (White House Commission on Complementary and Alternative Medicine Policy). Die Kommission stand unkonventionellen Behandlungsmethoden eher aufgeschlossen gegenüber. Dies gilt auch für andere staatliche Stellen in den USA, weshalb am Staatlichen Institut für das Gesundheitswesen (National Institute of Health) eine Abteilung für Alternativmedizin eingerichtet wurde (National Center for Complementary and Alternative Medicine, NCCAM). Die Kommission kommt jedoch entgegen ihrer Erwartung zu dem Ergebnis, dass die meisten alternativen Verfahren bis jetzt weder als sicher noch als effektiv angesehen werden können.

Der fehlende Nachweis der Wirksamkeit unorthodoxer Methoden mittels kontrollierter Studien wird von deren Anhängern damit begründet, dass die Durchführung kontrollierter Doppelblindstudien bei ihren Konzepten weder möglich noch sinnvoll sei. Dieses Argument ist aber wenig stichhaltig, da die wesentlichsten Charakteristika des Doppelblinddesigns bei einer Überprüfung alternativer Behandlungsangebote durchaus realisierbar sind. Einer Zuordnung der Kinder zu Therapie- und Kontrollgruppe nach Zufallskriterien (Randomisierung) steht nichts im Wege und Möglichkeiten einer »Verblindung« sind, wie weiter oben bereits ausgeführt, in der Regel gegeben.

Auch der bei einer Behandlung mit unkonventionellen Methoden hohe Grad an Individualisierung ist mit einer aussagefähigen Therapieevaluation vereinbar. Selbst wenn jedes Kind ganz individuell behandelt wird und keine Gruppen mit identischer Therapie zusammengestellt werden können, sind kontrollierte aussagefähige Vergleiche von Therapie- (mit individualisiertem Programm) und Kontrollgruppen (z. B. mit standardisiertem Vorgehen) durchführbar, wie z. B. bei einer Überprüfung der Irlen-Therapie gezeigt wurde (s. Kap. 8.2.2.1).

Probleme hinsichtlich der Überprüfbarkeit alternativer Verfahren ergeben sich jedoch, wenn das Therapieziel nicht in einer Verbesserung der Schul- bzw. Lese-Rechtschreib-Leistungen, sondern in einer Verbesserung der emotionalen Stabilität, des familiären Wohlbefindens, der Zukunftsorientierung, der Integration in Gruppen oder des Selbstwertgefühls besteht. Derartige Kategorien lassen sich relativ schwer messen, sodass ein Nachweis der Wirksamkeit einer Behandlung mit objektiven Methoden nur unvollkommen gelingt. Allerdings stehen in den letzten Jahren auch für derartige Zielgrößen zunehmend Messverfahren zur Verfügung.

1.5.4 Nutzen einer Behandlung

Die Wirksamkeit einer Behandlung ist nicht gleichbedeutend mit deren Nutzen. Wirkungen können auch negativer Art sein und bei positiven Effekten ist zu fragen, ob sie überhaupt relevant sind. So sind Behandlungsverfahren ohne großen Nutzen, wenn Wirkungen nur bei wenigen eintreten oder sehr gering ausfallen. Auch wenn Aufwand und Wirksamkeit in keinem vernünftigem Verhältnis stehen bzw. negative Begleiterscheinungen positive Effekte aufheben, sind Behandlungsmethoden wenig empfehlenswert. Der Nutzen einer Therapie hängt außer von deren Wirksamkeit somit von vielen weiteren Faktoren ab.

Entscheidend für den Wert einer Therapie ist der **Gesamtnutzen**, der aus Sicht des Kindes, der Eltern, des Therapeuten oder der Gesellschaft nicht immer gleich eingeschätzt wird. Nutzen ist eine sehr subjektive Bewertung und ergibt sich nicht nur aus der Wirkung einer Behandlung, sondern auch aus Placebo- und Kontexteffekten.

Placebo-Effekte kommen dadurch zustande, dass eine Behandlung zu Hoffnungen und Erwartungen auf Verbesserung und damit, unabhängig von ihrer spezifischen Wirksamkeit, zu positiven Effekten führt. Je eindrucksvoller die Methode und je stärker der Glauben an deren Wirksamkeit, umso ausgeprägter der Placebo-Effekt. Dieser verspricht bei einem Einsatz von Geräten deutlicher auszufallen als bei Behandlungsmethoden, die z. B. in einem Üben des Lesens und Schreibens bestehen.

Zu **Kontexteffekten** zählen Wirkungen, die durch die Behandlungsatmosphäre, die Überzeugungskraft des Therapeuten und den Umgang mit dem Problem ausgelöst werden. Ihnen wird in den letzten Jahren vermehrt Aufmerksamkeit geschenkt. So führten Di Blasi et al. (2001) eine empirische Studie zur Wirkung von Therapeutenvariablen durch, in der sich zeigte, dass Ärzte, die verständliche Informationen geben und einfühlsam auf Sorgen des Patienten eingehen, signifikant bessere Therapieergebnisse erzielen als verschlossene, im sozialen Umgang unbeholfene Therapeuten. Dies gilt auch für überwiegend biologisch orientierte Behandlungsmethoden, wie z. B. die Einstellung des Blutdrucks mit Medikamenten.

Werden Placebo- und Kontexteffekte mit berücksichtigt, so kann eine LRS-Behandlung für das Kind und seine Familie von erheblichem Nutzen sein, auch wenn das Konzept wissenschaftlich wenig fundiert oder sogar eindeutig falsch ist und keine spezifische Wirksamkeit nachweisbar ist. Ein Therapeut, dessen Konzept dem Weltbild der Eltern entspricht und der eine nachvollziehbare Erklärung für die Schwächen des Kindes gibt, vermittelt Sicherheit im Umgang mit der Störung. Auch ein charismatisches Auftreten sowie ein uneingeschränkter Optimismus, den viele Anbieter alternativer Behandlungsmethoden ausstrahlen, können zu einer Aktivierung von Ressourcen führen und damit zu einer positiven Bewältigung der Lernstörung beitragen. Solche Nebeneffekte sind für Eltern gelegentlich bedeutsamer als eine Verbesserung der Lese- und Rechtschreibfähigkeiten. Wenn sie sich unkonventionellen Behandlungsverfahren zuwenden, geht es ihnen oft gar nicht in erster Linie um das Lesen und Schreiben, sondern um das beruhigende Gefühl, alles für das Kind getan zu haben, und damit um eine Entlastung von Schuldgefühlen.

»Wirksame Therapien sind also nicht unbedingt nützlich und unwirksame Therapien nicht unbedingt ohne Nutzen« (Abel und Windeler 1996). Der Wert einer Behandlung ergibt sich nicht alleine aus deren Wirksamkeit, sondern aus dem Gesamtnutzen. Dieser ist in empirischen Studien allerdings nur schwer zu überprüfen und mit Zahlen auszudrücken. Dies trifft insbesondere auf alternative Therapiemethoden zu, deren Nutzen wohl weitgehend auf Placebo- und Kontexteffekten und weniger auf einer spezifischen Wirksamkeit der speziellen Methode beruht.

1.6   Zusammenfassung

Fähigkeiten im Lesen und Schreiben entscheiden ganz wesentlich über Erfolg und Misserfolg in der Schule. Kinder mit einer Lese-Rechtschreib-Störung haben ohne Unterstützung nur geringe Chancen auf einen Schulabschluss, der ihren Begabungen entspricht. Um auch ihnen adäquate Entwicklungsmöglichkeiten zu eröffnen, wurden zahlreiche Behandlungsprogramme erarbeitet.

Etablierte Therapieverfahren setzen direkt am Lese- und Schreibprozess an. Mit sonder- und heilpädagogischen Methoden werden Lese- und Schreibroutinen vermittelt bzw. deren Vorläuferfähigkeiten erarbeitet. Zugrunde liegende Konzepte beruhen auf Rationalität und einer Beweisführung mit wissenschaftlichen Methoden. Sie gehen davon aus, dass Vorstellungen über Ursachen der LRS bislang noch unbewiesene Vermutungen sind. Da somit eine kausale Therapie nicht möglich ist, steht die Behandlung von Symptomen im Zentrum der Bemühungen. Aus alternativer Sicht ist ein solches Vorgehen unbefriedigend, da sie an der einer LRS zugrunde liegenden Störung vorbeitherapiert.

Alternative Behandlungsverfahren erheben den Anspruch, an der Ursache der Lernstörung anzusetzen. Sie beruhen auf recht unterschiedlichen Konzepten, die einander widersprechen und sich gegenseitig ausschließen. Therapieempfehlungen reichen von einem Training einzelner am Lesen und Schreiben beteiligter psychischer Grundfunktionen bis hin zu neuen, esoterisch begründeten Lernstrategien. Wissenschaftlich orientierte Therapeuten halten eine solche Vorgehensweise für Scharlatanerie, die auf Glauben beruhe und zu Desinformation der Betroffenen führe.

Der Hauptstreitpunkt zwischen Verfechtern etablierter und alternativer Behandlungsangebote betrifft die **Wirksamkeit** der Methoden. Aus wissenschaftlicher Sicht wird unter Wirksamkeit einer LRS-Therapie ein spezifischer Einfluss auf die Fähigkeit zum Erwerb des Lesens und Schreibens verstanden. Sie ist durch kontrollierte Studien zu belegen, um unspezifische Einflüsse durch vermehrte Zuwendung und den Optimismus des Therapeuten abzugrenzen. Anbieter alternativer Behandlungsverfahren hingegen halten die Plausibilität des Konzeptes, positive Rückmeldungen von Betroffenen sowie deren Eltern und die eigene langjährige Erfahrung als ausreichend für einen Nachweis der Wirksamkeit ihres Verfahrens. Das Erleben eindrucksvoller und schneller Besserungen sei Beleg genug, um das von ihnen favorisierte Vorgehen für alle Kinder mit Problemen im Schriftspracherwerb und darüber hinaus zu empfehlen.

Das Verhältnis zwischen Vertretern unterschiedlicher Therapiekonzepte ist durch Unverständnis gekennzeichnet. Dies gilt nicht nur für die Beziehung von Verfechtern etablierter und alternativer Behandlungsverfahren, sondern gleichermaßen für solche unterschiedlicher alternativer Angebote. Es wird ein Alleinvertretungsanspruch erhoben und Akzeptanz und Wissen über andere Konzepte sind nur gering ausgeprägt.

Betroffene bzw. deren Eltern sind in Anbetracht der Widersprüchlichkeit der ihnen gegebenen Empfehlungen verunsichert. Einen Überblick über vorhandene Behandlungsmöglichkeiten zu gewinnen, ist für sie nahezu unmöglich. Aber nur bei ausreichender Information können sie sich für das ihnen am besten erscheinende Angebot entscheiden. Die Aufgabe von LRS-Therapeuten besteht auch darin, eine umfassende Beratung anzubieten. Diese sollte Angaben über Alternativen zum eigenen Behandlungsangebot beinhalten. Um dies leisten zu können, müssen Therapeuten gut informiert und offen gegenüber anderen Auffassungen sein.

Literatur

Abel, U., und Windeler, J. (1996). Erkenntnistheoretische Aspekte klinischer Studien. 2. Die »Wirksamkeit« von Behandlungen. Internistische Praxis, 36, 375–391.

Bühring, P. (2001). Ganzheitliche Therapie gewünscht. Deutsches Ärzteblatt, 98, C1037.

Di Blasi, Z., Harkness, E., Ernst, E., Georgiou, A., und Kleijnen, J. (2001). Influence of context effects on health outcomes: A systematic review. The Lancet, 357, 757–762.

Kahrs, M., Marstedt, G., Niedermeier, R., und Schulz, T. (2000). »Alternative Medizin«. Paradigma für veränderte Ansprüche von Patienten. Arbeit und Sozialpolitik, 12, 20–31.

Scheyers, F. (1986). Geleitwort zu: Oepen, I., und Prokop, O.: Außenseitermethoden in der Medizin – Ursprünge, Gefahren, Konsequenzen. Darmstadt: Wissenschaftliche Buchgesellschaft.

Sozialgesetzbuch (SGB) (2001). Beck-Texte im DTV. München: DTV.

Vorstand und Wissenschaftlicher Beirat der Bundesärztekammer (1992). Memorandum: Arzneibehandlung im Rahmen »besonderer Therapierichtungen«. Köln: Deutscher Ärzte-Verlag.

White House Commission on Complementary and Alternative Medicine Policy (2002). Final report. http://www.whccamp.hhs.gov/finalreport.html (März 2002).

2 Lerntherapeutisch begründete Therapieverfahren bei der Lese-Rechtschreib-Störung

Gerd Schulte-Körne

2.1 Einleitung

Die Lese- und Rechtschreib-Störung (LRS) ist eine Lernstörung und wird im Internationalen Klassifikationsschema psychischer Störungen (ICD-10, Dilling et al. 1991) zu den umschriebenen Entwicklungsstörungen schulischer Fertigkeiten gezählt. Trotz ausreichender Unterrichtung und kognitiver Fähigkeiten, sowie adäquater Seh- und Hörfähigkeiten sind die Betroffenen nicht in der Lage, ausreichend Lesen und Rechtschreiben zu erlernen.

In Abgrenzung zur Lernbehinderung, die dadurch charakterisiert ist, dass die Lernfähigkeit allgemein beeinträchtigt ist, liegt bei der LRS eine umschriebene Lernstörung vor. Von der LRS können zwei isolierte Lernstörungen, die Lesestörung und die Rechtschreibstörung, abgegrenzt werden.

Der Lernprozess zur Aneignung der Lese- und Rechtschreibfähigkeiten ist komplex und im Einzelnen bisher wenig verstanden.

Von den allgemeinen Lernprinzipien, die eine bedeutende Rolle für die Wissensaneignung spielen, können spezifische Lernprinzipien unterschieden werden, die für den Schriftspracherwerb eingesetzt werden.

Beide Lernprinzipien, allgemeine und spezifische, finden Anwendung bei der Förderung von lese- und rechtschreibgestörten Kindern.

Lerntheoretisch fundierte Förderprogramme werden seit über fünfzig Jahren in der Förderung von Kindern mit einer LRS eingesetzt, allerdings liegen insgesamt nur wenige evaluierte Förderkonzepte vor (s. Kap. 5).

Eine lerntheoretische Basis von Förderprogrammen umfasst im Wesentlichen die Durchführung und Strukturierung der Förderung, ohne dass damit Annahmen über den Gegenstand der Förderung verbunden sind. So werden lerntherapeutische Prinzipien bei unterschiedlichen Entwicklungsstufen des Schriftspracherwerbs eingesetzt, wie z. B. bei der Vermittlung von phonologischem oder von orthografischem Wissen.

2.2 Lerntheoretische Grundlagen

Lernen ist ein komplexer Prozess, der durch viele Variablen beeinflusst wird. Lernen bzw. der Lernerfolg ist bedingt durch individuumsbezogene Faktoren und Umgebungsfaktoren, die in Wechselwirkung miteinander stehen. Kennzeichnend für diese Lernfaktoren sind sog. Lernstrategien, zu denen z. B. das Auswählen und Bewerten von relevanten Informationen, die Planung von Handlungsabläufen sowie Kontrollprozesse gehören.

Von großer Bedeutung für den Schriftspracherwerb ist das schulische Lernen. Die Besonderheit von schulischem Lernen liegt darin, dass durch die Schule spezifische Lernvorgaben gemacht werden. Hierzu gehören Vorgaben über die zu erreichenden Lernziele in Qualität und Quantität und die Zeit, die zum Erreichen dieser Lernziele zur Verfügung steht. Weiterhin gehören hierzu die Lerninstruktion und das Lehrverhalten der Lehrer gegenüber den Schülern.

Zum Verständnis **individuumsbezogener Lernfaktoren** sollen nachfolgend, aufbauend auf Sternbergs Modell des intelligenten Verhaltens (Sternberg 1979, 1980, 1984), relevante Teilprozesse des Lernens dargestellt werden.

Nach Sternberg können drei Komponenten intelligenten Verhaltens unterschieden werden, die als solche auch wesentliche Bedeutung für den schulischen Lernprozess aufweisen. Hierzu gehören:

1. Wissenserwerbskomponenten
2. Metakomponenten und
3. Aus- und Durchführungskomponenten (Performanzkomponenten).

Diese Komponenten sind hierarchisch angeordnet. Die Basis stellen die Wissenskomponenten dar, auf die Metakomponenten und Performanzkomponenten aufbauen. Als zentrales Bindeglied zwischen diesen Komponenten werden Gedächtnisfunktionen, wie z. B. das Arbeitsgedächtnis, angesehen.

Als Ergänzung zu diesen individuumsbezogenen Komponenten werden von Sternberg Kontext- und Erfahrungsaspekte beschrieben, deren Einfluss auf das Verhalten des Individuums vielfältig sein kann. Erfahrungen sind nicht selten die Voraussetzung dafür, mit neuen Aufgaben umgehen zu können. Insbesondere der Prozess der Automatisierung von Handlungsabläufen, die zuvor in Teilprozessen gelernt wurden, ist wesentlich von den Vorerfahrungen beeinflusst.

Durch die Analyse dieser Teilprozesse ist eine differenzierte Diagnostik der Lernstörung und daraus abgeleitet eine spezifische Therapie möglich.

2.2.1 Wissenserwerbskomponenten

Zu den Wissenserwerbskomponenten werden Prozesse wie z. B. die Auswahl von relevanten Informationen gezählt. Darüber hinaus gehört auch der Vorgang des Vergleichs von neuen mit vorhandenen Informationen bzw. das Kombinieren dieser Informationen untereinander zu den Wissenserwerbskomponenten.

Der Wissenserwerb stellt die Basis für die weiteren Komponenten dar. Mangelnde Ausbildung von Wissenserwerbsstrategien führt zu Einschränkungen bei Handlungsstrategien und beeinflusst die Ausbildung von kognitiven Prozessen negativ.

Im Bereich des Wissenserwerbs kann sinnvollerweise allgemeines und spezifisches Lernwissen unterschieden werden. Zum allgemeinen Lernwissen gehören z. B. sprachliche Fertigkeiten und Gedächtnisleistungen. Zum spezifischen Lernwissen für den Schriftspracherwerb gehört z. B. die Buchstabenkenntnis.

2.2.2 Metakomponenten

Unter Metakomponenten werden nach Sternberg (1979, 1980) exekutive Prozesse verstanden, die wesentlich zur Lösung von Aufgaben aktiviert werden. Hierzu gehören:

- Erkennen des Problems
- Strategieauswahl
- Aktivieren der Wissensbasis

- Bereitstellung von Ressourcen
- Bewertung der Aufgabenlösung
- Überwachung der eigenen Lösungsstrategie.

Für diese Prozesse wird auch der Begriff der **Metakognition** im Sinne von Reflexion über den eigenen Lernprozess zur Nutzung von strategischen Aktivitäten verwendet (Hasselhorn 2001).

Die Umsetzung metakognitiver Strategien in der Förderung umfasst beispielsweise die Vermittlung von spezifischen Lernstrategien, die Vermittlung von Selbstinstruktion und -überwachung und die Anleitung zu reflexivem Verhalten.

Die Bedeutung der Metakomponenten für den Leseprozess kann nach Haller et al. (1988) folgendermaßen beschrieben werden: Zunächst ist eine Bewusstheit dafür vorhanden, das eigene Lesen und die dabei auftretenden Schwierigkeiten wahrzunehmen. Eine Kontrolle des Leseprozesses erfolgt über die Kontrolle des Leseverständnisses. Dazu werden die vorhandenen mit den neu aufgenommenen Informationen verglichen. So lassen sich Unklarheiten im Textverständnis aufdecken. Mithilfe von Steuerungsprozessen, die als kompensatorische Lernstrategien verstanden werden, wird dann versucht, die aufgetreten Verständnisprobleme zu kompensieren. Zu diesen Strategien gehören unter anderem das erneute Lesen der Textpassage, das Vergleichen mit den Inhaltserwartungen sowie das Vergleichen inhaltlich aufeinander bezogener Textteile.

Auf die Bedeutung der Metakomponenten für die LRS wurde wiederholt eingegangen. So beschrieb Jorm (1983), dass durch Störungen im Arbeitsgedächtnis vorhandene Metakomponenten nicht vollständig bzw. ungenau ausgeführt werden. Klicpera (1983) fand bei leseschwachen Jugendlichen, dass sie beim Lösen von Aufgaben (Abzeichnen einer Figur und Reproduktion der Figur aus dem Gedächtnis) weniger planvoll vorgingen und dass sie weniger Details beachteten.

Zusammenfassend sind folgende metakognitive Fähigkeiten bei Kindern mit einer LRS weniger gut ausgebildet: Ihre Kontrolle der Handlungsprozesse ist geringer ausgeprägt, sie greifen weniger auf vorhandenes Wissen zurück, bilden weniger häufig übergeordnete, strukturierende Handlungsweisen aus und reflektieren weniger über die Lernschritte und -ziele.

2.2.3 Aus- und Durchführungskomponenten (Performanzkomponenten)

Metakomponenten und Aus- und Durchführungskomponenten hängen unmittelbar zusammen. Denn zu den Aus- und Durchführungskomponenten gehören die Prozesse, die die Aufgaben, die mittels der Metakomponenten ausgewählt wurden, dann ausführen. Dabei dienen die Aus- und Durchführungskomponenten auch zur Strukturierung und Regelung des Ablaufs zusammenhängender Teilprozesse.

Nach Sternberg (1984) gehören zu den Aus- und Durchführungskomponenten:

- eine für die Lösung von Aufgaben generelle Komponente
- eine für die Lösung von bestimmten Aufgaben spezifische Komponente
- eine für die Lösung von Klassen von Aufgaben gemeinsame Komponente.

Sowohl für die Diagnostik als auch für die Therapie können mithilfe der Analyse von Aus- und Durchführungskomponenten wesentliche Kenntnisse über die Lösungsstrategien des Kindes gewonnen werden. Abhängig von den gestellten Aufgaben können beispielsweise anhand von Fehleranalysen Rückschlüsse über die verwendeten Lösungsstrategien gezogen werden.

2.3 Bedeutung von Motivation und Emotionen für lerntheoretisch begründete Therapieverfahren

Der Zusammenhang zwischen Lernen, Lernerfolg und Motivation ist hinlänglich bekannt und empirisch gut belegt. Auch die Bedeutung von emotionaler Befindlichkeit für das Lernen ist wiederholt beschrieben worden. Kinder mit einer LRS erleben nicht selten über einen längeren Zeitraum konstant Misserfolgserlebnisse. Sie erleben ihr Versagen als selbstverschuldet. Dies führt dazu, dass sowohl ihr Selbstbild als auch ihre Selbsteinschätzung der eigenen Leistungsfähigkeit erheblich beeinträchtigt sind. Letztendlich führen diese Erfahrungen dazu, dass z. B. durch impulsives, aggressives Verhalten den Leistungsanforderungen aus dem Weg gegangen wird oder dass z. B. in Form einer depressiven Reaktion eine inadäquate Lösungsstrategie für den inneren Konflikt vorliegt.

Der Einfluss motivationaler-emotionaler Aspekte auf alle drei Komponenten ist wahrscheinlich. Daher ist es für die Planung der Interventionen unbedingt notwendig, die motivationale und emotionale Befindlichkeit des Kindes zu kennen und zu berücksichtigen. Durch Stärkung des Selbstwertgefühls und Verbesserung des Bewusstseins über die eigenen Fähigkeiten wird eine wesentliche Voraussetzung für den Lernerfolg geschaffen.

2.4 Einsatz verhaltenstherapeutischer Techniken

In einer Reihe von Förderkonzepten werden zusätzlich Verstärker eingesetzt. Ausgehend von einer detaillierten Verhaltensanalyse, die z. B. die situativen Bedingungen des Versagens erfasst, ist es das Ziel der Therapie, die Einflussfaktoren zu verändern und neue, alternative Verhaltensweisen zu verstärken.

Im Vordergrund der Intervention steht daher nicht der Aneignungsprozess des Lesens und Rechtschreibens, sondern die Modifikation der Lernmotivation, des Lernverhaltens und der äußeren Lernbedingungen.

Ein positiver Effekt von Verhaltensverstärkern bei der LRS-Förderung konnte wiederholt gezeigt werden (Machemer 1972, Schneider und Springer 1978). So fanden Schneider und Springer (1978), dass ein im Rahmen einer lerntheoretisch fundierten Gruppenförderung von rechtschreibschwachen Kindern der vierten und fünften Klasse eingesetztes Belohnungssystem mit individuell zugeteilten Münzen (abgestuft nach der Qualität der Aufgabenlösung) zu einer deutlichen Reduktion der Rechtschreibfehler führte.

2.5   Faktoren lerntheoretischer Interventionsformen

Aus der empirischen Lernforschung können zusammenfassend folgende Empfehlungen für das Übungs- und Lernverhalten abgeleitet werden:

– stufenweiser Aufbau der Lernschritte
– schrittweises Vorgehen: Entdecken → Aneignen → Verbalisieren → Verinnerlichen → Automatisieren
– Unterstützung von Selbstregulation und Anleitung zu planvollem Handeln
– Gliederungen, Akzentsetzungen und Sinnverbindungen des Lernstoffs vornehmen
– Förderung der intrinsischen Lernmotivation
– aktives Üben, systematisches Wiederholen, massierte Übungen
– Lernen durch Nachahmung eines positiven Modells
– Unterstützung einer positiven Haltung zur Lernsituation und zu den eigenen Fähigkeiten
– unmittelbare Rückmeldung über den Erfolg
– Verwendung speziell abgestimmter Verstärkerpläne zur Förderung erwünschten und zur Löschung unerwünschten Verhaltens
– Möglichkeit sekundärer Verstärkung: Belohnung kann auch durch einen erlernten Verstärker erfolgen
– Beachtung der Prinzipien der Ermüdung (Abnahme der Leistung im zeitlichen Verlauf) und der Habituation (Veränderung der Reaktionsbereitschaft auf einen bestimmten Reiz)

Interventionen bei der LRS finden sowohl im schulischen als auch im außerschulischen Rahmen statt. Dementsprechend gibt es Förderansätze, die eher den schulischen Kontext integrieren und daher z. B. für den schulischen Förderunterricht besonders geeignet sind.

Die Bedeutung von schulischer Unterrichtung und schulischen Lernbedingungen für die LRS sind bisher wenig überprüft. Förderliche schulische

Lernbedingungen wurden für verschiedene Lern- und Verhaltensstörungen untersucht. Neben der Einführung von Verstärkerprogrammen hat sich der Einsatz von Selbstinstruktionstrainings als wirksam erwiesen.

Wesentlich für die Planung der Förderung ist die **Einbeziehung des Elternhauses**. Die Rolle der Eltern bei der Förderung umfasst z. B. aktive Durchführung von Interventionen (z. B. Schulte-Körne et al. 1997, 1998) und vor allem die emotionale Unterstützung des Kindes. Durch das Vermeiden von Schuldzuweisungen und das Schaffen einer für das Kind protektiven familiären Atmosphäre kann der Schweregrad einer Lese-Rechtschreib-Störung beeinflusst werden. Bedeutung kommt den Faktoren der Art der Verstärkung (positive und negative Verstärkung) z. B. bei Hausaufgaben zu, der Unterstützung beim Lernen in Form von Hilfen und Umgang mit Fehlern.

Durch adäquate Anregungen und Unterstützungen z. B. beim Lesen können lernförderliche Bedingungen für das Kind im Elternhaus geschaffen werden.

2.6 Beispiele für lerntheoretisch orientierte Interventionsprogramme bei der Lese-Rechtschreib-Störung

2.6.1 Das Trainingsprogramm von Kossow (1979, 1991)

Als eine der frühesten Veröffentlichungen stellte Kossow (1979) Aufbau und Erprobung eines Programms zur Therapie von Lese-Rechtschreib-Schwäche im Rahmen einer wissenschaftlichen Veröffentlichung vor. Dieses Trainingsprogramm von Kossow stellte ein theoretisch begründetes, umfangreiches Förderprogramm für lese-rechtschreibschwache Kinder in den ersten Grundschulklassen dar. Das Programm enthält sowohl kognitive als auch lerntheoretische Prinzipien. Wesentliche Aspekte aus diesen Bereichen werden im Folgenden dargestellt.

A. Theoretische Vorüberlegungen

Inhaltliche Aspekte:
Als sachlogische Aspekte werden bei Kossow lautsprachliche Aspekte, die sprachstatistische Struktur unserer Sprache und der Einblick in ihre formale Struktur angenommen. Die Kenntnis dieser Aspekte war eine Grundvoraussetzung für die Entwicklung des Trainingsprogramms. Hierzu zählt das Wissen über die Häufigkeit von Wörtern und Wortbestandteilen, denn es soll das Häufige und nicht das Seltene im Vordergrund der Förderung stehen.

Da die deutsche Schrift eine Phonemschrift darstellt und das phonologische Prinzip das führende Prinzip der deutschen Rechtschreibung ist, steht die **Förderung von phonologischen Fähigkeiten** im Vordergrund des Programms. Hinzu kommt das Wissen um orthografische Prinzipien in Form von **Morphemwissen**.

Pädagogisch-psychologische Aspekte:
Zu den pädagogischen Aspekten gehören die Art der Vermittlung, die Form der Übungen und die Auswahl des Wortmaterials. Die **Silbengliederung** unter Einbeziehung der Sprechmotorik sowie des »Sprachhörens« stellen zentrale pädagogische Aspekte dar. Hinzu kommt die »bewusste Aneignung des Wortbildes« sowie die Unterstützung von schreibmotorischen Komponenten. Dass die Rechtschreibung nur durch das angeleitete Üben des Schreibens erfolgt und sich dadurch das Lesen verbessert, ist eine Grundannahme des Programms. Durch **Analogiebildung** und durch die Vermittlung von **Rechtschreibregeln** wird die Rechtschreibkompetenz gestärkt.

Das lese-rechtschreibschwache Kind wird als aktiver Partner in der Förderung verstanden. Nicht das mechanistische Einüben, sondern das bewusste, aktive und **selbstständige Denken und Handeln** wird gefördert.

Wesentlich sind auch die Einstellung des Kindes zum Lernen und seine individuellen Voraussetzungen. Durch das Schaffen einer emotional entlastenden Atmosphäre (durch Abbau von Konflikten im Rahmen einer Spieltherapie) wird erst die Voraussetzung für eine erfolgreiche Förderung geschaffen. Eine Verbesserung der Konzentration erzeugt die basalen Vorbedingungen für ausreichende Lernerfolge.

Lerntheoretische Aspekte:
In Anlehnung an die sowjetische Lernforschung steht die Handlungsaneignung von Lernprozessen, innerhalb derer verschiedene Stufen unterschieden werden, im Vordergrund. Diese Handlungen werden in fünf verschiedene Niveaustufen nach Galperin (1969) unterschieden:

1. Zusammenstellung der Orientierungsgrundlage der neuen Handlung
2. Bildung ihrer materiellen Form
3. Bildung ihrer laut gesprochenen Form (ohne unmittelbare Stützung durch materielle Objekte)
4. Handhabung der Form der »äußeren Sprache für sich selbst«
5. Ausbildung der Handlung auf der »Grundlage der inneren Sprache«.

Verhindert werden muss, dass sich lediglich eine einzige Handlung verfestigt. Denn dadurch würde die Aneignung einer Vielzahl von unterschiedlichen Handlungen verhindert. Ebenso ist der Zeitpunkt des Übergangs von einer zur anderen Handlungsstufe so zu gestalten, dass keine Überforderung der Kinder eintritt.

Kossow betont die Wichtigkeit der Erarbeitung einer vollständigen Orientierungsstufe und einem darauf folgenden systematischen, sinnvollen, etappenweisen Aufbau der Handlung als Grundbedingungen zur Steuerung des Erwerbs von Kenntnissen und Fertigkeiten.

Im Training erscheint die elementare materialisierte Form der Aneignung in Form von **schematischen Darstellungen,** die es den Kindern erleichtern zu erkennen, was sie bei der Lösung bestimmter Aufgaben zu beachten haben.

Ein weiterer Punkt liegt in der Betonung der bewussten Tätigkeit des Lernenden, wobei der Lernprozess durch bewusste Erarbeitung von Schwierigkeiten in der Schreibung erleichtert wird. Durch die Einführung sog. Schemata werden den lese-rechtschreibschwachen Kindern Zusammenhänge und Vorgänge verdeutlicht.

Kybernetische Aspekte:
Unter dem Begriff »kybernetische Aspekte« wird die Steuerung von Prozessen und Systemen aller Art (nach Kortum 1963) verstanden. Hier werden informationstheoretische und algorithmische Aspekte subsumiert. Zu den zentralen Prinzipien gehört dabei die Rückkopplung. Ausgehend von einem Regelkreis wird das zu regelnde Objekt von der regelnden Einrichtung (Regler) unterschieden. Aufgabe des Reglers ist, die Regelgröße zu modifizieren und abhängig vom Ergebnis entsprechende Regulierungsmaßnahmen einzuleiten. Hierbei ist es von besonderer Bedeutung, wenn eine unmittelbare Regelung eintritt, d. h. zum Beispiel die unmittelbare Rückmeldung auf das Ergebnis der Rechtschreibung.

Ein weiterer Aspekt ist die Genauigkeit der **Bestimmung der Zielgröße** der Unterrichtung bzw. Förderung. Da diese oft zu unspezifisch bzw. zu allgemein gehalten ist, ist die Effektivität der Unterrichtung gering. Abhängig von dem Ergebnis der Verschriftlichung (hier in Form der Qualität der Rechtschreibfehler) sollen methodische und organisatorische Maßnahmen eingeleitet werden.

In diesen Regelsystemen spielen auch die sog. Störgrößen eine Rolle. Relevant sind hier die systemeigenen Störungen in Form unterschiedlicher, jedoch parallel eingesetzter Lernstrategien. Die Analyse der Aneignungs- und Vollzugsprozesse beim Lesen und Rechtschreiben sind wesentlich. Diese Prozesse müssen erkannt und durch den Regler entsprechend dem Regelkreis berücksichtigt werden.

In Kossows Training wird eine **unmittelbare Rückkopplung** verwirklicht durch kleine Gruppengrößen mit drei bis vier Kindern. So ergibt sich eine günstige Kontrollmöglichkeit durch sofortiges Erfassen der Resultate, sofortige Bewertung und sachkundige Regelung. Durch Aufstellen und Abarbeiten von bestimmten **Algorithmen** werden auch Störgrößen wie ein falsches methodisches Vorgehen des LRS-Kindes kontrolliert.

Durch die kleine Gruppengröße wird außerdem ein optimaler Informationsfluss im Sinne von Sammlung, Speicherung, Umwandlung und Weitergabe von Informationen bezüglich des einzelnen LRS-Kindes ermöglicht.

B. Umsetzung der theoretischen Vorüberlegungen

In Kossows Training sind die Grundfragen, um den Lehrstoff des Trainings sinnvoll und folgerichtig aufzubauen und in Zwischenziele zu untergliedern, folgende:

Welche Anforderungen stellt der Lehrplan (Stoff der 1.–3. Klasse)?
Welche Fehler stehen bei den LRS-Kindern im Vordergrund?

Die Beobachtung des Kindes beim Rechtschreiben zielt auf die Aufdeckung der individuellen Ursachen, die zu den Fehlern führen (z. B. Flüchtigkeitsfehler, akustische oder optische Schwächen). Wiederholte Fehleranalysen werden durchgeführt und die individuellen Fehler des Kindes eingeordnet in drei Fehlerkategorien:
– Differenzierungsfehler
– Grobgliederungsfehler
– Feingliederungsfehler.

Das **methodische Trainingsprinzip** ist die analytisch-synthetische Arbeit an der Laut- und Schriftsprache unter Einbeziehung des sprechmotorisch-kinästhetisch-akustischen Bereichs.

Vom **Organisationsprinzip** her ist das Trainingsprogramm ein gezieltes Intensivtraining mit

– Einteilung des Wortmaterials in kleinste Lerneinheiten
– Eingehen auf individuelle Schwierigkeiten
– algorithmisch gefassten Übungsformen (als Verfahren zur schematischen Lösung einer Klasse von Aufgaben)
– sofortiger Bekräftigung
– geringer Ansprechzeit.

Die systematische und kontinuierliche Aufgliederung des Trainingsmaterials in Unterrichtseinheiten und entsprechende methodische Übungsformen wurde mittels der **Gate-items-Technik** gestaltet: Ein »Gate« ist hier sowohl durch den Lehrstoff als auch durch bestimmte Übungsformen definiert. Die Gate-items-Technik dient der Strukturierung und Anleitung des Trainingsleiters. Dabei wird zunächst die im Gate geforderte Leistung überprüft (z. B. Gate 6: Differenzierungsfähigkeit, grobe Gliederungsfähigkeit). Fällt die Überprüfung positiv aus, d. h., der Lerninhalt dieser Stufe wird beherrscht, so wird zum nächsten Gate übergegangen; fällt sie negativ aus, kommen die Übungen der Unterrichtseinheit zur Anwendung (z. B. Gate 6: Buchstabendifferenzierungsübungen, Training des phonematischen Gehörs, Grobgliederungsübungen). Insgesamt gibt es elf aufeinander folgende Gates, im Allgemeinen beginnt die Therapie mit Gate 4. Bei individuellem Vorgehen können bestimmte Übungsgates ausgelassen werden oder bei besonders schweren Fällen kann mit Gate 1 begonnen werden.

Der **Aufbau des Lernstoffes** beginnt mit der Erarbeitung der Laute und Buchstaben (z. B. Hör- und Sprechübungen, Einordnung der Laute in ein

System) und führt über Übergangsübungen (z. B. werden die isoliert geübten Laute aus den Wörtern herausgelöst) zu den eigentlichen Lese- und Rechtschreibübungen (z. B. lautgetreue Wörter, ableitbare Andersschreibungen, nicht ableitbare Andersschreibungen, Groß- und Kleinschreibung).

Als hauptsächliche **Übungsformen** werden dabei verwendet:
- Arbeit mit Symbolen und Handzeichen (als besondere Orientierungspunkte/Appellationszeichen zur Sichtbarmachung wesentlicher Rechtschreiberscheinungen)
- Grobgliederungsübungen
- Feingliederungsübungen
- Differenzierungsübungen
- Einprägungsübungen
- Konzentrationsübungen
- zusätzlich etymologisch-morphologische, grammatikalische Analogie-, Einsetz-, Bestimmungs-, Lese- und Diktatübungen.

Auf die **Entwicklung einer positiven Lernhaltung** wird Wert gelegt, sie wird gefördert durch:
- anfängliche Spieltherapie mit dem Zweck, Lust und Liebe zum Lesen und Rechtschreiben zu entwickeln (soll aber schnellstmöglich zum eigentlichen Training führen)
- hierzu gehört auch die Anwendung von Lese- und Rechtschreibspielen (Buchstabenwürfel, Leselotto, Silbendomino und -quartett)
- rhythmische Übungen
- durch passende Auswahl der Anforderungen und Schaffung kleinster Lernschritte zur Vermittlung von Erfolgserlebnissen.

Die **Evaluation** wurde in einer Voruntersuchung mit kleinen Stichproben (26 lese-rechtschreibschwache Kinder und 13 Kontrollkinder) und in einer Hauptuntersuchung mit siebzig Kindern (jedoch nur Experimentalgruppe) durchgeführt. In der Voruntersuchung, die nicht näher beschrieben wird, hat die Experimentalgruppe sich hinsichtlich der Rechtschreibfehler deutlich verbessert, die Kontrollgruppe verschlechtert.

Die Hauptuntersuchung wurde an Fördergruppen (Größe 4–5 Kinder, insgesamt 19 Kinder) und LRS-Klassen (12–15 Kinder pro Klasse) durchgeführt, insgesamt 51 Kinder. In den Klassen wurde das Training mindestens ein Jahr, in den Kleingruppen zwischen drei bis vier Monaten durchgeführt, wobei die reine Trainingszeit zwischen den Gruppen vergleichbar war (insgesamt ca. zweihundert Unterrichtsstunden). Die Auswahl der Trainingskinder erfolgte nach dem Lehrerurteil.

Die durchschnittliche Fehlerzahl aller trainierten Kinder reduzierte sich um 78 % (86 % Kliniksgruppen, 75 % Schulgruppen). Der Effekt übertrug sich auf nicht geübte Wörter. Deutliche Verbesserungen zeigten sich auch in den Schulnoten (vorher 75 % mangelhaft, nachher 80 % gut und befriedigend), auch die schwersten Fälle profitierten von der Förderung. Standardisierte Rechtschreib- und Lesetests zur Verlaufsmessung wurden allerdings nicht eingesetzt. Da auch eine Kontrollgruppe fehlte, bedarf dieses Programm einer weiteren Evaluation.

Aus dem hier beschriebenen, theoriegeleiteten und wissenschaftlich erprobten Programm wurden später die wirksamsten Elemente für die pädagogische Praxis aufbereitet: So entstand der »Leitfaden zur Bekämpfung der Lese-Rechtschreib-Schwäche« (1984, 1991), mit dem Eltern und Lehrer praktische Übungen inklusive Kommentaren zu deren Funktion und konkreter Anwendung in die Hand bekommen. Dieser Leitfaden versteht sich jedoch nicht als abgeschlossenes System und ist als solches auch nicht evaluiert. Das Trainingsbuch ist vor allem für Kinder der ersten bis dritten Klasse gedacht und enthält zusätzlich zu den inhaltlichen Übungen auch Empfehlungen für die Eltern bezüglich des erzieherischen Umgangs mit den Besonderheiten eines LRS-Kindes.

2.6.2 Das Rechtschreibtraining von Scheerer-Neumann (1988)

Das Förderprogramm von Scheerer-Neumann für rechtschreibschwache Hauptschüler auf kognitionspsychologischer Grundlage (1988) baut auf allgemeinpsychologischen Erkenntnissen über den Rechtschreibprozess sowie auf lernpsychologischem Wissen über den Aneignungsprozess auf.

A. Theoretische Vorüberlegungen

Scheerer-Neumann übernimmt für die Erstellung ihres Förderkonzeptes einige Ideen von Kossow und verbindet sie mit Methoden der kognitiven Verhaltensmodifikation, repräsentiert durch die Methode der verbalen Selbstinstruktion nach Meichenbaum (1979).

Inhaltliche Aspekte:
Im Vordergrund steht die Annahme, dass kognitive Prozesse beim Rechtschreiben qualitativ voneinander abgegrenzt werden können. Durch die Analyse des Rechtschreibprozesses werden Operationen und Strukturen identifiziert, die Gegenstand der Intervention sind. Beispiele dieser gestörten Prozesse sind ein minimaler unmittelbarer Rechtschreibwortschatz, unvollständige Phonem-Graphem-Korrespondenzen, schlechte Phonemsegmentierung, geringes Regelwissen oder Schwierigkeiten bei dessen selbstständiger Anwendung, Schwierigkeiten bei der Entscheidung über angemessene Operationen und Zwischenspeicherung von Teilergebnissen sowie Schwierigkeiten bei der Integration verschiedener Teiloperationen des Rechtschreibprozesses. Konzentrationsstörungen sind dann Folgeerscheinungen dieses primär kognitiven Versagens.

Kognitive Aspekte:
Scheerer-Neumann postuliert ein »**Arbeitsmodell des Rechtschreibprozesses**«, das die theoretische Grundlage für den kognitiven Anteil des Trainings

bildet. Beim Schreiben eines diktierten Wortes sind demnach folgende Operationen und Speicherkomponenten beteiligt:

Die erste Verarbeitungsstufe stellt die akustische Analyse des vorgesprochenen Wortes dar. Es folgt der Vergleich des gehörten Wortes mit dem »inneren Lexikon«. Stimmen diese überein, kann die Bedeutung des Wortes entschlüsselt werden. Zum Verschriftlichen des Wortes ist die Aktivierung eines artikulatorischen Programms notwendig, das bis zum Ende der Verschriftlichung zur Verfügung stehen muss. Unter Umständen muss die Information für mehrere Sekunden abrufbar sein und dafür wird durch einen Wiederholungsmechanismus (inneres oder lautes Sprechen) diese Information erneut bereitgestellt. Entscheidend für den Rechtschreibprozess des Kindes ist, dass die dem Kind für die Verschriftlichung des Wortes zur Verfügung stehende Information das Ergebnis aus der aktuellen akustischen Wahrnehmung und dem Abruf aus dem inneren Lexikon darstellt. Dabei kommt der artikulatorischen Komponente eine besondere Bedeutung zu.

Die weitere Verarbeitung erfolgt mittels folgender zwei Teilprozesse, die allerdings sowohl bei der Aneignung als auch beim aktuellen Rechtschreiben ständig ineinander greifen:

1. Abruf des Wortes unmittelbar aus dem orthografischen Lexikon (direkter Weg)
2. Abruf des Wortes vermittelt durch Hilfsoperationen wie Phonem-Graphem-Korrespondenzen, Analyse morphematischer oder graphematischer Strukturen (indirekter Weg).

Lernpsychologische Aspekte:
Lernprozesse werden als aktive Prozesse der Informationsverarbeitung aufgefasst. Der Erwerb der Rechtschreibung wird als Aneignung und Veränderung von Rechtschreibstrategien gesehen. Defizite lernbehinderter Kinder bestehen in der geringeren Verfügbarkeit und Anwendung bestimmter Gedächtnisstrategien, vor allem bei Codierungs- und Memorierungsstrategien. Es besteht die Annahme, dass lese- und rechtschreibschwache Kinder durch Anleitung und Instruktion aber in deren Nutzung eingewiesen werden können.

Verhaltenstherapeutische Aspekte:
Verhaltenstherapeutische Methoden werden im Training vor allem zur Verbesserung der äußeren Lernbedingungen, der Lernmotivation und des Lernverhaltens und zur Reduktion der Ängstlichkeit eingesetzt. Scheerer-Neumann schätzt die Möglichkeiten verhaltenstherapeutischer Methoden zur Kompensation des eigentlichen Lerndefizits als eher negativ ein. »Der verhaltenstherapeutische Ansatz verzichtet darauf, den eigentlichen Aneignungsprozess zu unterstützen, sondern greift erst dann verstärkend ein, wenn das Kind die Lerntätigkeit selber bewältigt hat und z. B. ein Wort richtig lesen oder schreiben kann« (S. 15).

Ziel der verhaltenstherapeutischen Methoden muss daher sein, das Kind in die Lage zu versetzen, seine Leistungsmöglichkeit tatsächlich zu entwickeln und darzustellen.

B. Umsetzung der theoretischen Vorüberlegungen

Die **Trainingsinhalte** werden aus den für Schüler des fünften Schuljahres der Hauptschule relevanten Themen abgeleitet. Durch eine qualitative Fehleranalyse verbunden mit einer unmittelbaren Beobachtung des Kindes beim Schreiben wird die individuelle Ausgangslage des Kindes bestimmt. Die Förderthemen sind als Module gefasst, die für die individuelle Fördergruppe zusammengestellt bzw. von denen einige Themen fakultativ in das individuelle Programm eingebaut werden können.

Die Vermittlung von orthografischen Regelmäßigkeiten ist **in kleinen Schritten aufgebaut** durch Hilfestellung beim Einblick in Regelmäßigkeiten mittels Algorithmuskarten, der Einübung und Anwendung der Regelmäßigkeit, der Integration mit anderen Teilprozessen und der Entwicklung von Handlungsplänen mit materialisierten Symbolen.

Eintragungen im inneren orthografischen Lexikon werden gefestigt und durch günstige zeitliche Verteilung der **Wiederholungen** automatisiert (zunächst in kürzeren Abständen und dann spätere Auffrischungen). Zusätzlich wird der Lernprozess selbst durch Vermittlung der Strategien des Codierens, des Einprägens und der Selbstkontrolle beeinflusst.

Verstärkt werden nicht einzelne Arbeitssequenzen, sondern nur relativ pauschal die Mitarbeit der Kinder in einer Trainingssitzung und die Erledigung von Hausaufgaben. Als Verstärker werden zum einen soziale Verstärker und zum anderen die Anwendung eines Token-Systems (Tierbilder-Stempel, Eintauschwert von ca. 5 Cent pro Stempel) eingesetzt.

Überprüfung des Erfolgs findet für jeden Baustein durch einen kleinen Test statt, der den spezifischen Lernerfolg dieser Einheit überprüft.

Die wichtigsten Übungsformen sind die direkte Instruktion durch den Übungsleiter und die nachfolgende selbstständige Übung mithilfe von Arbeitsbögen durch die Schüler. Wichtig hierbei ist die Anleitung zur Selbstkontrolle durch den Schüler. Ein Karteikasten zu selbstständigen Übungen mit Wortkarten wird für den Erwerb von Lernwörtern verwendet. Zusätzlich sind spielerische Übungsformen vorgesehen, die sowohl spannend sind als auch einen wichtigen Lernanlass darstellen.

Zusätzlich zu zwei Trainingssitzungen pro Woche werden **Hausaufgaben** (z. B. Arbeitsblätter und Lernwörter), die ausschließlich aus bekanntem Material bestehen, angefertigt.

Eine **empirische Überprüfung** des Trainings wurde an je 41 Fünftklässlern der Hauptschule (Experimental- und Kontrollgruppe) durchgeführt. Insgesamt elf Gruppen à 3–4 Kinder wurden zweimal wöchentlich je 45 Minuten an den Schulen trainiert. Der erste Trainingsabschnitt dauerte 30–35 Sitzungen.

Das wichtigste Ergebnis ist eine signifikante Verbesserung der trainierten gegenüber den untrainierten Kindern; die geförderten Kinder lagen nach dem Training nur noch gering unter der durchschnittlichen Leistung aller erfassten Klassen.

Qualitativ war in den meisten Fehlerkategorien eine Reduktion um etwa die Hälfte zu verzeichnen (Ausnahmen im negativen Bereich bilden die abstrakten Substantive und die Vorsilbe »fort-«, überdurchschnittliche Verbesserungen fanden sich beim »qu« und in der Kleinschreibung von einfachen Adjektiven).

Ein sehr guter Transfer auf nicht geübte Wörter zeigte sich deutlich beim Training sprachlicher Regelmäßigkeiten.

2.6.3   Strategisches Lernen nach Mannhaupt (1992)

Mannhaupt erhebt in seiner 1992 vorgelegten empirischen Studie zur Ausbildung von Monitoring im frühen Schriftspracherwerb nicht den Anspruch, ein geschlossenes Förderprogramm zu evaluieren. Die Untersuchung dient der Überprüfung der Bedeutung einer unterschiedlichen Strukturierung von Lernsituationen für die Qualität von Lernprozessen und Lernergebnissen. Mit der Intervention wurde versucht, bei lernschwierigen, in diesem Falle lese-rechtschreibschwachen Kindern die aktive und bewusste Mitgestaltung ihres Lernprozesses zu erreichen sowie bei ihnen Fertigkeiten der Handlungskontrolle bzw. des Monitorings zu entwickeln.

A.   Theoretische Vorüberlegungen

Vor dem Hintergrund der Trainingsprogramme von Kossow (1979) und Scheerer-Neumann (1979) und unter Berücksichtigung von Erkenntnissen der tätigkeitstheoretischen Aneignungsforschung (u. a. Galperin 1969) und der kognitiven Instruktionsforschung (z. B. Brown et al. 1984) konzipierte Mannhaupt ein handlungsstrategisch orientiertes Förderkonzept, das Kinder mit Schwierigkeiten im Schriftspracherwerb bereits früh (1. Klasse) unterstützt.

Sachlogische Aspekte:
Mannhaupt sieht die Probleme bei der Auseinandersetzung mit schulischen Lerngegenständen wie der Schriftsprache darin, dass die Kinder nicht in der Lage sind, implizit einen adäquaten Handlungsplan – d. h. adäquate gegenständliche Handlungen und adäquate Kontrollhandlungen auszubilden.

Deshalb berücksichtigt er in seinem Training sowohl inhaltliche Aspekte als auch die Art der Strukturierung der Lernsituation.

Inhaltliche Aspekte:
Mannhaupt geht von der Grundannahme aus, dass ohne die Erarbeitung des phonologischen Prinzips der Sprache kein erfolgreicher Schriftspracherwerb

stattfinden kann. Bei der Intervention steht deshalb die **phonologische Analyse** der gesprochenen Sprache im Mittelpunkt. Den Kindern soll früh am Beginn des Schriftspracherwerbs der Zusammenhang der Schrift mit der Lautstruktur der gesprochenen Sprache bewusst werden. Die Aneignung des phonologischen Prinzips soll den Kindern den Anschluss an den Unterricht in den Klassen ermöglichen, sodass sich die Schere der Entwicklung der Schriftsprachfähigkeiten zwischen den erfolgreichen und den Problemkindern nicht vergrößert (bzw. wieder schließt oder gar nicht erst öffnet).

Lerntheoretische Aspekte:
Grundlage von Mannhaupts Trainingskonzeption ist die tätigkeitstheoretische Lern- und Unterrichtsforschung. Leontjew formulierte 1982 eine Tätigkeitstheorie, die den Prozess der »Tätigkeit«, die das Subjekt und seine Umgebung vereinigt, in den Mittelpunkt stellt. Nach dem Konzept der Strukturidentität innerer und äußerer Handlungen werden psychische Prozesse aus äußeren Prozessen verinnerlicht, was bedeutet, dass der zentrale Ansatzpunkt zur Veränderung von psychischen Prozessen die Veränderung der Strukturierungen der äußeren Handlungen sein muss.

Die **Struktur des Lernprozesses** umfasst dabei folgende Gesichtspunkte:

– Allmähliche Verinnerlichung:
Die Aneignung von Handlungen und Fertigkeiten erfolgt über die Etappen der Ausbildung geistiger Handlungen von außen nach innen. Lernen wird als Prozess des Übergangs von äußeren (sozialen bzw. materialisierten) Handlungen über verbalisierte hin zu verinnerlichten und automatisierten Fertigkeiten verstanden. Das Kind soll alle wesentlichen Elemente der Handlung und des Gegenstandes entdecken. Auch die Zwischenschritte der auszubildenden Handlung müssen entfaltet werden.

– Bewusste Ausbildung einer Kontrollhandlung:
Für die Ausbildung einer geistigen Handlung ist die Ausbildung einer bewussten, führenden und begleitenden Kontrollhandlung (Monitoring) unerlässlich (nach Galperin 1969). Auch die Kontrollhandlungen müssen von außen nach innen verinnerlicht werden.

– Eigenständige Erarbeitung der Orientierungsgrundlage:
Vor der Auseinandersetzung mit neuen und unbekannten Handlungen muss vor der eigentlichen Handlungsdurchführung eine Orientierungsgrundlage eigenständig werden. Wissen und Fähigkeiten, die Bestand haben sollen, dürfen nicht nur verbal vermittelt werden, die Kinder müssen den Gegenständen selbstständig ihre Geheimnisse entlocken.

– Konkretion abstrakter Beziehungen:
Nach Dawydow besteht die Annahme, dass vollwertige Strategien für komplexe Handlungen am besten durch die Auseinandersetzung mit abstrakten Modellen ausgebildet werden und nicht durch die Arbeit mit verschiedenen realen Konkretionen des Gegenstandes (Dawydow 1977).

B.   Umsetzung der theoretischen Vorüberlegungen

Die **zentrale These** des Programms ist, dass bei entsprechender Strukturierung der Lernprozesse strategisches Lernen von Beginn der Schulzeit an ermöglicht werden kann.

Ziel der Intervention ist, die Kinder bewusst erfahren zu lassen, dass sie, um die Struktur eines geschriebenen Wortes zu entdecken, zu großen Teilen auf die Sprechweise dieses Wortes zurückgreifen können. Im Training wird kein Wort geschrieben, die Frage ist dann, ob die Kinder nach Aneignung dieser primären Abstraktion der Schrift in der Lage sind, dies in den anderen Bereichen der Schriftspracherfahrungen einzusetzen und einen Anschluss an den Unterricht in ihren Klassen zu erreichen.

Das **praktische Handeln** des Kindes mit Materialien und der **soziale Austausch** werden aufgrund der tätigkeitstheoretischen Lerntheorie als Ausgangspunkte für die Verinnerlichung der Lernhandlung gewählt. Anhand der Auseinandersetzung mit Materialisierungen der Symbole wird den Kindern die Erarbeitung der Lautstruktur-Schriftstruktur-Isomorphie ermöglicht. Dabei werden auch Zwischenschritte der auszubildenden Handlung entfaltet.

Gegenstand der Intervention ist die Kontrollhandlung als solche. Erst wenn es zur Verinnerlichung der Handlungen kommt, tritt die Bewältigung der gegenständlichen Aufgaben in den Vordergrund. Dabei werden die Kinder (neben den konkreten Handlungen) auch immer wieder auf die Fragen hingewiesen, wie, wann und warum welche Handlungsschritte einzusetzen sind.

Lernsituation und Material sind so gestaltet, dass die Kinder die erforderlichen Handlungsschritte und deren Reihenfolge selbstständig entdecken können. Das Material ist dazu so gestaltet, dass es zunächst das höchstmögliche Maß an äußerer Strukturierung selbst enthält (Unsicherheiten der Kinder werden schon durch die Aufgabenstellung ausgeschlossen, z. B. entsprechen die Schemata in ihrer Länge immer der Lautstruktur der Wörter und die passende Anzahl an Laut-Marken liegt vor den Kindern). Durch entsprechende Aufgabenauswahl wird die Erstellung eines »Fahrplans« der Handlung ermöglicht (z. B. Schritte beim »Wörter Knacken«: 1. genau hinhören → 2. langsam sprechen → 3. den ersten Teil vom Rest trennen und die entsprechende Marke in das Schema legen → 4. auf die gelegten Marken tippen und die dazugehörenden Laute aussprechen → 5. das analysierte Wort langsam aussprechen und mit dem Ausgangswort vergleichen). Nach Ausbildung der ersten vier Schritte des Handlungsplans werden die Hilfen durch das Material schrittweise ausgeblendet, dadurch findet ein Übergang von der gegenständlichen zur verbalen Handlung und zur Verinnerlichung statt.

Die Kinder nehmen die **Materialisierung der Kontrollhandlung** selbst durch eigenhändiges Erstellen bzw. Malen der Materialien und Fahrpläne vor.

Die **empirische Überprüfung** fand statt mit Kindern, die einige Monate nach der Einschulung Probleme mit dem Schriftspracherwerb erkennen ließen. Trainiert wurden 14 Gruppen à 2–4 Kindern neben dem schulischen Unterricht über neun Wochen zweimal wöchentlich (im Durchschnitt).

Die Ergebnisse zeigen bei einem großen Teil der Kinder der Interventionsgruppe Leistungsverbesserungen. Darüber hinaus beantworten sie die Frage nach frühem strategischem Lernen durchweg positiv: Die beiden Interventionsvarianten (konkrete versus abstrakte Form) waren gleichermaßen wirksam, die Kinder der Interventionsgruppe, nicht aber die der Kontrollgruppe näherten sich den Werten einer repräsentativen Stichprobe an. Langfristige Effekte waren über sechs Monate follow-up stabil. Die meisten Kinder konnten den Transfer von der phonologischen Analyse auf das Lesen und Rechtschreiben leisten. Das heißt, dass die konsequente Ausbildung lautstrukturanalytischer Fertigkeiten als Teilfertigkeiten im frühesten Schriftspracherwerb bei Erstklässlern in Begleitung zum Unterricht nachhaltige Verbesserungen auch bei den Lese- und Schreibfertigkeiten bewirkt. Der Transfereffekt war allerdings bei den interventionsnäheren Aufgaben (Lautstrukturanalyse) größer als bei den schulalltagsrelevanten Aufgaben des Lesens und Rechtschreibens.

2.6.4 Das Marburger Rechtschreibtraining von Schulte-Körne und Mathwig (2001)

Das Marburger Rechtschreibtraining (2001) kann konzeptuell den kognitiven Verfahren zugeordnet werden. Als kognitiv orientiertes Trainingsverfahren basiert es auf expliziten Annahmen über die Teilprozesse des Lesens und Rechtschreibens sowie über die Stufen des Lernprozesses an sich.

A. Theoretische Vorüberlegungen

Inhaltliche Aspekte:
Für eine theoretische Einordnung des Trainingskonzepts ist das Phasenmodell von Frith (1985) relevant. Danach durchlaufen Kinder beim Schriftspracherwerb drei aufeinander aufbauende Phasen: die logografische, die alphabetische und die orthografische Phase. Die erste Phase ist im Wesentlichen durch ein ganzheitliches Malen von Wörtern gekennzeichnet, in der zweiten Phase lernen die Kinder die Zuordnung von Laut- und Schriftsprache und in der dritten Phase wird zunehmend orthografisches Wissen berücksichtigt. Phonologische Trainings lassen sich der alphabetischen Phase zuordnen, Regeltrainings der orthografischen Phase. Mannhaupt (1994) folgert aus seiner Metaanalyse, dass phonologische Trainings bis einschließlich der ersten Klasse sinnvoll seien. Der Einsatz von Regeltrainings kann sinnvollerweise erst stattfinden, wenn die Kinder sich die Laut-Buchstaben-Beziehungen angeeignet haben und auch von ihrer kognitiven Entwicklung her in der Lage sind, Regeln zu lernen und anzuwenden. Regeltrainings sind somit etwa ab der zweiten bis dritten Grundschulklasse einsetzbar (Scheerer-Neumann 1979). Die Konzepti-

on des Rechtschreibtrainings von Schulte-Körne und Mathwig (2001) berücksichtigt den Entwicklungsstand von Zweit- und Drittklässlern hinsichtlich der Lese- und Rechtschreibfertigkeit und setzt auf der orthografischen Entwicklungsstufe des Schriftspracherwerbs an. Drittklässler haben häufig keinerlei Regelwissen oder können bei ausreichender Regelkenntnis die Regeln oft nicht anwenden (Scheerer-Neumann 1988). Rechtschreiboperationen, die in Einzelprozessen richtig durchgeführt werden (z. B. Mitlautverdopplung nach kurzem Selbstlaut), können nicht auf den gesamten Schriftsprachprozess übertragen werden (z. B. wenn zusätzlich die Entscheidung über Groß- und Kleinschreibung getroffen werden muss). Das Ziel eines Rechtschreibtrainings sollte daher über die reine Vermittlung von Regelwissen auch die Vermittlung von Lösungsstrategien beinhalten (Scheerer-Neumann 1988).

Dies trägt der Tatsache Rechnung, dass rechtschreibschwache Kinder nicht einfach nur quantitativ mehr und intensivere, sondern qualitativ andere Förderung als andere Kinder benötigen. Das mehr oder weniger »intuitive« (automatisiert ablaufende) Schreibenlernen steht ihnen nicht zur Verfügung, weshalb sie dazu angeleitet werden müssen, »bewusst« zu schreiben.

Metakognitive Aspekte:
Probleme von Legasthenikern zeigen sich außer in Störungen der Teilprozesse des Lesens und Rechtschreibens auch im Bereich der zur Aufgabenlösung nötigen Metakognitionen (im Sinne von Reflexion über den eigenen Lernprozess und Nutzung strategischer Aktivitäten, Hasselhorn 2001). Dabei spielen insbesondere Aspekte der Planung, der Überwachung und der Veränderung des eigenen Denkens und Handelns auf die geplanten Lernziele eine entscheidende Rolle. Hinsichtlich dieser Aspekte liegen bei der LRS Schwächen vor. Ziel des Programms ist es daher, dass rechtschreibschwache Kinder anhand eines stufenweisen Vorgehens angeleitet werden, sich bei der Problemlösung selbst zu steuern. Zentrale Fragen hierzu sind: Wo ist das Problem in einem Wort? Wie finde ich eine Lösung hierfür? Was habe ich gelernt? Habe ich meine Lernziele erreicht? Wie erreiche ich eine Stabilisierung des Lernziels?

Wichtig ist deshalb neben der direkten Instruktion durch den Übungsleiter die nachfolgende Anleitung zur Selbstregulierung durch den Schüler.

Lerntheoretische Aspekte:
Von der Struktur her integriert das Training außerdem lerntheoretische Gesichtspunkte: Aus der empirischen Lernforschung abgeleitete Empfehlungen für das Übungs- und Lernverhalten betonen die Wichtigkeit eines stufenweisen Aufbaus der Lernschritte. Weitere wesentliche Aspekte der Lernforschung sind die direkte Rückmeldung über die Lernleistung sowie das aktive Üben. Gut belegt ist auch die Tatsache, dass erst die regelmäßige Wiederholung von Lerninhalten zu einem andauernden Lernerfolg führt. Die Regelinhalte und deren Anwendung müssen durch günstige zeitliche Verteilung der Wiederholungen gefestigt und automatisiert werden (zunächst in kürzeren Abständen und dann einige spätere Auffrischungen).

49

B. Umsetzung der theoretischen Vorüberlegungen

Zusammengefasst integriert das Marburger Rechtschreibtraining neben der inhaltlichen Vermittlung von Regelwissen außerdem die Förderung metakognitiver Komponenten unter Einbezug von lerntheoretisch fundierten Gesichtspunkten.

Der erste Ansatzpunkt des Marburger Rechtschreibtrainings ist die **Vermittlung von Rechtschreibregeln:** Die Regeln (anschaulich dargestellt auf den Regelkarten) stellen ein wesentliches Grundgerüst des Rechtschreibtrainings dar. Insgesamt acht Regeln enthält das Programm. Anhand dieser Regeln können zwar nicht alle Rechtschreibprobleme gelöst werden, da es eine Reihe von Wörtern gibt, die anhand dieser Regeln nicht richtig verschriftlicht werden können. Diese Ausnahmen sind aber vergleichsweise selten (zu den Dehnungsregeln siehe bei Augst, 1980).

Die zweite Grundidee des Marburger Rechtschreibtrainings besteht darin, anhand einer klaren Struktur **neue Strategien zum Erlernen der Rechtschreibung** zu vermitteln: Um diese neuen Strategien anwenden zu können, wurden spezielle **Rechtschreib-Algorithmen** entwickelt. Die »Kathi« mit ihren langen Armen stellt grafisch den Algorithmus dar, anhand dessen die Kinder Schritt für Schritt zu der richtigen Verschriftlichung eines Wortes gelangen. Die Struktur der Algorithmen ist immer gleich, d. h., ausgehend von einer Problemstellung werden über einen Entscheidungsbaum mit Ja/Nein-Antworten die Lösungsschritte vermittelt. Diese Symbolik wird konsequent durch das gesamte Programm beibehalten und ermöglicht den Kindern so, sich schnell und sicher im Programm zu orientieren.

Eine weitere Lösungsstrategie besteht in der **Visualisierung** von weitestgehend auditiven Problemen. Da eine Reihe von Kindern insbesondere Schwierigkeiten bei der Unterscheidung von lang und kurz gesprochenen Selbstlauten hat, wird eine Lösungsstrategie vermittelt, die auf Visualisierung und grafomotorischer Umsetzung aufbaut. So werden für den kurz gesprochenen Selbstlaut ein Punkt, für den lang gesprochenen Selbstlaut ein horizontal verlaufender Strich unter dem Selbstlaut eingeführt. Für einen auf einen Selbstlaut folgenden Mitlaut wird ein senkrechter Strich gesetzt, für zwei auf einen Selbstlaut folgende Mitlaute zwei Striche. Auch bei den Regeln wird auf diese Techniken der Markierung der Länge der Selbstlaute und der folgenden Anzahl von Mitlauten zurückgegriffen.

Das Training ist so angelegt, dass es nicht allein durch das rechtschreibschwache Kind durchgeführt wird. Das Prinzip dieses Programms besteht in dem **gemeinsamen Erarbeiten** der einzelnen Lern- und Übungsbereiche. Nach dem Durcharbeiten der einzelnen Kapitel sollen die Kinder die Rechtschreibregeln, zunächst mithilfe von Lern- und Regelkarten, z. B. bei den Hausaufgaben anwenden.

Material zur **Selbststrukturierung** wird den Kindern anhand von Merkkarten gegeben. Ziel ist es, die einzelnen Handlungsoperationen gemeinsam anhand der Karten mit der/dem Anleiterin/Anleiter zu erlernen. Die Lösungswege sollen sowohl schriftlich als auch mündlich erarbeitet werden.

Wesentlich ist dabei, dass die Kinder in die Lage versetzt werden, über das laute Vorsprechen der einzelnen Lösungsschritte sich selbst zu strukturieren und zu kontrollieren.

Anleitung zur **Selbstüberwachung** findet durch regelmäßige Erfolgskontrollen statt: Zu diesem Zweck werden zum Abschluss der einzelnen Kapitel sog. Erfolgskontrollen in Form von Lückentexten angeboten. Die Auswahl der Wörter richtet sich nach den im Kapitel behandelten Lernbereichen. Zu diesen Wortdiktaten gibt es immer eine Geschichte und eine Grafik, in die die Kinder die Anzahl der richtig geschriebenen Wörter eintragen. Ab Kapitel 9 wird auch die benötigte Zeit für die Rechtschreibung protokolliert, um die Geschwindigkeit der Verschriftlichung zu fördern. Durch das Eintragen der aktuellen Ergebnisse wird die Lernentwicklung für das Kind, aber auch für die Person, die mit dem Kind arbeitet, deutlich.

Im Marburger Rechtschreibtraining ist die Vermittlung von orthografischen Regelmäßigkeiten in **kleinen Schritten** aufgebaut (Hilfestellung beim Einblick in Regelmäßigkeiten mittels Algorithmuskarten, Einübung und Anwendung der Regelmäßigkeit, Integration mit anderen Teilprozessen, Lösungsstrategien mit materialisierten Symbolen in Form von Regelkarten und Lernkästen).

Es gibt zwei **Schwierigkeitsaspekte** des Trainings: 1. Innerhalb der Kapitel sind die ersten Übungen einfach und werden zunehmend komplexer und häufig auch schwieriger. 2. Das gesamte Training beginnt eher mit leichteren Inhalten und wird zunehmend schwieriger. Allerdings wird der Schwierigkeitsgrad der einzelnen Kapitel individuell sehr unterschiedlich erlebt und hängt nicht selten von dem individuellen Lerntempo und dem Kenntnisstand der Kinder ab. Dieser Aspekt trifft natürlich auch für die Übungen zu. Daher sind in die Anleitung Hinweise aufgenommen, wie einzelne Übungen verändert werden können, um sie entsprechend zu vereinfachen oder schwieriger zu gestalten.

Das Marburger **Rechtschreibtraining** ersetzt **keine umfassende Grammatik**. Daher können nicht alle Rechtschreibprobleme gelöst werden. Im Wesentlichen werden die typischen Rechtschreibprobleme von lese-rechtschreibschwachen Kinder der zweiten bis vierten Grundschulklasse bearbeitet. Die Themen decken sich außerdem größtenteils mit den Fehlerschwerpunkten, die Scheerer-Neumann (1988) bei rechtschreibschwachen Hauptschülern der fünften Klasse identifiziert hat. Die zwölf Kapitel/Lernbereiche bauen aufeinander auf. Beginnend mit der Einführung der Selbstlaute wird die Unterscheidung von lang und kurz gesprochenem Selbstlaut im Wortstamm geübt. Es besteht jedoch auch die Möglichkeit, dass einzelne Kapitel zu bestimmten Themen (z. B. Ableitungen) aus diesem Training genommen und damit andere Übungsverfahren ergänzt werden. Die Übungen zu den einzelnen Lernbereichen sind so konzipiert, dass zunächst nur einer geübt wird. Erst nach dem intensiven Training eines Lernbereiches wird dieser einem bereits gelernten in verschiedenen Übungen gegenübergestellt.

Im Training werden regelmäßig **Wiederholungsübungen** angeboten, die auf bereits dargestellte Lerninhalte aufbauen. Teilweise werden in den Wiederholungsübungen verschiedene Lerninhalte gemeinsam überprüft. Diese Überprüfung entspricht der Anforderungssituation in der alltäglichen Schreibpraxis. Für die Verschriftlichung von Wörtern ist eben nicht nur die Kenntnis von einem ausgewählten Problembereich erforderlich, sondern die Beachtung recht verschiedener Schwierigkeiten (z. B. Groß- und Kleinschreibung und Mitlautverdopplung nach einem kurz gesprochenen Selbstlaut).

Eine wesentliche Voraussetzung des Lernerfolges ist die Anwendung der Regeln beim Schreiben, was eine **Transferleistung** der Trainingsinhalte auf die Anforderungssituation des Rechtschreibens bedeutet. Auch dies wird durch die Erfolgskontrollen gewährleistet.

Evaluation: In mehreren Studien konnte die Wirksamkeit des Marburger Rechtschreibtrainings eindrucksvoll belegt werden (Schulte-Körne et al. 1997, 1998, 2001, 2003). Hier liegt damit erstmals ein Förderprogramm vor, das

– **Eltern** unter Anleitung selbst durchführen können,
– aber auch für **Fachkräfte** sehr gut geeignet ist, z. B. in der psychologischen Praxis, in der Lernpraxis oder
– in Kleingruppen des **schulischen Förderunterrichts.**

In den bereits durchgeführten Studien zur Wirksamkeit des Trainingsprogramms konnte ein **Erfolg für Kinder der zweiten bis fünften Klasse** gezeigt werden. Der Einsatz in höheren Klassen ist bisher nicht untersucht, allerdings ist anzunehmen, dass bei Vorliegen einer ausgeprägten Rechtschreibstörung auch in höheren Klassen sinnvoll mit dem Programm gearbeitet werden kann. Die Kinder arbeiten sehr gern mit diesem Material, da das Lern- und Übungsmaterial für lese- und rechtschreibschwache Schüler entsprechend gestaltet wurde.

2.7 Zusammenfassung

Lerntheoretische Aspekte sind in einzelnen Therapien der LRS enthalten. Allerdings liegen kaum Förderprogramme vor, die überwiegend lerntheoretisch fundiert sind. Dies trifft insbesondere für Programme zur Leseförderung zu. Die meisten Therapien integrieren kognitionspsychologische Aspekte, Aspekte der Verhaltenstherapie mit lerntheoretischen Aspekten. Möglicherweise ist die Kombination dieser verschiedenen Bereiche ein zentraler Grund für die Wirksamkeit dieser Förderprogramme.

Lerntheoretische Fundierung bezieht sich nicht auf den Schriftspracherwerb im Rahmen eines Trainingsprogramms, sondern auf die Anwendung der Erkenntnisse der empirischen Lernforschung in der **Vermittlung** von Inhalten. Das heißt, nicht das »Was« sondern das »Wie« steht im Mittelpunkt der Betrachtung. Deshalb kann in der Therapie der LRS ein Training der phonologischen Fertigkeiten und des orthografischen Wissens lerntheoretisch begründet werden, wenn es in der Konzeption nicht nur spezifisch aufgebaute Materialien enthält, sondern auch Anleitung für die Durchführung nach lerntheoretischen Gesichtspunkten beinhaltet bzw. dem aktiven, auf Strategiebildung ausgerichteten Lernen stärkere Bedeutung beimisst.

Allerdings ist das Training von Techniken allein, ohne Bezug zum Lerngegenstand, nicht hilfreich.

Lerntheoretisch fundierte Ansätze in der LRS-Förderung können sowohl schulisch als auch außerschulisch umgesetzt werden.

In mehreren Evaluationsstudien zur Förderung der Rechtschreibleistung (Kossow 1972, Scheerer-Neumann 1979, 1988, Schulte-Körne und Mathwig 2001) konnte gezeigt werden, dass sehr strukturierte Programme, gekennzeichnet durch kleinschrittiges Vorgehen, Lernen mit Handlungsanleitung und Handlungsstrukturierung und mit Verstärkern zur Verbesserung der Rechtschreibleistung führen.

Insgesamt ist der Einsatz lerntheoretisch begründeter Therapieverfahren bei der Förderung von lese-rechtschreibschwachen Kindern sehr zu empfehlen.

Literatur

Augst, G. (1980). Die graphematische Dehnungsbezeichnung und die Möglichkeiten einer Reform. Deutsche Sprache, 8, 306–326.

Brown, A. L., Palincsar, A. S., und Armbruster, B. B. (1984). Fostering activities in interactive learning situations. In H. Mandl, N. L. Stein und T. Trabasso (Hrsg.), Learning and comprehension of text (S. 255–286). Hillsdale, N. J.: Erlbaum.

Dawydow, W. (1977). Arten der Verallgemeinerung im Unterricht. Berlin: Volk und Wissen.

Dilling, H., Mombour, W., und Schmidt, M. H. (Hrsg.) (1991). Internationale Klassifikation psychischer Störungen. Bern: Huber.

Frith, U. (1985). Beneath the surface of developmental dyslexia. In K. E. Patterson, J. C. Marshal und M. Coltheart (Hrsg.), Surface dyslexia (S. 300–330). London: Lawrence Erlbaum Associates.

Galperin, P. J. (1969). Die Entwicklung der Untersuchung über die Bildung geistiger Operationen. In H. Hiebsch (Hrsg.), Ergebnisse der sowjetischen Psychologie. Stuttgart: Klett.

Haller, E. P., Child, D. A., und Walberg, H. J. (1988). Can comprehension be taught? A quantitative synthesis of »metacognitive« studies. Educational Researcher, 17, 5–8.

Hasselhorn, M. (2001). Metakognition. In H. D. Rost (Hrsg.), Handwörterbuch Pädagogische Psychologie (S. 466–471). Weinheim: Psychologie Verlags Union.

Jorm, A. F. (1983). Specific reading retardation and working memory: A review. British Journal of Psychology, 74, 311–342.

Klicpera, C. (1983). Poor planning as a characteristic of problem-solving behavior in dyslexic children. Acta Paedopsychiatrica, 49, 73–82.

Kortum, H. (1963). Kybernetik und technischer Fortschritt. Berufsbildung, 4.

Kossow, H.-J. (1979). Zur Therapie der Lese-Rechtschreib-Schwäche. Berlin: Deutscher Verlag der Wissenschaften.

Kossow, H.-J. (1984). Leitfaden zur Bekämpfung der Lese-Rechtschreib-Schwäche (2. Auflage 1991). Berlin: Deutscher Verlag der Wissenschaften.

Leontjew, A. N. (1982). Tätigkeit – Bewusstsein – Persönlichkeit. Köln: Pahl-Rugenstein.

Machemer, P. (1972). Entwicklung eines Übungsprogrammes für Eltern zur Behandlung von Legasthenikern nach verhaltenstherapeutischem Modell. Schule und Psychologie, 19, 336–346.

Mannhaupt, G. (1992). Strategisches Lernen: Eine empirische Studie zur Ausbildung von Monitoring im frühen Schriftspracherwerb. Heidelberg: Asanger.

Mannhaupt, G. (1994). Deutschsprachige Studien zu Intervention bei Lese-Rechtschreibschwierigkeiten: Ein Überblick zu neueren Forschungstrends. Zeitschrift für Pädagogische Psychologie, 8, 123–138.

Meichenbaum, D. W. (1979). Kognitive Verhaltensmodifikation. München: Urban & Schwarzenberg.

Scheerer-Neumann, G. (1979). Intervention bei Lese-Rechtschreib-Störung. Überblick über Theorien, Methoden und Ergebnisse. Bochum: Kamp.

Scheerer-Neumann, G. (1988). Rechtschreibtraining mit rechtschreibschwachen Hauptschülern auf kognitionspsychologischer Grundlage: Eine empirische Untersuchung. Opladen: Westdeutscher Verlag.

Schneider, W., und Springer, A. (1978). Individualisiertes Rechtschreibtraining auf verhaltenstherapeutischer Basis. Psychologie in Erziehung und Unterricht, 25, 197–204.

Schulte-Körne, G., Schäfer, J., Deimel, W., und Remschmidt, H. (1997). Das Marburger Eltern-Kind-Rechtschreibtraining. Zeitschrift für Kinder- und Jugendpsychiatrie und Psychotherapie, 25, 151–159.

Schulte-Körne, G., Deimel, W., und Remschmidt, H. (1998). Das Marburger Eltern-Kind- Rechtschreibtraining – Verlaufsuntersuchung nach zwei Jahren. Zeitschrift für Kinder- und Jugendpsychiatrie und Psychotherapie, 26, 167–173.

Schulte-Körne, G., Deimel, W., Hülsmann, J., Seidler, J., und Remschmidt, H. (2001). Das Marburger Rechtschreib-Training – Ergebnisse einer Kurzzeit-Intervention. Zeitschrift für Kinder- und Jugendpsychiatrie und Psychotherapie, 29, 7–15.

Schulte-Körne, G., Deimel, W., und Remschmidt, H. (2003). Rechtschreibtraining in schulischen Fördergruppen – Ergebnisse einer Evaluationsstudie in der Primarstufe. Zeitschrift für Kinder- und Jugendpsychiatrie und Psychotherapie, 31.

Schulte-Körne, G., und Mathwig, F. (2001). Das Marburger Rechtschreibtraining. Bochum: Winkler.

Sternberg, R. J. (1979). The nature of mental abilities. American Psychologist, 34, 214–230.

Sternberg, R. J. (1980). Sketch of a componential subtheory of human intelligence. Behavioral and Brain Sciences, 3, 573–614.

Sternberg, R. J. (1984). Mechanisms of cognitive development: A developmental approach. In R. J. Sternberg (Hrsg.), Mechanisms of cognitive development. New York: W. Freeman.

3 Computergestützte Trainingsverfahren

Katrin Zimdars und Susanne Zink

3.1 Einleitung

Die Entwicklung von Computerprogrammen für teilleistungsgestörte und sprachentwicklungsauffällige Kinder begann in Deutschland in den achtziger Jahren. Lehrer und Therapeuten versprachen sich durch den Einsatz des Computers neue Fördermöglichkeiten und vor allem bessere Lernerfolge. Mitte der neunziger Jahre weckte die Presse die Hoffnung, durch das Medium Computer »eine Revolution des Lernens« herbeizuführen (Spiegel 9/1994). Einige sahen sogar das Ende der Schule (»Nie wieder Schule«, Fokus 4/1994) voraus.

Diese euphorische Erwartung ist genau wie eine übertriebene Skepsis gegenüber dem Computer von Lehrern, Therapeuten und Eltern seither nur noch selten geäußert worden, sodass der Einsatz von Lernsoftware insgesamt heute nicht mehr infrage gestellt wird.

Beobachtet man die Entwicklung der Produktpalette »Lernsoftware«, so ergibt sich ein nicht nur für den Laien kaum mehr zu überblickendes Angebot. Dieses nach allgemein gültigen qualitativen Kriterien zu ordnen, um für Lehrer, Therapeuten und Betroffene eine möglichst objektive Beurteilung über den Nutzen der Lernprogramme zu treffen, stellt eine hilfreiche und notwendige Aufgabe dar, die bereits mehrfach von verschiedenen Autoren (Amorosa, Baumann-Geldern, Burger, Castell, Strehlow, Walter) mit unterschiedlichem Erfolg vorgenommen wurde. Ein Hauptproblem ist hier die schnelle Änderung des Softwareangebots. Die in diesem Kapitel erstellte Übersicht einiger aktueller Lernprogramme dient als Orientierung bei der Auswahl.

Dass die Arbeit am Computer eine besonders für lese- und rechtschreibschwache Kinder sinnvolle Ergänzung zu Unterricht bzw. Therapie darstellt, ist heute unumstritten. Inwieweit spezifische Lernfortschritte im Lesen und Schreiben aber auf Computerprogramme zurückzuführen sind, kann bis heute durch keine Studie eindeutig beantwortet werden. Evaluationsstudien konnten keine spezifische Überlegenheit des Einsatzes von Lernsoftware gegenüber konventionellen Methoden belegen.

Dieses Kapitel soll, neben einer allgemeinen, eher pädagogisch gehaltenen Einführung über den Einsatz von Computerprogrammen, aufzeigen, welche spezifischen Möglichkeiten und Grenzen das Computertraining für leserechtschreibschwache Kinder darstellt. Hierzu wird im Teil 2 eine Zusammenfassung von fünf Evaluationsstudien erfolgen.

3.2 Einsatzbereiche von Lernsoftware

Computer sind im Anfangsunterricht bei SchülerInnen mit besonderem Förderbedarf didaktisch vielfältig einsetzbar (vgl. Baumann-Geldern 1990).

In den sonderpädagogischen Diagnose- und Förderklassen können Computerprogramme Wesentliches zum Schriftspracherwerb beitragen (Baumann-Geldern 1995). Einsatzbereiche außerhalb der Schule sind psychologische und pädagogische Praxen, die sich mit der besonderen Förderung von Kindern im Lesen und Schreiben befassen, aber auch heilpädagogisch arbeitende Institutionen wie Kliniken, Heime und Beratungsstellen. Darüber hinaus sind verschiedene Programme zum Einsatz zu Hause im Familienbereich gut geeignet. Die Kinder können in Kleingruppen oder allein am Computer arbeiten.

Eine Einführung in die Programme sowie die Begleitung durch motivationsförderndes Verhalten seitens der Lehrer, Therapeuten und Eltern ist notwendig. Die Arbeit am Computer kann dann in einer sozialen und kommunikativen Atmosphäre erlebt werden.

Ein geeigneter Standort in der Schule ist ein eigener Arbeitsraum, genannt Lernwerkstatt, in dem sich mehrere PCs befinden. Wenn der Computer im Klassenzimmer steht, kann er während der Freiarbeit genutzt werden.

3.3 Spezifische mediale und pädagogische Merkmale des computergestützten Trainings

Zunächst existieren einige technische Voraussetzungen für die Hardwareausstattung des PCs. Rechtschreibprogramme beinhalten häufig eine umfangreiche Grafik, Animation und Sprachausgabe, für die eine große Speicherkapazität am Computer vorhanden sein muss. Aus gesundheitlichen Gründen ist ein strahlungsarmer, flimmerfreier Bildschirm unverzichtbar.

Bei der Nutzung ausrangierter Computer, z. B. durch die Spende einer Firma, sollte aus diesem Grund auf eine medizinisch unbedenkliche Ausstattung geachtet werden.

Bei Sprachprogrammen sind eine Soundkarte sowie kleine Boxen, ein Kopfhörer und ein Mikrofon zu installieren. Arbeitsergebnisse auszudrucken sollte zur Lernkontrolle und zur selbstständigen Leistungsüberprüfung in jedem Fall möglich sein.

Computerprogramme kombinieren vielfältige Übungsformen aus analytischen und synthetischen Anteilen des **Leselernprozesses.** Erkennen, Zusammensetzen, Zerlegen, Ergänzen und Nachschreiben von Buchstaben und Wörtern werden in variabler Form angeboten. In kleinsten Schritten wird mit dem Erlernen von Buchstaben und Silben begonnen und es werden Übungen zum synthetischen Wort- und Satzbau in vielfältiger Form präsentiert.

Integrierte Sprachprogramme (z. B. TAO, RUDI, LILLI, Cornelsen) ermöglichen zusätzlich ein akzentuiertes Lernen in der Graphem-Phonem-Zuordnung. Im traditionellen Schulunterricht geschieht dies, wenn durch den Lehrer beim Zeigen eines Wortes auch die entsprechende Aussprache desselben Wortes erfolgt. Kinder können diese Situation am Bildschirm in konzentrierter Form erleben, wenn sie z. B. durch einen Mausklick Wörter zum Sprechen bringen können. Sie erfahren somit als Effekt ihres eigenen Handelns die Graphem-Phonem-Korrespondenz. Die Möglichkeit, einzelne Buchstaben akustisch zu präsentieren, fördert die Lautdiskriminierung in Verbindung mit der Buchstabenkenntnis und festigt diese. Das gezielte Hören von Silben und Wörtern dient der Buchstabensynthese.

Oftmals haben Kinder mit Lese-Rechtschreib-Störungen Schwierigkeiten, ein sauberes Schriftbild zu produzieren. Nicht selten liegen zusätzlich feinmotorische Koordinationsstörungen vor, die durch das Bedienen von Tastatur und Joystick trainiert werden können.

Fehlerhafte Eingaben von Buchstaben lassen sich am Bildschirm mühelos korrigieren. Ein Hinweis auf die Fehlerquelle sowie eine Rückmeldung über das Arbeitsergebnis am Ende einer Übungseinheit sind wichtige Bedingungen zur selbstständigen Leistungsbeurteilung der Kinder. Zudem steigert ein optisch ansprechender Ausdruck die Motivation und fordert zu einem weiteren Lernerfolg auf (Baumann-Geldern 1995).

Erfahrungen haben gezeigt, dass den Kindern ein konzentrierteres Arbeiten mit einer größeren Aufmerksamkeitsspanne am PC gelingt.

Bei technikscheuen Kindern kann eine frühe Arbeit am Computer Berührungsängste und Hemmungen diesem Medium gegenüber abschwächen und aufheben.

Neben dem Einsatz von Lern- und Übungsprogrammen scheinen insbesondere für rechtschreibschwache Schüler **Textverarbeitungsprogramme** eines Computers ein vorteilhaftes Schreibwerkzeug zu sein. Alternativen zum Handschreiben werden in der Fachliteratur schon seit geraumer Zeit empfohlen. Kiphard (1981) teilte Ergebnisse aus Untersuchungen über das Schreibmaschineschreiben mit. Das Tastaturschreiben entlastet von der physischen Mühe des Handschreibens. Die gut leserlichen Ausdrucke des Textes (auch nach Korrektur) veranlassen die Kinder, bereitwilliger und mehr zu schreiben (Daiute 1985, OECD 1986). Den Computer als elektronisches Schreibwerkzeug für Kinder favorisiert Kochan (1996). Außerdem spricht erfahrungsgemäß der Computer als technisches Medium Kinder sehr stark an und regt sie zu wesentlich umfangreicheren Übungsphasen an, als dies bei herkömmlichen Medien (z. B. Papier- und Bleistiftversion in Form von Arbeitsblättern) der Fall ist (Baumann-Geldern 1995).

Rechtschreibtraining kann zum einen durch spezielle Software zum Erlernen der Rechtschreibung erfolgen, zum anderen auch durch die allgemeinen Textverarbeitungsprogramme, wie sie zur Grundausstattung eines jeden Computers gehören. Am bekanntesten sind Microsoft Word, Lotus oder auch speziell für Kinder entwickelte einfache Programme wie »der lustige Briefkasten« oder »Mano mit dem Lesepfeil« (Rele-Lernsysteme-München). Die Textverarbeitungsprogramme bieten dem Benutzer die Möglichkeit, Texte in unterschiedlichen Stadien festzuhalten und weiter zu bearbeiten. Positive Erfahrungsberichte liegen hierzu von Naegele (1995) vor.

3.4 Bisherige Entwicklung und Projekte im computergestützten Schriftspracherwerb

Die erste größere Untersuchung zum Einsatz von Computern zur Unterstützung des Schriftspracherwerbs erfolgte von 1968 bis 1975 durch das Stanford Reading Program (SRP) (Hoffmann 1995). Dieses Programm beinhaltete bereits eine Sprachausgabe, welche den Schülern eigenständiges Lernen ermöglichte. Neue Lerninhalte wurden von einer Lehrkraft eingeführt. Das Trainingsprogramm verfügte bereits über wesentliche Aufgabentypen heutiger Programme. Es bestand aus sieben hierarchisch aufeinander folgenden Übungen (z. B. Buchstabenidentifikation, Wortverständnis, Aussprechen von Wortsegmenten).

Von Texas Instruments wurde im Jahr 1979 ein Gerät auf den Markt gebracht, das zum Training von Lese-, Rechtschreib- und Aussprachproblemen genutzt werden konnte. Es gibt jedoch keine Evaluationsstudien zu diesem Programm.

Ein Computerprogramm, das gründlich evaluiert wurde und sich im Schuleinsatz bewährt hat, ist das auf Apple Macintosh lauffähige System »Leesbord«. Es wurde durch das »Institute for perception research« in Eindhoven entwickelt (Hoffmann 1995) und wird den Anforderungen des Einsatzes bei Leseanfängern gerecht. Eine Übung z. B. ist die »Buchstabe-Laut-Zuordnung«. Unterstützt durch Bilder wird das Lesen einzelner Wörter geübt.

Die Entwicklung des Projektes TAO (Texte für Auge und Ohr), eine Untersuchung zur Unterstützung des Schriftspracherwerbs durch automatische Sprachverarbeitung, begann 1990 im Max-Planck-Institut für psychologische Forschung in München und wird auch heute noch in Übersichten von Softwareangeboten als ein aktuelles Lernprogramm aufgeführt (siehe Amorosa et al. 2001). Drei der zuerst realisierten Programme heißen Lesetool, Leseadventure und Lesememory. Ein Vorteil dieser Programme ist die integrierte Sprachausgabe, die es leseschwachen Kindern ermöglicht, die Lernprogramme alleine durchzuführen.

3.5 Beurteilung von Computerprogrammen

Nach Baumann-Geldern wurden allgemein gültige **Kriterien zum Einsatz von Computerprogrammen als Lernmedium** formuliert:

- Computerprogramme sollten individuell dem Leistungsstand eines Kindes anzupassen sein.
- Spezifische Lese-Rechtschreib-Schwierigkeiten sollten durch gezielte Auswahl von Übungen und Materialien angegangen werden.
- Es ist keine spezifische Überlegenheit der Computerübungsprogramme gegenüber traditionellen Therapiemethoden bekannt. Computerprogramme ersetzen nicht den Unterricht des Schriftspracherwerbs, können aber als Ergänzung im Unterricht sinnvoll eingesetzt werden.
- Je nach orthografischem Kenntnisstand muss das Programm nach individuellen Bedürfnissen einsetzbar sein.
- Möglicherweise ist die Motivation zum Üben allgemein am Computer größer als beim Üben mit Papier und Stift. Das deuten die Ergebnisse aus Untersuchungen zur Selbsteinschätzung von Motivation und Lernerfolg an.

Das Angebot an speziellen Lese- und Rechtschreibprogrammen erfüllt nicht immer die qualitativen Ansprüche an pädagogisch wertvolle Software. Zur Beurteilung einzelner Programme eine Übersicht zu gewinnen, fällt schwer, da die Materialien häufig nur über Bestellung erhältlich und nur vereinzelt Programme im Buchhandel zu erwerben sind. Neuerscheinungen werden häufig in Grundschulmagazinen vorgestellt. Informationen können aber auch über Verlage, Buchhandlungen oder Kongresse eingeholt werden. Hinzu kommt die Schnelllebigkeit der Produkte, die eine kritische Sichtung und Bestandsaufnahme erschwert. Ein hoher Preis spiegelt nicht unbedingt eine gute Qualität der Software wider. Hier ist es sinnvoll, zur Information kostenlose/kostengünstige Demoversionen zu nutzen, wie sie von zahlreichen Herstellern mittlerweile angeboten werden. Verschiedene Softwareentwickler haben ihre Programme an Schulen überprüfen lassen. Hier liegen einige positive Berichte vor, die aus praktischen Erfahrungen resultieren (Sommer-Stumpenhorst 1991, Hackethal 1987, Herne 1994, Naegele 1995, Baumann-Geldern 1995).

Für Informationen und Bewertungen von Lernsoftware gibt es aktuell die **SODIS Datenbank**, die auch auf CD-ROM zu erwerben ist (Internet-Adresse: http://www.sodis.de).

Über die SODIS Datenbank besteht die Möglichkeit, Rechtschreibprogramme für unterschiedliche Klassenstufen herunterzuladen. Diese Programme sind nicht auf die Lehrpläne einzelner Bundesländer abgestimmt, sondern zielen auf den gesamten deutschsprachigen Markt. Es wird der Hinweis erteilt, dass die Produkte eher für den sog. Nachmittagsmarkt bestimmt sind, weswegen zu einem hohen Anteil mit spielerischen Elementen geübt wird, um die Motivation der Lernenden auch außerhalb der Schule zu erhalten. Diese »Edutainment«-Titel sind nur bedingt im Schulunterricht einzusetzen, können aber gelegentlich eine willkommene methodische Abwechslung bieten.

Es existiert außerdem eine **Qualitätsbeurteilung von Computerprogrammen** durch die Frankfurter Buchmesse. Dort wird der Bildungssoftware-Preis verliehen. Der Preis wird jährlich vom Institut für Bildung in der Informationsgesellschaft IBI an der TU Berlin, der Zeitschrift »Bild der Wissenschaft« und der »Stiftung Lesen« in Zusammenarbeit mit der Frankfurter Buchmesse ausgeschrieben. Laufend aktualisierte Bewertungen von Lernsoftware durch das Staatsinstitut für Schulpädagogik lassen sich im Internet unter www.isb.bayern.de abrufen.

Es stehen auch Programme der Akademie für Lehrerfortbildung und Personalführung, Dillingen, zur kostenlosen Nutzung und zum Herunterladen zur Verfügung. Die Programme sind für Lehrer zu Unterrichtszwecken sowie für Schüler vorgesehen. Die Weitergabe an Dritte (z. B. Institutionen oder Personen außerhalb der Schule) sowie eine kommerzielle Nutzung ist nicht gestattet.

Für die Jahrgangsstufen eins bis zehn stehen insgesamt folgende 14 Programme zur Verfügung: Anagramm, Artikel-, Mehrzahltraining, Diktattraining, E-Mail, Klangmemory, Lattenzaun, Memos Gedächtnisreise, Puzzle, Rechtschreibtutor für Win3.11, Rechtschreibtutor für Win95, Rechtschreibflipper, Reise ins Zentrum der Macht, Tachisto, Worttrainer für Windows.

3.6 Untersuchungen zur Effektivität computergestützter Trainingsverfahren

In den folgenden Abschnitten wird ein Überblick über fünf Evaluationsstudien zum Einsatz von Computerprogrammen gegeben, mit dem Ziel, Aufschluss darüber zu geben, welche Lernfortschritte lese- und rechtschreibschwache Kinder durch eine individuelle Förderung mittels Computer erzielen können und ob eine Kompensation der Lese-Rechtschreib-Schwäche stattfindet.

Eine zweite Fragestellung widmet sich der Beurteilung von Konzentration, Selbstwertgefühl und Lernmotivation bei den Kindern, die über einen definierten Zeitraum eine längere Übungsphase am Computer durchgeführt hatten.

Tabelle 1: Studienvergleich

Studie	Programme	Zeitraum	Trainings-einheiten	Klassen-stufe	Anzahl der Kinder	Kon-troll-grup-pe	Ergebnisse
Castell et al. 2000	Comles, Budenberg	20 Tage in den Sommerferien in der Klinik	1000 min, 5-mal pro Woche 20 min	2.–5. Klasse	16	nein	Schüler mit sehr schwachen Leistungen verbesserten sich im Lesen und Schreiben
Baumann-Geldern 1995	Comles	4 Monate in der Schule	500 min, 2–3-mal pro Woche 20 min	Förderschule, 2. Jahrgangsstufe	51	3 Förder-gruppen	Zunahme von Konzentration, Motivation, Ausdauer; Verbesserung sehr schwacher Schüler im Lesen und Schreiben
Strehlow et al. 1999	Eugen Traeger	1 Jahr	1-mal pro Woche 45 min , davon ca. 10 min am PC	3. Klasse	25	ja	Rechtschreibleistung hoch signifikant verbessert
Burger et al. 2002	Cesar Lesen 1.0, Easy Training, Training kognitiver Strategien	2 Monate in den Sommerferien zu Hause	5-mal pro Woche 30 min	2.–4. Klasse	51	ja	Zunahme von Konzentration, Motivation, Ausdauer
Walter 2001	Kieler Leseaufbau, Lesezeile	15 Sitzungen in der Schule	2–3-mal pro Woche 20 min Einzelförderung	Förderschule, 3.-8. Klasse	26	ja	Signifikante Zunahme der Motivation, erhebliche Verbesserungen im Lesen

3.6.1 Studie von Castell et al. (2000)

Da Effektivitätsnachweise für computergestützte Lese- und Rechtschreib-Förderung fehlten, begannen 1996 Castell et al. eine Untersuchung mit folgender Hypothese: »Durch die Beschäftigung mit ›Comles‹ und ›Budenberg‹ wird eine Verbesserung der individuellen Lese- und Rechtschreibleistung erreicht.«

Von 1996 bis 1998 erfolgte bei 16 Kindern mit einer Lese- und Rechtschreibleistung von Prozentrang kleiner/gleich 16 eine systematische Förderung am Computer. Die zwölf Jungen und vier Mädchen waren Patienten der Poliklinik der Abteilung für Kinder- und Jugendpsychiatrie der Friedrich-Alexander-Universität Erlangen-Nürnberg. Das Durchschnittsalter betrug 10,5 Jahre.

Zunächst wurden bei jedem Kind der Hamburg-Wechsler-Intelligenztest für Kinder – Revision (HAWIK-R), der Diagnostische Rechtschreibtest (DRT), der Zürcher Lesetest (ZLT), der Lautprüfbogen und die Kurzform des Psycholinguistischen Entwicklungstests (PET: Sätzeergänzen, Wortverständnis und Grammatiktest) durchgeführt. Der Zürcher Lesetest besteht aus den Wortlesetests (WL) und den Leseabschnitten (LA); je nach Klassenstufe werden bei verschiedenen WL und LA Zeit und Fehler gemessen. Der jeweils eingangs durchgeführte DRT (2–5) wurde auch nach dem Training durchgeführt, zwischen Form A und B wurde abgewechselt.

Nach der Erstdiagnostik fand das Computertraining über 1000 Minuten an zwanzig Tagen in den Sommerferien statt. In dieser Zeit ist der intervenierende positive Effekt des traditionellen Unterrichts ausgeschaltet.

Nach durchschnittlich vierzig Tagen erfolgte der zweite und nach durchschnittlich 126 Tagen ein dritter Test. Zwischen Test zwei und drei besuchten die Kinder den Unterricht. Castell et al. verwendeten die **Computerprogramme »Comles« und »Budenberg«** (s. auch Übersichtstabelle Software). Mit »Budenberg« soll spielerisch die Leseleistung verbessert werden. Das Programm gliedert sich in Unterprogramme und Gruppen (Übungen) mit aufsteigendem Schwierigkeitsgrad. Am Ende einer Gruppe erscheint ein Zwischenergebnis. Bevor zur nächsten Gruppe gewechselt wird, kann entschieden werden, ob eine Wiederholung stattfinden soll. Das ganze Programm soll in zwanzig Minuten bearbeitet werden. In »Deutsch 1« trainieren die SchülerInnen die zu übenden Laute anhand von zwölf Wörtern. Dabei soll das durch ein Bild dargestellte Wort aus vorgegebenen Lauten zusammengesetzt werden. Später wird aus vier Bildern das zu einem Wort dazugehörige Bild herausgesucht. Im letzten Durchgang sollen alle Wörter laut gelesen werden. Im zweiten Teil soll zunächst zu einer Aussage das dazugehörige Bild herausgesucht, anschließend aus drei Aussagen die zu einem Bild passende gewählt werden.

Das »**Comles-Paket**« besteht aus sechs Unterprogrammen:
1. LALIPUR: Hier wird der Grundwortschatz sowie die Rechtschreibung schwieriger Wörter geübt und mit Wortbausteinen gearbeitet. Für das er-

folgreiche Absolvieren gibt es eine Belohnung, z. B. erscheint ein Belohnungstext.

2. LILLI: aus Wörtern Sätze bzw. aus Buchstaben und Silben Wörter bilden
3. LÜCKENBRIEF: Lücken in vorgegebenen Briefen ergänzen
4. RUDI: Wort-Bild-Zuordnung (sprechendes Bildlexikon)
5. TOM: Verknüpfung von Texten mit Bildern, digitalisierter Sprache und Geräuschen
6. MANO: Segmentieren von Wörtern und Einprägen von Wortbausteinen

Vom ersten zum zweiten Test hatten sich sieben Kinder im Lesen verbessert. Im Schnitt reduzierten sich bei den WL die Zeit von 149 auf 135 Sekunden, die Fehler von 11,8 auf 11,2; bei den LA die Zeit von 374 auf 308 Sekunden, die Fehler blieben quantitativ gleich. Neun Kinder hatten sich nicht verbessert.

Vom zweiten zum dritten Test konnten neun Kinder ihre Lese- und Rechtschreibleistungen verbessern. Im Schnitt reduzierte sich bei den WL die Lesezeit von 128 auf 115 Sekunden, die Fehler nahmen von 13 auf 12 ab. Bei den LA verkürzten sich die Lesezeit von 332 auf 273 Sekunden, die Fehler von 43 auf 29.

Im Rechtschreibtest hatten sich im Zeitraum zwischen Test 1 und 2 drei Kinder verbessert: Die Wortfehler (Wf) verringerten sich von durchschnittlich 88 auf 79, die Buchstabenfehler (Buf) von 189 auf 146. Zum Zeitpunkt des dritten Tests hatte sich lediglich ein Kind im Vergleich zu Test 2 verbessert: von 24 Wf auf 17 und von 49 Buf auf 26.

Es konnte gezeigt werden, dass die Beschäftigung mit den oben beschriebenen Computerprogrammen »Comles« und »Budenberg« die Leistungen von Schülern mit sehr schwachen Lese- und Rechtschreibleistungen verbessert. Beurteilt wurde dabei der Generalisationseffekt, da andere Wörter im ZLT gelesen als am PC trainiert wurden. Die Autoren schließen mit der Feststellung, dass individuell angepasste Fördermaßnahmen notwendig sind.

3.6.2 Studie von Baumann-Geldern (1995)

Bei dem von Baumann-Geldern geleiteten Projekt »Computerunterstützter Schriftspracherwerb in sonderpädagogischen Diagnose- und Förderklassen« aus dem Jahr 1995 wurden 51 Kinder aus der Schule am Innsbrucker Ring in München über einen zeitlichen Umfang von 500 Stunden am Computer gefördert. Es kamen hierbei **Lese- und Rechtschreibprogramme der »Comles-Familie«** zum Einsatz.

Als Testinstrument zur Untersuchung der intellektuellen Leistungsfähigkeit diente der CFT 1 (»Culture Fair Intelligence Test-Scale 1«). Es konnte eine Streuungsbreite von IQ 70 bis IQ 117 festgestellt werden. Als Lesetest diente der MANO, eine aus dem »Comles-Paket« entnommene Übung. Es konnte somit lediglich eine nicht normierte Quantifizierung der Leseleistung vorgenommen werden.

Nach der Förderphase wurde dieses Programm wiederholt, um einen quantitativen Nachweis über die Leseentwicklung zu erhalten.

Um Näheres über die Lesestrategien der Kinder herauszufinden, wurden die Programme TOM und LALIPUR eingesetzt. Es erfolgte die Einteilung der Kinder in drei leistungsheterogene Fördergruppen: die leistungsstärkste Gruppe A, die mittlere Gruppe B sowie die Gruppe C, in der die Kinder nur wenige oder zumindest nicht alle Buchstaben kannten. Die Zuteilung der Kinder in Gruppen konnte jedoch nur einen groben Rahmen für die Förderung der Kinder darstellen. Es wurde aufgrund individueller Leistungsunterschiede für jedes Kind ein individueller Förderplan ausgearbeitet.

Jedes Kind wurde durch einen Studenten zwei- bzw. dreimal wöchentlich je zwanzig Minuten am Computer gefördert. Jede Übungseinheit wurde hinsichtlich Programmauswahl, Arbeitsergebnisse sowie Lern- und Leistungsmotivation protokolliert.

Die folgenden fünf Lernprogramme der »Comles-Familie« wurden speziell für die Förderung von Kindern mit Schwierigkeiten im Schriftspracherwerb entwickelt und in der Untersuchung eingesetzt. ABENTEUER MIT RUDI WIESELWURM; REISE MIT KÄPT'N TOM; MIT LALIPUR IN DER SCHATZKAMMER; LOKFÜHRERIN LILLI IN DER BUCHSTABENFABRIK und MANO MIT DEM LESEPFEIL. Diese Programme wurden auch in der Untersuchung von Castell et al. verwendet und bereits oben erläutert.

Zusätzlich zu der Förderung am PC wurden den beteiligten Personen (Schüler, Lehrer und Eltern) Fragebögen ausgehändigt. Hierbei interessierten Vorerfahrungen am Computer und Einstellungen und Erwartungen bezüglich des computerunterstützten Unterrichts.

Die Ergebnisse aus der Anfangs- und Abschlussuntersuchung zeigten, dass sich die Leseleistung aller Kinder in den Aufgaben hoch signifikant verbessert hatte (F=62,38, sign.<0.001). Diese Leistungssteigerung musste jedoch als gemeinsamer Effekt des Schulunterrichts, der Fördermaßnahmen sowie begleitender Einflüsse wie Lern- und Reifezeit, verbesserte Motivation und Erfolgszuversicht bewertet werden.

Die untersuchte Stichprobe ergab bei einem Verhältnis von Jungen zu Mädchen von 3:2 keine geschlechtsspezifischen Unterschiede hinsichtlich verbesserter Leseleistungen. Dieses Ergebnis gab Hinweise darauf, dass der Computer auch bei Mädchen Akzeptanz findet und diese genauso wirkungsvoll damit umgehen.

Betrachtete man die **Leistungsverbesserung in den einzelnen Gruppen** (schwache, durchschnittliche, leistungsstarke Kinder), so zeigte das Ergebnis am deutlichsten eine Verbesserung der schwächsten Kinder.

Die subjektiven Einschätzungen von Eltern, Lehrern und Schülern (Ergebnisse aus Fragebogenerhebungen) waren folgende:

Die Vorerfahrungen von Eltern im Umgang mit dem PC waren unterschiedlich. Eltern mit Computerkenntnissen hatten positive Erwartungen an das computergestützte Training. Die Aussagen und Einschätzungen der Eltern fielen hinsichtlich der Motivation ihrer Kinder und deren Selbstbewusstsein positiv aus. Im Leistungsbereich wurden die Erwartungen teilwei-

se nicht erfüllt. In diesem Fall mögen zu hohe Erwartungen an das Computertraining gestellt oder aber die Leistung der Kinder nicht objektiv eingeschätzt worden sein.

Die **Einstellung zum Einsatz von Computersoftware** wurde von den Lehr-
kräften allseits positiv bewertet, die Motivation der Schüler beim Lernen am
Computer hoch eingeschätzt und es wurde ausnahmslos zugestimmt, dass
das Arbeiten am Computer das Sozialverhalten der Schüler untereinander
nicht negativ beeinflusst habe. Bei Abschluss der Untersuchung waren alle
Lehrer überzeugt, dass sich der Einsatz von Computerprogrammen effektiv
auf die Schüler auswirkt und die erzielten Erfolge am Computer sich positiv
auf das Selbstwertgefühl ausweiten.

Etwa 80 % der Kinder hatten Erfahrungen im Umgang mit Gameboy,
Computer- und Videospielen. Die Einstellungen der Kinder zu mikroelektro-
nischem Spielzeug konnten als sehr positiv bewertet werden. Nur wenige
Kinder gaben an, dass ihnen der Computer etwas Unheimliches sei. In der
Abschlussbefragung wurden diese Ängste nicht mehr artikuliert. Etwa 90 %
gaben an, sich auf die Arbeit mit dem Computer zu freuen, und 65 % glaub-
ten, dass ihnen der Computer bei schulischen Arbeiten helfen könne.

Selbst nach dreimonatigem intensiven Umgang mit dem Computer waren
alle Kinder nach wie vor von dem neuen Lernmedium begeistert und hatten
Spass bei den Übungsprogrammen.

Mehrheitlich nahmen die Kinder an, dass ihnen der Computer beim Le-
senlernen helfen könnte. Schwierigkeiten beim Bedienen der Tastatur oder
der Maus wurden nur vereinzelt beschrieben. Viele Kinder gaben an, lieber
auf der Tastatur zu schreiben als mit einem Stift und lieber am Bildschirm zu
lesen als in einem Buch oder auf einem Arbeitsblatt.

Wie bereits erwähnt, hatten sich fast alle Kinder durch die Arbeit am
Computer in ihren Lese- und Rechtschreibfertigkeiten verbessert. Es zeigte
sich unter anderem eine Steigerung der Lesegeschwindigkeit sowie eine Verbesserung im sinnerfassenden Lesen und in der allgemeinen Rechtschreibfertigkeit.

Die Auswertung der Protokolle ergab eine hohe Leistungsmotivation und
Lernbereitschaft der Kinder. Die Arbeit machte ihnen Spass. Die dadurch bedingten Erfolge spiegelten sich in einer Verbesserung des Selbstwertgefühls
und im Vertrauen zu den eigenen Leistungen wider.

Zur Frage des Anteils des Lernmittels Computer an den Ergebnissen und
Leistungsverbesserungen:

Den Kindern wurde während der Untersuchung ein größeres Ausmaß an
Zuwendung und individueller Betreuung entgegengebracht, außerdem fielen
zeitlich intensive Übungseinheiten in Einzel- und Partnerarbeit an, die einen
hohen Trainingseffekt darstellten.

Dennoch ließ sich die Frage, inwieweit eine Leistungsverbesserung spezifisch an das Lernmedium Computer gebunden ist, zumindest theoretisch beantworten. Hier sei auf die Vorerfahrungen der Kinder mit elektronischem
Spielzeug verwiesen. Sehr viele Kinder haben auf diesem Gebiet z. B. in Form
von Computerspielen Vorerfahrungen und eine positive Grundeinstellung.

Auf diese positive Grundeinstellung trafen spezifische mediale und pädagogische Eigenschaften des Computers, wie z. B. die Korrektur von Geschriebenem am Bildschirm und die Möglichkeit eines fehlerfreien Ausdrucks oder aber die Ausgestaltung von Übungen mit Ton, Bild und Animation. Man könnte vermuten, dass der Computer zum Auslöser von Lernprozessen wurde, die zu jenem Zeitpunkt auf traditionellem Wege nicht erreicht worden wären.

3.6.3 Studie von Burger et al. (2002)

In der Evaluationsstudie zum Einsatz von Lernsoftware bei Kindern mit Lese-Rechtschreib-Schwäche von Burger et al. wurde ein zweimonatiges kontrolliertes Training zu Hause durchgeführt. Die Stichprobe bestand aus 51 Kindern, die über die Kinderklinik Linz sowie von anderen heilpädagogischen und Schulberatungsstellen geschickt wurden. Bei diesen Kindern der zweiten bis vierten Klasse wurde eine Lese-Rechtschreib-Schwäche diagnostiziert. Zum Einsatz kamen zwei Programme zur gezielten Legasthenietherapie sowie ein Programm zur Übung kognitiver Strategien. Es wurden daraufhin drei Experimentalgruppen und eine Kontrollgruppe, welche kein Computertraining durchführte, gebildet.

An testpsychologischen Untersuchungsmethoden kamen der nonverbale Intelligenztest CPM von Raven und zur Überprüfung der Lese- und Rechtschreibleistung der Salzburger Lese-Rechtschreib-Test (SLRT) von Landerl et al. (1997) sowie der psycholinguistische Entwicklungstest (PET) von Angermeier (1977) zum Einsatz.

Die Durchführung des Computertrainings fand während der Sommerferien statt.

In den drei Gruppen wurde jeweils eine bestimmte Lernsoftware über zwei Monate, von Montag bis Freitag, täglich dreißig Minuten mit einer Begleitperson geübt. Die Leistungsüberprüfung erfolgte vor und nach dem Training mit den genannten Tests. Zusätzlich wurde festgestellt, ob es zu einer Verbesserung am Übungsprogramm selbst gekommen ist. Dazu wurden die erreichte Punktzahl im jeweiligen Lernprogramm nach zehn Minuten Übung vor und nach der zweimonatigen Trainingszeit miteinander verglichen sowie die Protokollblätter eingesehen, die während der Übungsphase angelegt wurden.

Im Folgenden soll die eingesetzte Lernsoftware in ihrem Aufbau beschrieben werden.

Das »**Cesar Lernspiel Lesen 1.0**« ist ein Lese- und Rechtschreibprogramm speziell für Kinder der zweiten bis vierten Klassenstufe. Es setzt sich aus zwölf Übungen zusammen, die auf die Probleme lese- und rechtschreibschwacher Kinder eingehen sollen.

Drei Übungen eines Programms mit der Überschrift »Erkennen der Raumlage« beschäftigen sich mit verkehrten Buchstaben, die in die richtige Lage gedreht werden müssen: in ALPHABET auf Buchstabenebene, in ZAUBERWÖRTER auf Wortebene und in GEHEIME BOTSCHAFTEN auf Textebene.

Die Lernspielgruppe »Buchstaben identifizieren« besteht aus drei Übungen, STÖRENFRIED, BUCHSTABENHONIG und EINER FEHLT, bei der unter Messung der Zeit Buchstaben und Buchstabenreihenfolgen im Alphabet erkannt werden müssen.

Die nächste Lerngruppe beschäftigt sich mit dem Problem, den einzelnen Buchstabensymbolen und deren Abfolge (Silben) eine kontextuelle Bedeutung zuzuschreiben. In den Übungen SILBENSUCHE und FAHRENDE BUCHSTABEN werden die Wortbedeutungen als Bild vorgegeben und müssen aus dargebotenen Silben richtig zusammengesetzt werden. Ist das Wort korrekt geschrieben, so nimmt das Bild die passende Farbe an. Beim REIMQUARTETT wird versucht, durch Auswechseln des ersten Buchstabens eines Wortes verschiedenen Bedeutungen auf die Spur zu kommen.

In der Gruppe »Sinn erfassendes Lesen« sollen die Fähigkeiten des schnellen und genauen Lesens gefördert werden; so werden z. B. in BLITZWÖRTER die Wörter, die dem passenden Bild zugeordnet werden sollen, nur für sehr kurze Zeit dargeboten. Weitere Übungen zu dieser Gruppe sind WÖRTERSUCHE und MEMORY.

Das Easy Training wurde vom Kärntner Legasthenieverband als »Teilleistungstraining« konzipiert. Es sollen Teilleistungen wie Akustik, Optik, Raumlage, Serialität und Intermodalität gefördert werden.

Zum Beispiel erscheint bei FASTKLICK ein Bild, in der unteren Reihe sind andere Bilder, wobei ein verwandtes Bild ausgesucht werden soll. Ziel ist es, die Bilder in einer vorgegebenen Zeit so schnell wie möglich zuzuordnen.

OPTIKLICK und ORIENTATION arbeiten mit Vorgaben optischer Reize. Es sollen Bilder, die zusammengehören, einander zugeordnet bzw. Bilder, die in einem falschen Winkel stehen, durch Drehen in eine richtige Reihenfolge gebracht werden. Weitere Übungen des Easy Training Programmes heißen SOUNDMINDER und INTERLOGIC.

Als drittes Computerprogramm wurde ein »Training kognitiver Strategien« (Studer 1996) eingesetzt, bei dem die korrekte Planung von Handlungsabläufen geübt werden soll. Dieses geschieht in Form von farbigen Schablonen, mit denen Modelle mit steigendem Schwierigkeitsgrad nachzubilden sind.

Der Untersuchungsablauf wurde durch das Ausfüllen von Protokollen durch die Bezugsperson begleitet. Es wurden der Zeitpunkt des Übens, die erreichte Punktzahl sowie Motivation und Konzentration (gut, mittel, normal, schlecht) angeführt.

Es fand ein Vergleich vor und nach dem Computertraining zwischen Experimentalgruppe (Trainingsgruppe) und Kontrollgruppe (ohne Training) hinsichtlich der Ergebnisse im PET und SLRT statt.

Sowohl in der Experimentalgruppe als auch in der Kontrollgruppe wurde eine **Leistungsverbesserung** nachgewiesen, ohne dass jedoch Unterschiede zwischen den beiden Gruppen im PET und SLRT festzustellen gewesen wären.

Die Leistungsverbesserung im PET war in allen Gruppen signifikant.

Die Leistungssteigerung war bei anfangs schwachen Kindern stärker als bei anfangs besseren Kindern. Dieses traf auch auf die Trainingsgruppe mit der Software »Cesar Lesen« und »Easy Training« zu.

Auch in dieser Studie wurde nach **subjektiver Einschätzung der Eltern** eine Verbesserung der Konzentration und Ausdauer angegeben. Die Rechtschreibleistungen seien »eher gleich« geblieben. Die allgemeine schulische Situation habe sich ein wenig verbessert, ebenso hätten sich auch die Schulnoten nur leicht verbessert. Die Verbesserungen werden mehrheitlich »zum Teil« auf das Training zurückgeführt.

Diskussion und **Interpretation der Ergebnisse:**

Die erzielten Verbesserungen in den Testergebnissen sind keine Effekte des Softwaretrainings. Es sollte überprüft werden, ob es sich um Testartefakte handelt. Das Training durch die Lernsoftware führt wahrscheinlich zu einer Verbesserung in der Konzentrationsleistung, in der Ausdauer und in der Lernmotivation.

Die Leistungsschwächeren weisen mehrheitlich größere Verbesserungen auf. Verschlechterungen konnten keine gefunden werden. Es kann angenommen werden, dass die eingesetzten Lernprogramme beim Kind zwar »etwas« bewirken, aber mit hoher Wahrscheinlichkeit die Lese- und Rechtschreibleistung nicht direkt beeinflusst wird.

Die Programme bewirken nicht das, was sie vorgeben. Sie bewirken keine Verbesserung im Lesen oder Schreiben. Die Programme sind als unbedenklich einzustufen, da keine nennenswerten Verschlechterungen in den Leistungen gefunden wurden.

3.6.4 Studie von Strehlow et al. (1999)

Das im Veris Verlag erschienene **Computerprogramm** »**Der Neue Karolus Version 2.1**« (s. auch Tab. SOFTWARE) ist die überarbeitete Lernsoftware zum Kieler Lese-Rechtschreib-Aufbau (KLRA) (Dummer-Smoch und Hackethal 1993a, 1993b). Hierbei wird an den häufig vorhandenen phonologischen Schwächen der Kinder mit Lese- und Rechtschreibschwäche angesetzt.

Strehlow et al. publizierten 1999 eine Studie, in der LRS-Kinder entweder nach dem KLRA oder der »Ganzheitlichen Lese- und Rechtschreibtrainingstrategie« (GTS), gefördert wurden. Die GTS geht von den relativen Stärken der Kinder in der ganzheitlichen Verarbeitungsweise im Sinne Kaufmanns aus.

Die allesamt gesunden Kinder besuchten die dritte Klasse der Grundschule, waren durchschnittlich intelligent, hatten eine relevante Lese-Rechtschreib-Schwäche, ihre Muttersprache war Deutsch und sie hatten noch keinerlei Förderung erhalten. Strehlow et al. verglichen die Fördermaßnahmen KLRA und GTS und die Trainingsgruppen mit Kontrollgruppen hinsichtlich Wirksamkeit und Akzeptanz.

Jedes Kind absolvierte eingangs einen Rechtschreibtest (DRT 2 bzw. WRT 2+), den Lesetest DLF 1–2 und die Intelligenztests CFT 1 und K-ABC. Die

Aussagen-Liste zum Selbstwertgefühl für Kinder und Jugendliche (ALS) und aus den Selbstkonzept-Skalen die Subtests »Kognitive Kompetenz« und »Peer-Akzeptanz« sollten ausgefüllt werden. Alle Kinder wurden gründlich körperlich untersucht.

Ein Jahr lang fand 45 Minuten pro Woche ein **individuelles Einzeltraining** statt. Circa zehn Minuten pro Stunde arbeiteten die Kinder am PC. Zum Schluss durften Lernspiele gemacht werden. Positiv verstärkt wurden Mitarbeit und Trainingshausaufgaben durch eine Punkteliste mit Belohnung. Es wurden Gespräche mit den Eltern und Lehrern geführt.

Beim Kieler Leseaufbau kommen Lautgebärden und Silbeneinteilung, beim Rechtschreibaufbau Wortmaterial, gegliedert in den Basisbereich und den orthografischen Bereich, zur Anwendung. So soll eine Einsicht in den Aufbau von Wörtern gegeben und das phonologische Rekodieren neben dem lexikalischen Zugang erlernt werden. Die Verarbeitungsweise ist einzelheitlich-sequenziell.

Das Trainingsmaterial für die GTS wurde nach den Vorgaben Kaufmanns zusammengestellt. Durch die »Ganzheitliche Methode« werden Lernwörter und Rechtschreibregeln trainiert. Die Übungseinheiten bestehen aus Übungswörtern und den dazugehörigen Arbeitsbereichen: »Vergleichen/Reimen«, »Erinnern der Wortgestalt/Schreibweise«, »Erinnern der Wortbedeutung« und »Wiedererkennen« sowie aus Computerübungen (Trägerverlag, 1995/96): »Vergleichen/Reimen«, »Erinnern der Wortgestalt/Schreibweise«, »Erinnern der Wortbedeutung« und »Nutzen visuell zugänglicher Schriftmerkmale«.

Nach einem Jahr Training konnten Strehlow et al. zeigen, dass sich die Rechtschreibleistung hoch signifikant verbesserte: nach GTS signifikant stärker als nach KLRA. Die Mädchen verbesserten sich signifikant besser als die Jungen – unabhängig von der Strategie.

3.6.5 Studie von Walter (2001)

Walter, Professor für Sonderpädagogik, beschreibt in seinem Buch »Förderung bei Lese- und Rechtschreib-Schwäche« (2001, S. 201 ff.) ein Förder-Praxisbeispiel: Computerunterstützte Leseförderung auf Silbenbasis – Fördermöglichkeiten und deren Effektivität.

Schwerpunkt des Trainings bildete das Segmentieren-Lernen (Analyse/Synthese) von Einheiten unterhalb der Wortebene und oberhalb der Buchstabenebene. Texte aus dem Kieler Leseaufbau wurden für Tests und Training herangezogen. 26 Schüler nahmen an der Untersuchung teil. Das Training fand durch Studenten unter einheitlichen Bedingungen in der Schule statt. Die Experimentalgruppe, 14 Kinder, arbeitete zusätzlich mit dem vom Autor entwickelten **Computerprogramm LESE-ZEILE**. Zwölf Kinder bildeten die Kontrollgruppe ohne Computertraining. Die SchülerInnen besuchten die dritte bis achte Klasse einer Förderschule. Segmentier-, Wortlese- und Textlesefähigkeit wurden beim Vortest, beim 1. Nachtest – direkt im Anschluss an das Training – und beim 2. Nachtest – fünf Wochen nach Trainingsende – durchgeführt. Der Einzelunterricht fand zwei- bis dreimal pro Woche, insgesamt 15-mal je zwanzig Minuten, statt. Mit dieser Methode konnten erhebliche Verbesserungen in der Segmentierfähigkeit, der Wortlese- und Textlesefähigkeit gezeigt werden. Signifikante Unterschiede zwischen den Leistungen beider Gruppen sind nicht zu verzeichnen. Jedoch hat die Förderung laut Fragebogen der Experimentalgruppe hoch signifikant mehr Spass gemacht, sie würde wesentlich lieber wieder an einer neuerlichen Leseförderung teilnehmen und empfand das Lesen eher als Spiel.

3.7 Diskussion

Computerprogramme werden einerseits für den Schriftspracherwerb in Grund- und Förderschule und andererseits zur Förderung bei Lese- und Rechtschreibstörung in der Praxis in hohem Maße angewendet. Sie sind ein Baustein einer multimodalen Behandlung. Es muss für jede SchülerIn das individuell richtige Programm herausgefunden werden. Der Computer schafft es, die Aufmerksamkeit der Kinder und Jugendlichen zu aktivieren. Der Durchlauf der Wörter, die ein Schüler pro Zeiteinheit liest, ist unter Computerbedingung wesentlich höher (Walter 2001).

Es besteht die Möglichkeit, in PC-Programmen ein Belohnungsspiel als positive Verstärkung einzubauen. Idealerweise findet ein Transfer vom Training in den Unterricht statt.

Die Zusammenfassung der Ergebnisse der fünf Studien zeigt, dass die individuelle Förderung mittels spezieller Computerprogramme vor allem bei Kindern mit schwachen Rechtschreib- und/oder Leseleistungen zu Leistungsverbesserungen führen kann. Trotz der in zahlreichen Studien nachgewiesenen hohen Persistenz der Lese- und Rechtschreibschwäche (Rutter et al. 1977, Klicpera et al. 1993) zeigen diese Ergebnisse, dass individuell angepasste Fördermaßnahmen notwendig und hilfreich sind.

Das Training am Computer ist konventionellen Therapiemethoden jedoch nicht überlegen. Ebenso lässt sich **keine spezifische Wirksamkeit der Computerprogramme** feststellen.

Die hohe Persistenz der Lese- und Rechtschreibstörungen und das gehäufte Auftreten komorbider Störungen im Sinne von hyperaktiven, emotionalen und dissozialen Verhaltensauffälligkeiten fordern zusätzliche Lern- und Übungsangebote für die Betroffenen. Die üblichen Fördermethoden im Unterricht reichen nicht aus, um Rückstände im Lesen und Rechtschreiben auszugleichen (Strehlow 1994). Gerade der Einsatz des Computers im Unterricht, zu Hause oder in einem Therapieinstitut für Legasthenie bietet dem Kind eine sinnvolle Abwechslung neben anderen Fördermaßnahmen. Das Kind empfindet das Lesen- und Schreibenlernen am Computer als abwechslungsreich, es sagt: »Ich gehe zum Computerunterricht.« Diese Formulierung kann ihm mehr Akzeptanz von Seiten der Mitschüler verleihen als der Begriff »Nachhilfeunterricht«.

Nach Amon et al. (1998) prognostiziert bei Grundschulkindern die Leistung im HAWIK-R nur 9–22 % der Varianz im Lesen und Rechtschreiben. Damit ist wiederum belegt, dass es sich beim Lesen und Rechtschreiben um spezifische Fähigkeiten handelt, die weitgehend unabhängig von der Intelligenz sind und unabhängig gefördert werden sollten.

Spezielle Übungsprogramme am Computer mit einem spezifischen Trainingseffekt auf die Lese- und Rechtschreibleistungen untersuchten Strehlow et al. (1999) in Anlehnung an die Ergebnisse von Tallal et al. (1996), bei denen ein spezielles Computertraining mit akustischer Lautdarbietung zu verbesserten Ton- und Lautdiskriminationsleistungen bei sprachentwicklungsgestörten Kindern führte. Es ergaben sich Verbesserungen der Ton- und Lautverarbeitung, die jedoch nur geringe Auswirkungen auf die Lese- und Rechtschreibleistung hatten. Die Erfolge eines akustischen Trainings bei Sprachentwicklungsproblemen lassen sich somit nicht ohne weiteres auf Kinder mit bereits bestehenden Lese-Rechtschreib-Störungen übertragen (Strehlow et al. 2001).

Der Prävention von Lese- und Rechtschreibstörungen kommt in der Literatur aktuell eine große Bedeutung zu. Als erfolgreich hat sich in diesem Zusammenhang ein Training zur phonologischen Bewusstheit in einer Studie von Walter (2001) erwiesen.

Als eine spezifische und funktionsanalytisch ausgerichtete Form der vorschulischen Förderung ist das Konzept der phonologischen Bewusstheit effektiv. Experimentell ausgerichtete Längsschnittstudien weisen einen kausalen Zusammenhang zwischen trainiertem phonologischem Wissen und späterem Erfolg beim Schriftspracherwerb nach (Walter 2001). Der erfolgreiche Einsatz von Computerprogrammen mit einer speziell für Vorschulkinder geeigneten Software ist auf diesem Gebiet ebenso vorstellbar.

Der Computer hat sich in der Zusammenschau der vorliegenden Untersuchungen als ein **effektives Lernmedium** erwiesen.

Die Ergebnisse von Castell et al. (2000) zeigen, dass es sich auch um einen Generalisationseffekt handelt: In den Vor- und Nachuntersuchungen mussten andere Wörter gelesen werden als am Computer trainiert wurden; es wurde insgesamt fehlerfreier gelesen und geschrieben. In den Studien von Castell et al. (2000) und Burger et al. (2002) wurde der intervenierende positive Effekt des traditionellen Unterrichts ausgeschaltet. Kombiniertes Training, bestehend aus traditionellem Training plus Computertraining, führte bei Strehlow et al. (1999) zu signifikanten Verbesserungen der Rechtschreibleistungen.

In allen fünf Studien wird laut Fragebogenerhebungen eine Zunahme der Konzentration, Motivation und Ausdauer beschrieben. Castell et al. (2000) und Baumann-Geldern (1995) stellten eine Verbesserung im Lesen und Schreiben besonders bei schwachen Schülern fest.

Als Ergebnis kann konstatiert werden, dass Lernprogramme bei entsprechender Qualität und einem organisierten, geplanten Einsatz in Unterricht oder Therapie sowie unter fachgerechter Anleitung zu Lernfortschritten im Lesen und Schreiben führen können. Eine besondere Rolle spielt hier die Leistungsmotivation und der Spass der Kinder beim Training am Computer. Verschiedene Programme eignen sich auch zu Hause im Familienbereich zur motivierenden Förderung (Tab. 2).

Tabelle 2: Software-Übersicht (Stand Frühjahr 2003)

Software	Verlag	Klasse	Kosten	System	ergänzende Informationen
Lese- und Recht- schreib- meister	Auer	2–6	CD-ROM 34,80 €	Multimedia- PC Win3.1, 95 o. 98	Übungen auf Wort- und Satzbasis z. B. Diktatübung, Lückentext- übung
celeco Übungsset	celeco	1–5	99,00 €	Win95/98/ NT4.0 ab Servicepack 4, Pentium 100 MHz, 32 MB RAM	Software speziell zum Lesen Üben für Eltern/Schüler *zu Hause*; Übun- gen zum Erkennen von Buchsta- ben/Buchstabengruppen/Einzel- wörtern »auf einen Blick«; Darbie- tungszeit kann variabel auf jeweiligen Schüler eingestellt wer- den; interessante Lesetexte, die mit einer Reihe von frei einstellba- ren Parametern und computerge- stützten Hilfsmitteln (z. B. cursor- gestützte Blickführung, rechts/ links ausblenden, Kontrastschwä- chung etc.) auf die jeweilige Lese- schwäche eingestellt werden kön- nen; auf den Lehrplan abgestimm- tes Standardvokabular; Editor zur Erstellung eigener Übungen und zum Einlesen oder Eingeben eige- ner Texte; sinnentnehmende Fra- gen zur Absicherung des Lesever- ständnisses; entwickelt von Neuro- psychologen; auch Software für Therapeuten und Schulen erhält- lich
CESAR Lesen 1.0	CES- Verlag	Grund- u. För- derschu- le	Einzel- lizenz 99,50 €	Win Multimedia- PC Win95/ 98/NT 4.0 Pentium- System 16 MB RAM	12 unabhängige *Lernspiele* (Raumlage, Buchstaben identifi- zieren, Lautanalyse und -synthese, sinnerfassendes Lesen, phonologi- sche Prozesse, Silbenstrukturpro- zesse); unterschiedliche Niveaus; genaue Anleitung; unterrichtsbe- gleitend; für Therapie geeignet
CESAR Schreiben 1.0	CES- Verlag	Grund- u. För- derschu- le 2.–4. Klasse	Einzel- lizenz 99,50 €	Win Multi- media-PC Win95/98/NT 4.0 Pentium- System 16 MB RAM	drei Bereiche (auditiv, visuell, au- ditiv-visuell) mit je drei Spielen; Spielanleitung; häufige Buchsta- bengruppen oder Silben; häufige Wörter; verschiedene Niveaus; Fehlerauswertung; Protokoll; für Therapie geeignet

Software	Verlag	Klasse	Kosten	System	ergänzende Informationen
ADDY 5.0	Coctel	1+2 bis 7+8	Einzel- lizenz 39,95 €	Win95/98/ ME, Pen- tium, 300 MHz 64 MB RAM 65 MB fr. Festplatten- speicher	auf Lehrpläne abgestimmt; zu Hause üben und vertiefen; Fehlerkommentare; ADDY Deutsch Kl. 1+2, 3+4: »sehr gut« lt. Ct Heft 20/98, »gut« lt. Computer Bild 8/98
GUT 1	Compu- ter & Ler- nen	2–7	Einzel- lizenz 40,00 €	ab Win95 PC ab Pen- tium 166 32 MB Ar- beitsspei- cher	*Grundwortschatz- u. Transfertrai- ning*: Karteiensystem; indiv. Hilfe- stufen; Anpassung an indiv. Ler- nerfordernisse; Lernprotokoll; Grundwortschätze; Wiederho- lungsprinzip; für Schule und zu Hause; selbstständiges Arbeiten
Diktattrai- ner *plus*	Cornel- sen	3/4–7/8	35,28 €	Win95/98-PC empf. 350 MHz	Rechtschreibkompetenz soll ge- zielt verbessert werden; motivie- rende Trainingsatmosphäre; Ein- gangstest (Diktat) mit Lernvor- schlägen; individuelles Übungsprogramm; 50 Diktate, vier Diktatmodi; indiv. Fehlerkar- tei; detaillierte Ergebnisproto- kolle; integr. Wörterbuch
AUFTRAG DEUTSCH	Cornel- sen	5–8	50,62 € (2 CD- ROMs)	Win95/98- PC, 200 MHz	aufwändig gestaltetes Lernaben- teuer; Testbereich zur Rechtschrei- bung und Grammatik mit Lernvor- schlägen; 60 Übungsblöcke; 10 Diktate und Grammatiktests; Ana- lysewerkzeuge; vielstufige, diffe- renzierte Übungsformen; integr. Wörterbuch; ergänzendes Lernan- gebot im Internet
LolliPop Deutsch 1–4	Cornel- sen	1 und 4	40,39 €	Win95/98 (empf. 350 MHz), 200 MB freier Festplatten- speicher, Di- rectX-fähige Grafik- und Soundkarte, Internet-Zu- gang optio- nal	Mit dem Deutschen-Bildungssoft- ware-Preis ausgezeichnet. Schulstoff der jeweiligen Jahr- gangsstufe abgedeckt plus Trai- ning der allgemeinen Auffas- sungsgabe und des logischen Den- kens
Alphabet	Eugen Traeger Lernsoft- ware- Verlag	1–2 Grund- und Förder- schule	Einzel- lizenz 47,00 €	Disk. für alle Betriebs- systeme; auf CD ab Win95/98	Aufmerksamkeits-, Vergleichs- und Gedächtnistraining, inkl. Lau- tieren und Buchstabieren; CD-Ver- sion mit Sprachausgabe in Deutsch und Englisch

73

Software	Verlag	Klasse	Kosten	System	ergänzende Informationen
Wortbaustelle Version 4.1	Eugen Traeger Lernsoftware-Verlag	2–7	Einzellizenz 47,00 €	ab PC 386/486/VGA-Grafikkarte/Farbmonitor/ für MS-DOS u. Win3.x u. Win95/98; alle Programme können wahlweise über Tastatur oder mit der Maus gesteuert werden	11 Programme: Wortvergleich (sind zwei kurz eingeblendete Wörter identisch?), Vorsilben, Endungen, Silben ordnen, Zerlegen, Baustelle, Aus 2 mach 1, Umwandeln, Reparieren, Kontakt (Elektroblinker-Wortspiel), Greifen (Silben-Greifspiel); zur umfassenden Behandlung von Silben, Morphemen, Signalgruppen, Wortbausteinen: Der integrierte Editor gestattet durch Setzen von Steuerzeichen eine weitreichende Einflussnahme auf den Programmablauf; die sehr abwechslungsreiche Gestaltung zielt auf langfristiges Interesse an den Lerninhalten
Lesen + Schreiben lernen Version 4.0	Eugen Traeger Lernsoftware-Verlag	Grundschule/Sonderschule	45,97 €	ab PC 386/486/VGA-Grafikkarte/Farbmonitor/für MS-DOS u. Win3.x u. Win95/98	12 Programme in 3 Blöcken: 1. Buchstaben zu Silben und kleinen Wörtern zusammenschleifen 2. Vom Silbenlesen bis zum Lesen ganzer Sätze 3. Schreiben von Silben und Wörtern/Sätze zusammenstellen bewegte Animationen; Grundwortschätze; integrierter Editor; Betreuungsperson erforderlich!
Universelles Worttraining	Eugen Traeger Lernsoftware-Verlag	Grundschule	Einzellizenz 47,00 €	ab PC 386/486/VGA-Grafikkarte/Farbmonitor/für MS-DOS u. Win3.x u. Win95/98	über 200 ausgewählte Wortschätze (Grundwortschätze/Konsonantendoppelung/Konsonant-Vokal-Silben/Signalgruppen/Groß- und Kleinschreibung/Verwechslungen bei Wortendungen b–p, d–t, g–k …); der integrierte Editor ermöglicht es, eigene Wörter einzugeben und zu speichern; Lernkartei mit automatischer Fehlerverwaltung für Wiederholungsübungen/Zeugnisausdruck/wählbare Schriften, lateinische-, vereinfachte- u. Schulausgangsschrift, nord- und süddeutsche Druckschrift; einstellbare Optionen, mit denen das Programm entsprechend den individuellen Anforderungen angepasst werden kann
RECHT-SCHREI-BUNG DEUTSCH	Heureka Klett	3/4–7/8	35,28 €	Multimedia-PC: mind. 486er Win3.1/3.11, 95, 98; 8 MB Arbeitsspeicher; 10 MB Festplattenspeicher VGA/SVGA CD-ROM-Laufwerk	Analyseverfahren; 30 Diktattexte; Regeln, Beispiele, persönliches Lernprofil und Übungen

Software	Verlag	Klasse	Kosten	System	ergänzende Informationen
EASY-Reading	Kärntner Legasthenieverband		21,66 €	Win98/ME/ 2000 XP	Training zur Förderung der wichtigsten Teilleistungen für Akustik, Optik, Raumlage, Serialität und Intermodalität
Budenberg	K. Emmig GmbH	1–6 Grund- und Förderschule	Gesamtpaket: 51 Progr. 110 €	ab 286-Prozessor bis Windows ME	für die Schule und zu Hause; spielerische Verbesserung der Leseleistung; Lerninhalte in aufsteigendem Schwierigkeitsgrad; Übungsgruppen mit Zwischenergebnissen, ev. Wiederholung; Programmende durch Normzeit (ca. 20 min); abrufbare o. automatische Hilfen bei Fehlern; vergrößerte Darstellung von Ziffern und Texten; Bilddarstellungen bei Erstleseprogrammen; schriftliches Ergebnisprotokoll; Speicherung der Ergebnisse im Ergebnismenü
Alfons Abenteuer Deutsch	Schroedel	1–4	19,95 €	286-PC für Diskette bzw. für CD-Version Soundkarte Lautsprecher	Aufgaben, Geschicklichkeits-, Logik- u. Konzentrationsspiele Schwierigkeitsgrad wählbar; differenzierte Hilfefunktion
TAO: Texte für Auge und Ohr	SWETS Test Services	Erstunterricht	Handanweisung + CD-ROM: 155 €	486-Multimedia-PC, 20 MB fr. Festpl.-Sp., Soundkarte, Lautspr.	94/95 in sieben bayrischen Schulklassen mit 110 Schülern erfolgreich eingesetzt
Labyrinth der Wörter, Basis 3	Thera-Soft	3–5	CD-ROM 91,00 €	ab 486-PC 66 MHz Win95, 98 o. NT 4.0; CD-Laufwerk 4-fach-Speed; Soundkarte, 16 MB RAM VGA-Grafikkarte 20 MB freier Speicherplatz	Rechtschreibtest; Kontrolltest; Fehleranalysen; individuelle Übungseinheiten (Wiederholungen, Wortdiktate, Satzdiktate und Übungen); Audiodatei; automatisierte Regeln; Protokolle; Diktate; selbstständiges Arbeiten für Kinder möglich; Wahlmöglichkeit zwischen alter und neuer Rechtschreibung
Der Neue Karolus Version 2.1	Veris	ab 1. Klasse	39,90 €	ab WIN95/98 CD-ROM-Laufwerk, Disketten-Laufwerk, 800x600 Pixel, HighColor, 16 MB RAM, mind. Pentium II 400 MHZ, Soundblaster, 10 MB freier Festplattenspeicher	Lernsoftware zum Kieler Lese- und Rechtschreibaufbau; Training von Buchstaben, Silben und Wörtern; fünf Lese- und drei Schreibspiele; übersichtliches Menü; Online-Hilfedatei; individuelle Wörterlisten und selbstgewählte Schriften; Fehlerprotokoll

Software	Verlag	Klasse	Kosten	System	ergänzende Informationen
REMO	J. Walter		Mappe, Handan- weisung und 2 CDs: 254 €	Multimedia- PC mit CD- ROM-Lauf- werk, mind. Quad-Speed und Sound- karte sowie mind. 4 MB RAM. Win3.1	zum Einsatz in allen Einrichtun- gen, in denen Rechtschreiben ge- lehrt wird bzw. in denen Lernende mit Rechtschreibschwierigkeiten gefördert werden; Diagnostik or- thografisch-morphologischen Wis- sens; Förderprogramm darauf auf- bauend: Lückentexte sollen mit Morphembausteinen aufgefüllt werden

Um höhere Fördereffekte durch computergestütztes Training nachweisen zu können, müssen langfristig angelegte Untersuchungen mit Kontrollgruppen und einer ausreichend großen Stichprobe durchgeführt werden.

Scheerer-Neumann (1979) und Walter (2001) haben zur **Qualitätsbeurteilung von Förderprogrammen** einige Kriterien zusammengestellt. Die wichtigsten Merkmale lassen sich folgendermaßen zusammenfassen:

- Schnelle Wunderheilungen werden nicht versprochen. Es wird nicht in Aussicht gestellt, dass die Lese-Rechtschreib-Störung durch »spielerisches« Üben von allein zum Verschwinden zu bringen ist.
- Die Übungen werden dem Entwicklungsstand des Kindes und dem Stadium des Leselernprozesses angepasst.
- Die für das Lesen und Schreiben relevanten Teilprozesse werden geübt.
- Die Integration dieser Teilprozesse und ihre Automatisierung werden trainiert.
- Konzentration wird im Rahmen der Lese- und Rechtschreibübungen trainiert.
- Durch die Verbesserung der Lese- und Rechtschreibleistung werden Ängste und emotionale Blockaden abgebaut.

3.8 Zusammenfassung

Computerprogramme als Lehr- und Lernhilfe werden in der Praxis häufig angewendet.

In diesem Kapitel wurde versucht, einen Überblick über die derzeit erhältlichen Softwareprogramme für das Fach Deutsch und insbesondere zur Legasthenietherapie zu geben. Das Angebot auf dem Markt ist nahezu unüberschaubar und ändert sich schnell.

Lediglich fünf Autoren haben sich bisher im Rahmen einer wissenschaftlichen Studie mit der Effektivität computergestützter Lese- und Rechtschreibtherapie beschäftigt. Diese fünf Studien sind hier detailliert beschrieben und verglichen worden.

Argumente für, Anforderungen an und Kriterien zur Bewertung von Lernsoftware werden genannt. In keinem Fall kann der Computer Lehrer, Eltern oder Therapeuten ersetzen, sondern ist ein Baustein einer multimodalen Legasthenietherapie.

Literatur

Amon, P., Castell, R., und Le Pair, A. (1998). Drei Jahre Sonderpädagogik: Intelligenz, Verhalten, Sprache. In R. Castell (Hrsg.), Intensive Förderung von Kindern in Schule und Heim (S. 75). Würzburg: Edition von Freisleben.

Amorosa, H., Bauer S., und Noterdaeme, M. (2001). Heutige Therapieverfahren bei Lese- Rechtschreibstörung im Überblick. In G. Schulte-Körne (Hrsg.), Legasthenie: erkennen, verstehen, fördern. Beiträge zum 13. Fachkongress des Bundesverbandes Legasthenie 1999 (S. 223–231). Bochum : Dr. Dieter Winkler.

Angermeier, M. (1977). Psycholinguistischer Entwicklungstest PET. Weinheim: Beltz.

Baumann-Geldern, I. (1990). Der Einsatz des Computers im Unterricht der Primarstufe der Schule für Lernbehinderte. Frankfurt a. M.: Lang

Baumann-Geldern, I. (1995). Computerunterstützter Schriftspracherwerb in sonderpädagogischen Diagnose- und Förderklassen. Der Einsatz von Lernprogrammen der »Comles Familie« bei Schülerinnen und Schülern mit sonderpädagogischem Förderbedarf. Projektbericht. München: Cornelsen.

Burger, T., Kastenhuber M., und Loidl, K. (2002). Evaluationsstudie zum Einsatz von Lernsoftware bei Kindern mit Lese-Rechtschreibschwäche. Austrian Research Centers. Klagenfurt: Kärntner Legasthenieverband.

Castell, R., Le Pair, A., Amon, P., und Schwarz, A. (2000). Lese- und Rechtschreib-Förderung von Kindern durch Computerprogramme. Zeitschrift für Kinder- und Jugendpsychiatrie und Psychotherapie, 28, 247–253.

Daiute, C. (1985). Writing and computers. Reading, Mass.: Addison-Wesley.

Dummer-Smoch, L., und Hackethal, R. (1993a). Kieler Leseaufbau. Kiel: Veris.

Dummer-Smoch, L., und Hackethal, R. (1993b). Kieler Rechtschreibaufbau. Kiel: Veris.

Hackethal, R. (1987). Die Arbeit mit dem Kieler Leseaufbau. In L. Dummer (Hrsg.), Legasthenie: Bericht über den Fachkongress 1986. Hannover: Bundesverband Legasthenie.

Herne, K. L. (1994). Wann gehen wir endlich an den Computer? Spielend lernen mit dem Aachener Rechtschreib-Labor. In J. Stoffers (Hrsg.), Lese-Rechtschreib-Schwierigkeiten in allen Schulformen. Aachen: Alfa-Zentaurus-Verlagsgesellschaft.

Hoffmann, W. (1995). Der Einfluss von zeitlicher Synchronizität von Graphemen und Phonemen auf den anfänglichen Schriftspracherwerb. Frankfurt a. M.: Europäischer Verlag der Wissenschaft.

Kiphard, E. (1981). Maschineschreiben als Therapie für schreibbewegungsgestörte Schüler. Zeitschrift für Heilpädagogik, 32, 365–367.

Klicpera, C., Schabmann, A., und Gasteiger-Klicpera, B. (1993). Lesen und Schreiben während der Pflichtschulzeit: Eine Längsschnittuntersuchung über die Häufigkeit und Stabilität in einem Wiener Schulbezirk. Zeitschrift für Kinder- und Jugendpsychiatrie und Psychotherapie, 21, 214–225.

Kochan, B. (1996). Der Computer als Herausforderung zum Nachdenken über schriftsprachliches Lernen in der Grundschule. In H. Mitzlaff (Hrsg.), Handbuch Grundschule und Computer. Weinheim: Beltz.

Landerl, K., Wimmer H., und Moser, E. (1997). Salzburger Lese- und Rechtschreibtest (SLRT). Bern: Huber.

Naegele, I. (1995). Lese-Rechtschreibschwierigkeiten: Vorbeugen – Verstehen – Helfen; Ein Elternhandbuch. Weinheim: Beltz.

OECD (Hrsg.) (1986). Information technologies and basic learning: Written expression. International Conference of National Representatives and Experts. Centre for Educational Research and Innovation, Paris: OECD.

Rutter, M., Tizard, J., Yule, W., Graham, P., und Whitmore, K. (1977). Epidemiologie in der Kinder-Jugendpsychiatrie – die Isle of Wight Studien 1964–1974. Zeitschrift für Kinder- und Jugendpsychiatrie und Psychotherapie, 5, 238–279.

Scheerer-Neumann, G. (1979). Intervention bei Lese-Rechtschreib-Schwäche. Überblick: Themen, Methoden und Ergebnisse. Bochum: Kamp.

Sommer-Stumpenhorst, N. (1991). Lese- und Rechtschreibschwierigkeiten. Frankfurt a. M.: Cornelsen Scriptor.

Strehlow, U. (1994). Katamnestische Studien zur Dyslexie. Acta Paedopsychiatrica, 56, 219–228.

Strehlow, U., Haffner, J., Busch, G., Pfutter U., Pellum T., und Zerahn-Hartung, C. (1999). An Schwächen üben oder durch Stärken ausgleichen? Vergleich zweier Strategien in der Förderung von Kindern mit einer umschriebenen Lese-Rechtschreib-Schwäche. Zeitschrift für Kinder- und Jugendpsychiatrie und Psychotherapie, 27, 103–113.

Strehlow U., Haffner J., Bischof, J., Gratzka, V., Parzer, P., und Resch, F. (2001). Führen mittels Computertraining verbesserte Ton- und Lautdiskriminationsleistungen auch zu einer besseren Lese-Rechtschreib-Leistung? Abstractband, 9. Wissenschaftliche Tagung Biologische Kinder- und Jugendpsychiatrie 6.–7.12.2001, Frankfurt a. M.

Tallal, P., Miller, S., Bedi, G., Byma, G., Wang, X., Nagarajan, S., Schreiner, C., Jenkins, W., und Merzenich, M. (1996). Language comprehension in language-learning impaired children improved with acoustically modified speech. Science, 271, 81–84.

Walter, J. (2001). Förderung bei Lese- und Rechtschreibschwäche. Göttingen: Hogrefe.

4 Therapie schwerer Lese-Rechtschreib-Störungen

Hedwig Amorosa und Michèle Noterdaeme

4.1 Einleitung

Lese-Rechtschreib-Störungen sind Beeinträchtigungen, die das schulische Fortkommen von Kindern trotz Behandlung behindern (Klicpera und Gasteiger-Klicpera 1995, Shaywitz 1998, Jacobson und Lundberg 2000).

Die Behandlung der Lese-Rechtschreib-Störungen ist mühsam (Torgesen et al. 2001). Oft gelingt es, die Lesestörung so weit zu bessern, dass sie die schulische Entwicklung des Kindes nicht mehr erheblich behindert, in Lesetests bleiben die Ergebnisse aber häufig im auffälligen Bereich.

Auch die Verbesserung der Rechtschreibstörung ist nur begrenzt möglich. Schulte-Körne et al. (1998) und Strehlow et al. (1999) erreichten mit ihren 12 bzw. 24 Monate dauernden ambulanten Trainings eine Erhöhung des mittleren T-Wertes im Rechtschreibtest um vier bis fünf Punkte.

Reuter-Liehr (1993) verbesserte mit ihrer Methode des lautgetreuen Schreibens die Leistung bei Kindern in der Hauptschule deutlich.

Behrndt und Mitarbeiter (2001) beschreiben, dass etwa 40 % der Kinder mit einer ausgeprägten Rechtschreibstörung nach zwei Jahren intensiver

79

Förderung in einer kleinen Klasse in einem Rechtschreibtest mit Sätzen noch einen Prozentrang von unter 10 hatten. Vor der Förderung erreichten etwa 70 % nur einen Prozentrang unter 1, d. h., trotz erheblicher Verbesserung liegt die Leistung weit unter der gleichaltriger Kinder.

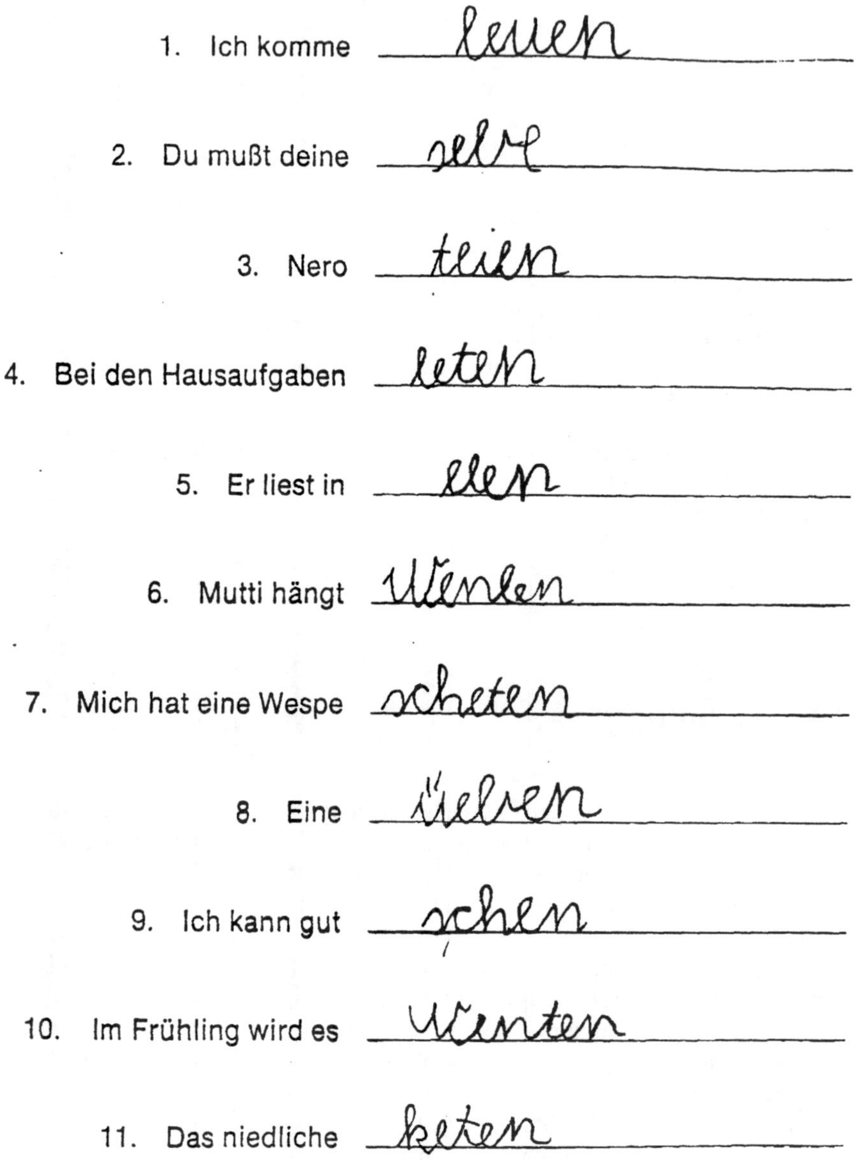

1. Ich komme _____*leuen*_____

2. Du mußt deine ___*selre*_____

3. Nero ___*teien*_____

4. Bei den Hausaufgaben ___*leten*_____

5. Er liest in ___*elen*_____

6. Mutti hängt *Wenlen*_____

7. Mich hat eine Wespe *scheten*_____

8. Eine ___*üelren*_____

9. Ich kann gut ___*schen*_____

10. Im Frühling wird es ___*Wenten*_____

11. Das niedliche ___*keten*_____

Abbildung 1: Rechtschreibtest eines Kindes vor Behandlungsbeginn. Das Kind war im dritten Schulbesuchsjahr.

Blanz (2001) schreibt in seinem Artikel, dass nicht zu entscheiden sei, ob die Legasthenie schwer beeinflussbar sei oder ob wir nur noch nicht die richtigen Methoden der Behandlung gefunden hätten.

Es gibt verschiedene Behandlungsprogramme sowohl für den Lese- wie auch für den Rechtschreibaufbau (Roth und Warnke 2001, Amorosa et al. 2001). In den meisten Programmen werden sehr schnell fast alle Buchstaben erarbeitet. Im weiteren Verlauf der Behandlung wird davon ausgegangen, dass die Graphem-Phonem-Zuordnung gesichert ist. Gerade dies ist aber oft bei Kindern mit schweren Lese-Rechtschreib-Störungen – Abb. 1 zeigt den Rechtschreibtest eines Kindes im dritten Schulbesuchsjahr – und zusätzlichen Sprachentwicklungsstörungen nicht der Fall. Daher ist es schwierig, mit diesen Programmen zu arbeiten. Wir entwickelten in der Abteilung für teilleistungs- und verhaltensgestörte Kinder der Heckscher Klinik in München ein Programm für diese Kinder, das im Folgenden beschrieben wird. Im Anschluss wird dargestellt, welche Probleme bei der Evaluation entstehen und welche Verfahren wir für eine solche wählten.

4.2 Das Behandlungsprogramm

Das Behandlungsprogramm wurde über viele Jahre in der Kinderabteilung des Max-Planck-Institutes für Psychiatrie und der Spezialabteilung für teilleistungs- und verhaltensgestörte Kinder der Heckscher Klinik entwickelt. An der Entwicklung beteiligten sich viele Personen, stellvertretend sollen die Sonderschullehrerin E. Müller-Egloff, die Heilpädagogin E. Pretzlik und der Heilpädagoge Dr. K. Siedl genannt werden.

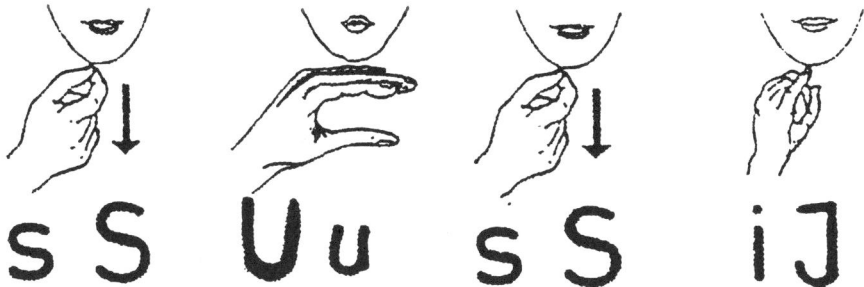

Abbildung 2: Handzeichen nach Schulte für das Wort »Susi«

Wesentlicher Ausgangspunkt ist die Schwierigkeit der Kinder mit Sprachentwicklungsstörungen und Legasthenie, sich die Namen (Laut) der Buchstaben zu merken. Ihnen gelingt die Graphem-Phonem-Zordnung nicht. Für diese

Male dem Kind eine Krone auf
die Haare.

Male das Krokodil grün an.

Mimi hat einen Ball. Susi hat
ein Auto.

Abbildung 3: Beispiele für Sätze zum sinnentnehmenden Lesen

Kinder sind **Handzeichen für die einzelnen Grapheme** eine große Hilfe. Wir setzen ein abgewandeltes Schema des phonembestimmten Manuals von Schulte (1980) ein. Abb. 2 zeigt die Handzeichen für das Wort »Susi«. Diese Handzeichen werden über viele Monate beim Lesen und Schreiben eingesetzt.

Das Zusammenlesen wird zunächst mit zwei Konsonanten (M, S) und drei Vokalen (A, E, O) geübt. Erst wenn die Graphem-Phonem-Zuordnung sicher ist und einfache Silben und Wörter aus diesen Buchstaben zuverlässig erlesen werden, führen wir neue Buchstaben ein. Von Anfang an werden die gelesenen Wörter Bildern zugeordnet. Es folgen einfache Sätze, die Arbeitsaufträge beinhalten oder kleine Rätsel (Abb. 3). Damit soll deutlich werden, dass es beim Lesen darum geht, den Sinn des Gelesenen zu erfassen. Über lange Zeit bestehen die Wörter und Sätze überwiegend aus lautgetreu geschriebenen Wörtern. Sie enthalten anfangs keine Konsonantenhäufungen.

Zunächst steht das Erlernen des Lesens ganz im Vordergrund und erst später verlagert sich der Schwerpunkt auf die Rechtschreibung. Hier geht es darum, mithilfe der Handzeichen die Phonem-Graphem-Zuordnung zu festigen und das Heraushören von wenigen Lauten in Wörtern zu trainieren. Unser Ziel ist es, das lautgetreue Schreiben zu erreichen.

Für eine ausführlichere Beschreibung sei auf Müller-Egloff (1994), Amorosa et al. (1994), Amorosa (2000) und Noterdaeme und Breuer-Schaumann (im Druck) verwiesen.

Es handelt sich um ein Programm, das für Kinder mit sehr ausgeprägten Störungen entwickelt wurde. Trotz der individuellen Verbesserung der Leistungen machen diese Kinder, gemessen an Klassennormen, nur geringe Fortschritte. Auf die Problematik der Erfolgsmessung soll im Folgenden eingegangen werden.

4.3 Probleme der Erfolgsmessung

Bei der Behandlung von Kindern ist es notwendig, die Effektivität der gewählten Methode nachzuweisen. Es ist daher nötig, die Veränderung mit geeigneten objektiven Methoden zu erfassen. Typischerweise geschieht dies mit Lese- und Rechtschreibtests.

Diese Tests arbeiten mit schulspezifischen Klassennormen. Kann ein Kind in der dritten Klasse überhaupt nicht lesen oder liest es nur langsam und fehlerhaft, erhält es immer den Prozentrang von unter 1. Bei Rechtschreibtests ist es ähnlich. Schreibt ein Kind nur wahllos Buchstaben, dann erhält es für das Wort einen Fehler. Ebenso zählt das Wort als falsch, wenn das Kind ein »t« für ein »d« schreibt. Insgesamt bedeutet dies, dass die Tests im unteren Bereich nicht differenzieren. Mit dieser Methode sind daher keine Verbesserungen bei Kindern mit ausgeprägten Störungen zu erfassen.

In einer **retrospektiven Studie an 31 Kindern mit einer Legasthenie,** die zwischen 1991 und 1993 in der Abteilung behandelt wurden, erfasste B. Eichenauer im Rahmen einer medizinischen Dissertation die Veränderung der Leistungen in Lese- und Rechtschreibtests. Insgesamt ließ sich eine statistisch signifikante Verbesserung der Leistungen sowohl in Lese- wie auch in den Rechtschreibtests nachweisen. Es konnten aber je nach Test nur zwischen 7 und 22 der 31 Kinder in die Berechnungen aufgenommen werden, weil bei der Aufnahme die Tests gar nicht oder nur teilweise durchgeführt werden konnten. Die »normale« Auswertung der Tests ergab häufig nur geringe Veränderungen. Bei dem Vergleich der Rohdaten ergaben sich dagegen z. T. erhebliche Verbesserungen sowohl bezüglich der Fehlerzahl wie auch der Lesezeit (Eichenauer 2002).

4.4 Die Erfassung der Lese- und Rechtschreibleistung mit einer Beurteilungsskala

4.4.1 Methode

Um die Veränderung der Leistung im Lesen und Rechtschreiben besser erfassen zu können, führten wir eine Beurteilungsskala für das Lesen und das Rechtschreiben ein. Die Skala und die Ergebnisse werden im Folgenden dargestellt.

Die Beurteilung aufgrund der Leistungen in der Schule, in Tests und in der Therapie wurde am Anfang der Behandlung und vor Entlassung der Kinder durchgeführt. Die Einschätzung erfolgte durch die behandelnden Psychologen oder Ärzte. Es sollte nur mit »ja« oder »nein« beurteilt werden. Folgende Kriterien wurden vorgegeben:

Leistungsstand Lesen	Beurteilung
Graphem-Phonem-Zuordnung sicher	
Zusammenlesen von Silben	
Lesen von einfachen Wörtern sinnerfassend (Zweisilber)	
Lesen von längeren Wörtern sinnerfassend	
Lesen von kürzeren Sätzen sinnerfassend	
Lesen von kleinen Texten sinnerfassend	

Leistungsstand Schreiben	Beurteilung
Phonem-Graphem-Zuordnung sicher	
einzelne, häufig geübte, lautgetreue Wörter	
lautgetreues Schreiben einfacher Zweisilber	
lautgetreues Schreiben längerer Wörter	
kann einzelne Regeln anwenden	
kann viele Regeln anwenden	

Für ein »J« gab es einen Punkt, für ein »N« 0 Punkte. Zur Messung der Veränderung wurden die Punktzahlen für das Lesen und Schreiben vor Beginn und am Ende der Behandlung verglichen. Die Signifikanz wurde mit t-Tests für gepaarte Stichproben überprüft.

4.4.2 Stichprobe

Es handelt sich um 22 Kinder, die seit 1999 in der Abteilung für teilleistungs- und verhaltensgestörte Kinder der Heckscher Klinik stationär oder teilstationär behandelt wurden und bei denen eine Legasthenie bei durchschnittlicher Intelligenz diagnostiziert worden war. In Tab. 1 sind das Alter, der Gesamt-IQ und die Behandlungsdauer angegeben. Es handelte sich um Kinder mit erheblichen zusätzlichen Auffälligkeiten (Tab. 2). Bei fast allen Kindern wurde die Diagnose einer Anpassungsstörung gestellt und bei vielen zusätzlich eine der Formen einer Aktivitäts- und Aufmerksamkeitsstörung. Expressive bzw. rezeptive Sprachentwicklungsstörungen, motorische Störungen und klinisch-neurologische Auffälligkeiten waren bei etwa der Hälfte der Kinder vorhanden. Es handelt sich um eine Gruppe von Kindern, bei der nicht nur eine sehr ausgeprägte Legasthenie besteht, sondern weitere umschriebene Entwicklungsstörungen und schwere psychiatrische Störungen.

Diese Kinder, die bei der Aufnahme im Mittel 9,4 Jahre alt waren, konnten überwiegend gar nicht lesen, die Graphem-Phonem-Zuordnung war nicht gesichert und selbst das lautgetreue Schreiben war den meisten Kindern nicht möglich.

Tabelle 1: Alter, Intelligenz und Dauer der Behandlung für 22 Kinder, die seit 1999 in der Spezialabteilung der Heckscher Klinik mit einer schweren Legasthenie in Kombination mit psychiatrischen Störungen behandelt wurden

	Mittelwert	Standard-abweichung	Minimum	Maximum
Alter (in Monaten)	112	13	91	136
Gesamt-IQ	99	7	87	115
Dauer der Behandlung (in Monaten)	9	3	4	14

Tabelle 2: Anzahl der komorbiden Störungen nach dem multiaxialen Klassifikationssystem bei 22 Kindern mit einer schweren Lese-Rechtschreib-Störung. Mehrfachdiagnosen sind möglich

Achsen	Anzahl der Kinder
Achse 1 Anpassungsstörung (F43) Störung von Aktivität und Aufmerksamkeit (F90) andere (F93, F98)	18 13 3

Achse 2
Sprachentwicklungsstörung
    expressiv (F80.1)
    rezeptiv (F80.2)
Störung der motorischen Funktionen (F82)
	9
	9
	11

Achse 4 klinisch-neurologisch auffällig EEG auffällig	10 3
Achse 5 0 oder 1 Auffälligkeit 2 und mehr Auffälligkeiten	8 14

4.4.3 Ergebnisse

Bei der Beurteilung für das Lesen erhielten zehn Kinder keinen Punkt, d. h., bei ihnen war die Buchstabenkenntnis kaum vorhanden, nur ein Kind bekam 6 Punkte. Dieser Junge konnte sehr langsam und mühsam kurze, einfache Texte sinnerfassend lesen. Am Ende der Behandlung gelang es 18 der 22 Kinder, Sätze zu lesen, und 11 Kinder waren in der Lage, kurze Texte sinnerfassend zu lesen.

Der mittlere Wert für das Lesen lag bei 1,8 vor Beginn der Behandlung und bei 5,3 am Ende der Behandlung (Tab. 3).

Beim Rechtschreiben erreichten zehn Kinder 0–1 Punkt, d. h., sie hatten große Schwierigkeiten mit der Phonem-Graphem-Zuordnung. Einzelne konnten häufig geübte einfache Zweisilber richtig schreiben. Keines der Kinder erreichte sechs Punkte im Rechtschreiben. Am Ende der Behandlung waren 18 der 22 Kinder in der Lage, weitgehend lautgetreu zu schreiben. Der Mittelwert in der Beurteilung der Rechtschreibleistung lag bei Aufnahme bei 1,8 und stieg auf 3,5 am Ende der Behandlung (Tab. 3).

Tabelle 3: Lese- und Rechtschreibleistung am Beginn und am Ende der Behandlung (Anzahl der Kinder (N), Mittelwert (MW), Standardabweichung (SD), Standardfehler des Mittelwertes (SF MW) und das Signifikanzniveau des Unterschieds zwischen beiden Werten bei zweiseitiger Testung)

	N	MW	SD	SF MW	Sign. 2-seitig
Leseeinschätzung am Anfang der Behandlung	22	1,8	2,0	0,43	T= –9.298 0,000
Leseeinschätzung am Ende der Behandlung	22	5,3	0,9	0,19	
Rechtschreibeinschätzung am Anfang der Behandlung	22	1,8	1,4	0,30	T= – 6.926 0,000
Rechtschreibeinschätzung am Ende der Behandlung	22	3,5	1,1	0,23	

Die Veränderung in der Gruppe im Laufe der Behandlung ist sowohl für das Lesen wie auch für die Rechtschreibung hoch signifikant.

Die Korrelation zwischen der Einschätzung des Lesens bzw. Rechtschreibens am Anfang und am Ende der Behandlung war mit 0,490 für das Lesen signifikant auf dem ‚05 Niveau und für das Rechtschreiben mit 0,665 auf dem ‚001-Niveau.

Der IQ korrelierte nicht mit dem Ausmaß der Veränderung in der Beurteilung des Lesens und Schreibens.

4.5 Diskussion

Die Behandlung schwerster Lese- und Rechtschreibstörungen ist mühsam und meist langwierig. Schnelle Erfolge sind insbesondere bei Kindern mit zusätzlichen ausgeprägten Störungen in weiteren Teilleistungsbereichen und erheblichen psychiatrischen Auffälligkeiten nicht zu erwarten (Shaywitz 1998).

Die von uns entwickelte Methode erlaubt es, mit vielen dieser Kinder erfolgreich zu arbeiten und zumindest das Lesen wird von den Kindern erworben. In der Rechtschreibung erreichen wir Fortschritte, die in der zur Verfügung stehenden Behandlungszeit aber häufig nur dazu ausreichen, den Kindern das lautgetreue Schreiben zu ermöglichen. Dies heißt, dass es den Kindern gelingt, eine sichere Phonem-Graphem-Zuordnung zu erlernen und die Laute in einem Wort richtig zu erkennen und dementsprechend niederzuschreiben.

Problematisch ist die Erfassung dieser Veränderungen, da die Tests im unteren Leistungsbereich nicht ausreichend differenzieren und weil die Vergleichsgruppe die der Schulstufe entsprechende Normgruppe ist. Die Kinder ohne Legasthenie machen im Laufe von sechs bis zwölf Monaten erhebliche Fortschritte in der Rechtschreibung, sodass der Abstand zu den von uns behandelten Kindern eher größer als kleiner wird.

Gerade bei Kindern mit schwerer Legasthenie ist es wichtig, die Veränderungen systematisch zu erfassen. Die beschriebene Beurteilung ermöglicht, die individuellen Fortschritte eines Kindes im Bereich sehr basaler Fähigkeiten des Lese-Rechtschreib-Erwerbs festzuhalten. Es handelt sich um Fähigkeiten, die Kinder üblicherweise im Verlauf des ersten Schuljahres erwerben. Die Frage ist, ob die Verbesserungen klinisch tatsächlich relevant sind.

Strehlow (1994) weist in einer Arbeit über den Langzeitverlauf der Legasthenie darauf hin, dass das Lesealter von 9-Jährigen, welches die 14–15-jährigen legasthenen Kinder der Isle of White Study von Rutter erreicht hatten, deutlich über dem Status eines funktionellen Analphabetismus liegt. Für die Kinder, die in unserer Klinik behandelt wurden, bedeutete die Verbesserung, dass sie nach der Entlassung Sprachheilschulen oder Schulen zur individuellen Lernförderung besuchen konnten, die eine weitere Beschulung zuvor abgelehnt hatten. Allerdings war für alle Kinder auch wegen der bestehenden komorbiden Störungen eine Fortsetzung der intensiven Behandlung nötig, in der sich ihre Lesefähigkeit und die Rechtschreibleistung weiter verbessern ließen.

Die Erhebung der Daten ist einfach und die Beurteilung der Kinder übereinstimmend möglich. Bei einigen Kindern blieb die Phonem-Graphem-Zuordnung für wenige Laute wie b und d schwierig. Bei der Beurteilung erweist es sich daher als sinnvoll, eine sichere Graphem-Phonem-Zuordnung dann anzunehmen, wenn mindestens zwanzig Laut-/Buchstabenpaare zuverlässig zugeordnet werden können.

Mit diesem einfachen Instrument gelingt es, Fortschritte, die klinisch relevant erscheinen, bei Kindern mit sehr ausgeprägten Störungen des Lese-Rechtschreib-Erwerbs zu erfassen und darzustellen.

4.6 Zusammenfassung

Die Behandlung von Kindern, die neben einer ausgeprägten Lese-Rechtschreib-Störung noch weitere Teilleistungsstörungen und psychiatrische Störungen aufweisen, ist mühsam und langwierig. Mit einer speziellen Methode, in der die Schwierigkeiten der Kinder, sich die Graphem-Phonem-Zuordnung zu merken, einen besonderen Stellenwert hat, erreichen wir bei den meisten Kindern die Fähigkeit, das Lesen zu erlernen und lautgetreu zu schreiben.

Oft ist es schwierig, mit vorhandenen Tests die klinisch relevanten Fortschritte zu dokumentieren. Zur Erfassung dieser Fortschritte wird eine Beurteilungsskala eingesetzt, welche die Veränderungen, die Kinder im ersten Schuljahr typischerweise erreichen, differenziert abbilden kann.

Literatur

Amorosa, H. (2000). Lesen lernen mit einer Sprachverständnisstörung. In P. Haase (Hrsg.), Schreiben und Lesen sicher lehren und lernen (S. 161–168). Dortmund: Borgmann.

Amorosa, H., Baur, S., und Noterdaeme, M. (2001). Heutige Therapieverfahren bei Lese-Rechtschreib-Störung im Überblick. In G. Schulte-Körne (Hrsg.), Legasthenie: erkennen, verstehen, fördern. Beiträge zum 13. Fachkongress des Bundesverbandes Legasthenie 1999 (S. 223–231). Bochum: Winkler.

Amorosa, H., Müller-Egloff, E., und Pretzlik, E. (1994). Treatment approaches in dyslexia. Acta Paedopsychiatrica, 56, 199–202.

Behrndt, S., Steffen, M., und Becker, M. (2001). Die Entwicklung des Rechtschreibniveaus bei Grundschulkindern unter Beachtung verschiedener Einflussfaktoren. In G. Schulte-Körne (Hrsg.), Legasthenie: erkennen, verstehen, fördern. Beiträge zum 13. Fachkongress des Bundesverbandes Legasthenie 1999 (S. 185–197). Bochum: Winkler.

Blanz, B. (2001). Wie arbeitet das Gehirn beim Lesen? Die Möglichkeiten bildgebender Verfahren in der Forschung über Lese-Rechtschreib-Störungen. In G. Schulte-Körne (Hrsg.), Legasthenie: erkennen, verstehen, fördern. Beiträge zum 13. Fachkongress des Bundesverbandes Legasthenie 1999 (S. 23–29). Bochum: Winkler.

Eichenauer, B. (2002). Therapieergebnisse in der Lese/Rechtschreibübungsbehandlung: Überprüfung des Therapieerfolges bei multipel teilleistungsgestörten Kindern. Dissertation an der Ludwig-Maximilians-Universität München.

Jacobson, C., und Lundberg, I. (2000). Early prediction of individual growth in reading. Reading and Writing: An Interdisciplinary Journal, 13, 273–296.

Klicpera, C., und Klicpera-Gasteiger, B. (1995). Psychologie der Lese- und Schreibschwierigkeiten. Weinheim: Beltz Psychologie Verlags Union.

Müller-Egloff, E. (1994). Die Förderung teilleistungsgestörter Kinder in der Klinikklasse. In J. Martinius und H. Amorosa (Hrsg.), Teilleistungsstörungen. München: Quintessenz Verlag.

Noterdaeme, M., und Breuer-Schaumann, A. (im Druck). Lesen und Schreiben – Bausteine des Lebens. Übungsmaterial zur Behandlung von Lese- und Rechtschreibstörungen. Dortmund: Verlag modernes Lernen.

Reuter-Liehr, C. (1993). Die Behandlung der Lese-Rechtschreib-Schwäche nach der Grundschulzeit: Anwendung und Überprüfung eines Konzeptes. Zeitschrift für Kinder- und Jugendpsychiatrie, 21, 135–147.

Roth, E., und Warnke, A. (2001). Diagnose und Therapie der Lese-Rechtschreibstörung. Monatsschrift für Kinderheilkunde, 149, 956–967.

Schulte, K. (1980). Sprechhilfe PMS. Heidelberg: Groos Verlag.

Schulte-Körne, G., Deimel, W., und Remschmidt, H. (1998). Das Marburger Eltern-Kind-Rechtschreibtraining – Verlaufsuntersuchung nach zwei Jahren. Zeitschrift für Kinder- und Jugendpsychiatrie und Psychotherapie, 26, 167–173.

Shaywitz, S. (1998). Dyslexia. The New England Journal of Medicine, 338, 307–312.

Strehlow, U. (1994). Katamnestic studies in dyslexia. Acta Paedopsychiatrica, 56, 219–228.

Strehlow, U., Haffner, J., Busch, G., Pfüller, U., Rellum, T., und Zerahn-Hartung, C. (1999). An Schwächen üben oder durch Stärken ausgleichen? Vergleich zweier Strategien in der Förderung von Kindern mit einer umschriebenen Lese-Rechtschreib-Schwäche. Zeitschrift für Kinder- und Jugendpsychiatrie und Psychotherapie, 27, 103–113.

Torgesen, J., Alexander, A., Wagner, R., Rashotte, C., Voeller, K., und Conway, T. (2001). Intensive remedial instruction for children with severe reading disabilities: Immediate and long-term outcomes from two instructional approaches. Journal of Learning Disabilities, 34, 33–58.

5 Ergebnisse von Therapiestudien

Gerd Mannhaupt

5.1 Einleitung

Die wissenschaftliche Auseinandersetzung mit den Problemen des Lesen- und Schreibenlernens kann auf eine sehr lange Tradition zurückgreifen. Im deutschsprachigen Raum setzte die intensive Auseinandersetzung mit Lese-Rechtschreib-Schwierigkeiten etwa in den fünfziger Jahren mit der Legasthenieforschung ein. Dieses Forschungsparadigma wurde durch andere Zugänge ersetzt, wobei jedes dieser Paradigmen die zu ihm passenden Förderansätze hervorbrachte. Mit diesem Beitrag soll ein Überblick über die Interventionsforschung zur Unterstützung von Kindern mit einer Lese-Rechtschreib-Störung (LRS) gegeben werden.

Die Grundlage der Legasthenieforschung der fünfziger bis siebziger Jahre bildeten Annahmen über zentrale kognitive und neurologische Defizite als Ursachen. Viele Interventionsstudien versuchten deshalb, diese allgemeinen Funktionen zu fördern und so positive Effekte zu erzielen. Als Klassiker sind Frostig und Schenk-Danziger mit ihrem Konzept der visuellen Diskriminierung zu nennen, aber auch der Ansatz der nicht ausgebildeten Hemisphärendominanz sowie die Konzepte zu Impulsivität-Reflexivität wurden in dieser Phase entwickelt.

Etwa zu Beginn der achtziger Jahre setzte die Forschung ein, in der ein entwicklungs- und lernpsychologischer Fokus auf die Probleme lese-rechtschreibschwacher Kinder und das Erlernen der Schriftsprache gelegt wurde. Im Zentrum standen nun Längsschnittstudien, mit denen der Verlauf des Schriftspracherwerbs dokumentiert werden sollte. Außerdem versuchte man, Vorhersagen über den Verlauf zu treffen. Grundannahme der Vertreter der Schriftspracherwerbsforschung ist, dass Lese-Rechtschreib-Schwäche besser als Entwicklungsverzögerung denn als kognitiv-funktionale Abweichung zu verstehen ist. Folgerichtig wurden in dieser Phase Interventionsstudien durchgeführt, in denen allgemeine lerntheoretische Erkenntnisse vor allem über die Entwicklung von Lernstrategien umgesetzt wurden. Die Auswahl der Lerninhalte war bestimmt durch spezifische schriftsprachbezogene Übungen und Probleme, die dem Entwicklungsstand der Kinder anzupassen waren.

Ausgehend von den Phasenmodellen, die die Schriftspracherwerbsforschung entwickelt hat, entdeckte man als zentrale Aufgabe des frühen Schriftspracherwerbs die Auseinandersetzung mit den lautlichen Aspekten der Sprache. Auf diese Einsicht hin hat sich in den neunziger Jahren die Forschung zum Konstrukt »phonologische Bewusstheit« entwickelt. Mithilfe dieses Konstruktes gelangen zum ersten Mal relativ stabile Vorhersagen des Verlaufs des Schriftspracherwerbs, die die Basis für die Entwicklung von Präventionsprogrammen bildeten. Zwei der prominentesten Konzepte sind das von Lundberg in Schweden entwickelte Programm und das Programm »Hören, lauschen, lernen«, das die Arbeitsgruppe um Schneider in Würzburg entwickelt hat. Mit beiden Programmen konnten beeindruckende positive Effekte vorschulischer Prävention erreicht werden.

5.2 Methodische Überlegungen

Immer wieder wird in der Öffentlichkeit von sensationellen Hilfen für lese-rechtschreibschwache Kinder berichtet. Der interessierte Beobachter fragt sich dann, ob mit dem so propagierten Verfahren tatsächlich ein Erfolg versprechender Weg der Hilfe für lese-rechtschreibschwache Kinder gefunden wurde. Damit stellt sich die Frage, ob die Ergebnisse dieser berichteten Studien so weit belastbar sind, dass sie eine Umstellung der LRS-Förderung, z. B. in der eigenen Praxis, rechtfertigen. Die wissenschaftliche Evaluationsforschung hat für dieses Problem Standards für eine Beurteilung dieser Studien unter methodischen Gesichtspunkten entwickelt.

Unter wissenschaftlichen Gesichtspunkten kann eine Interventionsstudie nur dann berücksichtigt werden, wenn sie mindestens drei **Anforderungen** genügt. Zunächst einmal muss sichergestellt sein, dass die berichteten Effekte zuverlässig nur auf die Wirkung des Trainingsprogramms zurückzuführen sind. Dafür ist mindestens eine **Kontrollgruppe** notwendig, die kein oder ein anderes Training erhält. Nur so kann abgeschätzt werden, ob die Verbesserungen der Trainingsgruppe nicht doch aufgrund allgemeiner Entwicklungsfortschritte zustande gekommen sind. Aufgrund ethischer Probleme (in der Praxis ist es meist nicht zu vertreten, Kindern mit Schwierigkeiten keine Unterstützung zukommen zu lassen) wird bei Studien aus der Praxis auf eine Kontrollgruppe verzichtet. Dann sollte die Entwicklung der Trainingsgruppe aber zumindest mit der Entwicklung einer Normstichprobe desselben Alters verglichen werden; das kann darüber geschehen, dass standardisierte und normierte Rechtschreib- und Lesetests eingesetzt werden.

Die zweite methodische Anforderung besteht darin, dass die untersuchten Gruppen so groß sein müssen, dass man von einigermaßen stabilen Befunden ausgehen kann und statistische Methoden der Prüfung der Effekte möglich sind. Das erfordert **Gruppengrößen** von mindestens fünf Kindern. Damit sind die vielen berichteten Einzelfallstudien aus wissenschaftlicher Sicht nicht als Grundlage für die Beurteilung der Wirksamkeit von Trainingsprogrammen geeignet.

Als drittes methodisches Kriterium ist an jede Interventionsstudie die Anforderung zu stellen, dass sie prinzipiell wiederholt werden kann. Dieser Anspruch beinhaltet zum einen die vollständige Dokumentation aller in der Studie realisierten Interventionen. Zum anderen muss das Vorgehen der Überprüfung der Interventionen **vollständig und transparent beschrieben** sein. Wenn diese Dokumentation in dem veröffentlichten Beitrag nicht vollständig erfolgen kann, muss zumindest eine Quelle für diese Beschreibung in der Veröffentlichung enthalten sein. Aufgrund dieses Kriteriums müssen solche Studien ausgeschlossen werden, bei denen unklar ist, was wann wie gefördert und überprüft wurde.

Selbst wenn einzelne Studien positive Effekte einer Intervention berichten, kann dies aus wissenschaftlicher Sicht nicht als Basis für die Verallgemeinerbarkeit der berichteten Befunde gelten. Erst wenn sich in **mehreren Studien** (vorzugsweise von verschiedenen Forschern) vergleichbare Befundmuster zeigen, können sie als Grundlage für z. B. Empfehlungen für die Praxis herangezogen werden. Weiterhin ist zu beachten, dass die in den Studien untersuchten Kinder **repräsentativ** für jene die Kinder sind, für die die Empfehlungen ausgesprochen werden. So macht es z. B. wenig Sinn, wenn Trainings an Sonderschülern auf ihre Wirksamkeit hin überprüft werden, die Empfehlung des Trainings aber für alle Schüler getroffen werden soll (Walter, Bigga und Bischof 1995).

Ebenfalls unter der Perspektive der Repräsentativität sollten die untersuchten Interventionen an das Minimum der Dauer heranreichen, die Trainings in der alltäglichen Praxis aufweisen. Dies schließt Studien aus, deren Interventionen nur einen bis wenige Tage dauern (Donczik 1994). Somit sollten nur solche Studien Berücksichtigung finden, die in der **Intensität der Förderung** etwa an den alltäglichen Aufwand herankommen. Als letztes Kriterium wird an die Studien das der praktischen Relevanz angelegt; unter praktischen Gesichtspunkten erscheinen nur solche Interventionen von Bedeutung, deren **Effekte für einen einigermaßen langen Zeitraum nachweisbar** sind. Studien, die die Wirksamkeit der Interventionen lediglich unmittelbar nach Abschluss derselben überprüfen, können wenig überzeugen, da die berichteten Effekte eher auf kurzfristiges Vorbereiten auf den Nachtest durch direktes Üben denn auf langfristige Veränderungen kognitiver Strukturen zurückzuführen sind.

Die im Folgenden berichteten Befundmuster berücksichtigen nur solche Studien mit positiven Effekten, die diesen grundlegenden Qualitätsmerkmalen wissenschaftlicher Evaluation genügen. Aufgrund aktueller Diskussionen und einer Vielfalt existierender Förderansätze in der pädagogischen und psychologischen Praxis wird in dieser Übersicht allerdings auch auf Befunde von methodisch nicht optimalen Studien eingegangen, die keine positiven Effekte zeigen konnten, sich aber auf Förderansätze beziehen, die ohne wissenschaftliche Fundierung seit vielen Jahren Anwendung finden.

5.3 Linien in Therapieansätzen

5.3.1 Unterstützung neurologischer und kognitiver Funktionen

Insbesondere in der Phase der Legasthenieforschung versuchten die Vertreter dieser Position ihre Annahmen über die Entstehung von Lese-Rechtschreib-Schwierigkeiten durch die Überprüfung entsprechender Trainings beziehungsweise Förderprogramme zu bestätigen. Die meisten dieser Programme zeichneten sich dadurch aus, dass sie keine Lese- oder Rechtschreibübungen enthielten, sondern aus Trainings bestanden, mit denen die vermuteten neurologischen oder kognitiven Defizite beseitigt werden sollten. Die Verbesserung der Lese- und Rechtschreibleistungen sollte sich quasi automatisch als Folge der dann korrigierten allgemeinen Funktionen einstellen.

5.3.2 Mangelnde Hemisphärendominanz

Bereits seit den Anfängen der Legasthenie-Forschung (Orton 1928) existiert die Diskussion darüber, dass eine mangelnde Hemisphärendominanz eine der Ursachen von Lese-Rechtschreib-Schwierigkeiten darstellt (Schenk-Danzinger 1978). Die aus der Sicht der Neuropsychologie erst einmal plausible Hypothese, dass eine nicht optimale Aufgabenverteilung zwischen den beiden Hemisphären zu Verarbeitungsdefiziten bei geschriebener Sprache führt, wurde vor allem von Delacato (1966) propagiert. Sie findet sich heute zum Teil in den Überkreuzübungen der Edu-Kinestetik wieder. Sollte die Hypothese zutreffen, müssten sich Übungen, die die Wiederherstellung der Aufgabenverteilung zwischen beiden Hirnhälften zum Ziel haben, positiv auf das Lesen und Schreiben auswirken. Bislang liegt allerdings keine methodisch zufrieden stellende Studie vor, die diese Hypothese für die Trainingspraxis bestätigen kann.

5.3.3 Mangelnde sensomotorische Reifung

Auf Überlegungen von Ayres (1972) griffen die Forscher zurück, die Lese-Rechtschreib-Schwierigkeiten als Folge mangelnder sensomotorischer Reifung ansahen. Es wurde vermutet, dass den betroffenen Kindern aufgrund z. B. mangelnder Lern- und Entwicklungsmöglichkeiten die Grundlage für die anspruchsvollen kognitiven Integrationsleistungen des Schriftspracherwerbs fehlte. Als Maßnahme, diese Grundlage bereitzustellen, wurden Trainings zur Psychomotorik angesehen. Eggert et al. (1975) führten eine Studie zur Überprüfung dieser Hypothese durch, konnten aber keinen positiven Beleg erbringen.

5.3.4 Mangelnde Aufmerksamkeit: Impulsivität – Reflexivität

Über lange Zeit bekam die Vermutung viel Beachtung, wonach den lese-rechtschreibschwachen Kindern mangelnde Aufmerksamkeit bei der Bearbeitung von Aufgaben unterstellt wurde. Man nahm an, dass die Kinder kognitive Aufgaben eher impulsiv lösen, d. h. zu schnell auf vermeintliche Lösungen zurückgreifen, ohne diese auf deren Nützlichkeit hin zu untersuchen. Dieses allgemeine Aufmerksamkeitsdefizit sollte durch entsprechende Trainings behebbar sein. Diese Hypothese überprüfte Scheerer-Neumann (1988). Dafür ließ sie lese-rechtschreibschwache Kinder aus fünften Hauptschulklassen ein allgemeines Aufmerksamkeitstraining durchführen, bevor sie ein Rechtschreibtraining absolvierten. Sie verglich die Leistung dieser Kinder mit der Leistung einer zweiten vergleichbaren Schülergruppe, die lediglich das Rechtschreibtraining bekommen hatte. Die Befunde waren ernüchternd: Scheerer-Neumann konnte keine Effekte des Aufmerksamkeitstrainings feststellen.

Quasi die Gegenhypothese, nämlich, dass lese-rechtschreibschwache Kinder über keine ausreichende spezifische Fehleraufmerksamkeit beim Rechtschreiben verfügen, die allerdings nichts mit allgemeiner Aufmerksamkeit zu tun hat, überprüfte Lechner (1985). In ihrer Studie lernten Kinder der vierten Klasse, ihre Aufmerksamkeit beim freien Schreiben stärker auf die abschließende Kontrolle von Fehlern zu richten. Diese Ausbildung der spezifischen Aufmerksamkeit zeigte eine Verbesserung der Schreibübungen im Vergleich zu einer Kontrollgruppe, aber keine Verbesserung der allgemeinen Aufmerksamkeit, die in beiden Gruppen mit einem Test erhoben wurde.

Beide Studien belegen quasi aus unterschiedlichen Blickrichtungen, dass der Einsatz allgemeiner Aufmerksamkeits- oder Konzentrationstrainings sich zur Verbesserung von Rechtschreibleistungen nicht empfiehlt.

5.3.5 Emotionale Labilität und mangelndes Selbstkonzept

Zahlreiche Studien, in denen lese-rechtschreibschwache Kinder in höheren Schulklassen untersucht wurden, berichten von zum Teil massiven Benachteiligungen dieser Kinder im Hinblick auf motivationale und emotionale Aspekte schulischen Lernens (Klicpera und Schabmann 1993, Oka und Paris 1987, Torgesen und Wong 1986). Was liegt näher als der Versuch, den betroffenen Kindern durch besondere Unterstützung im emotionalen und motivationalen Bereich beziehungsweise durch die Stärkung ihres schulischen Selbstkonzeptes helfen zu wollen? In einigen Studien wurde dieser Versuch unternommen und dokumentiert.

Trempler et al. (1974) versuchten lese-rechtschreibschwache Kinder durch eine Spieltherapie zu fördern. Ihre Annahme, dass allein die Wiederherstellung emotionaler Stabilität zu einer Verbesserung der Rechtschreibleistungen führen würde, konnten sie nicht bestätigen. Es zeigten sich keine spezifischen Effekte der Spieltherapie auf die Rechtschreibleistungen.

In dem sehr viel bekannteren Konzept von Betz und Breuninger (1987) wird als erster Schritt in einer integrativen Lerntherapie die **Stützung des Selbstkonzeptes** der betroffenen Kinder empfohlen. Erst nachdem das Selbstkonzept wieder aufgebaut wurde, raten Betz und Breuninger das Schriftsprachtraining zu beginnen. Hier sei darauf hingewiesen, dass dieses verbreitete Förderkonzept empirisch noch nicht angemessen untersucht wurde. Die an manchen Stellen zitierte Studie von Breuninger (1980) kann aufgrund methodischer Unzulänglichkeiten nicht als Beleg für die Effektivität der integrativen Lerntherapie bei Lese-Rechtschreib-Schwierigkeiten angesehen werden.

In einer methodisch abgesicherten Studie untersuchten Mannhaupt et al. (1999) bei einem Training für lese-rechtschreibschwache Kinder der ersten Klasse eine **gezielte Motivationsanregung,** z. B. dadurch dass den Kindern der besondere Nutzen des Einsatzes geschriebener Sprache anhand von Alltagsaktivitäten (Briefe schreiben, Anweisungen lesen) vermittelt wurde. Selbst bei einer Dauer von einem halben Jahr zeigten sich keine Effekte (bezüglich/hinsichtlich oder aufgrund) dieser Vorgehensweise. Die Autoren mussten konstatieren, dass besondere Maßnahmen zur Unterstützung der Lernmotivation in Kombination mit einem Rechtschreibtraining keine, beziehungsweise negative Effekte zeigen. Bei der Förderung einer vergleichbaren Gruppe konnte Mannhaupt (1992) mit dem reinen Rechtschreibtraining nämlich noch positive Effekte nachweisen.

Von eben solchen negativen Effekten berichtet Riedmann (1992). Sie förderte lese-rechtschreibschwache Kinder in einer umfassenden Therapie über acht Monate hinweg, wobei vor allem die **Stützung der Gesamtpersönlichkeit** im Vordergrund stand. Im Vergleich zu einer Kontrollgruppe konnte sie über diesen Zeitraum hinweg keine Effekte der Therapie, die noch kein Rechtschreibtraining enthielt, feststellen. Erst nachdem im neunten Monat ein intensives Rechtschreibtraining durchgeführt wurde, näherten sich die Leistungen der Experimentalgruppe denen der Kontrollgruppe an.

Die Ergebnisse der referierten und der anderer Studien zum Einfluss besonderer emotionaler Unterstützung bei Rechtschreibtrainings machen die Unwirksamkeit dieses Zugangs deutlich. Sicherlich überrascht nicht, dass bei einer alleinigen Förderung emotionaler Aspekte keine Verbesserung der Schriftsprachfertigkeiten zu erwarten ist, da hier aufgrund der fehlenden Auseinandersetzungen mit dem Lerngegenstand keine Gelegenheiten des Rechtschreiblernens bestehen. Allerdings verwundert, dass das Hinzufügen besonderer motivationaler Unterstützung zu wirksamen Rechtschreibtrainings zu einer Reduktion bzw. Eliminierung der Effekte des Rechtschreibtrainings führt (Mannhaupt et al. 1999, Nock et al. 1988). Bei genauerer Analyse dieser Interventionsstudien fällt auf, dass die Kinder in den Fördergruppen der Rechtschreibtrainings ohnehin interessiert bis begeistert mitmachten, also auch ohne besondere motivationale Unterstützung aktiv lernten. Eine mögliche Erklärung dieser negativen Befunde besteht darin, dass die Maßnahmen der externen Motivation in diesen Studien die Kinder haben unsicher werden lassen, was denn eigentlich das Ziel ihrer Lernaktivitäten sein sollte. Mithin scheinen massive Anstrengungen zum Aufbau extrinsischer Motivation wahrscheinlich deren das Gegenteil zu bewirken.

5.3.6 Lerntheoretische Aspekte

Unter lerntheoretischer Perspektive lassen sich zwei Linien in den Befunden der Interventionsstudien erkennen. Das erste Befundmuster erscheint zunächst nicht sehr aktuell, denn die klassische Lernpsychologie weiß schon lange, dass **verteiltes Lernen** effektiver ist als massiertes Lernen. Dennoch sei darauf hingewiesen, dass mit dieser einfachen Maßnahme die Effektivität vieler Förderprogramme verbessert werden könnte. In der Förderung des Rechtschreiblernens belegen dies z. B. die Studien von Machemer (1972) und Schulte-Körne et al. (1997). In beiden Förderstudien werden Eltern darin unterwiesen, regelmäßig fünfmal in der Woche, allerdings nur für kurze Zeit, mit ihren Kindern von den Beratern hoch strukturiert vorgegebene Rechtschreibübungen durchzuführen. In beiden Studien sind die positiven Effekte meiner Ansicht nach auch auf diese Organisationsform des Lernens zurückzuführen. Die Studien zur Wirksamkeit des LRS-Präventionsprogramms »Hören, lauschen, lernen« (Küspert 1996, Küspert und Schneider

1998a, Schneider et al. 1998, Schneider et al. 2000, Schneider et al. 1994) unterstützen diese Interpretation. Auch dieses Training wird über einen langen Zeitraum mit wöchentlich fünf mal zehn Minuten Trainingszeit durchgeführt.

Die zweite Linie, die unter lernpsychologischer Perspektive hervorsticht, deutet auf den erfolgreichen Einsatz **lernstrategisch orientierter Förderprogramme** hin. In drei methodisch sehr gut abgesicherten Studien, in denen lese-rechtschreibschwache Kinder unterschiedlichen Alters dazu angehalten wurden, sich entweder eine komplette Schreibhandlungsstrategie (Mannhaupt 1992) oder spezifische Rechtschreibstrategien (Lechner 1985, Nock et al. 1988, Scheerer-Neumann 1988) anzueignen, konnten positive Befunde festgestellt werden. Gerade diese Befunde legen in Verbindung mit den Erkenntnissen der aktuellen Lernforschung dringend den Einsatz von Fördermaßnahmen nahe, die den Kindern die Einsicht in die Schritte ihres Tuns vermitteln und sie dazu anregen, sich beim Schreiben mithilfe dieser Strategien selbst zu kontrollieren.

5.3.7 Entwicklungsorientierung

Aufgrund der Schriftspracherwerbsforschung gilt die Idee, dass Kinder im Vorschulalter Schrift logografisch verarbeiten, sie dann die alphabetischen Gesetzmäßigkeiten unserer Schriftsprache entdecken, sich erst später den Rechtschreibregeln zuwenden und erst nach sehr viel Schrifterfahrung Schrift so nutzen können, dass diese Nutzung nur geringe kognitive Ressourcen benötigt, als grundsätzlich belegt.

Bei der Gestaltung von Fördermaßnahmen muss deshalb der Entwicklungsstand des Kindes im Schriftspracherwerb den Ausgangspunkt bei der Wahl der zu bearbeitenden Schriftsprachprobleme bilden. Fördermaßnahmen, die in der Anordnung ihrer Inhalte diese Entwicklung berücksichtigen, sollten besser wirken als solche, die z. B. allgemeine kognitive Funktionen trainieren. Versucht man eine relativ grobe Einteilung, müssten Trainings für die erste Klasse dann erfolgreich sein, wenn sie Übungen zum Lesen und Schreiben auf dem alphabetischen Niveau enthalten. Erst ab der Mitte der zweiten beziehungsweise ab dem Anfang der dritten Klasse und für Trainings in höheren Schulklassen sollten Aufgaben eingesetzt werden, mit denen die orthografischen Aspekte unserer Schrift erlernt werden. Tatsächlich lässt sich diese Systematik in den Untersuchungen finden: In den veröffentlichten Studien zum frühen Schriftspracherwerb (Blumenstock 1979, Hingst 1994, Mannhaupt 1992) werden durchweg Trainingsmaßnahmen überprüft, die versuchen, den Kindern die wesentlichen Aspekte des Lesens und Schreibens nahe zu bringen. Alle diese Studien können über positive Befunde berichten. Lediglich die Studie von Wimmer und Hartl (1991) scheint dieser Annahme zu widersprechen. Hier wurden lese-rechtschreibschwache Kinder der zweiten Klasse mit Übungen zur phonologischen Bewusstheit, wie z. B. Reimen oder Silben Segmentieren, trainiert und es konnten keine positiven

Befunde erreicht werden. Dieser scheinbare Widerspruch löst sich dann auf, wenn man sich vor Augen führt, dass die trainierten Kinder trotz ihrer Schwierigkeiten im Lesen und Schreiben über diese Phase des Schriftspracherwerbs bereits hinweg sind. Sie benötigen also keine Unterstützung mehr, um die Entwicklungsvoraussetzungen für Lesen und Schreiben auszubilden, denn mehr wurde in dem LRS-Training nicht angeboten, sondern für sie wären Übungen zum alphabetischen Lesen und Schreiben angemessen gewesen. Insofern unterstützt selbst diese Studie mit ihren negativen Ergebnissen das Konzept der Entwicklungsorientierung.

Ebenfalls Unterstützung erfährt dieses Konzept durch die Studien, in denen LRS-Trainings mit lese-rechtschreibschwachen Kindern in Klasse drei und höher durchgeführt wurden. Die Studien von Kossow (1979), Nock (1990) und Scheerer-Neumann (1988) belegen, wie viele andere Studien auch, dass erfolgreiche LRS-Trainings mit älteren Kindern hauptsächlich Inhalte zu orthografischen Regeln behandeln müssen. Somit bestätigen viele Interventionsstudien auf indirekte Weise die Stufen- und Phasenmodelle des Schriftspracherwerbs, woraus sich die Anforderungen für an die Entwicklung der Kinder angepasste LRS-Fördermaßnahmen ergeben.

5.3.8 Phonologische Bewusstheit

Sozusagen ganz neu auf dem Markt der Förderideen von LRS wurde in den neunziger Jahren das Konzept der phonologischen Bewusstheit präsentiert (Skowronek und Marx 1989). Es wurde als zentrales Konstrukt der Schriftspracherwerbsforschung der neunziger Jahre in nahezu allen Studien im Zusammenhang mit LRS untersucht und in verschiedensten Varianten erfasst. Man musste feststellen, dass selbst bei den Prozessen des Lesens und Schreibens, die die Nutzung des Langzeit- und des Kurzzeitgedächtnisses beinhalten, phonologische beziehungsweise phonetische Aspekte von Bedeutung sind. Deutlich wurde aber auch, dass Lesen und Schreiben einerseits gewisse Qualitäten in der phonologischen und phonetischen Verarbeitung der gesprochenen Sprache brauchen, andererseits dass Schriftsprachnutzung in hohem Maße diese Prozesse erst entwickelt und dann verfeinert und optimiert.

Zu Beginn des Schriftspracherwerbs können Kinder lediglich mit groben lautlichen Strukturen unserer Sprache umgehen (Silben, Anlaute, Reime). Erst mit dem systematischen Schriftspracherwerb bilden sich bei ihnen die Möglichkeiten aus, mit einzelnen Lauten der gesprochenen Sprache umzugehen, sie zu verbinden bzw. voneinander zu trennen.

Damit bietet sich dieses Konstrukt als ideale Basis für die Prädiktion und Prävention von Problemen im frühen Schriftspracherwerb an. Phonologische Bewusstheit kann darüber hinaus hervorragend dazu genutzt werden, den Übergang von der Vorschriftlichkeit zur Schriftlichkeit konzeptionell zu fassen (Marx 1997, Scheerer-Neumann 1997, Schneider 1997).

Insbesondere im deutschsprachigen Raum wurden in den letzten Jahren zahlreiche Studien durchgeführt, mit denen die Beeinflussbarkeit der phonologischen Bewusstheit in Vorschule und Schule geprüft wurde. Die Längsschnittprojekte der Würzburger Forschergruppe unter der Leitung von Schneider haben beeindruckende Belege für die Wirksamkeit vorschulischer Prävention geliefert, die die Verbesserung der phonologischen Bewusstheit zum Ziel hat (Schneider et al. 1998, Schneider et al. 1997, Schneider et al. 2000, Schneider et al. 1994). Hingst (1994) konnte ebenfalls über positive Effekte von Fördermaßnahmen, die in den ersten Monaten der Grundschule vor allem auch Übungen zur Ausbildung der phonologischen Bewusstheit enthielten, berichten.

Darüber hinaus zeigen die Studien von Blumenstock (1979) und Mannhaupt (1992), dass die Unterstützung phonologischer Bewusstheit zu Beginn des Schriftspracherwerbs zu positiven Effekten für das Lernen der Kinder führt. Allerdings sollten die Inhalte dieser schulischen Förderungen bereits den Umgang mit Schriftsprache beinhalten und die höheren Formen phonologischer Bewusstheit (Lautanalyse und Lautsynthese) in den Vordergrund stellen.

Die Studie von Wimmer und Hartl (1991) ist ein eindrucksvoller Beleg dafür, dass auch bei lese-rechtschreibschwachen Kindern der zweiten Klasse die basalen Fertigkeiten der phonologischen Bewusstheit so weit ausgebildet sind, dass deren Förderung keine positive Wirkung mehr zeigt. Aus den Befunden unserer Längsschnittstudien wissen wir, dass diese Fertigkeiten auch bei schwachen Kindern bereits Mitte der ersten Klasse so ausgebildet sind, dass die schwachen Kinder mit Testverfahren zu den grundlegenden Formen phonologischer Bewusstheit nicht mehr erkannt werden können (Jansen et al. 1999).

5.3.9   Offene Fragen

Den hier referierten Befunden und Befundmustern stehen selbst nach vielen Jahren Forschung zur Wirksamkeit von LRS-Trainings noch einige offene Fragen gegenüber. Diese beziehen sich zum einen auf den Einsatz von Lesetrainings, zum anderen auf die Wirksamkeit von neueren Konzepten, die unter dem Anspruch, vielen lese-rechtschreibschwachen Kindern schnelle und effektive Hilfe bereitstellen zu können, veröffentlicht und verbreitet werden. Auf sie soll im Folgenden eingegangen werden.

Bereits Scheerer-Neumann (1979) und Mannhaupt (1994) mussten konstatieren, dass sich unter den veröffentlichten Studien zu LRS-Interventionen nur ein verschwindend geringer Teil, nämlich vier Studien in zwanzig Jahren, mit der **Effektivität von Lesetrainings** auseinander setzt. Der Schwerpunkt der Interventionsforschung zur LRS liegt im deutschsprachigen Raum eindeutig auf der Rechtschreibung. Hier zeigt sich ein deutliches Defizit in der Forschungsaktivität, aber an dieser Tatsache wird auch deutlich, welch geringer Stellenwert dem Lesen in unserer Schule und unserer Gesellschaft beigemessen wird. Es ist zu hoffen und zu erwarten, dass die Ergebnisse der PISA-Studie zu einem Umdenken in diesem Bereich der Schriftsprachforschung führen werden.

Sichtet man die LRS-Interventionsstudien der letzten Jahre danach, ob neuere Ansätze von Trainings auch empirisch überprüft wurden, muss festgehalten werden, dass hier ebenfalls nur geringe Forschungsaktivitäten zu verzeichnen sind. So lassen sich zum Einsatz des neurolinguistischen Programmierens bei LRS zwar einige Falldarstellungen finden, sie lassen aber keinerlei Schlüsse über die Effektivität dieses Ansatzes zu. Insgesamt teilen viele neuere Interventionskonzepte dieses Schicksal. Sie werden von den Protagonisten dieser Ansätze in Vorträgen, Fortbildungen und Darstellungen der eigenen Praxis verbreitet, es lassen sich aber keine Evaluationsstudien finden, die über die Wirksamkeit dieser Ansätze berichten.

Eine gewisse Ausnahme in dieser Hinsicht bildet die **Edu-Kinestetik.** Die Vertreter dieses Ansatzes gehen davon aus, dass Störungen der grundlegenden kognitiven und neurologischen Funktionen der Körperwahrnehmung sowie der Verarbeitung von auditiven und visuellen Reizen die Ursachen für eine LRS darstellen. Dementsprechend bieten sie Trainings oder Geräte an, mit deren Hilfe diese grundlegenden Funktionen verbessert werden sollen, woraus dann eine positive Entwicklung für das Lesen und Schreiben resultieren soll. Zur Edu-Kinestetik hat Donczik (1994) eine Studie veröffentlicht, mit der er meint die positiven Effekte dieses Ansatzes für die LRS-Intervention belegt zu haben. Allerdings kann keine dieser Studien die notwendigen methodischen Kriterien solcher Überprüfungen erfüllen. Damit können sie nicht als Argumente in der Diskussion über dieses Förderkonzept eingesetzt werden. Ganz im Gegenteil zeigt eine Veröffentlichung von Klicpera und Gasteiger-Klicpera (1996), dass unter kontrollierten Bedingungen keine Wirkungen des eingesetzten Programms zur Edu-Kinestetik festgestellt werden konnten. Aus der Sicht der wissenschaftlichen Forschung überrascht dieser Befund nicht. Kann man doch die Edu-Kinestetik den Programmen aus den siebziger Jahren zuordnen, die versucht haben, allgemeine kognitive und neurologische Funktionen zu beeinflussen, um Verbesserungen in der LRS-Symptomatik zu erreichen. Wie oben beschrieben, sind diese Versuche durchweg gescheitert.

Ganz mager sieht es bei der Interventionsforschung zu den Effekten von **computergestützter LRS-Förderung** aus. Obwohl eine Unmenge an Software auf dem Markt ist, war in den letzten Jahren keine kontrollierte Studie zu finden. Die Studie von Castell und LePair (2000) kann aufgrund fehlender Kontrollmöglichkeiten der in der Fördergruppe berichteten Effekte keinen belastbaren Beitrag leisten. Andere Veröffentlichungen (Walter et al. 1995) berichten von Studien mit lernbehinderten Kindern. Sicherlich kann es möglich sein, dass der überlegte und behutsame Einsatz von Computerprogrammen vor allem in den Übungsphasen der Förderung hilfreich ist, belegt ist er allerdings noch nicht. Vollkommen unklar ist beim Einsatz von Computern noch, ob oder wann der ausschließliche alltägliche Einsatz von Computerprogrammen zu motivationalen Einbrüchen bei den Schülern führt.

5.4 Schlüsse für die Praxis

5.4.1 Forschungsorientierung

Aus der Analyse allein der vorliegenden Interventionsforschung lassen sich meines Erachtens nur bedingt tragfähige Schlüsse für die Praxis ziehen. Denn das Vorliegen von einer Studie oder zwei Studien, die positive Effekte eines Förderansatzes berichten, zeigt zwar, dass in dem untersuchten Förderansatz irgendwelche positive Wirkmomente enthalten sind, aber meist reichen diese Studien nicht aus, deutlich werden zu lassen, welche spezifischen Bestandteile des Förderansatzes die berichteten Effekte verursacht haben. Deshalb sollte bei Berichten über positive Interventionseffekte auch überprüft werden, ob zu den untersuchten Förderelementen unterstützende analytische und beschreibende Forschung vorliegt. Denn nur wenn eine Studie in ein tragfähiges Netz von Forschungsergebnissen eingebettet ist, sollten die Schlüsse, die aus ihr gezogen werden können, in praktische Empfehlungen umgesetzt werden. Gerade die Studien zur phonologischen Bewusstheit sind ein positives Beispiel für die Vernetzung von beschreibender Grundlagenforschung und praxisorientierter Interventionsforschung. Neben den hier berichteten Interventionsstudien liegt eine Vielzahl an Studien aus vielen Sprachbereichen vor, die die allgemeine Bedeutung der phonologischen Bewusstheit für den Schriftspracherwerb in alphabetischen Schriftsprachen unterstreichen. Als negatives Beispiel sei hier die Edu-Kinestetik angeführt. Neben der Tatsache, dass widersprüchliche Befunde zur Wirksamkeit dieses Ansatzes vorliegen, kommt das Fehlen jeglicher Grundlagenstudie zur spezifischen Bedeutung der durch die Edu-Kinestetik trainierten neurologischen Funktionen für das Lesen- und Schreibenlernen hinzu.

Folglich sollte vor der Übertragung von Befunden aus der Interventionsforschung in die Förderpraxis auch ein Blick auf den Stand der allgemeinen Schriftspracherwerbsforschung geworfen werden. Nur so können die in der Praxis Tätigen sich davor absichern, wissenschaftlich nicht fundierte Konzepte bei der Betreuung lese-rechtschreibschwacher Kinder einzusetzen, und verhindern, dass wertvolle Zeit und Ressourcen aller Beteiligten unnütz in Anspruch genommen werden.

5.4.2 Anforderungsorientierung

Aus den Befunden der vorliegenden Interventionsstudien lässt sich auf allgemeinem Niveau die Empfehlung ziehen, die Förderung von lese-rechtschreibschwachen Kindern klar auf die kognitiven Anforderungen des Lerngegenstands Schriftsprache zu richten. Es erscheint wenig hilfreich, gegenstandsferne, allgemeine kognitive oder neurologische Ansatzpunkte für die LRS-Förderung zu wählen. Keine der vorliegenden Studien, in denen diese allgemeinen Funktionen, aber auch unspezifische emotionale Unterstützung das Zentrum der Förderung waren, konnte positive Effekte feststellen. Selbst dann, wenn z. B. die allgemeine emotionale Unterstützung hinzukam, führte dies meist nicht zur Verstärkung der Effekte, sondern eher zum Gegenteil. Insofern ist LRS-Förderung, die sich klar auf schriftsprachspezifische Lerninhalte und Lernstrategien ausrichtet, die Erfolg versprechendste Vorgehensweise.

5.4.3 Entwicklungsorientierung

In Ergänzung zum letzten Schluss muss die dringende Empfehlung ausgesprochen werden, dass sich eine erfolgreiche Förderung am Entwicklungsstand und den Entwicklungsmöglichkeiten der jeweiligen Kinder ausrichtet. Auch wenn dies in den berichteten Gruppenstudien nur selten gewährleistet werden konnte, zeigt die Studie von Wimmer und Hartl (1991), dass allgemeine Überlegungen über die Lernanforderungen lese-rechtschreibschwacher Kinder dann nicht erfolgreich sind, wenn ihr Entwicklungsstand falsch eingeschätzt wird. In den Studien von Machemer (1972) und Schneider (1980) wird dagegen deutlich, dass ein hoher Grad der Individualisierung eine gute Voraussetzung für erfolgreiche Förderung ist, selbst dann, wenn im Wesentlichen Laien, wie z. B. Eltern, die Förderung durchführen.

Diese Entwicklungsorientierung ist nur dann zu gewährleisten, wenn zu Beginn der jeweiligen Maßnahme die entsprechende Diagnostik durchgeführt wird. Die Durchführung von Lese- und Rechtschreibtests, aus denen sich keine Schlüsse für die Planung der Förderung ziehen lassen, sondern denen man lediglich einen Prozentrangwert zum Leistungsstand des Kindes entnehmen kann, wie z. B. bei der Würzburger Leise Leseprobe (Küspert und Schneider 1998b), reichen deshalb nicht aus. Förderorientierte Tests, wie z. B. die Hamburger Schreibprobe (May 1995), erscheinen hier angebracht.

5.4.4 Voraussetzungsorientierung

Die Konzepte und Befunde der Untersuchungen zu den Phasen des Schriftspracherwerbs lassen erkennen, dass die einzelnen Teilprobleme im Schriftspracherwerb nicht gleichzeitig beziehungsweise gleichberechtigt an die Kinder herangetragen werden können, sondern dass sowohl im Großen, wie es mit Längsschnittstudien belegt werden konnte (Mannhaupt 2001), als auch im Kleinen bestimmte Lern- oder Entwicklungsprobleme erst dann an die Kinder herangetragen werden können, wenn sie über die nötigen Voraussetzungen für die Bewältigung dieser Probleme verfügen. Offensichtlich wird der Erfolg dieser Orientierung bei den Studien zur Prävention von Lese-Rechtschreib-Schwierigkeiten. Aber auch bei der Förderung in höheren Klassen ist es notwendig, darüber Bescheid zu wissen, welche Fertigkeiten ausgebildet sein müssen, um den nächsten, komplexeren Lernschritt bewältigen zu können.

Die **Konzeption von Förderungen in der Praxis** sollte sich somit auf die folgenden Fragen konzentrieren:

- Welche konkreten *Schriftsprachprobleme* liegen bei dem betroffenen Kind vor?
- Wo steht das Kind in der Entwicklung seiner Schriftsprachfertigkeiten?
- Welche Voraussetzungen braucht es für seine nächsten Lernschritte?
- Welches wissenschaftlich überprüfte Programm kann für dieses Förderproblem eingesetzt werden?

Selbst wenn die vorhandene Interventionsforschung dabei keine direkte Lösung anbieten kann, liefern bieten Überblicksartikel, wie der vorliegende oder andere (Mannhaupt 1994, Mannhaupt 1998, Scheerer-Neumann 1979), die notwendigen Informationen zu der Frage, welche grundlegenden Merkmale ein Erfolg versprechendes Förderkonzept enthalten sollte.

5.5 Zusammenfassung

In einem Überblick der LRS-Interventionsforschung der letzten beiden Jahrzehnte werden historische Perspektiven aufgezeigt, methodische Anforderungen an Interventionsstudien formuliert und die wesentlichen Befundlinien zur Wirksamkeit von LRS-Förderungen herausgearbeitet. Dabei zeigen sich Förderansätze als unwirksam, die versuchen, auf allgemeine kognitive und neurologische Funktionen positiven Einfluss zu nehmen. Ebenso sind Ansätze nicht Erfolg versprechend, die nur emotionale und motivationale Unterstützung bei Lese-Rechtschreib-Schwierigkeiten anbieten. Erfolgreiche Rechtschreib-Förderansätze zeichnen sich durch die Merkmale Schriftsprachorientierung, Entwicklungsorientierung und Strategieorientierung aus. Als offene Fragen aus wissenschaftlicher Sicht müssen aufgrund zu geringer Anzahl an Studien die Leseförderung, die Bedeutung von computergestützter Förderung sowie die Wirksamkeit neuerer Ansätze wie Edu-Kinestetik oder Neurolinguistisches Programmieren stehen gelassen werden.

Literatur

Ayres, A. J. (1972). Improving academic scores through sensory integration. Journal of Learning Disabilities, 5, 338–343.

Betz, D., und Breuninger, H. (1987). Teufelskreis Lernstörungen. München: Psychologie Verlags Union.

Blumenstock, L. (1979). Prophylaxe der Lese- und Rechtschreib-Schwäche. Weinheim: Beltz.

Breuninger, H. (1980). Lernziel Beziehungsfähigkeit. Die Verschränkung von praxisnaher Ausbildung (für Lehrer) und gezielter Hilfe (für lese-rechtschreibschwache Schüler). Unveröff. Dissertation. München: Ludwig-Maximilians-Universität.

Castell, R., und Le Pair, A. (2000). Lese- und Rechtschreib-Förderung von Kindern durch Computerprogramme. Zeitschrift für Kinder- und Jugendpsychiatrie, 28, 247–253.

Delacato, C. H. (1966). Neurological organization and reading. Oxford: Charels C. Thomas.

Donczik, J. (1994). Können edukinestetische Übungen (BRAIN-GYM) Legastheni-kern helfen? Die Sprachheilarbeit, 39, 297–305.

Eggert, D., Schuck, K. D., und Wieland, A. J. (1975). Projektbericht Hannover: Phase II – Erfolgskontrollen eines psychomotorischen und eines kognitiv-verbalen Be-handlungsprogramms der Lese-Rechtschreib-Schwäche. In D. Eggert (Hrsg.), Psychomotorisches Training (S. 49–72). Weinheim: Beltz.

Hingst, W. (1994). Programm zur Prophylaxe der Lese- und Rechtschreib-Schwäche in der 1. und 2. Klasse der Grundschule. Psychologie in Erziehung und Unter-richt, 41, 172–179.

Jansen, H., Mannhaupt, G., Marx, H., und Skowronek, H. (1999). Das Bielefelder Screening (BISC). Göttingen: Hogrefe.

Klicpera, C., und Gasteiger-Klicpera, B. (1996). Auswirkungen einer Schulung des zentralen Hörvermögens nach edu-kinesiologischen Konzepten auf Kinder mit Lese- und Rechtschreibschwierigkeiten. Heilpädagogische Forschung, 22, 57–64.

Klicpera, C., und Schabmann, A. (1993). Die Häufigkeit von emotionalen Problemen und Verhaltensauffälligkeiten im Unterricht und der Zusammenhang mit Lese- und Rechtschreibschwierigkeiten: Ergebnisse einer Längsschnittuntersuchung. Praxis der Kinderpsychologie und Kinderpsychiatrie, 42, 358–363.

Kossow, H.-J. (1979). Zur Therapie der Lese-Rechtschreib-Schwäche. Berlin/DDR: Verlag der Wissenschaften.

Küspert, P. (1996). Phonologische Bewusstheit und Schriftspracherwerb: Zu den Ef-fekten vorschulischer Förderung der phonologischen Bewusstheit auf den Erwerb des Lesens und Rechtschreibens. Unveröff. Dissertation. München: Ludwig-Ma-ximilians-Universität, Philosophische Fakultät III.

Küspert, P., und Schneider, W. (1998a). Hören, lauschen, lernen. Sprachspiele für Vor-schulkinder. Göttingen: Vandenhoeck & Ruprecht.

Küspert, P., und Schneider, W. (1998b). Würzburger Leise Leseprobe (WLLP). Göt-tingen: Hogrefe.

Lechner, A. (1985). Trainingsprogramm zur schulrelevanten Aufmerksamkeit im Un-terrichtsfach Deutsch. Unveröff. Dissertation. Wien: Universität Wien.

Machemer, P. (1972). Entwicklung eines Übungsprogrammes für Eltern zur Behand-lung von Legasthenikern nach verhaltenstheoretischem Modell. Schule und Psy-chologie, 19, 336–346.

Mannhaupt, G. (1992). Strategisches Lernen. Heidelberg: Asanger.

Mannhaupt, G. (1994). Deutschsprachige Studien zu Intervention bei Lese-Recht-schreib-Schwierigkeiten: Ein Überblick zu neueren Forschungstrends. Zeitschrift für Pädagogische Psychologie, 8, 123–138.

Mannhaupt, G. (1998). Förderung von Kindern mit Lese-Rechtschreibschwierigkei-ten: Stand der empirischen Forschung. In M. Beck (Hrsg.), Evaluation als Maß-nahme der Qualitätssicherung (S. 101–120). Tübingen: dgvt-Verlag.

Mannhaupt, G. (2001). Lernvoraussetzungen im Schriftspracherwerb. Köln: Kölner Studien Verlag.

Mannhaupt, G., Hüttinger, K., Schöttler, D., und Völzke, V. (1999). Die motivatio-nale Erweiterung einer lernstrategisch orientierten Intervention im frühen

Schriftspracherwerb und deren Wirkung. Zeitschrift für Pädagogische Psychologie, 13, 50–59.

Marx, H. (1997). Erwerb des Lesens und des Rechtschreibens: Literaturüberblick. In F. E. Weinert und A. Helmke (Hrsg.), Entwicklung im Grundschulalter (S. 85–111). Weinheim: Psychologie Verlags Union.

May, P. (1995). Hamburger Schreib-Probe HSP 1–9. Hamburg: vpm.

Nock, H. (1990). Kognitionspsychologisch begründete Interventionen bei lese-rechtschreibschwachen Schülern – eine vergleichende empirische Studie. Unveröff. Dissertation. Tübingen: Eberhard-Karls-Universität.

Nock, H., Sikorski, P. B., und Thiel, R. D. (1988). Die Veränderung der Rechtschreibleistung durch Selbststeuerung des Denkens in der Diktatsituation. Lehren und Lernen, 14, 1–63.

Oka, E. R. und Paris, S. G. (1987). Patterns of motivation and reading skills in underachieving children. In S. J. Ceci (Hrsg.), Handbook of cognitive, social, and neuropsychological aspects of learning disabilities (Volume II) (S. 115–146). Hillsdale, NJ: Lawrence Erlbaum.

Orton, S. T. (1928). Specific reading disability – strephosymbolia. Journal of the American Medical Association, 90, 1095–1099.

Riedmann, E. (1992). Überprüfung der Effizienz von Fördermaßnahmen bei Legasthenikern im Volksschulbereich. Unveröff. Dissertation. Innsbruck: Universität Innsbruck, Naturwissenschaftliche Fakultät.

Scheerer-Neumann, G. (1979). Intervention bei Lese-Rechtschreib-Schwäche. Bochum: Kamp.

Scheerer-Neumann, G. (1988). Rechtschreibtraining mit rechtschreibschwachen Hauptschülern auf kognitionspsychologischer Grundlage. Opladen: Westdeutscher Verlag.

Scheerer-Neumann, G. (1997). Lesen und Leseschwierigkeiten. In F. E. Weinert (Hrsg.), Enzyklopädie der Psychologie. Serie Pädagogische Psychologie, Bd. 3: Psychologie des Unterrichts und der Schule (S. 279–325). Göttingen: Hogrefe.

Schenk-Danzinger, L. (1978). Legasthenie. In L. J. Pongratz (Hrsg.), Handbuch der Psychologie, Bd. 8 (S. 2591–2625). Göttingen: Hogrefe.

Schneider, W. (1980). Bedingungsanalysen des Recht-Schreibens. Bern: Huber.

Schneider, W. (1997). Rechtschreiben und Rechtschreibschwierigkeiten. In F. E. Weinert (Hrsg.), Enzyklopädie der Psychologie. Serie Pädagogische Psychologie, Bd. 3: Psychologie des Unterrichts und der Schule (S. 327–363). Göttingen: Hogrefe.

Schneider, W., Ennemoser, M., Roth, E., und Küspert, P. (1998). Kindergarten prevention of dyslexia: Does training in phonological awareness work for everybody? Journal of Learning Disabilities, 32, 429–436.

Schneider, W., Küspert, P., und Roth, E. (1997). Short- and long-term effects of training phonological awareness in kindergarten: Evidence from two german studies. Journal of Experimental Child Psychology, 66, 311–340.

Schneider, W., Roth, E., und Ennemoser, M. (2000). Training phonological skills and letter knowledge in children-at-risk for dyslexia: A comparison of three kindergarten intervention programs. Journal of Educational Psychology, 92, 284–295.

Schneider, W., Visé, M., Reimers, P., und Blaesser, B. (1994). Auswirkungen eines Trainings der sprachlichen Bewusstheit auf den Schriftspracherwerb in der Schule. Zeitschrift für Pädagogische Psychologie, 8, 177–188.

Schulte-Körne, G., Schäfer, J., Deimel, W., und Remschmidt, H. (1997). Das Marburger Eltern-Kind-Rechtschreibtraining. Zeitschrift für Kinder- und Jugendpsychiatrie, 25, 151–159.

Skowronek, H., und Marx, H. (1989). Die Bielefelder Längsschnittstudie zur Früherkennung von Risiken der Lese-Rechtschreib-Schwäche: Theoretischer Hintergrund und erste Befunde. Heilpädagogische Forschung, 15, 38–49.

Torgesen, J. K., und Wong, B. Y. L. (Hrsg.) (1986). Psychological and educational perspectives on learning disabilities. San Diego: Academic Press.

Trempler, D., Minsel, W. R., und Minsel, R. (1974). Pädagogische Therapie in Kleingruppen – ein Vergleich unterschiedlicher Behandlungskonzepte zur Behebung legasthenischer Schwierigkeiten. In R. Schwarzer (Hrsg.), Lernerfolg und Schülergruppierung (S. 96–111). Düsseldorf: Schwann.

Walter, J., Bigga, R., und Bischof, H. (1995). Computergestützte Intervention bei Rechtschreibschwäche: Effekte eines kognitions- und lernpsychologisch orientierten Trainings auf Morphembasis bei sehr schwachen Sonderschülern. Sonderpädagogik, 25, 4–22.

Wimmer, H., und Hartl, M. (1991). Erprobung einer phonologisch, multisensorischen Förderung bei jungen Schülern mit Lese-Rechtschreibschwierigkeiten. Heilpädagogische Forschung, 17, 74–79.

6 Frühe Prävention der Lese-Rechtschreib-Störungen

Wolfgang Schneider und Petra Küspert

Die Schrift und damit die Möglichkeit der schriftsprachlichen Darstellung und Kommunikation stellt ohne Zweifel eine der bedeutsamsten Kulturtechniken der Menschheit dar. Lesen- und Schreibenkönnen sind unabdingbare Voraussetzung für den Erwerb von Wissen, die Vermittlung von Informationen und vielfach auch für das möglichst reibungslose Funktionieren unseres gesellschaftlichen Systems. Somit stellt die Beherrschung von Schriftsprache einen bedeutenden Pfeiler in der Entwicklung der Persönlichkeit dar und besitzt darüber hinaus höchste Relevanz für die gesellschaftliche Eingliederung einer Person. Entsprechend der Bedeutung von Schriftsprache wird Lesen und Schreiben an jeder Grund- und Förderschule gelehrt und der Erfolg – oder auch der Misserfolg –, den ein Kind dabei hat, kann u. U. den Ausschlag dafür geben, ob das Kind in die nächste Jahrgangsklasse vorrücken darf, ob der Übertritt in eine weiterführende Schule ermöglicht werden kann.

6.1 Folgen gestörten Schriftspracherwerbs

Glücklicherweise gelingt dem Großteil der in Deutschland beschulten Kinder ein relativ reibungsloser Schriftspracherwerb und spätestens zum Ende der Grundschulzeit kommen die Kinder mit dem Lesen und Schreiben recht mühe- und fehlerlos zurecht. Daneben darf jedoch eine Gruppe von Kindern nicht übersehen werden, denen der Schriftspracherwerb nur unvollständig oder kaum gelingt. Die Ursache dafür liegt häufig in einer Lese-Recht-schreib-Schwäche oder Legasthenie (vgl. Schneider 1997, Warnke 1992). Die allgemeine Lese-Rechtschreib-Schwäche wird in der einschlägigen Lite-ratur insofern von der Legasthenie abgegrenzt, als bei Ersterer in der Regel eine defizitäre intellektuelle Grundausstattung dafür verantwortlich ge-macht wird, dass die betroffenen Kinder in den meisten Schulfächern nur schwache schulische Leistungen erbringen – und dies eben vielfach auch beim Lesen- und Schreibenlernen, was natürlich für die Bewältigung des schulischen und persönlichen Alltags von besonderer Relevanz ist. Von einer Legasthenie wird hingegen nur dann gesprochen, wenn die betroffenen Kin-der über eine mindestens durchschnittliche Intelligenz verfügen, wenn also eine erwartungswidrige Schwäche beim Erlernen der Schriftsprache festge-stellt werden muss. Man geht davon aus, dass diese Kinder in der Regel in allen anderen Schulfächern gute bis sehr gute Leistungen erbringen; der Leis-tungsausfall sollte sich im Sinne einer »Teilleistungsschwäche« speziell beim Lesen- und Schreibenlernen zeigen (vgl. Remschmidt 1987).

Inzwischen sind diese Annahmen nicht mehr unumstritten. So haben neu-ere Untersuchungen ergeben, dass sich beide Teilgruppen abgesehen von der allgemeinen Intelligenz in anderen problemrelevanten kognitiven Bereichen nicht deutlich voneinander unterscheiden (vgl. Marx et al. 2001) und dass sie auch nicht unterschiedlich gut therapierbar sind (Weber et al. 2002). Auch die »**Umschriebenheit**« **der Störung** im Sinne einer Teilleistungs-schwäche trifft wohl nicht in der oben angedeuteten Absolutheit zu, da Probleme im Schriftsprachbereich schon zu Beginn der Grundschulzeit auch Auswirkungen auf das Verständnis mathematischer Probleme zu haben scheinen (Schwenck und Schneider 2002). Unabhängig von den diagnos-tischen Abgrenzungsschwierigkeiten zwischen den beiden Problembereichen gilt jedoch, dass die betroffenen Kinder durch die verringerte Schriftsprach-kompetenz sowohl in der Schule als auch später im Beruf und in der Alltags-bewältigung als Erwachsene stark benachteiligt sind. Vielfach wird das Le-sen und Schreiben trotz intensivsten Übens nur völlig lückenhaft erlernt, nicht selten endet eine solche »Rechtschreibkarriere« in Analphabetismus bei Erwachsenen. Zu den Einschränkungen, die das mangelhafte Beherr-schen von Schriftsprache in der praktischen Alltagsbewältigung (Lesen von Straßenschildern, Ausfüllen von Formularen etc.) mit sich bringt, kommt noch die mit einem Versagen beim Lesen- und Schreibenlernen vielfach ein-hergehende »Sekundärsymptomatik« im Sinne einer emotionalen Belastung, einer verringerten Leistungsmotivation und einer generellen Ablehnung des Themas Lesen oder Schreiben. Von einer Legasthenie sind etwa 4–7 % aller Schulkinder betroffen, eine allgemeine Lese-Rechtschreib-Schwäche tritt entsprechend der weiter gefassten Definition deutlich häufiger auf (vgl. Steinhausen 1996). Ursachen für eine solche Lese-Rechtschreib-Problematik sind im genetischen, perinatalen und psychosozialen Bereich anzusiedeln.

Vielfach wird eine ernste Lese-Rechtschreib-Problematik erst in der späten Grundschulzeit – nach vielen Jahren erfolglosen und frustranen Übens und

massiver emotionaler und psychosozialer Belastung des betroffenen Kindes
– erkannt. Es muss konstatiert werden, dass die anschließende Förderung
der Kinder im schriftsprachlichen und psychischen Bereich nicht immer die
gewünschten Erfolge zeitigt. Vielfach führen intensive therapeutische Bemühungen nur zu geringen Leistungszuwächsen, da zum einen der Leistungs-
abstand zwischen dem Kind und seinen Mitschülern meist zu groß ist, um
wirklich aufholen zu können, zum anderen die verfügbaren Förderprogramme die eigentlichen Schwachpunkte der Kinder nicht angemessen ange-
hen. So ist die individualisierte Förderung bei nachgewiesener Legasthenie
äußerst zeit- und kostenintensiv und bringt doch für die betroffenen Kinder
vielfach nur mäßige Erfolge und eine Zukunft, in denen ihnen Schrift und
die Möglichkeit schriftsprachlicher Kommunikation weitgehend verschlos-
sen bleiben. Diese Erkenntnis legt zwingend nahe, nach Möglichkeiten der
Prävention zu suchen, um eine ernste Lese-Rechtschreib-Problematik schon
im Vorfeld abzuwenden.

6.2   Zur Prognose der Schriftsprachkompetenz

Das Phänomen des gestörten Schriftspracherwerbs wird seit mehr als hundert Jahren wissenschaftlich untersucht, wobei der Ertrag erst in den letzten
drei Jahrzehnten wirklich bedeutsam scheint. Ein entscheidender For-
schungsfortschritt bestand darin, sich die frühe Phase des normalen Schriftspracherwerbs genauer zu betrachten und dabei nicht länger von der Annahme auszugehen, dass der Schuleintritt »die Stunde Null« darstellt. Es wurde
akzeptiert, dass Schulanfänger den Lese-Rechtschreib-Unterricht mit sehr
unterschiedlichen Voraussetzungen beginnen. Die psychologische Forschung
konzentrierte sich nun insbesondere auf die Identifizierung sog. Vorläufer-
merkmale oder Teilfertigkeiten, die für den Erfolg eines Kindes beim Lesen-
und Schreibenlernen von spezifischer Relevanz sind und sich offensichtlich
schon im Vorschulalter ausbilden. Es ist allgemein bekannt, dass beim Le-
sen- und Schreibenlernen auf auditive, visuelle, motorische und sprachliche
Fähigkeiten und Fertigkeiten zurückgegriffen werden muss. Zusätzlich iden-
tifizierte die neuere Forschung weit spezifischere Vorhersagemerkmale, die
unter dem Oberbegriff phonologische Informationsverarbeitung zusammengefasst wurden. Dabei wurden der sog. phonologischen Bewusstheit weiterhin die Komponenten des sprachgebundenen Arbeitsgedächtnisses und der
verbalen Informationsverarbeitungsgeschwindigkeit als theoretisch und
praktisch bedeutsam angenommen (vgl. Marx 1997, Schneider 1989, Wagner und Torgesen 1987).

Was ist nun mit diesen Komponenten genau gemeint? Die »**phonologische
Bewusstheit**« bezieht sich auf die Fähigkeit von Kindern, die Lautstruktur
der gesprochenen Sprache zu erfassen und sie ggf. auch zu manipulieren. In
Anlehnung an Skowronek und Marx (1989) schien es sinnvoll, zwischen

phonologischer Bewusstheit im weiteren und engeren Sinn zu differenzieren. Bezieht sich Erstere auf die Fähigkeit, größere Einheiten wie Wörter und Silben zu differenzieren/segmentieren sowie Reime wahrzunehmen, so bezieht sich Letztere auf die Fähigkeit, Laute in Wörtern und Silben zu erkennen und zu unterscheiden. Skowronek und Marx gingen davon aus, dass sich die phonologische Bewusstheit im weiteren Sinne normalerweise im Verlauf der Vorschulzeit natürlich entwickelt. Demgegenüber sollte die phonologische Bewusstheit im engeren Sinne hauptsächlich durch Erfahrungen im Rahmen des Schriftspracherwerbs erworben werden, sich also im Wesentlichen erst im Verlauf des ersten Grundschuljahres ausbilden.

Zusätzlich zur phonologischen Bewusstheit wurden individuelle Unterschiede im sprachlichen Gedächtnis und in der verbalen Informationsverarbeitungsgeschwindigkeit als theoretisch und praktisch bedeutsam angenommen. Die Relevanz des **sprachgebundenen Arbeitsgedächtnisses** lässt sich am Beispiel des Lesevorgangs bei Schulanfängern illustrieren. Er ist allgemein dadurch charakterisiert, dass die Übersetzungsschritte (den einzelnen Buchstaben werden Laute zugeordnet) recht langsam ablaufen. Die schriftlichen Symbole (Buchstaben) werden im Kurzzeitgedächtnis lautsprachlich repräsentiert, damit die Information möglichst lange aktiviert werden kann. Verfügt ein Schüler nun über ein nur schwaches Kurzzeitgedächtnis, so bekommt er beim Zusammenziehen der Einzellaute (Rekodierung) längerer Worte gegen Ende des Vorgangs insofern Probleme, als er schon wieder vergessen hat, wie der Wortbeginn lautete. Die **sprachgebundene Informationsverarbeitungsgeschwindigkeit** wird beim Vorgang der »Dekodierung«, also bei der Suche nach der Bedeutung einmal rekodierter Wörter im sog. »semantischen Lexikon« wichtig. Tut man sich bei dieser Aufgabe schwer und braucht viel Zeit für den Dekodiervorgang, so kann das Verständnis ganzer Sätze und größerer Texteinheiten beeinträchtigt sein. Ein Risiko für den späteren Schriftspracherwerb sollte also insbesondere dann bestehen, wenn nicht nur niedrige Ausprägungen phonologischer Bewusstheit registriert werden, sondern gleichzeitig sprachgebundene Informationsverarbeitungsprozesse stark verlangsamt ablaufen und Defizite im verbalen Kurzzeitgedächtnis nachweisbar sind.

Inzwischen hat sich in einer Reihe von Langzeitstudien bestätigen lassen, dass Merkmale der im Kindergartenalter erfassten phonologischen (sprachlichen) Bewusstheit im engeren und weiteren Sinne die späteren Lese- und Rechtschreibleistungen in der Grundschule bedeutsam vorhersagten (z. B. De Jong und van der Leij 1999, Landerl und Wimmer 1994, Schneider und Näslund 1993, 1999; vgl. auch die Übersicht bei Schneider und Stengard 1999). Je genauer die Wortstrukturen schon im Vorschulalter analysiert werden konnten, umso günstiger war die Prognose für den späteren Schriftspracherwerb. Gerade die Befunde der Münchner Längsschnittstudie LOGIK (Schneider und Näslund 1993, 1999) haben weiterhin verdeutlicht, dass alle drei oben beschriebenen Komponenten der phonologischen Bewusstheit für die Vorhersage relevant sind und dabei beträchtlich interkorrelieren. Zusätzlich spielten aber auch Unterschiede in der frühen Buchstabenkenntnis für die Prognose eine Rolle. Die besondere Bedeutung der phonologischen Bewusstheit wurde auch in der Wiener Langzeitstudie von Klicpera et al. (1993) herausgestellt, die erst zu Beginn des ersten Schuljahres einsetzte, das Schulschicksal der teilnehmenden Kinder dann aber bis zum Ende der achten Klassenstufe begleitete. Zusätzlich erwiesen sich die frühe Buchstabenkenntnis und die sprachgebundene Informationsverarbeitungsgeschwindigkeit als prognostisch bedeutsam.

Obwohl sich aus den Ergebnissen der korrelativen Längsschnittforschung insgesamt gesehen die Schlussfolgerung ableitet, dass alle Komponenten der phonologischen Informationsverarbeitung für den Schriftspracherwerb theoretisch wie praktisch bedeutsam sind und von daher auch frühzeitig gefördert werden sollten, sind Fördermaßnahmen in der Praxis auf die Komponente der phonologischen Bewusstheit beschränkt. Dies hat entscheidend damit zu tun, dass diese Komponente vergleichsweise nicht nur am bedeutsamsten scheint, sondern sich auch am besten fördern lässt. Obwohl sowohl die Informationsverarbeitungsgeschwindigkeit als auch das sprachgebundene Arbeitsgedächtnis in bestimmten Grenzen trainiert werden können, sind die Erfolge im Vergleich zu Fördermaßnahmen im Bereich der phonologischen Bewusstheit eher bescheiden.

Diese Erkenntnis führte konsequent zu der Frage, ob sich wohl durch spielerische Übungen im Vorschulalter metasprachliche Kompetenz vermitteln ließe, um den so trainierten Kindern den Schriftspracherwerb zu erleichtern und damit letztendlich den Prozentsatz von Legasthenikern deutlich verringern zu können. Nachdem im skandinavischen Raum mit einem entsprechenden Trainingsprogramm beeindruckende Erfolge zu verzeichnen waren (Lundberg et al. 1988), wurde ein Förderkonzept für den deutschen Sprachraum entwickelt (Schneider et al. 1994). Im Vordergrund dieses sehr spielerisch angelegten Trainingsprogramms steht die akustische Diskrimination sprachlicher Segmente wie Wörter, Reime, Silben und Laute. Die Kinder lernen also, gesprochene Sprache in immer kleinere Einheiten zu zerlegen – es geht nicht etwa um vorgezogene Übungen zum Lesen und Schreiben. Tatsächlich gelingt bereits Vorschulkindern bei entsprechender Instruktion diese sprachliche Analyse sehr gut und erstaunlich schnell; sie befinden sich offensichtlich in einer »sensiblen Phase« für diese Wahrnehmungs- und kognitiven Leistungen.

6.3 Zur Förderung der phonologischen Bewusstheit im Vorschulalter

Nachdem die bedeutende Rolle der phonologischen Bewusstheit als Vorläufermerkmal des Schriftspracherwerbs in einer Reihe von Längsschnittuntersuchungen hatte belegt werden können, schloss sich die Frage an, ob sich durch eine Förderung der phonologischen Bewusstheit vor Einsetzen der schulischen Lese- und Rechtschreibinstruktion der nachfolgende Schriftspracherwerb für die betreffenden Kinder erleichtern lässt. Die bedeutende präventive Chance einer solchen Maßnahme sollte darin zu sehen sein, auch sog. Risikokinder, also Kinder, die im Vorschulalter über ein sehr geringes Ausmaß an phonologischen Fertigkeiten verfügen und somit auf einen problematischen Schriftspracherwerb zusteuern, gut auf das Lesen- und Schreibenlernen vorzubereiten um so den Prozentsatz an späteren Legasthenikern zu vermindern.

Erste überzeugende Befunde erbrachte hierzu eine Langzeituntersuchung der Arbeitsgruppe um den schwedischen Forscher Lundberg (vgl. Lundberg et al. 1988). Die Autoren hatten ein spielerisch gestaltetes Trainingsprogramm entwickelt, durch welches den Kindergartenkindern die formale Struktur der gesprochenen Sprache in einer Vielzahl von Spielen nahe gebracht werden sollte. In den Genuss dieser Förderung kamen 250 Kindergartenkinder, die sich im letzten Kindergartenjahr – also unmittelbar vor der Einschulung – befanden. Die Sprachspiele wurden von den Erzieherinnen durchgeführt, die vorab umfassend geschult worden waren. Die Trainingszeit erstreckte sich über den Zeitraum von insgesamt acht Monaten; in täglichen Sitzungen wurden die Vorschulkinder in Kleingruppen gefördert.

Zur Bestimmung der Trainingseffekte wurden die Kinder, denen die Förderung zuteil wurde (Trainingsgruppe), einer unbehandelten Kontrollgruppe gegenübergestellt. Die Ergebnisse belegen die beachtliche Effizienz dieser Maßnahme: Die Kinder der Trainingsgruppe, die sich vor Förderungsbeginn in ihrem Leistungsniveau nicht von der Kontrollgruppe unterschieden hatten, zeigten unmittelbar nach Abschluss der Förderung signifikant größere Kompetenz hinsichtlich der phonologischen Bewusstheit. Es war also gelungen, den Kindern, die noch nicht lesen und schreiben konnten, einen Einblick in die Lautstruktur der gesprochenen Sprache zu vermitteln. Dieser Befund bestätigte sich in einem metaphonologischen Transfertest, bei dem die langfristigen Effekte des Trainings bei Schulbeginn, also etwa vier Monate später, anhand neuer und vergleichsweise schwierigerer Aufgabenmaterialien zur phonologischen Bewusstheit überprüft wurden. Die phonologische Bewusstheit der geförderten Kinder erwies sich als zeitstabil und es war den Kindern überdies möglich, erworbene Fertigkeiten auf neue Aufgabenkontexte zu transferieren. Von besonderer Relevanz war die Tatsache, dass sich die Vorteile im Bereich der phonologischen Bewusstheit auch beim Erwerb der Schriftsprache niederschlugen. So schnitten die Kinder der Trainingsgruppe bis zum Ende der Grundschulzeit im Lesen und Rechtschreiben signifikant besser ab als die Kinder der Kontrollgruppe.

Diese positiven Befunde regten unsere Arbeitsgruppe an der Universität Würzburg dazu an, die Übertragbarkeit der Ergebnisse auf deutsche Verhältnisse zu prüfen. Zum einen gilt die deutsche Sprache als etwas weniger lautgetreu als das Dänische, zum anderen stellte sich die Frage, ob unsere deutschen Vorschulkinder, die im Durchschnitt um ein Jahr jünger sind als skandinavische Vorschulkinder (die erst mit sieben Jahren eingeschult werden), hinsichtlich der erforderlichen Wahrnehmungsleistungen und der kognitiven Anforderungen von solchen Förderinhalten nicht etwa überfordert würden. So wurde in Anlehnung an das Programm von Lundberg ein entsprechendes Trainingsprogramm für den deutschen Sprachraum (Küspert und Schneider 2001) entwickelt und in insgesamt drei großen Längsschnittstudien evaluiert. Diese Studien waren im Aufbau eng an die von Lundberg und Kollegen angelehnt und folgten dem folgenden Design:

Tabelle 1: Versuchsplan der Studien 1 und 2

Trainingsgruppe	Kontrollgruppe
Vortest (Mitte des Vorschuljahres)	Vortest (Mitte des Vorschuljahres)
Training der phonologischen Bewusstheit im Kindergarten (20 Wochen)	Reguläres Kindergartenprogramm, kein Training
Nachtest (Ende des Vorschuljahres)	Nachtest (Ende des Vorschuljahres)
Metaphonologischer Transfertest (unmittelbar nach der Einschulung)	Metaphonologischer Transfertest (unmittelbar nach der Einschulung)
Lese- und Rechtschreibtests in der Grundschule	Lese- und Rechtschreibtests in der Grundschule

So wurden im letzten Kindergartenjahr größere Gruppen von Vorschulkindern rekrutiert und den beiden Versuchsbedingungen (Trainingsgruppe vs. Kontrollgruppe) zugeteilt. Während die Trainingsgruppe die Förderung in phonologischer Bewusstheit erhielt, nahm die Kontrollgruppe am regulären Vorschulprogramm teil, bekam also keine spezifische metasprachliche Förderung.

Folgende **Hypothesen** sollten überprüft werden:
1. Phonologische Bewusstheit kann bereits im Kindergarten erfolgreich trainiert werden.
2. Das Training der phonologischen Bewusstheit hat langfristige positive Effekte auf die phonologische Bewusstheit und auf die Kompetenzen im Lesen und Rechtschreiben.
3. Das Training zeigt spezifische Effekte auf die phonologische Bewusstheit. Es hat keinerlei Auswirkungen auf die Gedächtniskapazität, das Arbeitsgedächtnis, frühe Schriftkenntnis und die Intelligenz.

6.4 Das Trainingsprogramm der phonologischen Bewusstheit

Das Förderprogramm (Küspert und Schneider 2001, Küspert et al. in Druck) besteht aus sechs Übungseinheiten, die inhaltlich aufeinander aufbauen und das Ziel verfolgen, den Vorschulkindern Einblick in die Lautstruktur der gesprochenen Sprache zu vermitteln. Im Vordergrund steht die akustische Diskrimination bzw. Abstraktion sprachlicher Segmente wie Wörter, Reime, Silben und Phoneme, während das Erlernen des Lesens oder Schreibens **nicht** den Inhalt des Programms bildet. Im Folgenden werden die Übungsabschnitte dargestellt und anschließend genauer beschrieben.

Tabelle 2: Aufbau des Trainingsprogramms im Überblick

Trainingseinheit	Beginn ab
Lauschspiele	1. Woche
Reime	1. Woche
Sätze und Wörter	3. Woche
Silben	5. Woche
Anlaut	7. Woche
Phoneme	11. Woche

Das Training beginnt mit **Lauschspielen,** bei denen den Kindern vermittelt wird, dass es bei den nun einsetzenden Sprachspielen um das genaue Zuhören geht. So üben sie konzentriertes Lauschen, Orten und Identifizieren von Geräuschen. Die Erzieherin erzeugt z. B. ein Geräusch (etwa Papier zusammenknüllen, Schlüsselbund auf den Boden fallen lassen) und die Kinder sollen mit geschlossenen Augen genau zuhören, um das Geräusch danach benennen zu können. Das Ziel der Übungen besteht darin, dass die Kinder sich auf die Geräusche in ihrer Umgebung konzentrieren und das genaue Zuhören einüben.

Ebenfalls ab der ersten Trainingswoche üben die Kinder im Umgang mit **Reimen** die formale Struktur der gesprochenen Sprache zu beachten. Zu Beginn dieses Übungsabschnittes spricht die Erzieherin Reime vor und lässt die Kinder wiederholen, man spricht im Chor und betont die sich reimenden Enden stark. Im Verlauf dieser Übungseinheit kommen viele bekannte Kinderreime zum Einsatz. Später dürfen die Kinder selber zu vorgegebenen Wörtern Reimwörter bilden.

Die Kinder lernen in der Einheit »**Sätze und Wörter**«, die in der dritten Woche einsetzt, dass (gesprochene) Sätze sich in kleinere Einheiten, nämlich Wörter, zerlegen lassen. So bekommen die Kinder die Aufgabe, in vorgesprochenen Sätzen (anfangs Zwei-Wort-Sätze, später längere Einheiten) jedes einzelne Wort durch Hinlegen eines Bauklötzchens zu markieren. Im weiteren Verlauf der Übungen lernen die Kinder, Wörter zu verbinden (z. B. ergibt die Zusammensetzung der Wörter »Schnee« und »Mann« das neue Wort »Schneemann«), sie ergänzen Sätze um jeweils ein einziges Wort und beginnen auch schon, Wörter hinsichtlich ihrer Länge (Zeit, die man zum Aussprechen braucht) zu vergleichen.

Spiele zum Umgang mit **Silben** bilden die vierte Trainingssequenz und werden ab der fünften Woche durchgeführt. Mit dem Silbieren sind die Kinder zumeist – etwa durch Singen oder rhythmische Übungen im Kindergartenalltag – recht vertraut und sie vertiefen ihre Erfahrungen, indem sie vorgegebene Einzelsilben zu Wörtern zusammenfügen (Synthese). Die Kinder klatschen einzelne Silben in Wörtern (E-le-fant), sammeln Wörter mit möglichst vielen resp. wenigen Silben und lernen, Wörter in ihre Silbenbestandteile zu zerlegen (Analyse).

In der siebten Trainingswoche wird schließlich die kleinste sprachliche Einheit, das **Phonem**, eingeführt. Während die Kinder sich in den vorangehenden Übungseinheiten noch auf größere sprachliche Einheiten oder den Rhythmus der Sprache beziehen konnten, gilt es nun, eine Abstraktionsleistung zu vollbringen, da Phoneme koartikuliert werden und entsprechend schwer zu isolieren sind. Um den Kindern den Zugang zu Phonemen zu erleichtern, beginnt die fünfte Trainingssequenz mit der **Identifikation des Anlautes** im Wort. Dabei werden zunächst relativ leicht erkennbare Phoneme wie Vokale oder dehnbare Laute (/m/, /s/, /r/) behandelt, erst später werden Plosivlaute (/p/, /k/, /t/) eingeführt. Bei der Einführung in die Welt der Laute gilt es, den Kindern durch möglichst vielfältige Sinneserfahrungen diesen Schritt zu erleichtern: Laute können gehört werden, wir können sie an der Mundstellung des anderen erkennen oder über Resonanzräume unseres Körpers erfühlen. Auch in der logopädischen Praxis vielfach verwendete Hilfsmittel, wie etwa eine Feder bei der Aussprache des Lautes /f/ oder ein Spiegel (der beispielsweise beim /p/ stärker beschlägt als beim /b/) leisten gute Dienste. Zu Beginn dieser Einheit spricht die Erzieherin Wörter vor, dehnt dabei den Anlaut (z. B. Sssss-onne) und lässt die Kinder nachsprechen. Dann sollen die Kinder z. B. aus Bildkarten diejenigen aussuchen, die Wörter mit gleichem Anlaut darstellen, und schließlich üben sie, den Anlaut vom Rest des Wortes zu isolieren (aus Rrr-eis wird Eis) bzw. neue Anlaute zu Wörtern hinzuzufügen (aus Ohr wird Rrrr-ohr).

In der sechsten und letzten Trainingseinheit zur **Analyse und Synthese von Phonemen** lernen die Kinder ab der elften Woche, sich auf die Laute innerhalb des Wortes zu konzentrieren. Begonnen wird mit Übungen zur Phonemsynthese (Zusammenziehen einzelner Laute zu einem Wort), da sie den Kindern leichter fällt als die Phonemanalyse (Zerlegen eines Wortes in die Lautbestandteile). Zu Beginn spricht die Erzieherin kurze Wörter in Einzellauten vor (/h//u//t/), lässt die Kinder wiederholen und das Wort benennen. In analoger Weise wird die Analyse eingeführt. Später wird in Spielen der Umgang mit Lauten geübt, z. B. sollen die Kinder aus einem Set von Bildkarten dasjenige heraussuchen, auf dem das längste Wort dargestellt ist, oder aber es liegen Bildkarten auf dem Tisch und die Kinder dürfen sich alle Bilder nehmen, auf denen Wörter mit einer bestimmten Lautanzahl dargestellt sind. Die Kinder lernen auch, einzelne Laute innerhalb eines Wortes zu isolieren (»Hört genau hin, was kommt bei der /N//a//s//e/ nach dem /a/?«).

Die Übungen des Trainingsprogramms wurden in täglichen 10- bis 15-minütigen Sitzungen über den Zeitraum der letzten zwanzig Wochen des Kindergartenjahres von den Erzieherinnen mit den Vorschulkindern in Kleingruppen in einem separaten Raum des Kindergartens durchgeführt; im Vordergrund stand hier die Förderung der »schwächeren« Kinder. Ein detaillierter und exakt einzuhaltender Trainingsplan regelte die gesamte Trainingsphase. Das Programm ist mit vielen Bildern, Bewegungs- und Singspielen sehr spielerisch gestaltet und will den Kindern nicht nur Einblick in die Welt der Laute, sondern auch Freude am Umgang mit Sprache vermitteln.

6.5 Ergebnisse bisheriger Erprobungen des Trainingsprogramms

Wie bereits erwähnt, wurden von uns bislang drei groß angelegte Trainingsstudien zur Evaluation der Trainingseffekte durchgeführt. Zwischen den einzelnen Untersuchungen kam es zu Modifikationen des Trainingsprogramms, insbesondere zu Kürzungen, um die Übungen möglichst problemlos in den Kindergartenalltag implantierbar zu machen. Für jede Studie wurden etwa 350 Vorschulkinder ausgewählt, von denen jeweils ca. 200 Kinder der Trainingsgruppe und die restlichen 150 Kinder der Kontrollgruppe zugeteilt wurden. In den Studien 1 und 2 setzten sich beide Gruppen aus unausgelesenen Stichproben zusammen. Diese Studien folgten dem bereits oben dargestellten Zeitplan.

Die Studie 1 (1991–1994) hatte den Charakter einer Pilotstudie und diente zum Nachweis, dass sich die phonologische Bewusstheit auch im deutschen Sprachraum – unabhängig von der Buchstabenkenntnis der Kinder – trainieren lässt. Dabei ergab sich der wichtige Hinweis, dass die Effizienz der Fördermaßnahme wesentlich von der Qualität der Trainingsdurchführung durch die Erzieherinnen abhängt: Während sich bei inkonsistenter und inkonsequenter Trainingsdurchführung in der Regel nur kurzfristige Coaching-Effekte absichern ließen, ergaben sich bei konsistenter und strikt programmgemäßer Trainingsdurchführung durchgehend längerfristige Trainingseffekte. So wurden in Hinblick auf die zweite Studie (1994–1997) durch Kürzung des Programms und Intensivierung der Erzieherinnenaufklärung im Vorfeld verbesserte Bedingungen für eine optimale Trainingsdurchführung geschaffen. In der Tat erbrachte das Training nun durchgängig beachtliche Erfolge: Sowohl im Nachtest unmittelbar nach der Durchführung des Trainings als auch nach mehreren Monaten im metaphonologischen Transfertest zeigte sich die signifikante Überlegenheit der Trainingsgruppe gegenüber der Kontrollgruppe bzgl. der phonologischen Bewusstheit. Die Trainingseffekte waren spezifisch, d. h., sie betrafen ausschließlich die phonologische Bewusstheit der Kinder und hatten keinerlei Einfluss auf deren Gedächtnis, Intelligenz oder Schriftsprachkenntnisse. Die trainierten Kinder waren nachfolgend den nicht trainierten Kindern der Kontrollgruppe im Lesen und Rechtschreiben signifikant überlegen (Küspert 1997, Schneider et al. 1999). Dieser signifikante Vorsprung der Trainingsgruppe ließ sich bis zum Ende des zweiten Schuljahres nachweisen, wo die zweite Studie ihren Abschluss fand.

Wenn sich nun auch zeigen ließ, dass eine unausgelesene Gruppe von Kindergartenkindern von einem solchen Training profitiert, war damit noch nicht geklärt, ob alle Kinder gleichermaßen Nutzen aus den Übungen ziehen. Es ist ebenso denkbar, dass die leistungsstärkeren Kinder, also diejenigen Kinder, die schon mit einem beachtlichen Ausmaß an phonologischer Bewusstheit in die Förderung kommen, enorm zulegen, während die »schwächeren« Kinder, also diejenigen, die der Förderung am meisten bedürfen, kaum bis gar nicht profitieren. Eine Reanalyse der Daten aus der zweiten Langzeitstudie ergab erste Anhaltspunkte dafür, dass die Kinder aller Leistungsgruppen in vergleichbarem Ausmaß profitierten (vgl. Schneider et al. 1998). Um die förderliche Wirkung des Trainingsprogramms jedoch noch differenzierter beurteilen zu können, wurden für die dritte Studie von vornherein sog. »Risikokinder« ermittelt und geprüft, inwieweit diese Kinder, die zu Beginn der Studie nur über äußerst schwache phonologische Bewusstheit verfügten, von einer entsprechenden Förderung profitieren. Ein zweites wesentliches Ziel dieser Studie bestand in der Überprüfung der sog. »phonologischen Verknüpfungshypothese« (Hatcher et al. 1994) für deutschsprachige Vorschulkinder. Hatcher und Kollegen hatten am Beispiel englischer Erstklässler nachweisen können, dass diejenigen Förderprogramme am effektivsten sind, die neben der phonologischen Bewusstheit auch die Buchstabenkenntnis (Buchstaben-Laut-Zuordnung) trainieren.

Die Identifikation eines Risikos für Lese-Rechtschreib-Probleme erfolgte über das **Bielefelder Screening** (BISC; Jansen et al. 1999). Dieses Testverfahren erlaubt die zuverlässige Identifikation von Vorschulkindern, die mit hoher Wahrscheinlichkeit (> 90 %) Gefahr laufen, beim späteren Schriftspracherwerb ernste Probleme zu entwickeln. Das Verfahren besteht aus Aufgaben zur phonologischen Bewusstheit, zu Aspekten des Kurz- und Langzeitgedächtnisses und zur visuellen Aufmerksamkeitssteuerung. Es enthält relativ leichte Aufgaben zu diesen Bereichen und hat die Funktion eines »Grobsiebes«, in dessen Maschen lediglich die sog. »Risikokinder« – qualifiziert durch Risikopunkte in den einzelnen Aufgabengruppen – verbleiben. Folgendes Design lag dieser dritten Studie zugrunde:

Tabelle 3: Versuchsplan der dritten Studie

Bielefelder Screening			
Trainingsgruppe 1 (»Risiko«)	Trainingsgruppe 2 (»Risiko«)	Trainingsgruppe 3 (»Risiko«)	Kontrollgruppe (unselektiert)
Vortest	Vortest	Vortest	Vortest
Training der phonologischen Bewusstheit (20 Wochen)	Buchstaben-Laut-Training (10 Wochen)	Kombiniertes Training (phonologische Bewusstheit plus Buchstaben-Laut-Training) (20 Wochen)	kein Training
Nachtest	Nachtest	Nachtest	Nachtest
Metaphonologischer Transfertest	Metaphonologischer Transfertest	Metaphonologischer Transfertest	Metaphonologischer Transfertest
Lese- und Rechtschreibtests in der Grundschule	Lese- und Rechtschreibtests in der Grundschule	Lese- und Rechtschreibtests in der Grundschule	Lese- und Rechtschreibtests in der Grundschule

Zu Beginn der Studie waren aus einem Pool von ca. 700 Vorschulkindern über das BISC etwa 150 Kinder ermittelt worden, die über ein ausnehmend schwaches Ausmaß an schriftsprachrelevanten Vorläufermerkmalen verfügten und somit als »Risikokinder« für den nachfolgenden Schriftspracherwerb zu gelten hatten. Diese Risikokinder wurden einer von drei Trainingsgruppen zugeteilt: Während die erste Gruppe das schon dargestellte **Training der phonologischen Bewusstheit** erhielt, wurde einer zweiten Gruppe ein **»Buchstaben-Laut-Training«** vorgegeben, in dessen Rahmen den Kindern die Verknüpfung zwischen Lauten und Buchstaben anhand der zwölf häufigsten Buchstaben des Alphabets in Spielen verdeutlicht und eingeübt wurde. Die Konzeption des Buchstaben-Laut-Trainings zielte darauf ab, die akustische Form des Buchstabenlautes mit dessen visueller Repräsentation explizit zu verknüpfen. Eine dritte Gruppe von Risikokindern absolvierte ein **kombiniertes Trainingsprogramm**, bei dem das Training der phonologischen Bewusstheit durch das Buchstaben-Laut-Training ergänzt wurde. Dieser kombinierten Trainingsbedingung lagen neuere angloamerikanische Forschungsergebnisse zugrunde, denen zufolge eine solchermaßen kombinierte Trainingsvariante die vergleichsweise größten Fördereffekte erbringen sollte.

Als Kontrollgruppe diente eine Stichprobe unausgelesener Vorschulkinder, aus ethischen Gründen wurde hier keine reine Risiko-Stichprobe eingesetzt. Diese Entscheidung führte methodisch zu gewissen Komplikationen, da nun nicht wie sonst üblich nach Abschluss der Fördermaßnahme Unterschiede zwischen den Trainingsgruppen und der Kontrollgruppe erwartet und getestet wurden. Es wurde stattdessen davon ausgegangen, dass lediglich vor dem Training Unterschiede in dem Sinne zu beobachten sind, dass die Kontrollgruppe im Vortest signifikant besser abschneiden sollte als die verschiedenen Risikogruppen. Im Anschluss an das Trainingsprogramm sollte sich das Ergebnismuster insofern ändern, als nun die trainierten Risikokinder (insbesondere diejenigen aus der kombinierten Trainingsvariante) im Bereich der phonologischen Bewusstheit aufgeholt haben und im Nachtest Ergebnisse zeigen sollten, die mit denen der Kontrollgruppenkinder absolut kompatibel erscheinen. Für den Fall, dass ein solches Befundmuster beobachtet werden sollte, wurde angenommen, dass die trainierten Risikokinder auch beim Erwerb des Lesens und Rechtschreibens mit den »normalen« Kindern der Kontrollgruppe mithalten und in der überwiegenden Mehrzahl auch einigermaßen unauffällige Entwicklungsverläufe nehmen sollten. Das Ziel dieser Studie wäre also dann erreicht, wenn sich nach Trainingsabschluss möglichst wenig Gruppenunterschiede zeigen würden.

In welchem Umfang konnten diese Annahmen bestätigt werden? Die Auswertung ergab, dass die Risikokinder der drei Trainingsgruppen im Vortest erwartungsgemäß deutlich schwächer abschnitten als die Kinder der Kontrollgruppe (vgl. Schneider et al. 2000). Nach Abschluss des Trainings änderte sich dieses Befundbild jedoch in bedeutsamer Weise.

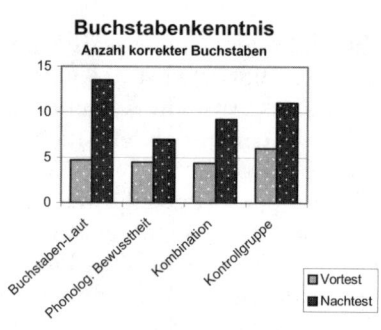

Abbildung 1: Ergebnisse vor und nach dem Training

Die größten unmittelbaren und langfristigen Trainingseffekte im Bereich der phonologischen Bewusstheit wurden für diejenigen Risikokinder festgestellt, die das traditionelle Trainingsprogramm erhalten hatten, gefolgt von den Kindern mit kombiniertem Programm. Das alleinige Training der Buchstaben-Laut-Verknüpfung zeigte hingegen erwartungsgemäß nur geringe Effekte auf die phonologische Bewusstheit (vgl. Abb. 1). Im Hinblick auf das spätere Lesen und Rechtschreiben erwies sich das kombinierte Training als vergleichsweise effizienteste Maßnahme; die so geförderten Kinder schnitten von Anfang an ähnlich gut ab wie die Kinder der Kontrollgruppe und erreichten auch gegen Ende des zweiten Schuljahres Werte im Lesen und Rechtschreiben, die denen der unausgelesenen Kontrollgruppe annähernd entsprachen. Abb. 2 zeigt die Befunde für das Rechtschreiben. Es geht daraus hervor, dass die Befunde für die beiden anderen Risikogruppen tendenziell etwas ungünstiger ausfielen. Dennoch galt auch hier, dass die insgesamt erzielten Mittelwerte noch im Normalbereich für die Altersgruppe lagen, was darauf hindeutet, dass die meisten dieser Kinder tatsächlich unauffällige Leistungsentwicklungen nahmen. Die Förderung im Umgang mit der Lautstruktur der gesprochenen Sprache schaffte also die spezifische Voraussetzung dafür, dass den Risikokindern der schwierige Schritt zum Lesen und Schreiben deutlich erleichtert werden konnte (vgl. Roth 1999, Schneider et al. 1999).

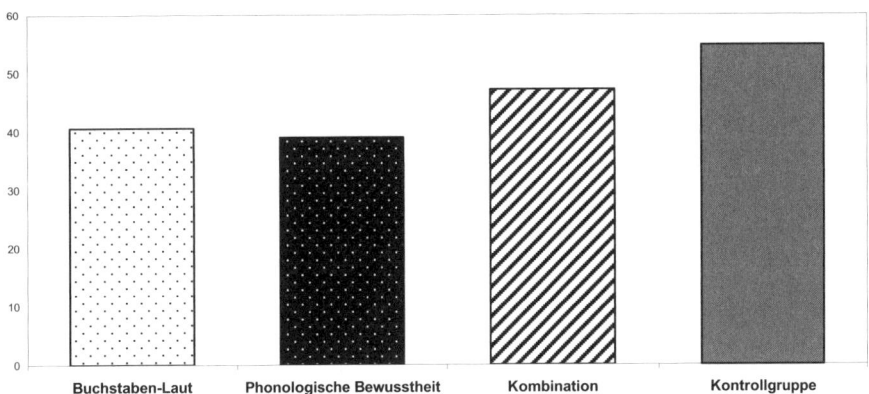

Abbildung 2: Rechtschreibleistungen (Prozentrangwerte) der drei Risikogruppen und der Kontrollgruppe

Es stellt sich in diesem Zusammenhang natürlich auch die Frage, ob alle **Risikokinder** ähnlich gut profitierten oder ob es auch therapieresistente Kinder gab. Zu diesem Zweck erfassten wir den prozentualen Anteil derjenigen Kinder, die in den Rechtschreibtests lediglich Leistungen im untersten Quartil erzielten, die also zu den 25 % schlechtesten Rechtschreibern der Altersgruppe gehörten. Das Ergebnismuster sah gegen Ende der ersten Klassenstufe noch sehr günstig aus: Etwa 5 % der Kinder aus der phonologischen Trainingsgruppe und knapp 6 % der Kinder mit Buchstaben-Laut-Training befanden sich im untersten Leistungsquartil, verglichen mit 0 % der Kinder aus der kombinierten Trainingsgruppe und knapp 3 % der Kontrollgruppenkinder. Das Gesamtbild verschlechterte sich dann aber ein Jahr später. Nun befanden sich 20 % der Kinder aus der phonologischen Bewusstheitsgruppe und 22 % der Kinder mit Buchstaben-Lauttraining im untersten Quartil, während dies nur für 6 % der Kinder aus der kombinierten Trainingsgruppe und 8 % der Kontrollgruppenkinder zutraf. Diese Verschlechterung hatte sicherlich damit zu tun, dass gegen Ende der ersten Klassenstufe Rechtschreibkompetenzen nur sehr rudimentär verfügbar sind und die Tests entsprechend leicht ausfallen. Die gegen Ende des zweiten Schuljahrs erzielten Ergebnisse sind von daher aussagekräftiger, zumal sich ab diesem Zeitpunkt hohe individuelle Stabilitäten über die Zeit hinweg nachweisen lassen. Wenn auch die Prozentzahlen gerade für die Kinder der phonologischen Bewusstheitsgruppe und der Buchstaben-Laut-Trainingsgruppe relativ hoch ausfallen, muss andererseits hervorgehoben werden, dass bei Zugrundelegung üblicher Kriterien für Lese-Rechtschreib-Schwäche (Prozentrang von 15 und weniger) weniger als 5 % der Kinder in diesen beiden Gruppen so klassifiziert worden wären.

Eine kürzlich publizierte Nachuntersuchung (Roth und Schneider 2002) beschäftigte sich mit der Frage, ob sich die positiven Effekte des Förderprogramms auch noch gegen Ende der dritten Klassenstufe nachweisen lassen. Der Einbezug dieser Klassenstufe erschien insofern wichtig, als ab diesem Zeitpunkt der Leistungsdruck auf die Schüler zuzunehmen scheint, da das Problem des Übertritts auf weiterführende Schulen nun bei Eltern und Lehrern stärkere Beachtung findet. Befunde zu den Schriftsprachleistungen gegen Ende der dritten Klasse können von daher im Sinne eines »Härtetests« gewertet werden: Wenn die geförderten Risikokinder auch gegen Ende des dritten Schuljahrs noch keinen Leistungseinbruch zeigen, kann mit einiger Sicherheit von einer langfristig positiven Trainingswirkung ausgegangen werden. Die Befunde der Nachuntersuchung sind in Tab. 4 zusammengefasst. Als wichtigstes Ergebnis lässt sich festhalten, dass sich das in den vorangegangenen Schuljahren beobachtete Befundmuster auch ein Jahr später relativ unverändert zeigte. Während im Hinblick auf die Lesegeschwindigkeit keinerlei signifikante Gruppenunterschiede nachweisbar waren, schnitt die Kontrollgruppe im Rechtschreiben signifikant besser ab als die Risikokinder der phonologischen Bewusstheits- sowie Buchstaben-Laut-Trainingsgruppen. Nach wie vor ergab sich jedoch kein reliabler Unterschied zur kombinierten Trainingsgruppe.

Tabelle 4: Mittelwerte und Standardabweichungen (in Klammern) im Diagnostischen Rechtschreibtest (max. 44 Items) in der Würzburger Leisen Leseprobe (max. 144 Items) und im Subtest »Leseverständnis« der Knuspels Leseaufgaben (max. 34 Rohpunkte)

	Gruppe			
	Buchstaben-Laut	Phon. BW	Kombination	Kontroll
Rechtschreiben	23.20 (6.92)	22.40 (7.62)	25.18 (8.67)	27.46 (8.26)
Lesetempo (WLLP)	88.73 (20.26)	94.15 (18.11)	94.82 (18.46)	96.92 (19.84)
Leseverständnis (Knuspels)	24.03 (6.08)	24.43 (5.25)	24.84 (5.70)	26.87 (5.10)

Zusammenfassend lässt sich sagen, dass auch die Befunde der Studie gegen Ende der dritten Klassenstufe dafür sprechen, dass die gezielte vorschulische

Förderung der phonologischen Bewusstheit und der Buchstabenkenntnis einen wirksamen Präventionsansatz zur Vorbeugung von Schwierigkeiten beim Erwerb der Schriftsprache darstellt. Die Ergebnisse bestätigen die phonologische Verknüpfungshypothese insofern, als die kombiniert geförderten Risikokinder insgesamt die günstigste Entwicklung nahmen.

6.6   Abschließende Bestandsaufnahme

Fördermaßnahmen im Bereich der phonologischen Bewusstheit haben sich in den vergangenen zwei Jahrzehnten nicht nur im deutschsprachigen Bereich, sondern auch international als effektiv erwiesen (vgl. die Übersichten bei Bus und van Ijzendoorn 1999, Schneider und Stengard 1999). Interessanterweise führten die Präventionsprogramme in unterschiedlichen Ländern (und damit unterschiedlichen Orthografien) zu ähnlich positiven Ergebnissen, was viele Forscher von einer einmaligen Erfolgsgeschichte sprechen lässt. Wenn man der Ergebnisvielfalt jedoch einigermaßen gerecht werden will, ist eine differenzierte Betrachtung unabdinglich. Obwohl der Gesamttenor der Befunde so eindeutig scheint, sind nach wie vor gewisse Forschungsdefizite nachweisbar, die Verallgemeinerungsmöglichkeiten entgegenstehen und von daher abschließend noch einmal thematisiert werden sollen.

Gibt es ein optimales Alter für die Präventionsbemühungen? Wie die statistische Meta-Analyse von Bus und van Ijzendoorn (1999) gezeigt hat, ist die Altersbandbreite der in phonologischen Trainingsprogrammen geförderten Kindern beträchtlich. Die Autoren kamen aufgrund ihrer differenzierten Analysen zum Schluss, dass insgesamt gesehen Vorschulkinder mehr von den Maßnahmen profitierten als ältere Kinder, die sich in den Anfangsklassen der Grundschule befanden.

Neuere empirische Arbeiten aus dem deutschsprachigen Raum können diesen Befund durchaus bestätigen. So führten Einsiedler et al. (2002) eine aufwändige Trainingsstudie in ersten Grundschulklassen durch, um die Effekte eines eigens entwickelten Trainingsprogramms zur phonologischen Bewusstheit (Forster und Martschinke 2001) genauer zu überprüfen. Die Autoren fanden klare Belege dafür, dass ihr Förderprogramm auch bei Schulanfängern zu positiven Ergebnissen führte, mit anderen Worten bei geförderten Kindern im Vergleich zu nicht trainierten Probanden zu signifikant besseren Niveaus phonologischer Bewusstheit. Dieser Vorteil hatte jedoch keinen erkennbaren Transfereffekt, was das Lesen und Rechtschreiben anging. Die Arbeitsgruppe um Einsiedler führte diesen Befund im Wesentlichen darauf zurück, dass der systematische schulische Schriftspracherwerb phonologische Bewusstheit in allen Gruppen (also auch der Kontrollgruppe) fördert, was auch die im Vergleich zu Studien mit Vorschulkindern geringeren Effektstärken erklären kann. Wenn man nun bedenkt, dass auch in den Studien mit Vorschulkindern die Transfereffekte des Trainings auf den Schriftspracherwerb in der Regel auch nur etwa halb so groß waren wie die Effekte der Förderung auf die resultierenden Niveaus phonologischer Bewusstheit, so scheint es nicht mehr allzu erstaunlich, dass bei der Förderung im Schulalter geringere Wirkungen verzeichnet werden.

Wirkt das Training für unausgelesene Kinder und Risikokinder gleichermaßen? Nach wie vor ist die empirische Basis für eine abschließende Beurteilung dieser Frage recht schmal. Bus und van Ijzendoorn (1999) stellten etwa heraus, dass sich nur acht der von ihnen ausgewerteten 32 Studien auf Risikokinder bezogen. Nur zwei dieser acht Studien (Borstrom und Elbro 1997, Schneider et al. 1999) erfassten ein Risiko vor Schuleintritt, wobei das Risiko in den beiden Studien unterschiedlich definiert war (bei Borstrom und Elbro handelte es sich um Kinder aus Legasthenikerfamilien; bei Schneider et al. um Kinder mit sehr niedrigen Ausgangswerten im Bereich der phonologischen Bewusstheit). Angesichts dieser Unterschiede scheint es bemerkenswert, dass beide Studien zu relativ übereinstimmenden Ergebnissen führten und positive Langzeiteffekte der Förderprogramme für die untersuchten Risikogruppen belegten. Zusammen mit der oben genauer beschriebenen, von Bus und van Ijzendoorn noch nicht registrierten Studie von Schneider et al. (2000) können diese Arbeiten als Beleg für die These dienen, dass Fördermaßnahmen im Bereich der phonologischen Bewusstheit und der Buchstaben-Laut-Zuordnung für gefährdete Kinder ebenso effektiv sein können wie für unausgelesene (normale) Kindergartenkinder. Angesichts der noch sehr schmalen Datenbasis ist es allerdings sehr wünschenswert, dass sich auch zukünftige Forschungsarbeiten mit dieser Thematik auseinander setzen.

Welche Merkmale des Trainings bedingen den Erfolg? Die verfügbare Literatur zur Förderung phonologischer Bewusstheit ist durch eine Vielzahl unterschiedlicher Programmkonzeptionen gekennzeichnet (vgl. Blachman 1997). Im Hinblick auf die Gestaltung rein phonologischer Konzeptionen scheint wichtig, dass hinreichend viele Elemente phonologischer Bewusstheit im engeren Sinne (also etwa das Erkennen von Anlauten, Phonemsynthese und -analyse) in die Förderung integriert sind. Inzwischen gibt es aber auch eine Reihe von Belegen dafür, dass die phonologische Verknüpfungshypothese sowohl bei Vorschulkindern als auch bei Schulanfängern greift, es also Sinn macht, das Prinzip der Buchstaben-Laut-Verknüpfung schon vor Beginn des eigentlichen Leselernprozesses zu verdeutlichen. Eine solche Maßnahme scheint insbesondere für Risikokinder ertragreich zu sein.

Die verfügbaren Übersichtsarbeiten zum Thema machen weiterhin klar, dass die beschriebenen Fördermaßnahmen nur dann zum gewünschten Erfolg führen, wenn das Training regelmäßig (am besten täglich) erfolgt und sich über einen relativ langen Zeitraum (mindestens ein halbes Jahr) hinweg erstreckt. Die Kontinuität der Maßnahme scheint ebenso wichtig wie die sorgfältige Einarbeitung der Erzieherinnen in die Problematik. Unsere ersten Arbeiten zum Thema (Schneider et al. 1994) haben deutlich gemacht, dass der Erfolg solcher Maßnahmen nicht zuletzt davon abhängt, dass die Erzieherinnen gut motiviert sind und in ihrer Arbeit auch supervidiert werden. In jedem Fall sollten die Übungen zur phonologischen Bewusstheit im engeren Sinne (also zur Phonemsynthese und -analyse) möglichst umfassend durchgeführt werden, da sie entscheidend zum langfristigen Trainingserfolg beitragen.

Die Erfassung des langfristigen Trainingserfolgs scheint in den verfügbaren Förderstudien immer noch defizitär. Nur etwa ein Drittel der von Bus und van Ijzendoorn ausgewerteten Studien bezogen langfristige Erfolgskontrollen mit ein, wobei die Nacherhebungen maximal zweieinhalb Jahre nach Trainingsabschluss eingestellt wurden. Bei den von Schneider und Stengard (1999) in ihrer Übersicht zu europäischen Längsschnittstudien ausgewerteten 144 Lese-Rechtschreib-Studien enthielten von den 44 erfassten Trainingsstudien ebenfalls nur ein geringer Prozentsatz (ca. 5 %) Informationen zu langfristigen Erfolgskontrollen. Eine Ausnahme von dieser Regel stellt sicherlich die australische Studie von Byrne et al. (2000) dar, in der Langzeiteffekte eines phonologischen Trainingsprogramms im Kindergarten bis nach Abschluss der fünften Klassenstufe registriert wurden (wo immer noch reliable Trainingseffekte zu verzeichnen waren).

Wer profitiert und wer hat keinen Trainingsgewinn? Die positiven Ergebnisberichte zu den zahlreichen Trainingsstudien basieren in der Regel auf Gruppenauswertungen. Auch wenn wir inzwischen wissen, dass geförderte Kindergruppen im Mittel von solchen Maßnahmen profitieren, haben differenziertere Auswertungen ebenso klar ergeben, dass nicht alle geförderten Kinder gleichermaßen profitieren. Es lassen sich in den meisten Studien auch »treatment resisters« finden, die überhaupt keinen Gewinn aus der Trainingsmaßnahme ziehen (vgl. Blachman 1997, Poskiparta et al. 1999, Torgesen 2000). Solche Fälle wurden verstärkt in Studien mit Schulkindern beobachtet, kamen aber auch bei Studien mit Vorschulkindern vor. Vielfach wurde dieses Problem in Studien mit Vorschulkindern erst dann deutlich, wenn man sich genauer anschaute, welche Kinder später zu schwachen Lesern und Rechtschreibern wurden. Wenn auch die verfügbaren Screening-Verfahren (etwa das von Jansen et al. 1999) sehr gute Prognosewerte aufweisen, was die spätere Entwicklung unbehandelter Risikokinder angeht, so ist es in der Regel damit nicht möglich, alle späteren Problemschüler vorherzusagen. Wir sind hier mit dem Problem konfrontiert, dass zwar die meisten als Risikokinder identifizierten Probanden ohne Intervention später zu Problemschülern werden, andererseits später in der Schule Problemschüler im Bereich des Lesens und Schreibens registriert werden, die im Kindergarten-Screening unauffällig waren. Es kann also nicht davon ausgegangen werden, dass Defizite im Bereich der phonologischen Informationsverarbeitung alleine für die Erklärung von Lese-Rechtschreib-Problemen hinreichend sind. Neben den phonologischen Kompetenzen scheinen auch syntaktisch/semantische Kompetenzen wesentlich, die etwa bei Kindern mit spezifischen Sprachentwicklungsstörungen defizitär sind (vgl. Grimm 1999).

Um die Relevanz von vorschulischen Merkmalen der Sprachentwicklung (etwa Syntax und Morphologie) für die spätere Schriftsprachentwicklung zu erfassen, wird derzeit an unserem Lehrstuhl ein weiteres Langzeitprojekt durchgeführt, in das auch Kinder mit spezifischen Sprachentwicklungsstörungen aufgenommen wurden (vgl. Schneider et al. 2002). Im Rahmen dieses Forschungsvorhabens soll eruiert werden, in welchem Umfang Probleme mit Syntax zusätzlich oder aber auch unabhängig von Defiziten im Bereich der phonologischen Informationsverarbeitung Einfluss auf die Kompetenzentwicklung im Lesen und Rechtschreiben nehmen. Für die Gruppe der Kinder mit spezifischen Sprachentwicklungsstörungen sind dabei insbesondere Trainingseinheiten im Bereich der Grammatik und Syntax geplant. Wenn wir es richtig sehen, könnte durch solche zusätzlichen Maßnahmen für eine in unserem Ansatz bislang kaum beachtete Untergruppe von Risikokindern die Anzahl späterer Problemschüler weiter gesenkt werden. Auf die Ergebnisse des Langzeitprojekts sind wir von daher schon jetzt gespannt.

Literatur

Blachman, B. A. (1997). Early intervention and phonological awareness: A cautionary tale. In B. A. Blachman (Hrsg.), Foundations of reading acquisition and dyslexia (S. 409–430). Mahwah, NJ: Erlbaum.

Borstrom, I., und Elbro, C. (1997). Prevention of dyslexia in kindergarten: Effects of phoneme awareness training with children of dyslexic parents. In C. Hulme und M. Snowling (Hrsg.), Dyslexia (S. 235–253). London: Whurr Publisher.

Bus, A. G., und van Ijzendoorn, M. (1999). Phonological awareness and early reading: A meta-analysis of experimental training studies. Journal of Educational Psychology, 91, 403–414.

Byrne, B., Fielding-Barnsley, R., und Ashley, L. (2000). Effects of preschool phoneme identity training after six years: Outcome level distinguished from rate of response. Journal of Educational Psychology, 92, 659–667.

De Jong, P. F., und van der Leij, A. (1999). Specific contributions of phonological abilities to early reading acquisition: Results from a Dutch latent variable longitudinal study. Journal of Educational Psychology, 91, 450–476.

Einsiedler, W., Frank, A., Kirschhock, E.-M., Martschinke, S., und Treinies, G. (2002). Der Einfluss verschiedener Unterrichtsformen auf die phonologische Bewusstheit sowie auf Lese- und Rechtschreibleistungen im 1. Schuljahr. Psychologie in Erziehung und Unterricht, 49, 194–209.

Forster, M., und Martschinke, S. (2001). Leichter lesen und schreiben lernen mit der Hexe Susi: Das Nürnberger Trainingsprogramm zur phonologischen Bewusstheit. Donauwörth: Auer.

Grimm, H. (1999). Störungen der Sprachentwicklung. Göttingen: Hogrefe.

Hatcher, J., Hulme, C., und Ellis, N. (1994). Ameriolating early reading failure by integrating the teaching of reading and phonological skills. The phonological linkage hypothesis. Child Development, 65, 41–57.

Jansen, H., Mannhaupt, G., Marx, H., und Skowronek, H. (1999). Bielefelder Screening zur Früherkennung von Lese-Rechtschreib-Schwächen (BISC). Göttingen: Hogrefe.

Klicpera, C., Gasteiger-Klicpera, B., und Schabmann, B. (1993). Lesen und Schreiben: Entwicklung und Schwierigkeiten. Bern: Huber.

Küspert, P. (1997). Phonologische Bewusstheit und Schriftspracherwerb. Frankfurt a. M.: Lang.

Küspert, P., und Schneider, W. (2001). Hören, lauschen, lernen – Sprachspiele für Vorschulkinder (3. Aufl.). Göttingen: Vandenhoeck & Ruprecht.

Küspert, P., Roth, E., und Schneider, W. (im Druck). Lausch- und Lernspiele. Multimedia-Spiele aus dem Würzburger Trainingsprogramm zur phonologischen Bewusstheit (CD-ROM). Göttingen: Hogrefe.

Landerl, K., und Wimmer, H. (1994). Phonologische Bewusstheit als Prädiktor für Lese-Rechtschreibfertigkeiten in der Grundschule. Zeitschrift für Pädagogische Psychologie, 8, 153–164.

Lundberg, I., Frost, J., und Petersen, O. P. (1988). Effects of an extensive program stimulating phonological awareness in preschool children. Reading Research Quarterly, 23, 253–284.

Marx, H. (1997). Erwerb des Lesens und Rechtschreibens: Literaturüberblick. In F. E. Weinert und A. Helmke (Hrsg.), Entwicklung im Grundschulalter (S. 85–111). Weinheim: Psychologie Verlags Union.

Marx, P., Weber, J.-M., und Schneider, W. (2001). Legasthenie versus allgemeine Lese- Rechtschreibschwäche: Ein Vergleich der Leistungen in der phonologischen und visuellen Informationsverarbeitung. Zeitschrift für Pädagogische Psychologie, 15, 85–98.

Poskiparta, E., Niemi, P., und Vauras, M. (1999). Who benefits from training in linguistic awareness in the first grade, and what components show training effects? Journal of Learning Disabilities, 32, 437–446.

Remschmidt, H. (Hrsg.) (1987). Kinder- und Jugendpsychiatrie. Stuttgart: Thieme.

Roth, E. (1999). Prävention von Lese-Rechtschreibschwierigkeiten: Evaluation einer vorschulischen Förderung der phonologischen Bewusstheit und der Buchstabenkenntnis. Frankfurt a. M.: Lang.

Roth, E., und Schneider, W. (2002). Langzeiteffekte einer Förderung der phonologischen Bewusstheit und der Buchstabenkenntnis auf den Schriftspracherwerb. Zeitschrift für Pädagogische Psychologie, 16, 99–108.

Schneider, W. (1989). Möglichkeiten der frühen Vorhersage von Leseleistungen im Grundschulalter. Zeitschrift für Pädagogische Psychologie, 3, 157–168.

Schneider, W. (1997). Rechtschreiben und Rechtschreibschwierigkeiten. In F. E. Weinert (Hrsg.), Enzyklopädie der Psychologie. Serie Pädagogische Psychologie, Bd. 3: Psychologie des Unterrichts und der Schule (S. 327–363). Göttingen: Hogrefe.

Schneider, W., und Näslund, J. C. (1993). The impact of early metalinguistic competencies and memory capacity on reading and spelling in elementary school: Results of the Munich Longitudinal Study on the Genesis of Individual Competencies (LOGIC). European Journal of Psychology of Education, 8, 273–288.

Schneider, W., und Näslund, J. C. (1999). The impact of early phonological processing skills on reading and spelling in school: Evidence from the Munich Longitudinal Study. In F. E. Weinert und W. Schneider (Hrsg.), Individual development from 3 to 12: Findings from the Munich Longitudinal Study (S. 126–147). Cambridge, UK: Cambridge University Press.

Schneider, W., und Stengard, C. (1999). Inventory of European longitudinal studies on reading and spelling. Luxembourg: Office for Official Publications of the European Communities.

Schneider, W., Ennemoser, M., Roth, E., und Küspert, P. (1999). Kindergarten prevention of dyslexia: Does training in phonological awareness work for everybody? Journal of Learning Disabilities, 32, 429–436.

Schneider, W., Marx, P., und Weber, J. (2002). Auffälligkeiten in der Sprachentwicklung: Risikofaktoren für Lese-Rechtschreibschwierigkeiten. Kinderärztliche Praxis, 3, 186–194.

Schneider, W., Roth, E., und Ennemoser, M. (2000). Training phonological skills and letter knowledge in children at risk for dyslexia: A comparison of three kindergarten training programs. Journal of Educational Psychology, 92, 284–295.

Schneider, W., Roth, E., und Küspert, P. (1999). Möglichkeiten der frühen Prävention von Lese-Rechtschreibproblemen: Das Würzburger Trainingsprogramm zur Förderung sprachlicher Bewusstheit bei Kindergartenkindern. Kindheit und Entwicklung, 8, 147–152.

Schneider, W., Roth, E., Küspert, P., und Ennemoser, M. (1998). Kurz- und langfristige Effekte eines Trainings der sprachlichen Bewusstheit bei unterschiedlichen Leistungsgruppen: Befunde einer Sekundäranalyse. Zeitschrift für Entwicklungspsychologie und Pädagogische Psychologie, 30, 26–39.

Schneider, W., Visé, M., Reimers, P., und Blaesser, B. (1994). Auswirkungen eines Trainings der phonologischen Bewusstheit auf den Schriftspracherwerb in der Schule. Zeitschrift für Pädagogische Psychologie, 8, 177–188.

Schwenck, C., und Schneider, W. (2002). Der Zusammenhang von Rechen- und Schriftsprachkompetenz im frühen Grundschulalter. Unveröff. Manuskript, Institut für Psychologie der Universität Würzburg.

Skowronek, H., und Marx, H. (1989). Die Bielefelder Längsschnittstudie zur Früherkennung von Risiken der Lese-Rechtschreib-Schwäche: Theoretischer Hintergrund und erste Befunde. Heilpädagogische Forschung, 15, 38–49.

Steinhausen, H. C. (1996). Psychische Störungen bei Kindern und Jugendlichen. München: Urban & Schwarzenberg.

Torgesen, J. K. (2000). Individual differences in response to early interventions in reading: The lingering problem of treatment resisters. Learning Disabilities Research and Practice, 15, 55–64.

Wagner, R., und Torgesen, R. (1987). The nature of phonological processing and its causal role in the acquisition of reading skills. Psychological Bulletin, 101, 192–212.

Warnke, A. (1992). Legasthenie und Hirnfunktion. Bern: Huber.

Weber, J.-M., Marx, P., und Schneider, W. (2002). Profitieren Legastheniker und allgemein lese-rechtschreibschwache Kinder in unterschiedlichem Ausmaß von einem Rechtschreibtraining? Psychologie in Erziehung und Unterricht, 49, 56–70.

7 Ordnungsschwellentraining

Dagmar Berwanger

7.1 Einleitung

Ein Training der zeitlichen Verarbeitungsfähigkeit ist mittlerweile ein relativ weit verbreitetes Verfahren bei der Behandlung von Störungen der Laut- und Schriftsprache. Hinweise dafür liefern die zahlreichen Internetseiten diverser Firmen, die zur Steigerung der Lese-Rechtschreib-Leistung unterschiedlichste Spiel- und Trainingsgeräte basierend auf Zeitverarbeitung anbieten. Diesem reichhaltigen Therapieangebot steht eine nur relativ geringe Zahl an wissenschaftlichen Studien zur Effektivität und vor allem zum Nutzen für die betroffenen Kinder gegenüber. Bei einem Großteil der Studien liegen zudem eine Reihe methodischer Mängel, wie etwa das Fehlen einer Kontrollgruppe, vor.

Mit dem Ziel, die Effektivität eines Zeitverarbeitungstrainings zu überprüfen, wurde an unserem Institut in Zusammenarbeit mit der Sabel-Schule München eine Untersuchung zur Erprobung eines Trainings der Ordnungsschwelle und des Richtungshörens an Kindern mit Störungen beim Erwerb der Schriftsprache durchgeführt. Im Folgenden sollen erste Ergebnisse dieser Untersuchung dargestellt werden. Zuvor soll ein Überblick über den theoretischen Zusammenhang von Sprach- und Zeitverarbeitung und über Forschungsergebnisse zu Therapieverfahren basierend auf Zeitverarbeitung gegeben werden.

7.1.1 Zusammenhang zwischen Zeit- und Sprachverarbeitung

Aufgrund zahlreicher Untersuchungen an sprachentwicklungsgestörten Kindern, an Kindern wie auch an Erwachsenen mit Lese-Rechtschreib-Störung und an Patienten mit Aphasie wird ein ursächlicher Zusammenhang zwischen Zeitverarbeitungsdefiziten und Störungen der Laut- und Schriftsprache vermutet. Vorrangig Tallal und Mitarbeiter berichten darüber, dass sprachgestörte Kinder (Übersicht bei Tallal et al. 1993) sowie Kinder mit einer Lese-Rechtschreib-Störung (Tallal 1980) in der Verarbeitung schnell dargebotener Reize verlangsamt sind, und nehmen dies als ursächlich für Defizite im phonologischen Bereich an.

Zur Messung der Zeitverarbeitung werden unterschiedliche Methoden verwendet (Übersicht bei Merzenich et al. 1993, Farmer und Klein 1995), wobei neben der Fusionsschwelle (Zeitbereich, bei dem gerade noch ein Getrenntwahrnehmen zweier Reize erfolgt) hauptsächlich die Ordnungsschwelle bestimmt wird. Die **Ordnungsschwelle (OS)** bezeichnet jenes Zeitintervall zwischen zwei schnell hintereinander dargebotenen Reizen, bei dem die richtige Reihenfolge gerade noch angegeben werden kann. Die Ordnungsschwelle beträgt bei gesunden Erwachsenen in etwa 20 bis 40 Millisekunden und ist – im Gegensatz zur Fusionsschwelle – modalitätenunabhängig.

Die Vermutung, dass zwischen der Fähigkeit zur Zeitverarbeitung im Bereich der Ordnungsschwelle und Sprachverarbeitungsleistungen ein Zusammenhang besteht, ergibt sich aus der **Zeitstruktur der akustischen Sprachsignale**. Auf lautsprachlicher Ebene können bestimmte Phoneme (kleinste Bestandteile gesprochener Sprache) nur durch die feinzeitliche Analyse einzelner Komponenten des Lautspektrums identifiziert und unterschieden werden. Die Silben /ba/ und /da/ beispielsweise differieren im Lautspektrum der ersten 40 Millisekunden, der Zeit ihrer Formanttransitionen (Veränderungsmuster bestimmter Frequenzbereiche). Für die Unterscheidung der Konsonant-Vokal-Silben ist – analog zur Ordnungsschwelle – die Reihenfolge des sich in der Zeit schnell ändernden Spektrums dieser ersten Komponenten einer Silbe zu verarbeiten.

Nicht hinsichtlich spektraler Komponenten, sondern vielmehr in der Dauer ihrer sog. Stimmeinsatzzeit (Zeit zwischen Ende des Konsonanten und Anklingen des Vokals) unterscheiden sich Silben wie /da/ und /ta/ oder /ba/ und /pa/. Zur Differenzierung dieser Silben ist also wiederum eine feinzeitliche Diskriminationsfähigkeit notwendig.

Eine detailliertere Beschreibung des theoretischen Zusammenhangs zwischen Zeitverarbeitung und Sprache findet sich bei Berwanger (2001).

7.1.2 Empirische Befunde zum Zeitverarbeitungstraining

Ausgehend von der Annahme eines beeinträchtigten zeitlichen Auflösevermögens bei sprachentwicklungsgestörten und lese-rechtschreibschwachen Kindern entwickelten Tallal und Merzenich ein Übungsprogramm mit dem Ziel, diese Fähigkeit zu trainieren und damit ein besseres Sprachvermögen zu bewirken. Dieses Trainingsprogramm beinhaltet eine Reihe verbaler und nonverbaler Aufgaben, die als **audiovisuelle Computerspiele** zum Thema »Zirkus« präsentiert werden. In der Tondiskriminationsaufgabe werden den Kindern eine Reihe von Paaren frequenzmodulierter Töne (Sinustöne, deren Frequenz eine Oktave pro Sekunde auf- oder absteigt) mit variierender Frequenz und unterschiedlichen Interstimulusintervallen schnell hintereinander dargeboten. Das Kind hat anhand eines Touch-Screens die Reihenfolge der Töne – beide aufsteigend, beide absteigend oder auf/absteigend bzw. ab/aufsteigend – anzugeben. Der verbale Teil des Trainings beinhaltet Phonemdiskriminationsaufgaben. Dabei werden den Kindern über Kopfhörer mehrere Konsonant-Vokal-Silben mit variierender Dauer und Lautstärke der Formanttransitionen und unterschiedlichen Interstimulusintervallen vorgespielt, wobei die Position einer bestimmten, vor dem Trainingsdurchgang festgelegten Silbe anzugeben ist. Das Trainingsprogramm ist in unterschiedlichen Versionen erhältlich, wobei entweder die Therapie der Sprachprobleme oder der Lese- und Rechtschreibschwierigkeiten im Vordergrund steht. Nach Angaben der Autoren ist das Trainingsprogramm zudem zur Behandlung von zentral auditiver Wahrnehmungsstörung, Aufmerksamkeitsstörung und Autismus geeignet (Tallal et al. 1998).

In einer Untersuchung mit sieben sprachentwicklungsgestörten Kindern im Alter zwischen fünf und neun Jahren erfolgte eine Evaluation des Trainingsprogramms (Tallal et al. 1996, Merzenich et al. 1996, siehe auch Tallal et al. 1998). Die Kinder wurden täglich drei Stunden über einen Zeitraum von vier Wochen mittels der Tondiskriminationsaufgaben und der Phonemdifferenzierungsspiele trainiert. Zudem erhielten die Kinder tägliche Sprachübungen mittels künstlich veränderter Sprache. Dabei wurden die Formanttransitionen der Sprachstimuli (Silben, Wörter und Sätze) entweder hinsichtlich ihrer Dauer (z. B. von 20 auf 80 ms zeitgedehnt) oder ihrer Lautstärke (bis zu 20 dB zusätzlich verstärkt) modifiziert. In einem Prä- und Posttest-Vergleich konnte sowohl hinsichtlich der auditiven Ordnungsschwelle (Tallal Repetition Test) und der Sprachdiskriminationsfähigkeit (Goldman-Fristoe-Woodcock Diagnostic Auditory Discrimination Test) als auch im Bereich des Sprachverständnisses (Curtiss and Yamada Comprehensive Language Evaluation-Receptive, Token Test) und der Artikulation (Goldman-Fristoe-Test of Artikulation) eine Leistungsverbesserung beobachtet werden. In einer nachfolgenden Studie mit 22 sprachentwicklungsgestörten Kindern erfolgte eine Unterteilung in Kontroll- und Trainingsgruppe, indem elf Kinder ein herkömmliches Training wie in der ersten Studie und die Vergleichsgruppe dasselbe Ton- und Sprachtraining mit zeitlich unveränderten Stimuli erhielten (Tallal et al. 1996, Merzenich et al. 1996, siehe auch Tallal et al.

1998). Bei den Kindern, die das Zeitverarbeitungstraining erhielten, ließ sich eine deutlichere Verbesserung der zeitlichen Diskriminationsfähigkeit (Ordnungsschwelle und Phonemdiskriminationsfähigkeit) sowie des Sprachvermögens (Sprachverständnis und Artikulation) beobachten als bei den Kindern der Vergleichsgruppe.

Die Ergebnisse der von der Forschungsgruppe um Tallal durchgeführten Trainingsstudien konnten bislang noch nicht repliziert werden. Einen Versuch unternahmen Strehlow et al. (2002). In möglichst enger Anlehnung an die Vorgaben von Tallal und Merzenich trainierten sie 29 lese-rechtschreib-schwache Kinder mittels eines computergestützten Trainings. Die Kinder waren dabei in zwei Gruppen aufgeteilt und erhielten zusätzlich zur schulischen Lese-Rechtschreib-Förderung (Leseinsel) entweder ein adaptives nichtsprachliches Tondiskriminationstraining (N=15) oder ein adaptives Phonemdiskriminationstraining (N=14). Eine Kontrollgruppe von 15 Kindern bekam neben der täglichen schulischen Förderung keine weitere Therapie. Ein Retest nach Ablauf des vierwöchigen Trainings erbrachte in den beiden Trainingsgruppen eine deutliche Verbesserung der jeweils trainierten Leistungen. Eine Auswirkung auf die Lese-Rechtschreib-Leistung war jedoch nicht zu beobachten. Bei dieser Studie handelt es sich jedoch nicht um eine exakte Replikation der Effektivitätsstudie von Tallal und Mitarbeitern. Dies war nicht möglich, da die verfügbaren Angaben keine exakte Beschreibung des Trainingsmaterials enthalten und auch auf Nachfrage keine genaueren Informationen zur Verfügung gestellt wurden.

Sowohl die theoretische Basis als auch die Behandlungserfolge des Trainingsprogramms von Tallal werden von einer Reihe Autoren kritisch diskutiert. So stellt etwa Gillam (1999) infrage, inwieweit ein derartiges Zeitverarbeitungstraining zu einer, wie von Merzenich angenommenen, neuronalen Reorganisation führt. Zum anderen beweisen die Daten der Therapiestudien von Tallal et al. (1996) aufgrund einer Reihe methodischer Mängel (z. B. Stichprobenauswahl, Vergleichbarkeit der Behandlungsgruppen, lückenhafte Dokumentation der Daten – wie z. B. fehlende Standardabweichungen) die Effektivität der Therapie nicht eindeutig.

Veale (1999) kritisiert neben den hohen finanziellen Kosten, dass die meisten Übungen des Trainingsprogramms von Tallal und Merzenich (1997) sehr ähnlich den Aufgaben der Sprachtests sind, mittels derer im Prä- und Posttest die sprachlichen Verbesserungen gemessen wurden. Somit ist es fraglich, ob von einer allgemeinen Verbesserung des Sprachniveaus durch das Training ausgegangen werden kann oder ob es sich nicht vielmehr um ganz spezifische Leistungssteigerungen nur der direkt geübten sprachlichen Bereiche handelt.

Creaghead (1999) sieht den Effektivitätsnachweis des Zeitverarbeitungstrainings durch Tallal und Merzenich (1997) als höchst fragwürdig an, da Überprüfung der Wirksamkeit und Vertrieb des Verfahrens in einer Hand lagen. Er betont die Notwendigkeit von Effektivitätsnachweisen durch unabhängige Arbeitsgruppen. Wie die Geschichte der Überprüfung der Wirksamkeit von Behandlungsverfahren zeigt, ergeben sich bei Interessenüberschneidungen durch selektive Wahrnehmung und andere Störfaktoren häufig falsch positive Resultate, sodass die Zuverlässigkeit derartiger Studien als sehr gering angesehen wird.

Neben der Gruppe um Tallal erprobten auch andere Arbeitsgruppen Trainingsverfahren zur Zeitverarbeitung mit dem Ziel, eine Verbesserung sprachlicher Leistungen zu erreichen.

So führte von Steinbüchel (1987, von Steinbüchel et al. 1996) bei acht Aphasikern ein auditives **Ordnungsschwellentraining** durch. Die Übungen wurden einmal wöchentlich jeweils eine Stunde über einen Zeitraum von acht Wochen durchgeführt. Parallel dazu erhielten zwei Kontrollgruppen mit jeweils acht aphasischen Patienten entweder ein visuelles Diskriminationstraining oder ein Training zur Tonhöhenunterscheidung, wobei diese Übungsprogramme keine zeitkritischen Stimuli enthielten. In einer Prä- und Postuntersuchung wurden die auditive Ordnungsschwelle und die Fähigkeit, Phoneme zu unterscheiden, getestet. In der Gruppe, die am Ordnungsschwellentraining teilnahm, wurde in beiden Bereichen eine deutlichere Verbesserung als in den Kontrollgruppen beobachtet. Genauere Angaben über die Höhe der Signifikanz werden allerdings nicht gemacht. Einschränkend ist im Weiteren zu erwähnen, dass in der Experimentalgruppe eine Selektion nach den Leistungen im Phonemdiskriminationstest erfolgte, indem nur bei jenen Patienten ein Prä-Post-Vergleich durchgeführt wurde, die Probleme bei der Phonemdiskrimination zeigten.

Neben Therapieversuchen bei aphasischen Patienten trainierten von Steinbüchel et al. (1997) sieben lese-rechtschreibschwache Kinder mit einem Ordnungsschwellentraining über einen Zeitraum von sechs Wochen. Am Training nahmen nur jene LRS-Kinder teil, die in einer Voruntersuchung sowohl erhöhte Ordnungsschwellenwerte (zwei Standardabweichungen über dem Mittelwert der Kontrollgruppe) als auch eine Phonemdiskriminationsschwäche aufwiesen. Die Autoren berichten von deutlichen Verbesserungen der zeitlichen Verarbeitungsfähigkeit. Genauere Angaben zu den Mittelwerten und Standardabweichungen der Ordnungsschwellenwerte vor und nach dem Training werden allerdings nicht gemacht. Eine Kontrollgruppe wurde in die Studie nicht einbezogen und ein Transfereffekt auf die Lese- und Rechtschreibleistung nicht untersucht, sodass die Aussagefähigkeit dieser Studie gering ist.

Kühn-Inacker und Weinmann (2000) überprüften ein Trainingsverfahren der auditiven Ordnungsschwelle bei als auditiv verarbeitungsgestört diagnostizierten Kindern. Die Trainingsgruppe erhielt mit einem Verfahren der Firma AUDIVA (2002a) in fünf aufeinander folgenden Wochen täglich ein zehnminütiges auditives Ordnungsschwellentraining. Der Trainingseffekt wurde sowohl direkt im Anschluss als auch acht Wochen nach der Behandlung gemessen und die Ergebnisse mit denen einer unbehandelten Kontrollgruppe verglichen. Die Ordnungsschwellen der Trainingsgruppe unterschieden sich zu keinem Messzeitpunkt von jenen der Kontrollgruppe. Im Weiteren ließ sich keine Verbesserung der Sprachverarbeitungsfähigkeit, gemessen mittels Heidelberger Lautdifferenzierungstest, verzeichnen.

Eine weitere Effektivitätsstudie mit einem Trainingsprogramm der Firma MediTECH (2000/2001) wurde von Michalski und Tewes (2001) an insgesamt 92 Kindern im Alter zwischen sechs und zwölf Jahren durchgeführt. Dabei wurden 51 Kinder der Trainingsgruppe und 41 Kinder der Kontrollgruppe zugeordnet. Neben der Ordnungsschwelle und dem Richtungshören wurden zudem die Tonhöhendiskrimination, die auditiv-motorische Koordination, die Choice-Reaction-Time sowie die Tonhöhenunterscheidung über einen Zeitraum von fünf Wochen trainiert. Unmittelbar vor und nach dem Training wurden bei den Kindern beider Gruppen alle sieben Funktionen des Trainingsprogramms gemessen. Sowohl in der Trainings- als auch in der Kontrollgruppe zeigte sich eine hoch signifikante Verbesserung der Durchschnittsleistungen in allen sieben Untertests. Wie aus der Wechselwirkung der Varianzanalyse hervorgeht, kam es in der Trainingsgruppe zu einer hoch signifikant deutlicheren Leistungssteigerung (mit Ausnahme der visuellen Ordnungsschwelle und der Choice-Reaction-Time) als in der Kontrollgruppe. Die Ergebnisse bestätigen demnach einen deutlichen Effekt des Verfahrens von Warnke auf die unmittelbar trainierten Leistungen. Inwieweit sich die sprachlichen bzw. Lese-Rechtschreib-Fähigkeiten verbessern, wurde in einer Folgestudie untersucht (Tewes et al. 2003, vgl. Kap. 8.2.5).

Die Auswirkung eines Ordnungsschwellentrainings auf die schriftsprachlichen Leistungen wurde von Klicpera und Gasteiger-Klicpera (1996) überprüft. 17 Kinder erhielten ein Ordnungsschwellentraining nach Warnke (1995) und 18 Kinder (2. Therapiegruppe) übten täglich mit den Eltern Lesen (Methode des »unterstützten Lesens«). Die Kinder führten zusätzlich auditive und kinesiologische Übungen zusammen mit Leseaufgaben (Mitlesen gehörter Texte) durch. Eine weitere Kindergruppe hatte keinerlei spezielle Übungen (Kontrollgruppe). Vor Beginn und nach Abschluss des siebenwöchigen Trainings wurden die Kinder hinsichtlich ihrer Lese- und Rechtschreib-Leistung, der auditiven Ordnungsschwelle und der Phonemdiskriminationsfähigkeit untersucht. Gegenüber der unbehandelten Vergleichsgruppe zeigten die Therapiekinder eine stärkere Leistungsverbesserung in der Lesegeschwindigkeit, nicht aber der Lesegenauigkeit oder der Rechtschreibfähigkeit. Ein Vergleich der beiden Trainingsgruppen erbrachte keinerlei Unterschiede. Durch ein Üben der zeitlichen Diskriminationsfähigkeit wurde demnach keine Verbesserung der Lese-Rechtschreib-Leistung erreicht. Ähnlich verhielt es sich mit den Leistungen im Phonemdiskriminations- und im Ordnungsschwellentest. In beiden Trainingsgruppen war eine ähnliche Verbesserung zu beobachten. Die Lesetrainings-Kinder zeigten annähernd identische Leistungssteigerungen hinsichtlich zeitlichem Auflösevermögen und Silbendiskrimination wie die Gruppe, die ein Ordnungsschwellentraining erhalten hatte. Die Erhöhung der Lesegeschwindigkeit kann demnach nicht als spezifischer Effekt des Ordnungsschwellentrainings gewertet werden.

Obgleich der Nachweis eines Effektes des Zeitverarbeitungstrainings auf die Laut- und Schriftsprache bislang nicht erbracht wurde, existiert eine Vielzahl weiterer ähnlicher Therapieangebote. Auf vielen Internetseiten bieten diverse Firmen unterschiedliche Trainingsgeräte bzw. -programme zur zeitlichen Verarbeitungsfähigkeit, vorrangig zur Behandlung von Lese-Rechtschreib-Schwächen und Sprachproblemen, an. Als wissenschaftliche Grundlage wird auf die Forschungsarbeiten von Tallal und Mitarbeitern (1996, 1998) sowie die theoretischen Ausführungen von Pöppel (1978, 1997) hingewiesen und ein Training der Ordnungsschwelle häufig in Kombination mit Übungen weiterer auditiver Wahrnehmungsfunktionen empfohlen.

So beinhaltet etwa die Software von Feiner (2002) neben einem auditiven Ordnungsschwellentraining Übungen zur auditiven Merkfähigkeit, zur phonematischen und rhythmischen Differenzierung, zur Tonhöhen- sowie auditiven Figur-Grund-Unterscheidung und zur intermodalen Wahrnehmung. Sowohl auf der Ebene der Ordnungs- als auch der Fusionsschwelle wird die zeitliche Verarbeitungsfähigkeit mittels der Geräte der Firma AUDIVA (2002b) trainiert. Ergänzend enthält die Trainingsbatterie Übungen zu Intermodalität, Synchronität, Tonhöhenunterscheidung, Richtungshören und Lückenerkennung. Als Zielgruppe werden von den Autoren Kinder mit Sprach- und Sprechstörungen und Legasthenie, aber auch Kinder mit anderen Störungsbildern wie zentralen Hörstörungen bzw. auditiven Wahrnehmungsstörungen, Geräuschempfindlichkeit, Aufmerksamkeitsdefizit oder Hyperaktivität angegeben. Ein ähnlich umfangreiches Spektrum von Sprachstörungen bis hin zu Aufmerksamkeitsdefiziten und allgemeinen Schulproblemen wird von Mies (2001) für das Ordnungsschwellentraining nach Warnke aufgeführt. Bei so umfangreicher und vielfältiger Indikation für ein Zeitverarbeitungstraining stellt sich jedoch die Frage nach der Spezifität solch einer Therapie.

Einige Autoren schlagen vor, ein **Zeitverarbeitungstraining bereits im Vorschulalter** durchzuführen. So ist es nach Mies (2002) »eine zwingende Notwendigkeit, dass Vorschüler und Erstklässler ihre Ordnungsschwelle auf Werte von 30 Millisekunden trainieren«. Diese Empfehlung steht im Widerspruch zu Befunden einer eigenen Untersuchung, in der 108 unauffällig entwickelte Kinder im Alter von fünf bis elf Jahren hinsichtlich ihrer auditiven Ordnungsschwelle untersucht wurden (Berwanger et al., in Druck). Dabei zeigte sich, dass erst ab dem neunten Lebensjahr die Messung bei allen Kindern durchführbar war. Bei fast 40 % der fünf- und sechsjährigen Kinder war es nicht möglich, die Ordnungsschwelle zu bestimmen, da die Aufgabenstellung von den Kindern nicht verstanden wurde. In der Gruppe der Sieben- bis Achtjährigen ergab sich eine Ausfallsquote von ungefähr 20 %. Wenn im Vorschulalter schon bei vielen unauffällig entwickelten Kindern eine Ordnungsschwellenbestimmung nicht möglich ist, dann ist die zuverlässige Erfassung einer verlängerten Ordnungsschwelle und damit der Nachweis von Zeitverarbeitungsdefiziten bei Kindern mit Entwicklungsrisiken auch nicht realisierbar und eine Indikationsstellung zur Therapie entbehrt im Vorschulalter jeder Grundlage.

Gegen ein Ordnungsschwellentraining sprechen zudem Befunde einer weiteren Studie zur zeitlichen Diskriminationsfähigkeit, die an unserem Institut durchgeführt wurde (Berwanger 2002). Darin wurde die Zeitverarbeitungsfähigkeit von insgesamt 178 Kindern im Alter von 7 bis 13 Jahren anhand der Ordnungs- und Fusionsschwelle, sowohl im auditiven als auch im visuellen Bereich, untersucht. In die Studie wurden Kinder mit und ohne Entwicklungsstörungen einbezogen. Die Gruppe der entwicklungsauffälligen Kinder setzte sich aus Kindern mit einer Sprachentwicklungsstörung (N=37), einer Lese-Rechtschreib-Störung (N=40), einer Kombination von Sprachentwicklungs- und Lese-Rechtschreib-Störung (N=22) bzw. einer allgemeinen kognitiven Verzögerung (N=27) zusammen. Unter Berücksichtigung der Einflussvariablen Alter und Intelligenz unterschied sich keine der Gruppen hinsichtlich ihrer zeitlichen Verarbeitungsfähigkeit von einer unauffälligen Kontrollgruppe (N=52). Kinder mit Störungen der Laut- und/oder Schriftsprache haben somit weder erhöhte Fusions- noch Ordnungsschwellen. Die von anderen Arbeitsgruppen mitgeteilten Auffälligkeiten dieser Kinder im Bereich der Zeitverarbeitung ergeben sich vermutlich durch eine Nichtbeachtung von Gruppenunterschieden hinsichtlich Alter und Intelligenz der in die Studien einbezogenen Kindergruppen und sind nicht als Charakteristika von Sprach- oder Lese-Rechtschreib-Störungen anzusehen.

Diese Übersicht zeigt, dass, obwohl ein Training der Zeitverarbeitung zur Behandlung von Kindern mit unterschiedlichen Entwicklungsauffälligkeiten weit verbreitet ist, die Effektivität einer solchen Behandlung bei weitem noch nicht als bewiesen angesehen werden kann. Die Ergebnisse der wenigen bislang vorliegenden Evaluationsstudien sind einerseits recht widersprüchlich und andererseits durch erhebliche methodische Mängel hinsichtlich ihrer Aussagefähigkeit eingeschränkt. Eine wissenschaftlich begründete Aussage über den Wert eines Zeitverarbeitungstrainings ist angesichts der derzeitigen Datenlage kaum möglich.

7.2 Studie zur Effektivität eines Trainings der Zeitverarbeitung

Zur Überprüfung der Effektivität eines Zeitverarbeitungtrainings wurde an unserem Institut in Zusammenarbeit mit der Sabel-Schule München eine Studie zur Erprobung des **Trainings von Ordnungsschwelle und Richtungshören** durchgeführt. Genauere Angaben zum Training des Richtungshörens finden sich in Kapitel 8.2.1.2. Dieses erfolgte mit dem Brain-Boy-Universal der Firma MediTECH (2000/2001). Mit diesem sind Übungen in unterschiedlichen Bereichen möglich. Neben der Ordnungsschwelle und dem Richtungshören lassen sich Tonhöhendiskrimination, audiomotorische Koordination, schnelle Reaktionen auf Reize u. a. üben. Entgegen dem Wunsch der Firma, die sich durch die Kombination der verschiedenen Methoden eine Verbesserung von Automatisierungsprozessen (vgl. Kap. 8.2.5) und damit größere Erfolge als beim Training einzelner Bereiche verspricht, beschränkten wir uns auf Trainingseinheiten, die sich auf die zeitliche Verarbeitung beziehen. Diese Studie sollte eine Aussage über die Effektivität des Trainings von Zeitverarbeitungsprozessen ermöglichen, weshalb wir ein gleichzeitiges Training in anderen Bereichen vermeiden wollten.

Insgesamt nahmen an der Studie 46 Kinder aus zwei fünften Klassen teil. Bei vier Kindern konnte aus organisatorischen Gründen ein regelmäßiges Training nicht durchgeführt werden, weshalb diese nicht in die Auswertung einbezogen wurden. Die Ergebnisse der Untersuchung basieren somit auf den Daten von 42 Kindern. Von den Schülern und Eltern wurde das Einverständnis zur Teilnahme nach einer ausführlichen Information über Anliegen und Durchführung der Studie eingeholt.

Die Schüler der einen Klasse bildeten die Trainings- und die der anderen die Kontrollgruppe. In den in die Studie einbezogenen Klassen der Sabel-Schule werden vorrangig Kinder mit Schwierigkeiten beim Erwerb der Schriftsprache unterrichtet. Als Einschlusskriterium galten ein regelrechtes peripheres Hör- und Sehvermögen, welches im Rahmen der Eingangsdiagnostik mittels Screening-Untersuchungen (Reintonaudiometrie in drei Frequenzbereichen, Sehtafel) überprüft wurde. Eine genauere Beschreibung der beiden Gruppen wird in Tab. 1 gegeben.

Tabelle 1: Beschreibung der Trainings- und Kontrollgruppe

	Trainingsgruppe	Kontrollgruppe
Anzahl	21	21
Alter in Jahren	10.8 ± 0.4	11.6 ± 0.8
Intelligenz (SW)	102.3 ± 13.6	103.0 ± 9.4
Geschlecht	7 Mädchen 14 Jungen	6 Mädchen 15 Jungen
Muttersprache	17 deutsch 3 deutsch und andere 1 andere	15 deutsch 3 deutsch und andere 3 ohne Angabe

Das Training erfolgte über einen Zeitraum von acht Wochen in Gruppen von maximal sechs Kindern. Die Übungseinheiten dauerten etwa zwanzig Minuten und beinhalteten sowohl ein Training der Ordnungsschwelle (drei mal drei Minuten) als auch des Richtungshörens (drei mal drei Minuten). Jedes Kind beteiligte sich mindestens an zwanzig Trainingssitzungen. Gemäß der Durchführungsinstruktion wurde sowohl bei der Ordnungsschwelle als auch beim Richtungshören sowohl ein isoliert auditives Training als auch ein gekoppeltes Training der auditiven und visuellen Modalität durchgeführt. Den Kindern wurden bei den auditiven Übungen zwei kurze Klicks über Kopfhörer vorgespielt mit der Aufgabe, mittels Knopfdruck am Trainingsgerät anzugeben, auf welcher Seite sie den Klick zuerst gehört hatten

(Ordnungsschwelle) bzw. von welcher Seite der Klick kam (Richtungshö-ren). Die Interstimulusintervalle zwischen den Klicks wurden in Abhängig-keit von der Fehlerzahl der Probanden variiert. Bei der Ordnungsschwellen-messung variierten die Interstimulusintervalle zwischen 5 und 950 Millise-kunden, beim Richtungshören war es möglich, Resultate im Bereich von 18 bis 650 Mikrosekunden zu erzielen. Beim gekoppelten Training leuchteten zusätzlich zur auditiven Reizvorgabe Lichtzeichen in der richtigen Reihen-folge am Gerät auf. Die Kinder erhielten nach jeder Aufgabe automatisch via Trainingsgerät eine Rückmeldung über die Richtigkeit der Antwort. Am Ende eines jeden Übungsblocks wurde der erzielte Wert angegeben, sodass die Kinder über ihren derzeitigen Leistungsstand informiert waren.

Da die Motivation der Kinder bereits nach wenigen Stunden nachließ, wurden ihnen als Belohnung Kinogutscheine versprochen, wenn sie mindes-tens an zwanzig Trainingssitzungen teilnahmen. Zudem wurde ein Wett-kampf zwischen den einzelnen Trainingsgruppen veranstaltet, bei dem es darum ging, möglichst viele Therapiestunden zu »sammeln«. Die Gruppe mit den meisten Trainingsstunden erhielt als Preis einen Eisgutschein. Außer-dem erhielten alle Eltern einen Brief, in dem sie über den Verlauf der Studie informiert wurden und noch einmal die Bedeutung der Studie und die Wich-tigkeit einer regelmäßigen Teilnahme am Training betont wurde.

7.2.1 Psychometrische Überprüfung der Effektivität des Trainings

Zur Überprüfung des Trainingserfolges erfolgte vor und unmittelbar nach Abschluss des Trainings bei jedem Kind eine umfassende psychometrische Diagnostik. Neben einer Bestimmung der **auditiven und visuellen Ordnungs-schwelle** sowie des **Richtungshörens** mit den gleichen Geräten der Firma MediTECH (2000/2001), die auch im Training eingesetzt wurden, wurde der Leistungsstand im **Lesen** und Schreiben anhand standardisierter Lese-Rechtschreib-Tests bestimmt. Zur Erfassung der Leseleistung wurden der Zürcher Lesetest (ZLT, Linder und Grissemann 1981) und der Pseudotext-Lesetest (PLT, Zahnd 1993) durchgeführt. Die Kinder erhielten dabei die Aufgabe, bestimmte Wortlisten und Leseabschnitte laut vorzulesen. Bewer-tet wurden Fehlerzahl und Lesezeit. Die **Rechtschreibleistung** wurde mit dem Diagnostischen Rechtschreibtest für 5. Klassen (DRT 5, Grund et al. 1995) erhoben, wobei vor dem Training die Paralleltestform A und bei der zweiten Testung die Paralleltestform B zum Einsatz kam. Die Überprüfung der Rechtschreibfähigkeit erfolgt bei diesem Test in Form von Lückentext-Diktaten. Um Aussagen über mögliche Effekte des Zeitverarbeitungstrai-nings auf sprachliche Leistungen treffen zu können, wurden zudem **Sprach-verständnis und Sprachproduktion** mit den Untertests »Verstehen grammati-scher Strukturformen« und »Imitieren grammatischer Strukturformen« des Heidelberger Sprachentwicklungstests (HSET, Grimm und Schöler 1991) be-urteilt. Zusätzlich ermittelten wir die phonologische Bewusstheit und die **Phonemdiskriminationsfähigkeit.** Im Bereich der phonologischen Bewusstheit wurden Lautersetzungsaufgaben von Wimmer (1993) vorgegeben, bei denen die Aufgabe darin bestand, alle Vokale eines Wortes bzw. ganzen Satzes durch ein /i/ zu ersetzen. Die Phonemdiskriminationsfähigkeit wurde mit einer Silbendiskriminationsaufgabe überprüft. Dabei hörten die Kinder über Kopfhörer synthetisierte Silben mit variierenden Stimmeinsatzzeiten, die bei einer Stimmeinsatzzeit von 0–30 ms normalerweise als /da/ und ab einer Stimmeinsatzzeit von 50 ms als klares /ta/ interpretiert werden. Nach jeder gehörten Silbe hatten die Kinder zu beurteilen, ob sie ein /da/ wie »Dach« oder ein /ta/ wie »Tanne« gehört hatten.

Um die Stabilität von Trainingseffekten zu beurteilen, ist ein weiterer Retest nach einem halben Jahr geplant.

Wie in den Abb. 1 und 2 dargestellt, hatten die Kinder der Trainingsgruppe sowohl im auditiven (T-Test: T=4.68; p=0.000) wie auch im visuellen Bereich (T-Test: T=4.32; p=0.000) statistisch signifikante, d. h. nicht auf Zufall begründete, niedrigere **Ordnungsschwellenwerte** nach Abschluss des Trainings im Vergleich zur ersten Testung. Da auch in der Kontrollgruppe die Ordnungsschwellenwerte bei der zweiten Untersuchung unterhalb des Ausgangswertes lagen, wurde mittels Varianzanalyse überprüft, ob sich die Verbesserung der Trainingsgruppe signifikant von derjenigen der Kontrollgruppe unterschied. Bei der Berechnung mit der Varianzanalyse wurden zudem unterschiedliche Ausgangswerte berücksichtigt. Es ließ sich sowohl auditiv (F=8.0; p=0.007) als auch visuell (F=17.3; p=0.000) eine hoch signifikant deutlichere Verbesserung der Trainings- im Vergleich zur Kontrollgruppe nachweisen.

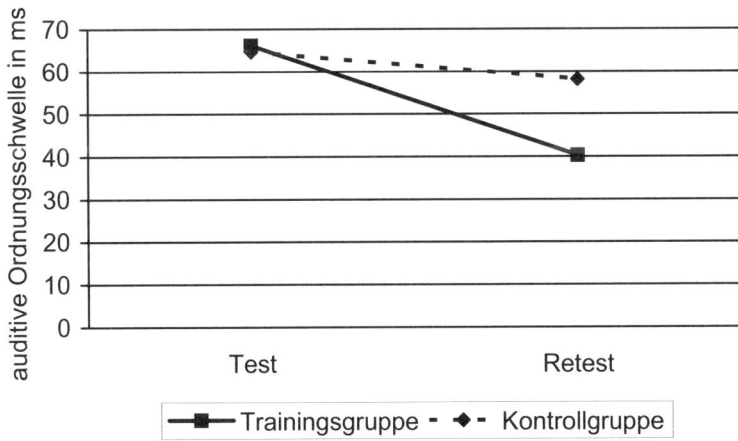

Abbildung 1: Auditive Ordnungsschwellen vor (Test) und unmittelbar nach dem Zeitverarbeitungstraining (Retest)

139

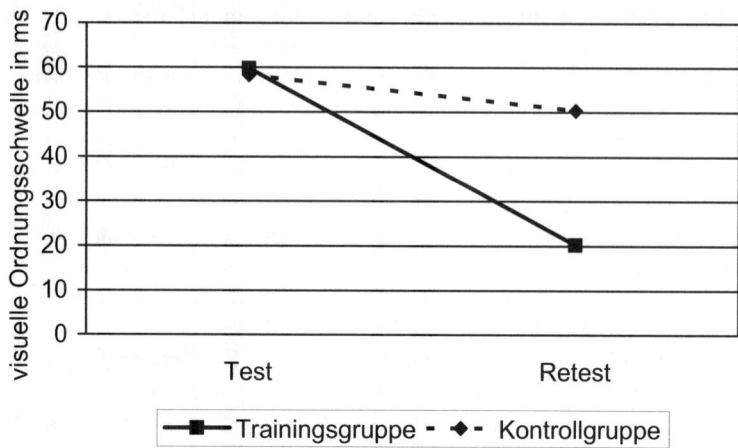

Abbildung 2: Visuelle Ordnungsschwellen vor (Test) und unmittelbar nach dem Zeitverarbeitungstraining (Retest)

Hinsichtlich des **Richtungshörens** war in der Trainingsgruppe ebenfalls eine deutliche Verbesserung beim Retest im Vergleich zur ersten Untersuchung zu beobachten (T-Test: T=3.44; p=0.003). Wie aus Abb. 3 hervorgeht, vollzog sich in der Vergleichsgruppe eine annähernd gleiche Leistungssteigerung. Eine Varianzanalyse unter Berücksichtigung der unterschiedlichen Ausgangswerte ergab keine Unterschiede hinsichtlich der Leistungssteigerung beim Richtungshören zwischen Trainings- und Kontrollgruppe (Varianzanalyse: F=23.78; p=0.11). Die Verbesserung der Werte im Richtungshören ist also nicht durch einen spezifischen Trainingseffekt bedingt. An dieser Stelle lässt sich die Notwendigkeit einer Kontrollgruppe bei Therapieevaluationsstudien verdeutlichen. Ohne diese Vergleichsdaten wäre nicht zu beurteilen, ob die Verbesserung auf das Training oder auf unspezifische Effekte, wie etwa Vertrautheit mit dem Testverfahren, zurückzuführen ist.

Hinsichtlich der **Phonemdiskriminationsfähigkeit** waren bei der ersten und zweiten Messung sowohl innerhalb der Trainingsgruppe (Abb. 4) als auch der Kontrollgruppe (Abb. 5) nahezu identische Werte zu verzeichnen. Ein spezifischer Trainingseffekt auf die Sprachdiskriminationsfähigkeit war somit nicht erkennbar. Beim Laut-Ersetzen wurde in beiden Untersuchungsgruppen keinerlei Veränderung zwischen erster und zweiter Messung festgestellt (Abb. 6).

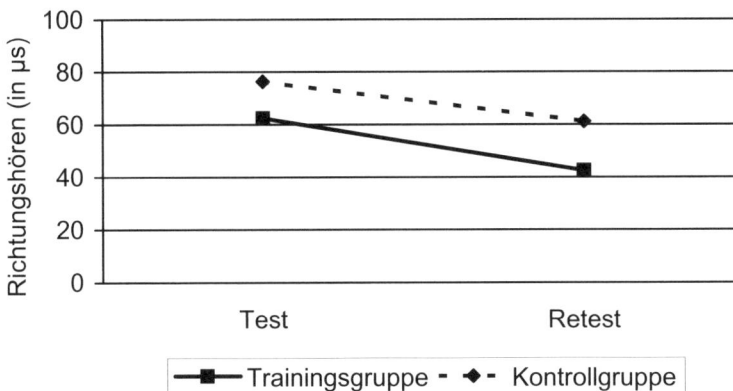

Abbildung 3: Leistungen beim Richtungshören vor (Test) und unmittelbar nach dem Zeitverarbeitungstraining (Retest)

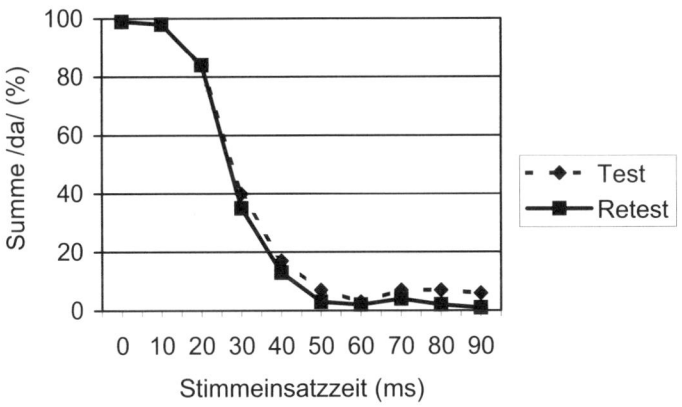

Abbildung 4: Leistungen der Kinder der Trainingsgruppe im Phonemdiskriminationstest vor (Test) und unmittelbar nach dem Zeitverarbeitungstraining (Retest)

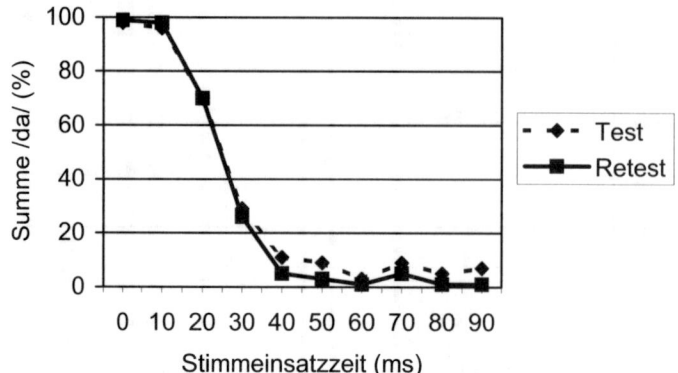

Abbildung 5: Leistungen der Kinder der Kontrollgruppe im Phonemdiskriminationstest vor (Test) und unmittelbar nach dem Zeitverarbeitungstraining (Retest)

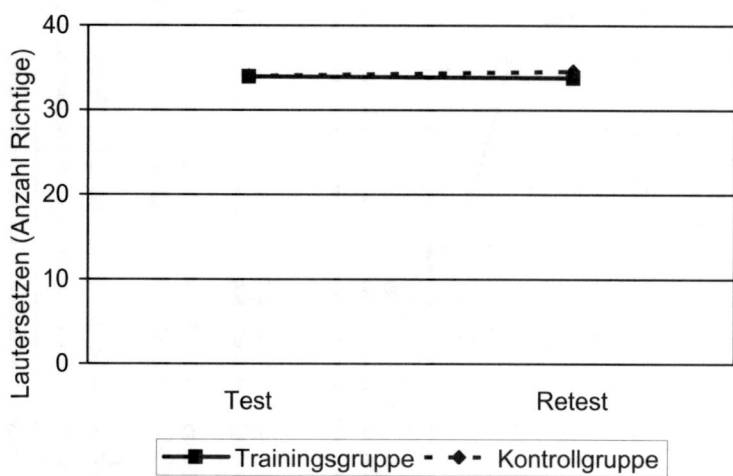

Abbildung 6: Leistungen im Laut-Ersetzen vor (Test) und unmittelbar nach
dem Zeitverarbeitungstraining (Retest)

Im Bereich der Schriftsprache konnte während der acht Wochen weder beim
Lesen (Abb. 7–10) noch beim **Rechtschreiben** (Abb. 11) eine signifikante
Verbesserung der Trainings- gegenüber der Kontrollgruppe beobachtet wer-
den.

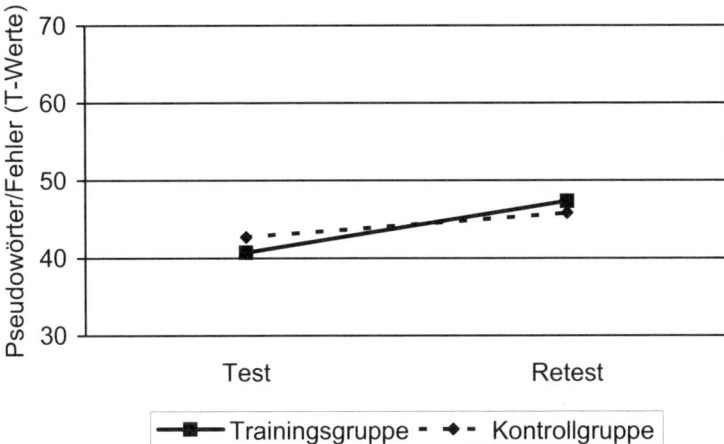

Abbildung 7: Fehlerzahl im Pseudotext-Lesetest vor (Test) und unmittelbar nach dem Zeitverarbeitungstraining (Retest)

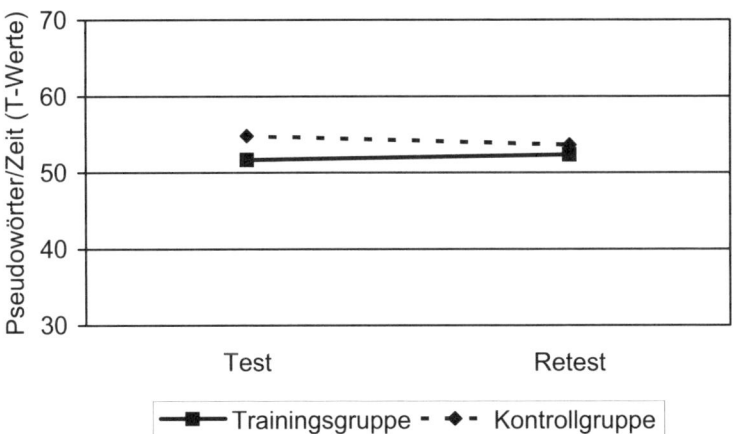

Abbildung 8: Benötigte Zeit im Pseudotext-Lesetest vor (Test) und unmittelbar nach dem Zeitverarbeitungstraining (Retest)

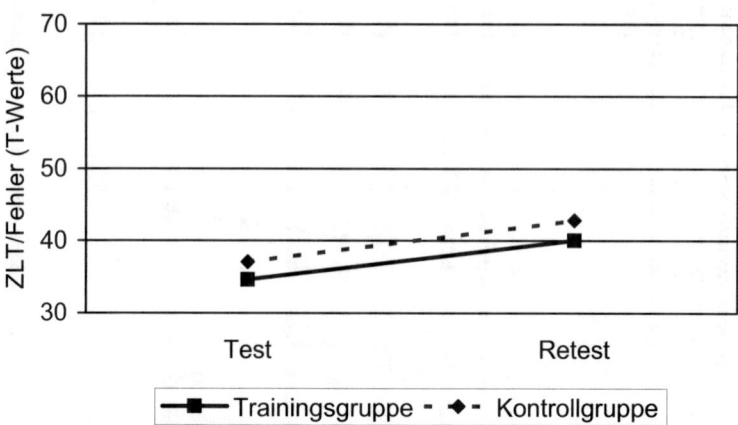

Abbildung 9: Fehlerzahl im Zürcher Lesetest (ZLT/Fehler) vor (Test) und unmittelbar nach dem Zeitverarbeitungstraining (Retest)

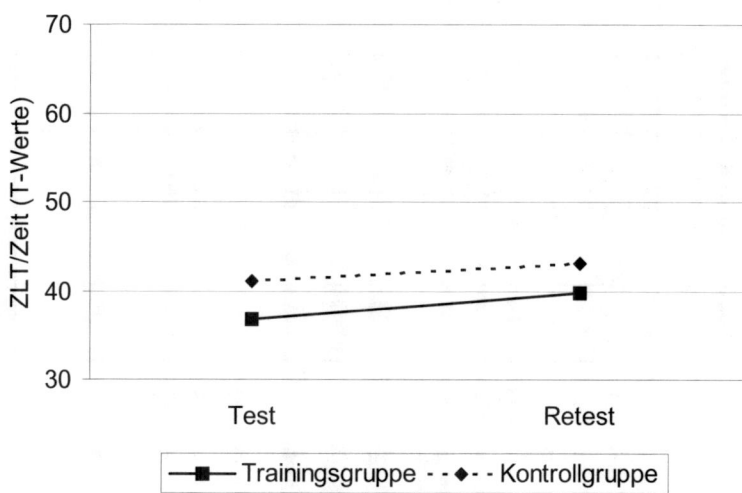

Abbildung 10: Benötigte Zeit im Zürcher Lesetest (ZLT/Zeit) vor (Test) und unmittelbar nach dem Zeitverarbeitungstraining (Retest)

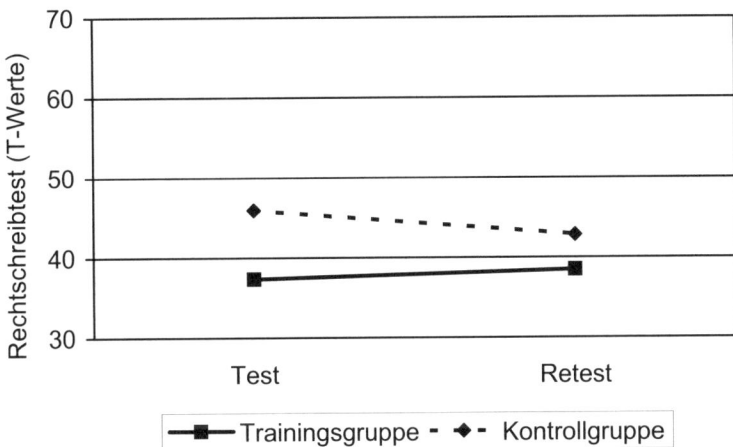

Abbildung 11: Leistungen im Diagnostischen Rechtschreibtest vor (Test) und unmittelbar nach dem Zeitverarbeitungstraining (Retest)

Ähnliche Ergebnisse zeigten sich hinsichtlich der expressiven sowie rezeptiven **sprachlichen Leistungen.** Weder die Trainings- noch die Kontrollgruppe verbesserte sich signifikant in einem der beiden Untertests des HSET (Abb. 12 und 13).

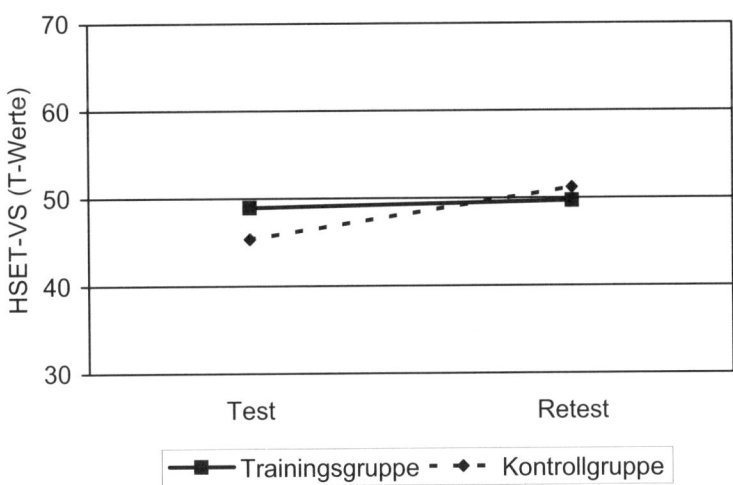

Abbildung 12: Leistungen im Sprachverständnistest (»Verstehen grammatischer Strukturformen« HSET-VS) vor (Test) und unmittelbar nach dem Zeitverarbeitungstraining (Retest)

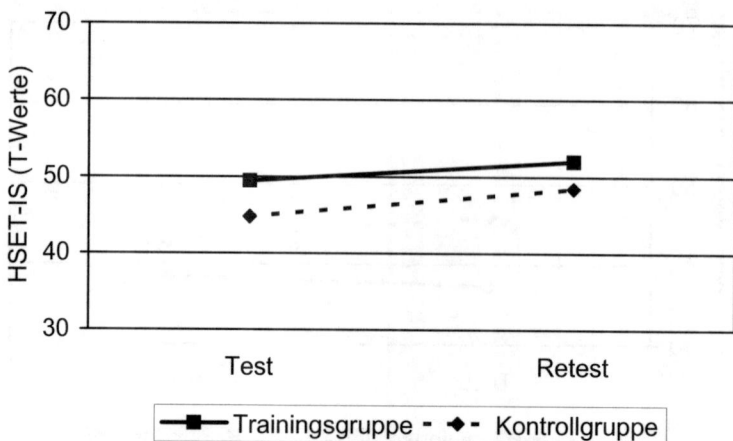

Abbildung 13: Leistungen im Sprachproduktionstest (»Imitieren grammatischer Strukturformen« HSET-IS) vor (Test) und unmittelbar nach dem Zeitverarbeitungstraining (Retest)

7.2.2 Effektivität des Trainings aus Sicht der Lehrer

Im Rahmen dieser Studie waren wir nicht nur daran interessiert, wie sich ein Zeitverarbeitungstraining auf Leistungen in der Laut- und Schriftsprache auswirkt, sondern darüber hinaus auch daran, wie Eltern, Lehrer und natürlich die Kinder selbst ein derartiges Training beurteilen. Um dieser Frage nachzugehen, wurden Eltern, Lehrer und Kinder um eine Beurteilung des Ordnungsschwellentrainings aus ihrer Sicht mittels eines von uns erstellten Fragebogens gebeten.

Um die Einstellung der Lehrer zum Ordnungsschwellentraining zu erfassen, erhielten die Lehrer der Fächer Deutsch, Englisch und Mathematik vor Durchführung des Trainings einen Fragebogen, in dem die Erwartungen (»Was versprechen Sie sich von einem Ordnungsschwellentraining?«) und die allgemeine Einstellung zum Ordnungsschwellentraining (»Alle Kinder mit Schulproblemen sollten ein Ordnungsschwellentraining erhalten.«) erfragt wurden. Zudem sollte die Klassenleiterin der Trainingsklasse für jedes Kind einzeln beurteilen, ob ein Ordnungsschwellentraining hilfreich wäre (»Ich fände es gut, wenn dieses Kind ein Ordnungsschwellentraining erhalten würde«). Wie in Abb. 14 dargestellt, wurde für fast alle Kinder ein Ordnungsschwellentraining als sinnvoll erachtet.

Nach Ablauf des Trainings sollten die Lehrer die Verbesserung der Schüler, die ein Ordnungsschwellentraining erhalten hatten, beurteilen. Obgleich die Lehrer für fast alle Kinder ein Ordnungsschwellentraining für sinnvoll hielten und sich Verbesserungen im schriftsprachlichen Bereich erwarteten, wurde unmittelbar nach dem Training von keinem der befragten Lehrer eine schulische Verbesserung aufgrund des Trainings beobachtet.

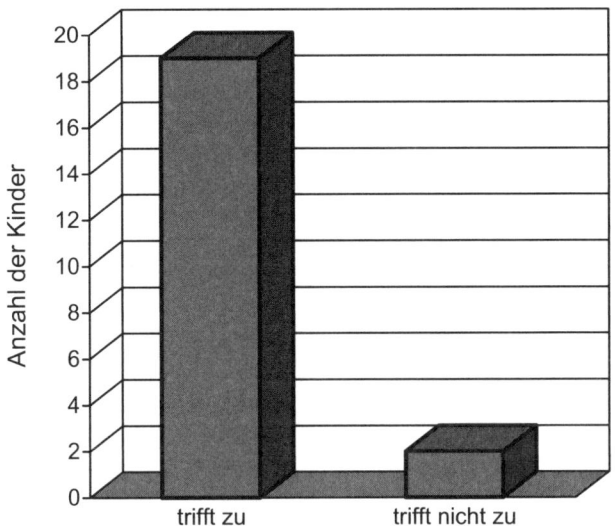

Abbildung 14: Antwort der Lehrer auf die Frage: »Ich fände es gut, wenn dieses Kind ein Ordnungsschwellentraining erhält.«

7.2.3 Effektivität des Trainings aus Sicht der Eltern

Wie aus dem Balkendiagramm der Abb. 15 hervorgeht,[1] wurde die Effektivität des Trainings von der Mehrheit der Eltern als positiv bewertet. Es wurde von neun Müttern bzw. Vätern eingeschätzt, dass sich die Lese- und Rechtschreibleistung aufgrund des Zeitverarbeitungstrainings leicht verbessert habe. Von einem Elternpaar wurde sogar eine deutliche Verbesserung angegeben. Nur sechs Mütter bzw. Väter hatten den Eindruck, dass das Zeitverarbeitungstraining keinen Einfluss auf die Schriftsprache ausgeübt hat.

Um beurteilen zu können, inwieweit die subjektive Bewertung der Eltern mit der in den Testverfahren erfassten Veränderungen der Lese-Rechtschreib-Leistung zusammenhängt, haben wir Elternurteil und Testergebnisse miteinander in Beziehung gesetzt. In Abb. 16 ist die Veränderung der Rechtschreib-Leistung im DRT (Differenz zwischen 1. und 2. Untersuchung) in Abhängigkeit von der Einschätzung der Eltern (»Wie beurteilen Sie den Einfluss des Trainings auf die Lese-Rechtschreib-Leistung?«) dargestellt. Wie aus den Boxplots hervorgeht, entsprechen die Leistungsveränderungen der Kinder, die nach dem Elternurteil eine Verbesserung der Rechtschreibleistung aufgrund des Trainings aufweisen, jener der Kinder, die aus Elternsicht nicht vom Training profitierten. Ein Gruppenvergleich mittels T-Test er-

---

1 Da die Fragebögen nicht von allen Eltern und zudem nicht immer vollständig ausgefüllt wurden, ergibt die Summe der Häufigkeiten nicht die Gesamtzahl von 21.

brachte keine statistischen Unterschiede (T=-0.29; p=0.77). Von Eltern beobachtete positive Effekte des Trainings auf schriftsprachliche Fähigkeiten
konnten somit mit psychometrischen Methoden nicht objektiviert werden.

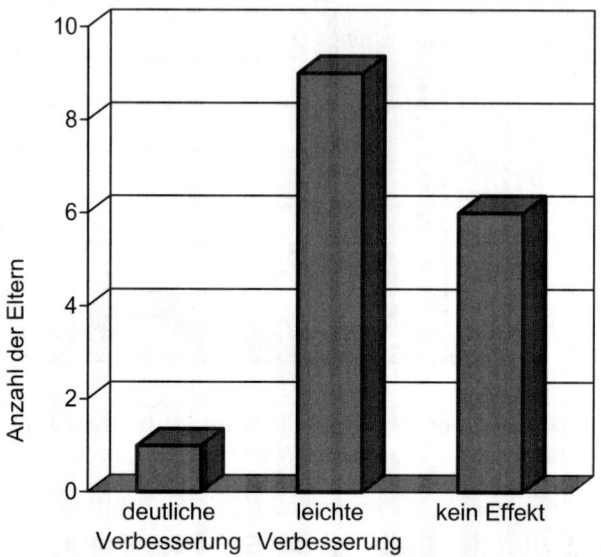

Abbildung 15: Antwort der Eltern auf die Frage: »Wie beurteilen Sie den Einfluss des Trainings auf die Lese-Rechtschreib-Leistung?«

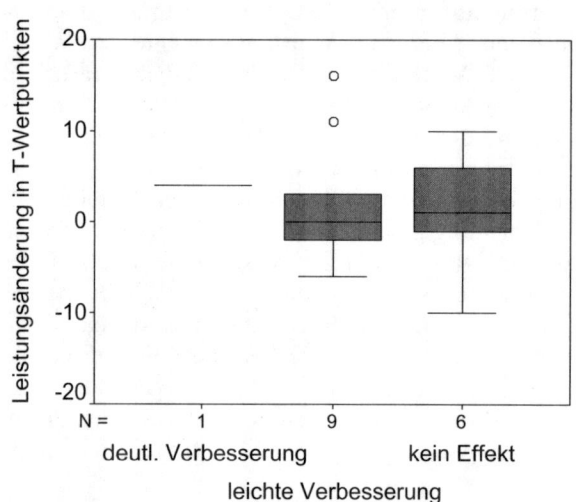

Abbildung 16: Zusammenhang zwischen Verbesserung der Rechtschreibleistung aus Sicht der Eltern und tatsächlicher Leistungsänderung
im Rechtschreiben (Differenz zwischen 2. und 1. Testung)

Das Zeitverarbeitungstraining wurde aber von den Eltern auch noch in anderen Bereichen recht positiv beurteilt (Abb. 17–19). Deshalb sollten nach Aussagen der meisten Eltern alle Kinder mit Schulproblemen ein Zeitverarbeitungstraining erhalten (Abb. 20). Unabhängig davon, ob sie eine Verbesserung bei ihren Kindern beobachtet hatten, sprach sich die Mehrheit der Eltern zudem für eine Fortsetzung des Trainings aus (Abb. 21).

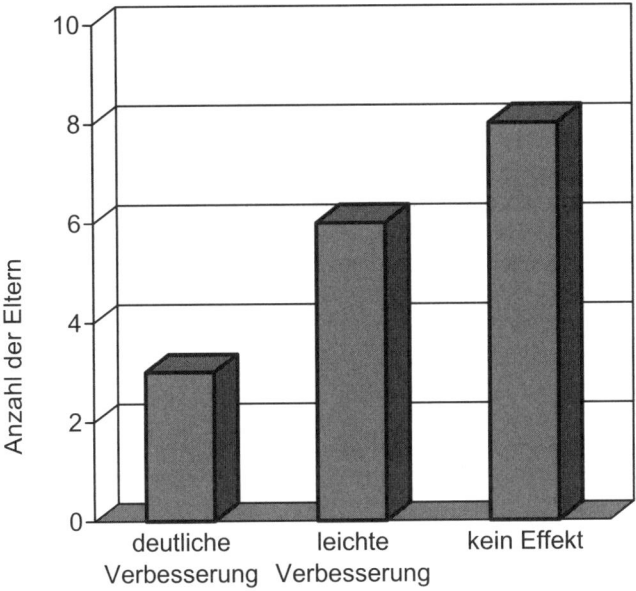

Abbildung 17: Antwort der Eltern auf die Frage: »Wie beurteilen Sie den Einfluss des Trainings auf die sprachlichen Fähigkeiten?«

Dagmar Berwanger

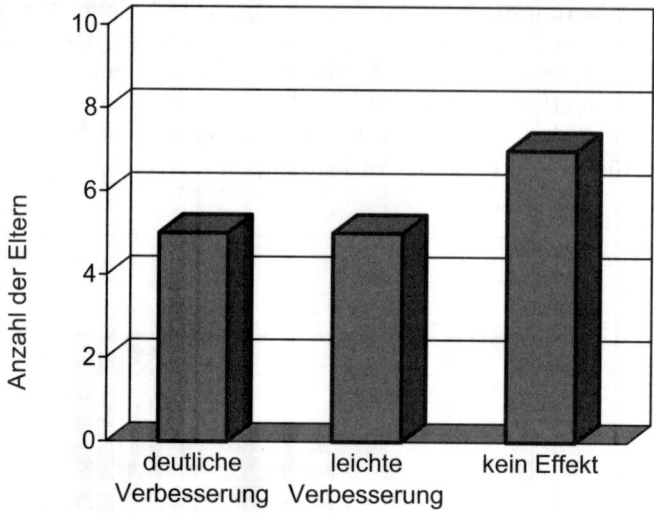

Abbildung 18: Antwort der Eltern auf die Frage: »Wie beurteilen Sie den Einfluss des Trainings auf die Motivation?«

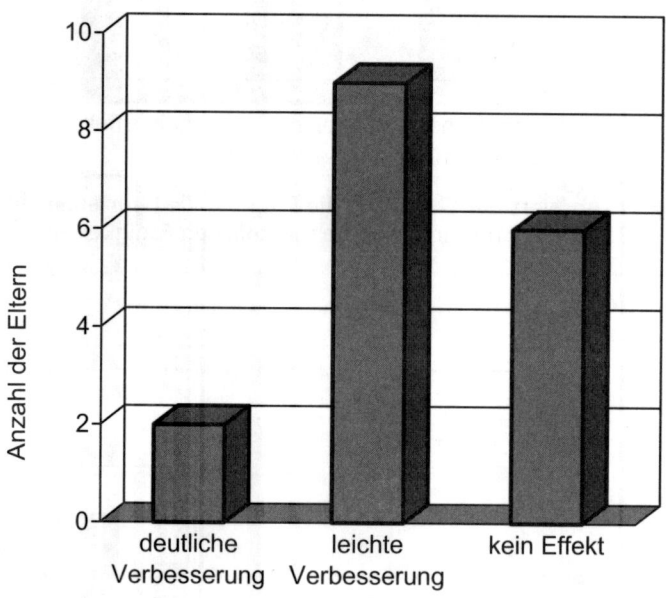

Abbildung 19: Antwort der Eltern auf die Frage: »Wie beurteilen Sie den Einfluss des Trainings auf die Konzentrationsfähigkeit?«

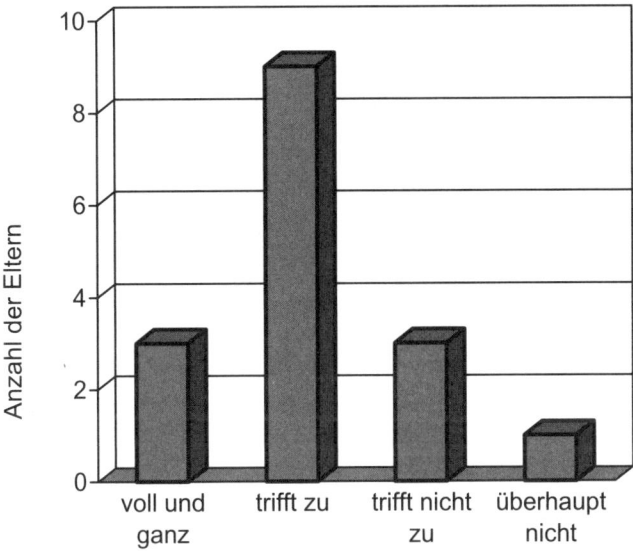

Abbildung 20: Stellungnahme der Eltern zu der Aussage: »Alle Kinder mit Schulproblemen sollten ein Ordnungsschwellentraining erhalten.«

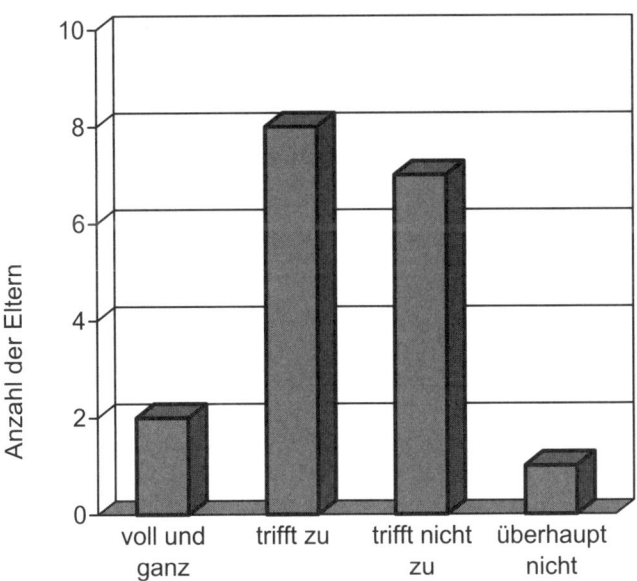

Abbildung 21: Stellungnahme der Eltern zu der Aussage: »Ich fände es gut, wenn mein Kind weiterhin ein Ordnungsschwellentraining erhalten würde.«

7.2.4 Effektivität des Trainings aus Sicht der Kinder

Unmittelbar nach Abschluss des achtwöchigen Trainings erhielten die Kinder der Trainingsgruppe ebenfalls einen kurzen Fragebogen bezüglich Motivation und Effektivität des Trainings. Die möglichen Antworten wurden zusätzlich durch Bildchen symbolisiert (z. B. ein lachendes Gesicht für Verbesserung und ein trauriges für Verschlechterung). Die Balkendiagramme der Abb. 22–24 stellen die Antworten der Kinder dar.[2] So hatten beispielsweise fünf Kinder das Gefühl, dass ihnen das Training geholfen hat, und sechs, dass sie dadurch in der Schule besser geworden sind.

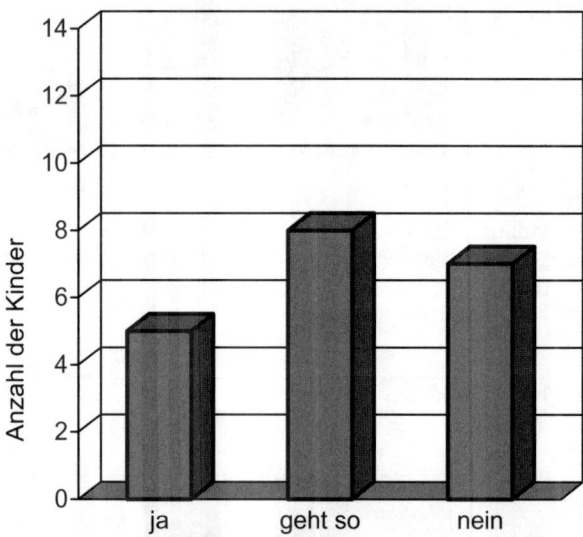

Abbildung 22: Antwort der Kinder auf die Frage: »Hat dir das Ordnungsschwellentraining Spass gemacht?«

---

2 Der Fragebogen wurde von einem Kind nicht und von einem unvollständig ausgefüllt.

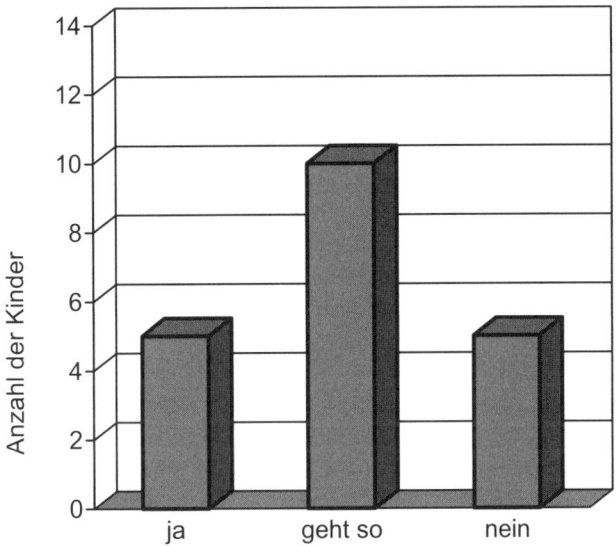

Abbildung 23: Antwort der Kinder auf die Frage »Hast du das Gefühl, dass das Ordnungsschwellentraining dir geholfen hat?«

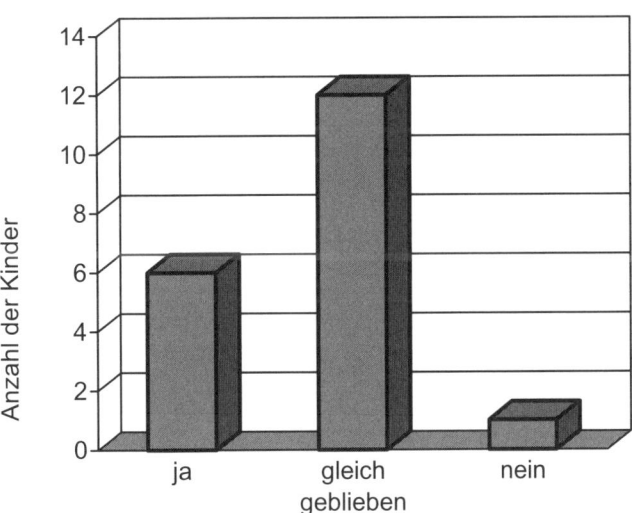

Abbildung 24: Antwort der Kinder auf die Frage: »Bist du in der Schule besser geworden?«

Um nun beurteilen zu können, ob sich Kinder, die das Training als effektiv einschätzten, in den acht Wochen tatsächlich mehr verbessert hatten als jene, die das Training als wirkungslos beurteilten, stellten wir die subjektive

Einschätzung der Kinder den Veränderungen der Ergebnisse im Rechtschreibtest gegenüber. Wie aus den Abb. 25 und 26 hervorgeht, besteht keine Beziehung zwischen subjektiver Einschätzung und Testergebnis. Ein t-Test erbrachte keine statistisch signifikanten Gruppenunterschiede (F=0.73; p=0.42 für »ja« gegen »nein« bei »Gefühl, dass geholfen«; F=4.02; p=0.06 für »ja« gegen »gleich geblieben« + »nein« bei »in Schule besser geworden«). Eine subjektiv erlebte Leistungsverbesserung spiegelt sich somit nicht in Testergebnissen wider.

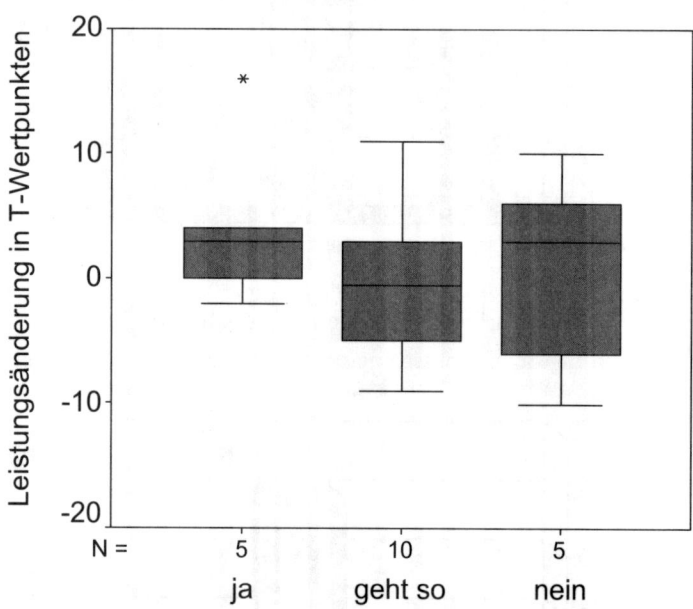

Abbildung 25: Zusammenhang zwischen allgemeiner Beurteilung der Effektivität des Zeitverarbeitungstrainings durch die Kinder (»Hast du das Gefühl, dass das Ordnungsschwellentraining dir geholfen hat?«) und tatsächlicher Leistungsänderung im Rechtschreiben (Differenz der Rechtschreibleistung zwischen 2. und 1. Testung)

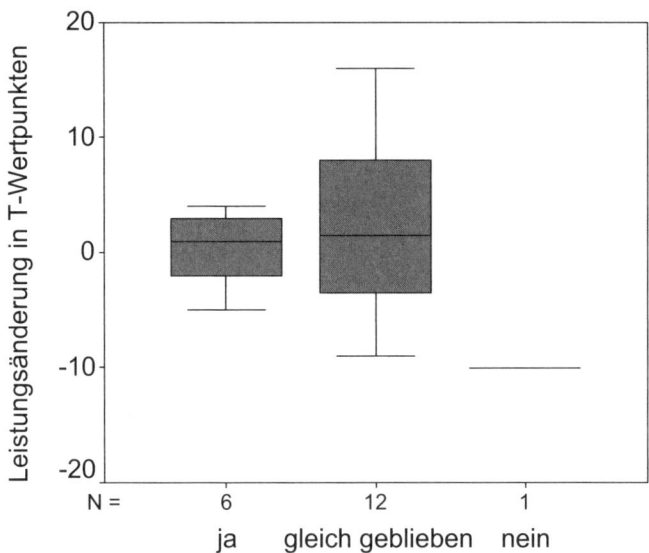

Abbildung 26: Zusammenhang zwischen allgemeiner Beurteilung der Effektivität des Zeitverarbeitungstrainings durch die Kinder (»Bist du in der Schule besser geworden?«) und tatsächlicher Leistungsänderung im Rechtschreiben (Differenz der Rechtschreibleistung zwischen 2. und 1. Testung)

7.3 Zusammenfassung

Der **Grundgedanke,** auf dem ein Training der Zeitverarbeitung beruht, ist recht einleuchtend. Ausgangspunkt ist die Annahme, dass Kinder mit einer Lese-Rechtschreib-Störung Schwierigkeiten haben, beim Verstehen von Sprache aus dem Fluss der eintreffenden Informationen Laute herauszuhören und genau zu erkennen. Die Fähigkeit zur Lautanalyse ist an diese zur Feinauflösung akustischer Signale im zeitlichen Verlauf gebunden. Die Analyse von Sprachsignalen muss insbesondere schnell erfolgen, da Sprachsignale flüchtig sind und innerhalb einer Sekunde viele Laute zu erkennen sind. Es ist leicht einzusehen, dass eine Schwäche bei der zeitlichen Auflösung akustischer Reize zu einer Beeinträchtigung des Erkennens von Lauten und damit zu einer Schwäche beim Erlernen lautgetreuen Schreibens führt. Defizite bei der Zeitverarbeitung würden auch andere Schwächen, die bei LRS-Kindern häufig anzutreffen sind, erklären, wie z. B. Minderleistungen bei der Erfassung von Rhythmen oder bei schnellen Bewegungen wie dem beidhändigen Klopfen (tapping).

In Anbetracht der Plausibilität der Annahme, dass einer Lese-Rechtschreib-Störung ein Zeitverarbeitungsdefizit als Ursache zugrunde liegen könnte, wurden von mehreren Arbeitsgruppen Trainingsverfahren entwickelt, die weite Verbreitung gefunden haben. Das Ordnungsschwellentraining ist davon das bekannteste. Der Erklärungsansatz ist auch für Laien leicht nachvollziehbar und Eltern sowie Therapeuten unterschiedlichster Fachrichtungen stehen einem Training der Zeitverarbeitung aufgeschlossen gegenüber. Dies wurde auch in der eigenen Untersuchung deutlich. Die an der Studie beteiligten Lehrer waren primär davon überzeugt, dass ein Training der Zeitverarbeitung für die meisten ihrer Schüler eine Hilfe darstellen wird. Auch die Eltern, die um die Zustimmung zur Teilnahme ihrer Kinder am Training gebeten wurden, gaben ihr Einverständnis gerne und motivierten ihre Kinder während der Trainingsphase, sich intensiv an den Übungen zu beteiligen.

Wie Homepages verschiedener Anbieter zu entnehmen ist, wird ein Training der Zeitverarbeitung inzwischen von mehreren Tausend Therapeuten in unterschiedlichen Ländern zur Behandlung lerngestörter Kinder eingesetzt. Auf der anderen Seite ist bislang ein Nachweis der Effektivität eines Zeitverarbeitungstrainings nicht erbracht worden. Dazu vorliegende Untersuchungen sind wenig aussagefähig, da erhebliche methodische Mängel die Zuverlässigkeit der Ergebnisse einschränken und die publizierten Daten unvollständig sind. Damit ist es schwierig, ein eindeutiges Bild über Durchführung und Ergebnisse der bisherigen Effektivitätsstudien zu erhalten.

Da auf der einen Seite aus theoretischer Sicht ein Training der Zeitverarbeitung eine effektive Hilfe für lese-rechtschreibgestörte Kinder sein könnte, andererseits ein ausreichender Beleg für dessen Effektivität aber nicht vorliegt, haben wir uns entschlossen, eine eigene Therapiestudie durchzuführen.

Unsere Ergebnisse zur **Überprüfung eines Trainings der Zeitverarbeitung**, das in Form eines Trainings von Ordnungsschwelle und Richtungshören erfolgte, sprechen gegen spezifische Behandlungseffekte. Nach der Therapiephase konnten deutliche Verbesserungen in den unmittelbar trainierten Leistungen beobachtet werden. In der Therapiegruppe verringerten sich gegenüber der Kontrollgruppe sowohl die auditive als auch die visuelle Ordnungsschwelle und ebenso war die Fähigkeit, akustische Signale zu orten, am Ende der Trainingsphase deutlich erhöht. Die Verbesserung im Richtungshören unterschied sich allerdings nicht zwischen Therapie- und Kontrollgruppe, sodass diese eher auf unspezifische als auf Trainingseffekte zurückzuführen ist.

Der erhoffte **Transfereffekt** auf Fähigkeiten im Bereich der Laut- und Schriftsprache blieb jedoch aus. Ein Training der Zeitverarbeitung hatte keinen Einfluss auf die Fähigkeit, Laute, die sich nur hinsichtlich ihrer zeitlichen Charakteristika voneinander unterschieden, zu differenzieren. Die Sicherheit, Konsonaten-Vokal-Silben mit unterschiedlicher Stimmeinsatzzeit zu erkennen, erhöhte sich durch das Training nicht. Auch konnte weder im Bereich der Sprachproduktion noch des Sprachverständnisses eine Verbesserung in Sprachtests nachgewiesen werden. Auch hinsichtlich des eigentlichen

Ziels des Trainings, das in einer Verbesserung von Lese- und Rechtschreibleistungen der Kinder bestand, konnten keine positiven Effekte beobachtet werden. Weder beim Lesen noch beim Rechtschreiben erzielte die Trainingsgruppe gegenüber der Kontrollgruppe deutlichere Fortschritte. Diese Ergebnisse, die mit psychometrischen Testverfahren erhoben worden waren, deckten sich mit den Eindrücken der Lehrer, die durch das Training der Zeitverarbeitung keine merkbare Verbesserung in der Schulleistungsfähigkeit der Kinder feststellen konnten.

Obgleich keine positiven Trainingseffekte durch Lese-Rechtschreib- bzw. Sprachtests objektivierbar waren, wurde das Training durch die meisten Eltern als positiv bewertet. Sie meinten, zumindest leichte Verbesserungen sowohl in laut- und schriftsprachlichen Leistungen ihrer Kinder als auch hinsichtlich von Motivation und Konzentrationsfähigkeit beobachtet zu haben. Über die Hälfte der Eltern sprach sich für eine Fortsetzung des Ordnungsschwellentrainings aus.

Unsere Ergebnisse widersprechen den extrem positiven Erfahrungen, wie sie von Vertretern dieser Trainingsmethode berichtet werden und auf zahlreichen Internetseiten nachzulesen sind. Andererseits sind die Ergebnisse nicht ganz überraschend. Spezifische Therapieeffekte wären dann zu erwarten, wenn bei lese-rechtschreibgestörten Kindern häufig Defizite bei der Zeitverarbeitung vorhanden wären. Für derartige Schwächen sprechen insbesondere die Untersuchungsergebnisse der Arbeitsgruppe um Tallal. Diese, aber auch andere Arbeitsgruppen kamen zu dem Ergebnis, dass Kinder mit Sprachentwicklungs- und Lese-Rechtschreib-Störungen bei zeitkritischen auditiven Diskriminationsaufgaben im Mittelwert signifikant schlechtere Werte als unauffällig entwickelte Kinder erreichen. Allerdings betreffen diese Unterschiede den Mittelwert. Die individuellen Werte der meisten Kinder mit Entwicklungsauffälligkeiten liegen im Bereich der normalen Variationsbreite, wenn auch eher im oberen Normbereich. Ein eindeutiges Versagen in Aufgaben zur Zeitdiskrimination ist nur bei wenigen sprach- und lese-rechtschreibgestörten Kindern nachzuweisen.

Eine eigene Überprüfung der Zeitverarbeitungsfähigkeit von sprach- und lese-rechtschreibgestörten Kindern ergab zudem, dass selbst diese Mittelwertsdifferenzen zwischen unauffällig entwickelten und lese-rechtschreibgestörten Kindern nicht mehr nachweisbar sind, sofern wesentliche Einflussfaktoren, wie z. B. das Alter und die Intelligenz der Kinder, beachtet werden. Diese Untersuchungen sprechen dagegen, dass die Ursache einer Lese-Rechtschreib-Störung im Bereich von Zeitverarbeitungsdefiziten zu suchen ist. Insofern ist das Ausbleiben spezifischer Therapieeffekte eines Zeitverarbeitungstrainings kaum verwunderlich.

Zusammenfassend muss eingeschätzt werden, dass ein Training der Zeitverarbeitung in Form eines Ordnungsschwellentrainings und eines Trainings des Richtungshörens keine positiven Effekte auf die Lese- und Rechtschreib- bzw. Sprachleistungen ausübt. Lediglich die unmittelbar trainierten Fähigkeiten (visuelle und auditive Ordnungsschwelle, Richtungshören) verbessern sich merklich. Die positiven Auswirkungen, die von Seiten der Eltern wahr-

Dagmar Berwanger

genommen werden, sind nicht als spezifische Effekte des Trainings aufzufassen, sondern eher unspezifische Wirkungen, zurückzuführen vermutlich auf die verstärkten Bemühungen um die Kinder. Der Einsatz eines Trainings der Zeitverarbeitung bei Kindern mit einer Lese-Rechtschreib-Störung kann somit nicht als sinnvolle Ergänzung eines LRS-Behandlungskonzepts angesehen werden.

Literatur

Audiva (2002a). Übersicht der Geräte. <http://www.audiva.de/OS/OS.htm> Rev. 13.06.2002.

Audiva (2002b). Funktionelle Verfahren. <http://www.audiva.de/OS/OS.htm> Rev. 13.06.2002.

Brain-Boy®-Universal. Bruni. Wedemark: MediTECH Electronic GmbH.

Berwanger, D. (2001). Sprachentwicklungsstörung und Zeitverarbeitung. In W. v. Suchodoletz (Hrsg.), Sprachentwicklungsstörung und Gehirn (S.118–147). Stuttgart: Kohlhammer Verlag.

Berwanger, D. (2002). Untersuchung der zeitlichen Diskriminationsfähigkeit bei Kindern mit einer Sprachentwicklungsstörung und/oder Lese-Rechtschreib-Störung. München: Verlag Dr. Hut.

Berwanger, D., Wittmann, M., und Suchodoletz, W. v. (in Druck). Möglichkeiten der Bestimmung der auditiven Ordnungsschwelle und Zuverlässigkeit der Ergebnisse. Sprache – Stimme – Gehör.

Creaghead, N. A. (1999). Evaluating language intervention approaches: contrasting perspectives. Language, Speech and Hearing Services in Schools, 30, 335–338.

Farmer, M. E., und Klein, R. M. (1995). The evidence for a temporal processing deficit linked to dyslexia: A review. Psychonomic Bulletin & Review, 2, 460–493.

Feiner T. (2002). Easylearn. <http://www.lrs-auditiv.de/Senso-X.htm> Rev. 19.06.2002.

Gillam, R. B. (1999). Computer-assisted language intervention using FastForWord: Theoretical and empirical considerations for clinical decision-making. Language, Speech, and Hearing Services in Schools, 30, 363–370.

Grimm, H., und Schöler, H. (1991). Heidelberger Sprachentwicklungstest. Göttingen: Hogrefe.

Grund, M., Haug, G., und Naumann, C. L. (1995). DRT 5 – Diagnostischer Rechtschreibtest für 5. Klassen. Weinheim: Beltz.

Klicpera, C., und Gasteiger-Klicpera, B. (1996). Auswirkungen einer Schulung des zentralen Hörvermögens nach edu-kinesiologischen Konzepten auf Kinder mit Lese-Rechtschreibschwierigkeiten. Heilpädagogische Forschung, 22, 57–64.

Kühn-Inacker, H., und Weinmann, S. (2000). Training der Ordnungsschwelle – ein Ansatz zur Förderung der Sprachwahrnehmung bei Kindern mit einer zentral auditiven Verarbeitungsstörung (ZAVS)? Sprache – Stimme – Gehör, 24, 119–125.

Linder, M., und Grissemann, H. (1981). Zürcher Lesetest. Bern: Hans Huber.

Merzenich, M. M., Schreiner, C., Jenkins, W. und Wang, X. (1993). Neural mechanisms underlying temporal integration, segmentation, and input sequence representation: some implications for the origin of learning disabilities. In P. Tallal, A. M. Galaburda, R. R. llinas und C. von Euler (Hrsg.), Temporal information processing in the nervous system. Special reference to dyslexia and dysphasia. Annals of the New York Academy of Sciences: New York.

Merzenich, M. M., Jenkins, W. M., Johnston, P., Schreiner, C., Miller, S. L., und Tallal, P. (1996). Temporal processing deficits of language-learning impaired children ameliorated by training. Science, 271, 77–81.

Michalski, S., und Tewes, U. (2001). Zentrale Hörstörung nachweislich trainierbar? Hörakustik, 10, 98–106.

Mies (2001). Warum ein Kind trotz aller Bemühungen nicht Schreiben und Lesen lernt. Kleiner Ratgeber für Ärzte, Eltern, Lehrer und Therapeuten bei HKS, ADS, LRS und Legasthenie. Berlin: Elternratgeber.

Mies, B. (2002). Warum Kinder bereits im Vorschulalter eine Ordnungsschwelle von 30 Millisekunden haben müssen. Berlin: Elternratgeber.

Pöppel, E. (1978). Time perception. In R. Held, H. W. Leibowitz und H.-L. Teuber (Hrsg.), Handbook of Sensory Physiology. Volume VIII: Perception (S. 713–729). Berlin: Springer.

Pöppel, E. (1997). A hierarchical model of temporal perception. Trends in Cognitive Sciences, 1, 56–61.

Steinbüchel, N. v. (1987). Therapie der zeitlichen Verarbeitung akustischer Reize bei aphasischen Patienten. Dissertation, Ludwig-Maximilians- Universität München.

Steinbüchel, N. v., Wittmann, M., und de Langen, E. G. (1996). Zeitliche Informationsverarbeitung und Sprache – ein integraler Ansatz in der Aphasietherapie. Verhaltensmodifikation und Verhaltensmedizin, 4, 331–351.

Steinbüchel, N. v., Wittmann, M., und Landauer, N. (1997). Diagnose und Training der zeitlichen Verarbeitung von Hörreizen bei Grundschülern mit LRS. Bericht über den Fachkongress Legasthenie. Greifswald: Bundesverband Legasthenie e. V.

Strehlow, U., Haffner, J., Bischof, J., Gratzka, V., Parzer, P., und Resch, F. (2002). Lässt sich durch ein Training an Defiziten basaler kognitiver Leistungen die Lese-Rechtschreib-Leistung verbessern? Übersicht anhand eines Beispiels von computergestütztem Ton- und Lautdiskriminationstraining. In U. Lehmkuhl (Hrsg.), Seelische Krankheit im Kindes- und Jugendalter – Wege zur Heilung. XXVII. Kongress der Deutschen Gesellschaft für Kinder- und Jugendpsychiatrie und Psychotherapie. Die Abstracts (S. 127–128). Göttingen: Vandenhoeck & Ruprecht.

Tallal, P. (1980). Auditory temporal perception, phonics, and reading disabilities in children. Brain and Language, 9, 182–198.

Tallal, P., und Merzenich, M. M. (1997). FastForWord training for children with language-learning problems: National field test result. Paper presented at the 1997 Annual Meeting of the American Speech-Language-Hearing Association. Boston: MA.

Tallal, P., Merzenich, M., Miller, S. und Jenkins, W. (1998). Language learning impairment: Integrating research and remediation. Scandinavian Journal of Psychology, 39, 197–199.

Tallal, P., Miller, S. und Fitch, R. H. (1993). Neurobiological basis of speech: A case for the preeminence of temporal processing. In P. Tallal, A. M. Galaburda, R. R. Llinàs, und C. von Euler (Hrsg.), Temporal information processing in the nervous system. Special reference to dyslexia and dysphasia. New York: Academy of Sciences.

Tallal, P., Miller, S. L., Bedi, G., Byma, G., Wang, X., Nagarajan, S. S., Schreiner, C., Jenkins, W. M., und Merzenich M. M. (1996). Language comprehension in language-learning impaired children improved with acoustically modified speech. Science, 271, 81–84.

Dagmar Berwanger

Veale, T. K. (1999). Targeting temporal processing deficits through FastForWord: Language therapy with a new twist. Language, Speech, and Hearing Services in Schools, 30, 353–362.

Warnke, F. (1995). Was Hänschen nicht hört ... Elternratgeber Lese-Rechtschreib-Schwäche. Freiburg i. B.: Verlag für Angewandte Kinesiologie.

Wimmer, H. (1993). Characteristics of developmental dyslexia in a regular writing system. Applied Psycholinguistics, 14, 1–33.

Zahnd, D. (1993). Artifizielle Texte als Herausforderung der primären Lesefähigkeiten. Lizentiatsarbeit. Bern: Institut für Psychologie der Universität Bern.

8 Alternative Therapieangebote im Überblick

Waldemar v. Suchodoletz

8.1   Einleitung

Die Angebote zur Behandlung einer Lese-Rechtschreib-Störung sind kaum noch überschaubar. Einen Überblick zu erhalten, fällt nicht nur wegen der Fülle der vorhandenen Verfahren schwer, sondern auch, weil die Grenzen zwischen den einzelnen Verfahren unscharf sind, unzählige Varianten existieren, immer wieder neue, besonders spektakulär klingende Bezeichnungen für bereits Vorhandenes auftauchen und ständig neue Methoden auf den Markt drängen. In der folgenden Zusammenstellung wurde versucht, derzeitig besonders verbreitete alternative Behandlungsangebote zu berücksichtigen. Vollständigkeit konnte aber nicht erreicht werden. Auch Widersprüchliches ließ sich nicht immer vermeiden, da jeder Therapeut andere Vorstellungen über das richtige Vorgehen hat und für die Wirkmechanismen der einzelnen Methoden sehr unterschiedliche Erklärungen gegeben werden. Die in den folgenden Abschnitten dargelegten Konzepte werden somit nicht von allen Vertretern der jeweiligen Therapierichtung geteilt.

Einen Schwerpunkt in der Darstellung bilden Wirksamkeitsnachweise. Entscheidend für die Beurteilung des Nutzens einer Behandlung ist weniger, inwieweit das theoretische Konzept überzeugt, sondern vielmehr, ob eine Behandlung dem Kind auch wirklich hilft. Deshalb wurde möglichst sorgfältig recherchiert, welche Belege für die Effektivität der jeweiligen Therapiemethode vorliegen. Möglicherweise sind trotzdem wesentliche Evaluationsstudien der Suche entgangen, denn Veröffentlichungen über alternative Methoden sind schwer auffindbar. Sie sind über eine Vielzahl von Zeitschriften, die oft nicht in den üblichen Literaturdatenbanken geführt werden, verteilt.

Um die Übersicht zu erleichtern, wurde eine Einteilung in einzelne Kategorien vorgenommen. Die Eingruppierung ist nicht frei von Willkür. Viele Methoden sind nicht standardisiert, werden häufig in Kombination eingesetzt und fast jeder Therapeut hat eine eigene Vorgehensweise entwickelt. Manches Verfahren bleibt somit nebulös und ist nicht eindeutig zuzuordnen.

Prinzipiell lassen sich die folgenden drei **Grundrichtungen** erkennen:
1. Training einzelner am Lesen und Schreiben beteiligter Basisfunktionen
2. Spezielle Lerntechniken
3. Unspezifische Maßnahmen zur Erhöhung der allgemeinen Lernfähigkeit

Dem **Training einzelner Basisfunktionen** liegt der Gedanke zugrunde, dass am Lesen und Rechtschreiben zahlreiche psychische Einzelfunktionen beteiligt sind, diese isoliert störbar seien und diesbezügliche Schwächen zu einer Lese-Rechtschreib-Störung führen. Während eines Diktats ist Sprache akustisch genau zu analysieren. Es müssen Wörter isoliert, in einzelne Laute untergliedert und diesen Buchstaben zugeordnet werden. Auditive Fähigkeiten bilden somit eine der grundlegenden Voraussetzungen für den regelrechten Schriftspracherwerb. Als ähnlich bedeutsam wird die visuelle Wahrnehmung angesehen. Beim Lesen müssen Buchstaben und Wörter schnell erkannt und richtig gedeutet werden. Dieser Vorgang verlangt aber nicht nur eine intakte Sehfunktion, sondern auch eine sichere Steuerung der Augenbewegungen, damit das zentrale Sehfeld effektiv über den Text geführt wird. Die Augenmotorik ist somit eine weitere bedeutsame Teilfunktion im Lese- und Schreibprozess. Laute werden aber nicht nur durch genaues Zuhören identifiziert. Inneres Mitsprechen und die damit verbundene Wahrnehmung der Mundbewegungen erleichtern die Analyse. Motorik und Wahrnehmung der Motorik (Kinästhetik) sind also in die Überlegungen einzubeziehen. Alle genannten Teilleistungen sind in der rechten und/oder linken Hirnhälfte verankert. Während des Lesens und Schreibens ist deshalb die Funktion beider Hirnhemisphären exakt zu koordinieren. Lateralisierung wichtiger Basisfunktionen und Hemisphärenkoordination gelten als weitere wichtige Voraussetzungen für den Schriftspracherwerb.

Behandlungsangebote, die ein Training einer oder mehrerer dieser Teilfunktionen beinhalten, gehen davon aus, dass der Lese-Rechtschreib-Störung umschriebene Teilleistungsstörungen solch basaler psychischer Grundfunktionen zugrunde liegen. Ein spezifisches Training wird als Behandlung der eigentlichen Ursachen angesehen, während ein Üben des Lesens und Schreibens als Oberflächentherapie betrachtet wird.

In Behandlungsangeboten, die **spezielle Lerntechniken** vermitteln, werden teilweise aus mystischen und esoterischen Vorstellungen über die Entstehung einer LRS neuartige Lernstrategien abgeleitet. Sie beruhen im Gegensatz zur Behandlung psychischer Basisfunktionen nicht auf rationalen Überlegungen, sondern auf subjektiven Überzeugungen, deren Grundannahmen nicht mit logischen Argumenten hinterfragt werden.

In einer dritten Kategorie von Behandlungsmethoden geht es nicht um eine spezielle Therapie des behinderten Lese- und Rechtschreiberwerbs, sondern um eine **Verbesserung von Lernvoraussetzungen** wie Konzentrationsfähigkeit, Aufnahmebereitschaft oder Motivation. Die Lese-Rechtschreib-Störung wird auf Blockierungen durch Versagensangst oder unbewältigte Konflikte zurückgeführt.

In den folgenden Abschnitten wird auf Entstehungsgeschichte und zugrunde liegende Konzepte einzelner Behandlungsangebote eingegangen und die Vorgehensweise während der Therapie beschrieben. Wirksamkeitsnachweise werden ausführlicher dargestellt. Am Ende eines jeden Abschnitts steht eine zusammenfassende Bewertung aus naturwissenschaftlicher Sicht. Esoterische Anteile, die auf Glauben beruhen, finden dabei keine Berücksichtigung. Die Bewertung diesbezüglicher Aspekte wird sich nach den subjektiven Grundüberzeugungen eines jeden Lesers richten.

8.2 Training psychischer Grundfunktionen

8.2.1 Training auditiver Funktionen

8.2.1.1 Training der auditiven Wahrnehmung

Zur Verarbeitung akustischer Signale ist nicht nur ein intaktes Hörvermögen, sondern auch eine ungestörte Weiterleitung und Verarbeitung der Signale im Gehirn erforderlich. Bis es zu einem Erkennen akustischer Sinneseindrücke kommt, werden die auditiven Informationen vielfach transformiert, auf wesentliche Charakteristika reduziert und mit im Gedächtnis gespeicherten Vorerfahrungen verglichen. Bestehen Schwächen dieser Verarbeitungsprozesse, so wird von zentralen Hörstörungen oder nach dem Konsensus-Papier der Pädaudiologen (Ptok et al. 2000) von **auditiven Verarbeitungs- und Wahrnehmungsstörungen** (**AVWS**) gesprochen. Diese werden auch bei Kindern mit intaktem peripheren Hörvermögen beobachtet.

Zugrunde liegendes Konzept
Dem auditiven System wird beim Erlernen der Laut- und Schriftsprache eine ganz zentrale Rolle zugesprochen. Sprach- und Lese-Rechtschreib-Störungen werden als häufige Symptome zentraler auditiver Wahrnehmungsstörungen betrachtet (Schydlo 1994, Warnke 1997, Hess 2001, Minning und Minning 2001). Noch stärker als für den Erwerb der Lautsprache ist für das Erlernen des Lesens und Schreibens eine exakte Analyse von Sprache notwendig. Nur wenn einzelne Laute richtig erkannt werden, ist ein lautgetreues Schreiben möglich. Nach der Auffassung von Ptok (2000) äußern sich auditive Wahrnehmungsstörungen in Rechtschreibtests insbesondere als sog. Wahrnehmungsfehler. Da das richtige Schreiben höhere Anforderungen an die akustische Analyse stellt als das korrekte Verstehen von Sprache und Anforderungen an verbale Verarbeitungsprozesse in der Schule deutlich zunehmen, kann es sein, dass sich eine auditive Wahrnehmungsstörung erst nach Schuleintritt zeigt, ohne dass im Vorschulalter Sprachstörungen zu beobachten waren.

Ein auditives Wahrnehmungstraining wird als Behandlung der eigentlichen Ursache der LRS angesehen (Tewes et al. 2003). Es schaffe die Voraussetzungen für eine effektive, sonderpädagogische Förderung (Günther und Günther 1992).

Praktisches Vorgehen in der Therapie
In den letzten Jahren wurden zur Verbesserung der auditiven Wahrnehmungsfähigkeit zahlreiche **Trainingsverfahren,** die ein genaues Hinhören er-

fordern und meist in Spiele eingebaut sind, erarbeitet. Daneben werden **Geräte** bzw. **Computerprogramme** angeboten, die ein Training der Tonhöhen-, Lautstärken-, Rhythmus- bzw. Tonsequenzdifferenzierung beinhalten. Nach einer Anleitung durch den Therapeuten sollen die Kinder diese Übungen täglich drei bis zehn Minuten zu Hause durchführen. Bereits nach 15–20 Trainingseinheiten werden wesentliche Erfolge erwartet.

Wirksamkeitsnachweis

Hinsichtlich der Wirksamkeit wird auf die Plausibilität des Konzeptes verwiesen und auf positive Erfahrungen bei Tausenden von Kindern. Genauere Angaben z. B. über Verbesserungen in psychometrischen Leistungstests sind hingegen nur selten zu finden. Cramer (1994) berichtet über eine erhebliche Verbesserung im Rechtschreibtest bei zehn Kindern, wobei jedoch die Behandlung deutlich über das Üben auditiver Funktionen hinausging. Auch in Studien von Hesse et al. (2001) und Tewes et al. (2003), auf die gerne als Beleg für die Effektivität eines auditiven Trainings hingewiesen wird, erhielten die Kinder, über die berichtet wurde, nicht nur ein auditives Training, sondern auch eine Übungsbehandlung des Lesens und Rechtschreibens sowie ein Training metalinguistischer und metakognitiver Fähigkeiten. Damit ist nicht zu entscheiden, welchen Anteil das auditive Training an der mit Testverfahren objektivierten Verbesserung der Lese-Rechtschreib-Leistungen hat. Auf die Studie von Tewes et al. (2003) wird bei der Besprechung des Trainings zur Automatisierung basaler Funktionen genauer eingegangen (vgl. Kap. 8.2.5).

Dass auditive Fähigkeiten trainierbar sind, wurde in mehreren Studien hinlänglich belegt (Michalski und Tewes 2001, Suchodoletz und Alberti 2002). Dass eine Verbesserung der auditiven Wahrnehmung auch zu sichereren Lese- und Rechtschreibleistungen führt, ist hingegen nur unzureichend nachgewiesen. Meines Wissens gibt es bisher nur zwei Studien, die die Effektivität eines reinen Trainings nichtsprachlicher, auditiver Fähigkeiten hinsichtlich ihrer Wirkung auf Lese- und Rechtschreibleistungen überprüft haben. Kujala et al. (2001) trainierten 24 siebenjährige Kinder sieben Wochen lang zweimal pro Woche in Trainingseinheiten von zehn Minuten. Die Kinder hatten Töne unterschiedlicher Tonhöhe, Tondauer und Lautstärke zu erkennen. Im Vergleich zu einer Kontrollgruppe verbesserten sich die Kinder der Übungsgruppe signifikant nicht nur hinsichtlich der trainierten Aufgaben, sondern auch hinsichtlich Lesegenauigkeit und geringgradig der Lesegeschwindigkeit. Die Rechtschreibfähigkeit wurde nicht überprüft. Die Verbesserungen in der Lesefähigkeit korrelierten mit Veränderungen einer Komponente im akustisch evozierten Potenzial (MMN), die als neurophysiologisches Korrelat früher automatischer Analyseprozesse angesehen wird. Der Lernerfolg spiegelte sich also auch im EEG wider.

Im Gegensatz zur finnischen Studie fanden Strehlow et al. (2002) keinen Effekt eines Tondiskriminationstrainings auf die Leseleistung. Das Training erfolgte über vier Wochen täglich in Trainingseinheiten von zwanzig Minuten. Die Rechtschreibleistung war im Vergleich zu einer nicht trainierten

Kontrollgruppe und einer Kindergruppe mit einem Lauttraining nach einem halben Jahr etwas besser, jedoch war diese Differenz nach einem Jahr nicht mehr nachweisbar. Insgesamt konnte demzufolge in dieser Studie kein relevanter Effekt eines nichtsprachlichen akustischen Trainings auf Lese-Rechtschreib-Leistungen gefunden werden.

Die Widersprüchlichkeit der Ergebnisse ist möglicherweise durch Unzulänglichkeiten in der Methodik bedingt. Die finnische Arbeitsgruppe hatte, obwohl nur ein minimales Training erfolgte (14 Trainingseinheiten à zehn Minuten), deutliche Effekte des Tondiskriminationstrainings auf die Leseleistung beobachtet. Da es sich um eine offene Studie handelt, sind unspezifische Placebo-Effekte nicht auszuschließen. Im Gegensatz zur Untersuchung von Strehlow et al. wurde keine Kontrollgruppe mit einer unspezifischen Therapie einbezogen. Das Training könnte dazu geführt haben, dass die Kinder motivierter und ermutigter an Leseanforderungen herangegangen waren, ohne dass spezifische Effekte auftraten. Außerdem lag der Intelligenzquotient der Trainingsgruppe um fünf Punkte über dem der Kontrollgruppe. Die Kinder befanden sich in einer Phase des schnellen Zuwachses der Lese-Rechtschreib-Fähigkeiten (2. Schulhalbjahr). Auch die Kontrollgruppe zeigte im Beobachtungszeitraum erhebliche Lernfortschritte. Dass die Trainingsgruppe etwas bessere Fortschritte erzielte, könnte durch die gering höhere Intelligenz der Kinder bedingt sein. Welche Fehlschlüsse durch eine Vernachlässigung der Intelligenz bei der Bewertung von Teilleistungsschwächen bei LRS-Kindern zustande kommen können, geht aus einer Arbeit über die Ordnungsschwelle hervor (Berwanger 2002).

Zusammenfassende Bewertung

Ein Training der auditiven Wahrnehmungsfähigkeit bei Kindern mit Störung im Laut- und Schriftspracherwerb ist so einleuchtend, dass es inzwischen eine weite Verbreitung gefunden hat. Im zugrunde liegenden Konzept wird davon ausgegangen, dass auditive Wahrnehmungsstörungen die Ursache der Schwierigkeiten beim Lesen und Rechtschreiben sind. Dies allerdings ist alles andere als bewiesen. Sowohl ältere als auch neuere Arbeiten kommen zum Schluss, dass bei LRS-Kindern keine generellen Defizite im Bereich der auditiven Wahrnehmung bestehen (Steinhagen und Gutezeit 1971, Watson und Miller 1993, Suchodoletz und Alberti 2002, Suchodoletz et al. in Druck). Befürworter eines auditiven Trainings berufen sich auf Arbeiten von Tallal, die seit über dreißig Jahren Fragen des Zusammenhangs zwischen auditiven Fähigkeiten und Störungen in der Laut- und Schriftsprache nachgeht. Tallal und Stark (1982) beobachteten jedoch bei LRS-Kindern ohne Sprachstörungen keine auditiven Schwächen im nichtsprachlichen Bereich. Unterdurchschnittliche Leistungen fanden sich lediglich in einigen Tests mit sprachlichem Material und solchen zur Überprüfung der auditiven und visuellen Merkfähigkeit. In der Bewertung ihrer jahrzehntelangen Arbeit kommt Tallal zu der Auffassung, dass bei lese-rechtschreibgestörten Kindern keine Defizite im Bereich der auditiven Wahrnehmung, sondern in der Zeitverarbeitung vorliegen (vgl. Kap. 7). Cacaces und McFarlands (1998)

Schlussfolgerung aufgrund einer kritischen Durchsicht der Literatur lautet, dass empirische Studien keine Belege für spezifische auditive Defizite bei LRS-Kindern liefern. Somit ist das **theoretische Konzept**, das einem Training der auditiven Wahrnehmungsfähigkeit bei LRS-Kindern zugrunde liegt, nicht als wissenschaftlich belegt anzusehen, obwohl es auf den ersten Blick recht einleuchtend erscheint.

Hinsichtlich der **Effektivität der Behandlung** kann als ausreichend belegt gelten, dass sich die unmittelbar trainierten Funktionen, wie z. B. die Fähigkeit zur Tonhöhen- oder Lautstärkendifferenzierung, durchaus verbessern lassen. Dass solch ein Therapieeffekt auch zu besseren Schulleistungen oder sprachlichen Fähigkeiten führt, ist unbewiesen.

Insgesamt ermutigen bislang vorliegende Ergebnisse über die Effektivität eines auditiven Trainings nicht dazu, ein solches in das Behandlungsprogramm bei LRS-Kindern aufzunehmen.

8.2.1.2 Training des Richtungshörens

Zugrunde liegendes Konzept
Schwächen bei der Lokalisation von Geräuschen (auditives Ortungsvermögen) werden nach der Amerikanischen Gesellschaft für Sprach- und Hörstörungen als zentrales Symptom einer auditiven Wahrnehmungsstörung angesehen (American Speech-Language-Hearing-Association 1996). Es wird davon ausgegangen, dass erst das Richtungshören eine Unterscheidung der vielfältigen Geräusche, die ständig auf uns eindringen, ermöglicht. »Das Richtungshören ist somit eine **Basisvoraussetzung für das aktive Erkennen akustischer Merkmale** der Dinge in unserer Umgebung« (Wurm-Dinse 1994). Ein gestörtes Richtungshören führe dazu, dass sich Kinder nicht auf den Unterricht konzentrieren können und sich ständig umsehen bzw. umdrehen, um festzustellen, woher ein Geräusch kommt. Dieses Verhalten werde als motorische Unruhe und leichte Ablenkbarkeit verkannt und nicht als Defizit in der auditorischen Raumorientierung gewertet. Insbesondere in lärmerfüllter Umgebung würden Kinder mit Schwächen beim Richtungshören Geräusche und Sprache nicht zuordnen können und deshalb irritiert reagieren, sodass Lernfortschritte ausbleiben (Cramer 1996).

Praktisches Vorgehen in der Therapie
Ein Training des Richtungshörens kann zum einen **in spielerischer Form** und zum anderen mit Geräten (z. B. Geräte der Firmen AUDIVA und Medi-TECH Electronic) erfolgen. Eine spielerisch gestaltete Übung besteht z. B. darin, dass Kinder die Aufgabe erhalten, mit verbundenen Augen herauszufinden, woher ein Geräusch kommt. **Geräte zum Training des Richtungshörens** machen sich zunutze, dass der Ursprungsort von Geräuschen durch eine Bewertung der Zeitdifferenz zwischen dem Eintreffen des akustischen Signals am rechten bzw. linken Ohr erkannt wird (vgl. auch Kap. 7). Die Trainingsgeräte senden an den rechten und linken Kopfhörer Signale mit einer

Zeitdifferenz im Mikrosekundenbereich. Dadurch entsteht subjektiv der Eindruck, als komme das Signal von der Seite. Das Kind hat zu entscheiden, ob das Geräusch eher rechts oder eher links zu hören war. Durch eine Veränderung der Zeitdifferenz lässt sich das Ausmaß der subjektiv wahrgenommenen Lateralisierung variieren und die Aufgabe mehr oder weniger schwierig gestalten.

Ein Training des Richtungshörens wird in der Regel mit anderen auditiven Übungen kombiniert. Es wird täglich für einige Minuten zu Hause unter Anleitung der Eltern durchgeführt. Nach wenigen Wochen werden nicht nur Verbesserungen von Lese- und Rechtschreibfähigkeit, sondern auch von Aufmerksamkeit und Konzentrationsfähigkeit erwartet.

Wirksamkeitsnachweise
Die Angaben darüber, ob sich durch ein Training des Richtungshörens die Fähigkeit, Geräusche zu lokalisieren, verbessert, sind widersprüchlich (Michalski und Tewes 2001, s. Kap. 7, Kap. 8.2.5). Ein Transfer auf Aufmerksamkeit und schulische Leistungsfähigkeit scheint eher nicht zu erfolgen.

Zusammenfassende Bewertung
Das Konzept, auf dem ein Training des Richtungshörens beruht, geht davon aus, dass LRS-Kinder Probleme bei der Ortung von Geräuschen haben. Mir ist nur eine Studie bekannt, welche die Fähigkeit zum **Richtungshören bei LRS-Kindern** systematisch überprüft hat (Sonnenberg und Materna 1975). In dieser Studie wurden bei hundert LRS-Kindern im Vergleich zu einer Kontrollgruppe keine Auffälligkeiten im Richtungshören gefunden. Es ist also kaum anzunehmen, dass sich Übungen zum Richtungshören positiv auf Lese- und Rechtschreibleistungen auswirken. Die Trainingsmethode kann sich weder auf ein abgesichertes theoretisches Fundament noch auf den Nachweis einer spezifischen Wirksamkeit stützen und ist deshalb zur Behandlung einer Lese-Rechtschreib-Störung oder anderer Schulprobleme nicht zu empfehlen.

8.2.1.3 Hochtontraining

Zugrunde liegendes Konzept
Die Idee, im Rahmen einer auditiven Behandlung **hohe Frequenzen in der Musik** zu verstärken, geht auf Tomatis zurück. Dieser postulierte, dass das Hören hoher Töne das **Gehirn mit Energie** versorge. Andere Befürworter eines Hochtontrainings schließen sich dieser spekulativen Vorstellung über die Effekte hoher Töne nicht an, sondern vermuten, dass sich eine Stimulation mit hohen Frequenzen **auf die phonematische Wachheit positiv** auswirke (Rosenkötter 1997) oder dadurch bestimmte Laute (b, e, d, t, g, k, Zischlaute) besser wahrgenommen und artikuliert werden können. Zudem würden sich durch eine **Verringerung einer Geräuschempfindlichkeit** die Merk- und Konzentrationsfähigkeit verbessern (Minning und Minning 2001).

Praktisches Vorgehen in der Therapie

Für die Behandlung wird in der Regel klassische Musik gewählt, wobei Instrumentalmusik von Mozart als besonders geeignet gilt. In der Musik werden hohe Frequenzen kurzzeitig – oft nur für Bruchteile von Sekunden – verstärkt. Dies kann in festgelegten Abständen oder durch die Dynamik der Musik gesteuert erfolgen. Wird ein zwischen CD und Kopfhörer zwischengeschalteter »Hochtontrainer« benutzt, so lassen sich die zu verstärkenden Frequenzen und die Dauer der Verzerrung einstellen und auch bei der über Mikrofon eingespielten eigenen oder fremden Stimme entsprechende Veränderungen vornehmen. Ein Hochtontraining wird häufig mit anderen auditiven Behandlungsverfahren wie dem auditiven Lateraltraining zusammen eingesetzt. Es soll täglich für einige Minuten mit zunehmender Dauer durchgeführt werden (Warnke 1997, Minning und Minning 2001).

Wirksamkeitsnachweise

Eine Aussage zur Wirksamkeit ist nicht möglich, da eine Überprüfung bislang nicht erfolgte. In Prospekten wird von z. T. erstaunlichen Fortschritten und Veränderungen gesprochen und in Erfahrungsberichten werden Verbesserungen der Ordnungsschwelle mitgeteilt (Hansen-Ketels 1997).

Zusammenfassende Bewertung

Bislang gibt es keine Hinweise darauf, dass sich ein Hochtontraining auf Lese- bzw. Rechtschreibleistungen oder die Fähigkeit, Laute besser herauszuhören, positiv auswirkt. Auch sonstige postulierte Effekte auf die Konzentrationsfähigkeit oder die allgemeine Aufnahmebereitschaft sind spekulativ. Ein Hochtontraining bei Schulproblemen oder anderen Schwierigkeiten anzuwenden, scheint demzufolge wenig sinnvoll. Der Empfehlung Hansen-Ketels (1997), das Training in der Schule bei lerngestörten Kindern einzusetzen, kann nicht zugestimmt werden.

8.2.1.4 Klangtherapie

Entstehungsgeschichte

Die Klangtherapie wurde vom französischen HNO-Arzt Guy Bèrand entwickelt, der anfangs mit Tomatis zusammenarbeitete. Im Gegensatz zur Tomatis-Therapie unterliegt die Klangtherapie in der Durchführung keiner Festlegung durch eine Leiteinrichtung bzw. lizenzrechtlichen Restriktionen, sodass sich inzwischen viele Varianten mit unterschiedlichen Bezeichnungen herausgebildet haben. Die Klangtherapie hat sich insbesondere in Frankreich, den USA, der Schweiz und seit Mitte der neunziger Jahre auch in Deutschland verbreitet. Andere Bezeichnungen sind **Hörtraining** oder **Audio-Vokales-Integratives-Training** (AVIT).

Zugrunde liegendes Konzept

Von einzelnen Vertretern wird die Wirkung der Klangtherapie unterschiedlich gedeutet. Nach Steinbach (1990, S. 11) ist sie »ein Instrument zur **Sti-**

mulation von Vitalität und Lebensenergie auf der Basis der fundamentalen Bedeutung von Klang, Gehör und Gehirn«. Rosenkötter (1997) interpretiert die Effekte der Klangtherapie weniger weltanschaulich als Wirkung auf basale auditive Wahrnehmungsprozesse. Die Klangtherapie beeinflusse unmittelbar die **auditorische Aufmerksamkeit**, Lautdiskriminationsfähigkeit, auditive Figur-Grund-Unterscheidung, räumliches Hören, Hörüberempfindlichkeit, Geschwindigkeit der primären Schallverarbeitung und gebe Schutz vor Überlastung. Sekundär würde eine Verbesserung von Artikulation, Stimme, Konzentrations- und Merkfähigkeit sowie von sozialen Bezügen auftreten. Als **Indikation** werden Autismus, Aufmerksamkeitsstörungen, Schwierigkeiten beim Erwerb der Laut- und Schriftsprache, Hyperakusis und zahlreiche psychische Auffälligkeiten genannt.

Praktisches Vorgehen in Diagnostik und Therapie

Vor einer Therapie erfolgt die **Erstellung einer Hörkurve**. Hörschwelle und Unbehaglichkeitsschwelle werden hinsichtlich ihres Verlaufs ausgewertet (gleichmäßiger oder gezackter Verlauf, verminderter Abstand zwischen Hör- und Unbehaglichkeitsschwelle, Überschneidungen der Kurven des rechten bzw. linken Ohres, Abstand zwischen Hörkurven für Luft- und Knochenleitung usw.).

Nach dem Ergebnis der Hörkurvenauswertung wird für die Behandlung die Lautstärke spezieller **Frequenzen in der angebotenen Musik verändert**. Die Veränderungen erfolgen im Rhythmus der Musik oder auch zufallsgeneriert. Sie betreffen nur kurze Abschnitte im Millisekundenbereich und sind für den Hörer gerade noch wahrnehmbar. In Varianten des Verfahrens werden zusätzlich hohe Töne verstärkt oder dem rechten und linken Ohr unterschiedliche Frequenzspektren mit langsamer **Wanderung vom einen zum anderen Ohr** angeboten. Einige Vertreter dieser Methode halten eine Behandlung unter Aufsicht des Therapeuten für erforderlich (z. B. 2 x täglich eine halbe Stunde über zwei Wochen), sodass diese an einem entsprechenden Institut erfolgen muss, während andere die Eltern anleiten und ein tägliches Training von 20–45 Minuten über ein bis zwei Monate empfehlen.

Wirksamkeitsnachweise

Aussagefähige Studien zur Effektivität der Klangtherapie fehlen. Leupold (1998) berichtete über Erfahrungen bei recht unterschiedlichen Störungsbildern und spricht von »ganzkörperlichen« Wirkungen.

Schydlo et al. (1998) berichteten über die Ergebnisse einer Befragung zur **Zufriedenheit** von Kindern, Eltern und Lehrern. Vier bis sechs Wochen lang hörten die Kinder während der Therapiesitzungen filtrierte und hochtonverstärkte Musik überwiegend von Mozart. Während weiterer zwei Wochen wurden zusätzlich Sprach- und Singübungen durchgeführt. Die Behandlung wurde häufiger mit psychotherapeutischen bzw. familientherapeutischen Angeboten kombiniert. Die Indikationen für die Therapie der geschilderten 75 Kinder waren recht unterschiedliche Störungen wie Legasthenie, Sprachentwicklungsstörung, motorische Auffälligkeiten, Schlafstörungen oder

Trennungsängste. Im Vordergrund standen Aufmerksamkeits- und Konzentrationsstörungen.

Nach der Therapie schätzten 85 % der Eltern den Erfolg mit »gut« bis »sehr gut« ein. Nicht nur die jeweiligen Symptome hätten sich gebessert, sondern die gesamte Entwicklung der Kinder verlaufe positiver und die familiäre Atmosphäre hätte sich durch ein adäquateres Sozialverhalten der Kinder entspannt. Ähnlich positive Einschätzungen gaben die Kinder selbst ab. Befragungen zwischen drei Monaten und einem Jahr nach der Therapie ergaben, dass 80 % der Eltern mit den Fortschritten sehr zufrieden waren. Bei 93 % der Kinder wurde eine Verbesserung der Probleme angegeben. 70 % der Lehrer hätten den Eltern über positive Veränderungen berichtet. Die Frage: »Würden Sie im Rückblick noch einmal mit Ihrem Kind an einer AVIT-Therapie teilnehmen?« wurde von 90 % der Eltern bejaht.

Zusammenfassende Bewertung

Eine Aussage über eine **spezifische Wirksamkeit** der Behandlung ist nicht möglich, da aussagekräftige Überprüfungen fehlen. Nach Angaben von Schydlo et al. (1998) besteht sowohl bei Kindern und Eltern als auch bei Lehrern ein hoher Grad an Zufriedenheit mit der Klangtherapie. Auch wenn die tatsächliche Zustimmung zur Therapie aus den in der Arbeit zur Verfügung gestellten Daten nicht genau hervorgeht (keine Angaben zur Anzahl der Therapieabbrecher oder dem Prozentsatz der Beteiligung an den Nachuntersuchungen), so ist doch davon auszugehen, dass die Behandlung von den Beteiligten überwiegend positiv eingeschätzt wird. Dies entspricht Ergebnissen von Befragungen hinsichtlich der Zufriedenheit mit alternativen Methoden ganz anderer Art und bei anderen Gesundheitsstörungen. Auch aus solchen Umfragen geht hervor, dass alternative Methoden in der Bevölkerung und bei Therapeuten auf eine hohe Akzeptanz stoßen und überwiegend positiv bewertet werden. Die Frage, ob die große Zufriedenheit auf spezifische Wirkungen der Behandlung oder eher auf den Optimismus und die Überzeugungskraft der Therapeuten oder andere unspezifische Faktoren zurückzuführen ist, muss offen bleiben.

Das theoretische Konzept der Klangtherapie ist hypothetisch, das diagnostische Verfahren mit einer weit reichenden Deutung von Hörkurven spekulativ und in keiner Weise hinsichtlich der Aussagekraft überprüft. Wirksamkeitsnachweise fehlen, sodass medizinische Gesellschaften in Stellungnahmen die Klangtherapie und modifizierte Verfahren derzeitig nicht als empfehlenswert einstufen (Karch et al. 2000, Stellungnahme der Gesellschaft für Neuropädiatrie der Deutschen Gesellschaft für Hals-Nasen-Ohren-Heilkunde, Kopf- und Halschirurgie und der Deutschen Gesellschaft für Phoniatrie und Pädaudiologie 2002).

Weiterführende Literaturhinweise

Gemeinsame Stellungnahme der Gesellschaft für Neuropädiatrie, der ADONO, der Deutschen Gesellschaft für Hals-Nasen-Ohren-Heilkunde, Kopf- und Halschirurgie und der Deutschen Gesellschaft für Phoniatrie und Pädaudiologie (2002).

171

»Hörtraining« nach Tomatis und »Klangtherapie«. http://www.neuropaediatrie.-com/aerzte/Stellungnahme/KLANGKURZ.htm, 30.04.2002

Leupold, R. (1996). Zentrale Hör-Wahrnehmungsstörungen. Auswirkungen und Erfahrungen. Dortmund: verlag modernes lernen.

Rosenkötter, H. (1997). Neuropsychologische Behandlung der Legasthenie. Weinheim: Beltz.

Steinbach, I. (1990). Klangtherapie – Transformation durch heilende Klänge. Sündergellersen: Verlag Bruno Martin.

8.2.1.5 Schalltherapie

Entstehungsgeschichte

Die Schalltherapie wurde von dem Physiker Ch. A. Volf beschrieben, der diese Behandlungsmethode in den fünfziger Jahren in Dänemark entwickelte. Das Zentrum der Verbreitung liegt nach wie vor in Dänemark. In Deutschland wird das Verfahren seit 1989 durch die »Arbeitsgemeinschaft für Integrationstherapie« propagiert.

Zugrunde liegendes Konzept

Die Lese-Rechtschreib-Störung wird als Folge eines Mangels an körperlicher Ausgeglichenheit interpretiert. Dabei handele es sich um eine **Dysbalance im endokrinen System** (Hormonhaushalt), die zu sensorischen Verarbeitungsstörungen führe. Insbesondere zwischen akustischen und visuellen Wahrnehmungsprozessen sei das Gleichgewicht gestört. Da aber eine perfekte Koordination zwischen Hören und Sehen die Grundvoraussetzung für den Erwerb der Schriftsprache sei, würden durch die Dysbalance die typischen Symptome einer Lese-Rechtschreib-Störung hervorgerufen werden.

Die Fehlfunktion könne durch Schallschwingungen in Form von Musik korrigiert werden. Die akustischen Wellen würden die empfindlichen Endstellen der Nerven und des endokrinen Systems beeinflussen und dadurch die Sensorik aufnahmefähiger und das Lernen effektiver und geordneter machen (Nothdorf 1990).

Praktisches Vorgehen in Diagnostik und Therapie

Die **Diagnostik** erfolgt mittels Stimmgabel und Hörschwellenbestimmung. Wenn eine schwingende **Stimmgabel** auf oberflächlich liegende Knochen aufgesetzt wird, so sind die Vibrationen nicht nur unmittelbar an der betreffenden Stelle, sondern auch in anderen Bereichen des Körpers zu bemerken. Im diagnostischen Prozess werden Stimmgabeln unterschiedlicher Größe an bestimmten Körperstellen aufgesetzt und deren Ausstrahlungsorte aufgezeichnet. Diagnostische Schlüsse werden aus den sich ergebenden Verteilungsmustern gezogen. Beim Stimmgabeltest im Bereich des Schädels wird festgehalten, auf welchem Ohr der Ton gehört wird. Für eine LRS sei typisch, dass bei Aufsetzen einer Stimmgabel auf die Handwurzelknöchelchen Vibrationen auch im 4. und 5. Finger empfunden würden, bei Aufsetzen auf die Fußknöchelchen auch in den Zehen und bei einer Untersuchung im Schädelbereich würde von der Stirn- und Hinterkopfregion der Ton nur auf dem gleichseitigen Ohr, von der Scheitelregion jedoch gar nicht gehört werden. Andere Verteilungsmuster lassen auf Enuresis (Vibrationen wandern in die Blase), Angstneurosen, Depressionen usw. schließen. Außerdem werden Audiometerkurven ähnlich wie bei der Klangtherapie hinsichtlich ihres Verlaufs beurteilt. LRS-typisch seien Rechts-links-Unterschiede der **Hörkurven** von 5 dB über ein breites Frequenzspektrum. Dies wird als Hinweis auf eine schwere sprachliche Behinderung gewertet.

Die **Behandlung** erfolgt zum einen mit sog. »**Volf-Tönen**«. Dabei handelt es sich um zwei überlagerte Sinustöne mit variabler Lautstärke und Frequenz. Diese Töne sollen täglich fünf Minuten über ein halbes bis ein Jahr gehört werden. Außerdem erfolgen »**Resonatorsitzungen**«, die nur in der Praxis des Therapeuten durchgeführt werden können. Das Kind bzw. der Erwachsene wird kurzzeitig mit Musik großer Lautstärke und breitem Frequenzspektrum beschallt. Orchester- und Marschmusik wird für besonders wirksam angesehen. Nach einigen Sitzungen kann eine Verstärkung der hohen Frequenzen hinzukommen (s. Hochtontherapie).

Die Schalltherapie wird in vielen Varianten durchgeführt und oft zusammen mit anderen musikalisch-rhythmischen oder kinesiologischen Übungen eingesetzt. Die Indikation wird breit gestellt. Neben Störungen beim Erwerb der Laut- und Schriftsprache wird bei ganz unterschiedlichen psychischen und psychosomatischen Beschwerden eine Schalltherapie für sinnvoll gehalten.

Wirksamkeitsnachweise

Als Hinweis auf die Wirksamkeit werden positive Erfahrungen vieler Therapeuten angeführt. Nothdorf (1990) verweist auf Berichte von H. A. Jensen, der in zwanzigjähriger Tätigkeit 2500 Fälle dokumentiert hätte. Quellenangaben fehlen und auch mit Datenbank- und Internetrecherchen konnten keine Veröffentlichungen mit genaueren Angaben gefunden werden, sodass diesen Hinweisen nicht weiter nachgegangen werden konnte. Henkel (1994) berichtete über positive Erfahrungen bei LRS-Kindern.

Zusammenfassende Bewertung

Das therapeutische Konzept ist rein spekulativ, das diagnostische Vorgehen nicht durch eine Überprüfung der Richtigkeit der Schlussfolgerungen abgesichert und aussagefähige Untersuchungen zur Effektivität liegen nicht vor. Zu einer Schalltherapie kann somit nicht geraten werden.

8.2.1.6 Therapie nach Tomatis

Entstehungsgeschichte

Diese Behandlungsmethode ist wohl die bekannteste unter den auditiven Verfahren. Grundgedanken der Tomatis-Therapie sind Ausgangspunkt für Konzepte einiger der weiter oben beschriebenen Verfahren. Alfred Tomatis

(1920–2001), französischer Phoniater und HNO-Arzt, entwickelte seine Ideen in den fünfziger Jahren. Neben seiner ärztlichen Tätigkeit befasste er sich im Auftrag der französischen Regierung mit der Lärmschwerhörigkeit von Flugpersonal. Bei diesen Studien interessierten ihn insbesondere Zusammenhänge zwischen Höreinbußen und der psychischen Verfassung des Menschen. Er entwickelte ein Lehrgebäude über die Beziehung zwischen Ohr, Psyche und Sprache, das er **Audio-Psycho-Phonologie** nannte.

Tomatis vertrat die Auffassung, dass dem Klang im Kosmos und damit dem Ohr in der Entwicklung des Menschen eine zentrale Bedeutung zukommt. Das Ohr erfülle drei Funktionen: Hören, Regulation von Gleichgewicht und Muskeltonus sowie die Funktion des Energielieferanten für das Gehirn. Das richtige Hören wird als wesentlich für die Entwicklung einer adäquaten Kommunikation und für die Kontrolle der Stimme angesehen. Die Regulation von Gleichgewicht und Muskeltonus betreffe die Körperhaltung, Grob- und Feinmotorik sowie den physischen Spannungszustand des Menschen. Als dritte und wesentliche Funktion wird eine Energiezufuhr zum Gehirn genannt, die überwiegend über Zilien von Hörzellen, die hochfrequente Töne decodieren, erfolge. »Das Ohr ist ein Energiegenerator ähnlich wie ein Dynamo. Es liefert dem Nervensystem die für seine funktionelle Organisation notwendige Energie« (Tomatis 1997). Das Ohr sei der wesentlichste »Energiespender« des Gehirns und für fast 90 % der Energiezufuhr zuständig.

Tomatis entwickelte diagnostische Verfahren zum Erkennen von Fehlsteuerungen in den drei genannten Grundfunktionen des Ohres (»Tomatis-Listening-Test«) und ein Gerät zur Beseitigung von Störungen (»Elektronisches Ohr«). Tomatis-Diagnostik und Therapie sind patentiert und dürfen nur mit Genehmigung der internationalen Tomatis-Gesellschaft eingesetzt werden. Die Therapie eigne sich besonders für Kinder mit Schulproblemen. An Zentren, die von Tomatis selbst betreut wurden, hatten 50 % der behandelten Kinder Lesestörungen bzw. Schulschwierigkeiten (Tomatis 1995, S. 298).

Inzwischen gibt es weltweit etwa 250 Tomatis-Institute. Davon befinden sich 13 in Deutschland. Tomatis-Institute bieten neben einer Behandlung auch eine Ausbildung an, insbesondere für Psychologen, Pädagogen, Logopäden, Krankengymnasten und Musiktherapeuten (Lena Tomatis 1996).

Zugrunde liegendes Konzept

Als Hintergrund der Lese-Rechtschreib-Störung, aber auch vieler anderer Lern- und Verhaltensauffälligkeiten werden zentrale auditive Störungen angesehen. Hierzu werden **Dysbalancen der auditiven Wahrnehmung, des Gleichgewichtssinnes und des Ohrs als Energiezentrale** gerechnet. Im Bereich der Hörverarbeitungsstörungen werden auditive Wahrnehmungsblockaden hervorgehoben, die in einer Unterbrechung bzw. einer fehlerhaften Weiterleitung der Hörinformation vom Hirnstamm zur Hirnrinde bestehen würden (Thalamus-Blockade). Sprache könne dadurch nicht mehr richtig erkannt werden und Missverständnisse seien die Folge. Als problematisch werden auch Störungen des Richtungshörens angesehen. Als Folge der Unfähigkeit, Schallquellen sicher zu lokalisieren, würden Unsicherheit und Angst auftreten.

Nach der Tomatis-Theorie ist eine Störung der Dominanzentwicklung im auditiven Bereich ein weiterer Grund für mannigfaltige Symptome (**Dyslateralisierung**). Rechtsohrigkeit sei optimal, da dann der Weg zum Gehirn der kürzeste sei. Linksohrigkeit oder ungenügende Seitigkeitsausbildung verlängere den Weg der akustischen Informationsverarbeitung.

Als **Ursache** auditiver Dysbalancen werden außer organischen Erkrankungen des Ohres traumatische Erfahrungen während der frühen Kindheit und insbesondere im Mutterleib angegeben. »Während der neun Monate seines intrauterinen Lebens speichert das Kind den größten Teil seiner menschlichen Erfahrungen« (Tomatis 1995, S. 360). Nach Tomatis besteht für das Kind im Mutterleib ein wichtiger Entwicklungsschritt darin, aus den vielen Umgebungsgeräuschen die wesentlichen auditiven Informationen – und dies sei vorwiegend die Stimme der Mutter – herauszuhören. »Das Hören der mütterlichen Stimme bleibt zweifellos das wichtigste Phänomen für die gesamte spätere affektive und gefühlsmäßige Organisation« (Tomatis 1995, S. 363). Wenn das Kind die Stimme der Mutter nicht als angenehme Hörerfahrung erlebe und kein positiver emotionaler Kontakt zur Mutter aufgebaut werde, führe dies zu negativen Urgefühlen und damit zu Beeinträchtigungen der kognitiven und emotionalen Entwicklung. Tonlage, Sprechmelodie, Klangfarbe und Sprechrhythmus der Mutter werden als wichtigste intrauterine Erfahrungen betrachtet.

Da in der Tomatis-Theorie dem Ohr eine zentrale Bedeutung für die Entwicklung des Menschen und seine Integration in Gesellschaft und Kosmos zukommt, werden mannigfaltige Störungen im motorischen, kognitiven, kommunikativen sowie emotionalen Bereich als **Folge von Dysbalancen** der Ohrfunktion angenommen. Genannt werden u. a. Teilleistungsstörungen wie Lese-Rechtschreib- und Rechenstörung, Sprachauffälligkeiten (Dysgrammatismus, Artikulationsstörungen, Stottern), motorische Entwicklungsstörungen, Konzentrations- und Aufmerksamkeitsdefizite sowie Verhaltensauffälligkeiten. Aber auch vegetative (z. B. Schlafstörungen) und emotionale Störungen (z. B. Schulangst) sowie allgemeine Beeinträchtigungen des Wohlbefindens und Leistungsvermögens werden auf Störungen der Ohrfunktion zurückgeführt.

Die **Indikationen** für eine Tomatis-Therapie werden dementsprechend weit gefasst. Sie gehen über die aufgezählten Symptome weit hinaus und beziehen schwer wiegende Störungen wie infantile Zerebralparesen, Autismus, Down-Syndrom und eine Unterstützung der Rehabilitation bei allen hirnorganischen Erkrankungen mit ein. Auch ohne das Vorliegen von Störungen wird die Tomatis-Methode zur Bewältigung besonderer Anforderungen als hilfreich angegeben. So erleichtere sie das Lernen von Fremdsprachen, unterstütze die Geburtsvorbereitung und verbessere Atemtechnik und Stimme bei Rednern und Sängern.

Praktisches Vorgehen in Diagnostik und Therapie

Vor einem Tomatis-Horchtraining stehen ein ausführliches Anamnesegespräch und ein Horchtest.

Durch den Horchtest (»**Tomatis-Listening-Test**«) wird das Hörvermögen des rechten und linken Ohres in einzelnen Frequenzbereichen sowohl für Luft- als auch Knochenleitung überprüft. Außerdem wird die Differenzierungsfähigkeit für Töne erfasst. Aus dem Ergebnis werden nicht nur Rückschlüsse auf die akustische Differenzierungsfähigkeit gezogen, sondern auch auf vegetative Steuerungsleistung, motorische Kontrolle, Gleichgewichtsfunktion und die Bereitschaft, Wahrnehmungen zu verarbeiten. Ergänzend können psychomotorische Tests sowie der Baumtest in einer von Tomatis veränderten Version eingesetzt werden. Der Baumtest ist ein älterer, projektiver Test, der in der psychologischen und psychiatrischen Praxis Anwendung findet, um Hinweise auf den emotionalen Zustand eines Patienten zu erhalten.

Das Horchtraining erfolgt täglich zwei Stunden über zwei Wochen an Tomatis-Instituten mit dem »**Elektronischen Ohr**«. Nach einer Pause von etwa einem Monat schließt sich eine zweite Trainingsphase über acht Tage an. Um dauerhafte Effekte zu erzielen, wird eine erneute Behandlung nach einem Jahr empfohlen. Bei ausgeprägteren Störungen werden einwöchige Trainingsblöcke im Abstand von einem halben Jahr als notwendig angesehen.

Das Tomatis-Horchtraining besteht in einem Hören elektronisch veränderter Musik, überwiegend von Instrumentalmusik von Mozart und gregorianischen Choralgesängen, bei Kindern auch von Kinderliedern. Die Kinder können sich während des Trainings mit Malen, Basteln, Spielen oder anderen kreativen Tätigkeiten beschäftigen, sich entspannen oder auch schlafen. Lernen oder das Erledigen von Schulaufgaben sind nicht gestattet.

Die Besonderheiten des »Elektronischen Ohres« bestehen zum einen in der Art der Übertragung und zum anderen in der Möglichkeit, die Lautstärke frequenzspezifisch verändern zu können. Die Übertragung der Musik erfolgt mit speziellen Kopfhörern sowohl über Luft- als auch über Knochenleitung. Die Knochenleitung wird mit der Absicht, eine Mikrogymnastik für die Muskeln des Mittelohres durchzuführen, ständig ein- und ausgeschaltet. Die frequenzspezifische Veränderung der Lautstärke richtet sich nach den Ergebnissen des Eingangstests und nach denen von Zwischentests, die in Abständen von einer Woche durchgeführt werden. Sie besteht in einer Verstärkung derjenigen Frequenzbänder, die vom Kind vermindert wahrgenommen werden. Des Weiteren wird im Laufe des Horchtrainings die Lautstärke auf dem linken Ohr immer mehr zurückgenommen, um das rechte Ohr in die Funktion des Kontrollohres einzusetzen. Über eine solche Schulung der Lateralisierung wird die Herstellung eines »ganzkörperlichen Ordnungszustandes« erwartet. Außerdem werden hohe Frequenzen zunehmend verstärkt, da nach der Tomatis-Theorie das Hören hoher Frequenzen zu einer Versorgung des Gehirns mit Energie führe. Man verspricht sich davon eine Verbesserung von Merkfähigkeit, Aufmerksamkeit und Kreativität.

Eine Verstärkung hoher Frequenzen bewirke zudem eine »akustische Rückführung« in die Hörwelt im Mutterleib. Dies mache frühkindliche traumatische Erlebnisse bewusst, was eine Neubewertung und Verarbeitung ermögliche (Dekonditionierung). Zur »akustischen Rückführung« kann auch die Stimme der Mutter eingespielt werden, die derart verändert wird, dass sie der vorgeburtlichen Klangwelt entspricht. Eine Korrektur im Mutterleib erfahrener negativer Hörwahrnehmungen, die als Ursache für Lernstörungen, Motivationsmangel, fehlendes Selbstvertrauen, Ängste und Aggressionen angesehen werden, wird so erwartet. Dem Horchtraining wird nicht nur ein Einfluss auf die auditive Wahrnehmung, sondern auch auf Funktionen des Gleichgewichtsorgans zugesprochen, wodurch sich Körperhaltung, Fein- und Grobmotorik sowie physische und psychische Verspannungszustände bessern ließen.

Wirksamkeitsnachweise
Der »**Tomatis-Listening-Test**« scheint nicht geeignet, Hörauffälligkeiten zuverlässig zu erfassen. Nachuntersuchungen von Kindern und Erwachsenen, bei denen mit der Tomatis-Methode eine Schwerhörigkeit diagnostiziert worden war, ergaben völlig unauffällige Hörkurven (Dejean 1996).

Hinsichtlich der Effektivität des **Tomatis-Horchtrainings** wird auf weltweite Erfahrungen zahlreicher Zentren verwiesen und anhand von Einzelfällen über oft erstaunliche Verbesserungen von Symptomen, des subjektiven Befindens und des »Energiereichtums« berichtet.

Seit den achtziger Jahren wurden mehrere Untersuchungen zur Überprüfung der Wirksamkeit der Tomatis-Therapie durchgeführt. In einer offenen Studie mit zwanzig autistischen Kindern und Jugendlichen, aufgeteilt in Therapie- und Kontrollgruppe, wurden positive Effekte auf die visuelle Wahrnehmung und Motorik sowie andeutungsweise auf die Lautbildung gefunden (Schiedeck 2000). Gilmor (1999) bewertete in einer Metaanalyse die Ergebnisse und deren Zuverlässigkeit von fünf Studien, die Kontrollgruppen in ihre Verlaufsbeobachtungen einbezogen hatten, mit insgesamt 132 Kindern. Die Behandlung der Kinder erfolgte aufgrund einer Lese-Rechtschreib-Störung, Sprachauffälligkeiten oder allgemeinen Schulproblemen. Die Metaanalyse ergab positive Wirkungen auf sprachliche, motorische, kognitive und soziale Fähigkeiten, auch wenn diese nur schwach ausgeprägt waren. Gilmor weist darauf hin, dass eine Interpretation allerdings nur mit Vorsicht erfolgen kann, da neben anderen methodischen Mängeln durch das Fehlen von Kontrollgruppen mit Kindern, die eine unspezifische Behandlung erhielten, in vier der Studien nicht ausgeschlossen werden kann, dass die Verbesserungen in den Testergebnissen durch allgemeine Wirkungen (Zuwendung, verständnisvolles Eingehen auf die Schwächen) zu erklären sind. In nur einer Studie wurde zur Erfassung solcher Placebo-Effekte die Tomatis-Therapie mit einer unspezifischen Behandlung verglichen (Kershner 1990). Die nach Tomatis behandelten Kinder zeigten in keinem Bereich weitergehende Verbesserungen als diejenigen der Placebo-Gruppe.

Obwohl die Tomatis-Therapie weltweit breite Anwendung findet, gibt es somit bislang keinen Beleg für eine spezifische Wirksamkeit. Alle positiven Berichte beruhen auf unzureichend kontrollierten Untersuchungen. Die einzige Studie, die Placebo-Effekte berücksichtigte, konnte keine Hinweise auf die Wirksamkeit einer Behandlung nach Tomatis finden.

Zusammenfassende Bewertung

Das Tomatis-Horchtraining fußt auf einem ausgefeilten **theoretischen Konzept**, das neben einzelnen naturwissenschaftlich belegten Gedanken zahlreiche unbewiesene Hypothesen und Annahmen enthält, die heutigen Auffassungen über die Funktion von Gehör und Gehirn grundlegend widersprechen. Nicht nur die Auffassungen zur Bedeutung der Hörwahrnehmung im Mutterleib sind spekulativ, sondern auch die Hypothesen zur Funktion des Ohres. Dass die Verarbeitung von Sinneseindrücken für die Entwicklung eines Kindes von großer Bedeutung ist, bleibt unbestritten. Dass Höreindrücke gegenüber anderen Wahrnehmungsbereichen ungleich wichtiger sind, ist hingegen unbewiesen und die Bedeutung, die den Zilien der Hörzellen bzw. den Muskeln des Mittelohres zukommen soll, widerspricht den gegenwärtigen Auffassungen von deren Funktion. Tomatis entwickelte seine Vorstellungen über akustische Phänomene und deren Wahrnehmung zu einer Weltanschauung über den Kosmos und die Natur des Menschen. In Anbetracht des weltanschaulichen Charakters der Grundannahmen können auch die Schlussfolgerungen, die hinsichtlich der Bedeutung von Störungen der Ohrfunktion für die physische und psychische Entwicklung eines Kindes gezogen werden, rational nicht nachvollzogen werden.

Unabhängig von der Fragwürdigkeit des theoretischen Konzeptes stehen Belege für die Treffsicherheit des **Horchtests** und die Effektivität eines **Horchtrainings** aus, sodass dessen Anwendung nicht empfohlen werden kann. Dies ist die Schlussfolgerung, zu der Stellungnahmen medizinischer Fachgesellschaften in Deutschland und Frankreich kommen (Karch et al. 2000).

Weiterführende Literaturhinweise

Gemeinsame Stellungnahme der Gesellschaft für Neuropädiatrie, der ADONO, der Deutschen Gesellschaft für Hals-Nasen-Ohren-Heilkunde, Kopf- und Halschirurgie und der Deutschen Gesellschaft für Phoniatrie und Pädaudiologie (2002). »Hörtraining« nach Tomatis und »Klangtherapie«. http://www.neuropaediatrie. com/aerzte/Stellungnahme/KLANGKURZ.htm, 30.04.2002

Tomatis, A. (1995). Das Ohr und das Leben: Erforschung der seelischen Klangwelt. Düsseldorf: Walter-Verlag.

Tomatis, A. (1997). Das Ohr des Kindes als auditiv-integratives Organ. Sozialpädiatrie, Kinder- und Jugendheilkunde, 11, 387–390.

8.2.2 Training visueller Funktionen

8.2.2.1 Farbfolien und farbige Brillengläser (Irlen-Therapie)

Entstehungsgeschichte
Farbige Folien wurden erstmals durch die kalifornische Psychologin Helen Irlen zur Behandlung von Kindern mit Lesestörungen eingesetzt. Während der Förderung lernbehinderter Erwachsener fiel ihr auf, dass eine Schülerin bei der spielerischen Benutzung einer farbigen Folie besser lesen konnte. Daraufhin gab sie auch anderen diese Folie und, da einige angaben, die Buchstaben nun schärfer erkennen zu können, glaubte sie, ein neues Therapieprinzip entdeckt zu haben. Sie begann mit unterschiedlich farbigen Folien zu experimentieren und entwickelte ein ausgefeiltes Diagnostik- und Therapieprogramm. Inzwischen ist die Methode im angloamerikanischen Sprachraum weit verbreitet und in den USA, England und Australien wurden mehrere Institute gegründet. Auch in Deutschland hat sich die **Irlen-Therapie,** auch **Meares-Irlen-Therapie** genannt, in letzter Zeit verbreitet und farbige Folien bzw. Brillen und Kontaktlinsen werden insbesondere von Optikern bei Leseproblemen empfohlen. Da das Verfahren patentrechtlich geschützt ist, müssen zur Anwendung der Irlen-Methode Lizenzen von einem Irlen-Institut erworben werden.

Zugrunde liegendes Konzept
Die Wirkung farbiger Folien wird damit erklärt, dass bei vielen lese-rechtschreibschwachen Kindern an einigen Stellen der Netzhaut eine **Überempfindlichkeit für einzelne Anteile des Lichtspektrums** bestehe. Als Ursache wird eine erbliche Komponente angenommen, da eine familiäre Häufung beobachtet wurde (Robinson et al. 1996). Bei jedem Betroffenen seien jeweils andere Bereiche des Lichtspektrums einbezogen. Aus diesem Grunde sei eine individuelle Anpassung der Farben erforderlich.

Breitmeyer (1992) geht von einem etwas anderen Erklärungsmodell aus. Er vermutet, dass Farbfolien einen positiven Einfluss auf die Balance tonischer und phasischer Rezeptoren der Netzhaut bei der Bilderkennung ausüben. Nach Solan et al. (1997) wird ein solch positiver Effekt insbesondere von blauen Farbfiltern erwartet.

Als Folge der Überempfindlichkeitsreaktion überstrahle – so Irlen – beim Lesen schwarzer Buchstaben auf weißem Hintergrund das Weiße Teile des Druckbildes, sodass die Betroffenen die Buchstaben unscharf verformt wahrnehmen (»destortions«). Diese Verzerrungen seien durch ein Herausfiltern der störenden Anteile des Lichtspektrums zu beseitigen. Irlen befragte zahlreiche Kinder und Erwachsene mit Lesestörungen, wie sie Texte sehen und welche Beschwerden bei längerem Lesen auftreten. Die von ihr als typisch für eine Farbüberempfindlichkeit postulierten Symptome fasste sie zum »**Scotopic Sensitivity Syndrome**« zusammen. Dazu gehören Unschärfe und Ineinanderfließen von Buchstaben, unruhige Bewegungen des Textes und Überstrahlen der Druckfarbe durch den Hintergrund. Die Schwierigkeiten,

179

Buchstaben und Wörter erkennen zu können, führten zur typischen Symptomatik der Legasthenie mit geringer Lesegeschwindigkeit und hoher Fehlerrate bei Auslassen von Silben und Wörtern, Verlieren der Zeile und eingeschränktem Leseverständnis. Die Betroffenen ermüdeten schnell und nach längerem Lesen würden Kopfschmerzen sowie Brennen und Tränen der Augen auftreten (Irlen 1991, 1997).

Praktisches Vorgehen in Diagnostik und Therapie

Während der **diagnostischen Phase** wird nach der Erhebung einer spezifischen Anamnese, die insbesondere die Symptome des »Scotopic Sensitivity Syndroms« bei den Betroffenen und deren Angehörigen berücksichtigt, untersucht, ob die Kinder bei der Benutzung farbiger Folien einen Text besser erkennen. Dazu wird ein Set aus zehn unterschiedlichen Folien eingesetzt.

Ist die richtige **Folie** gefunden, so soll das Kind diese über mehrere Wochen zu Hause beim Lesen benutzen. Wenn sie sich über diesen Zeitraum bewährt, wird mithilfe eines Colorimeters die optimale Brillenglasfarbe bestimmt. Dabei können sich auch unterschiedliche Farben für das rechte und linke Auge als erforderlich erweisen. Das Colorimeter, das in den neunziger Jahren von Wilkins entwickelt wurde, erlaubt die Mischung von mehreren tausend unterschiedlichen Farben. Für die Behandlung stehen 240 Farbtöne von **Irlen-Gläsern** zur Auswahl. Die Benutzung einer farbigen Brille ist zeitlich nicht begrenzt, da die Grundstörung als erblich und damit als lebenslang bestehend angesehen wird.

Wirksamkeitsnachweise

Vor einer Behandlung mit Colorfiltern wird für das jeweilige Kind eine exakte Feststellung der Folienfarbe gefordert, welche die individuell störenden Lichtspektren herausfiltert und damit zu einer Verbesserung des visuellen Erkennens führt. Nur bei optimaler Anpassung seien Therapieerfolge zu erwarten. Woerz und Maples (1997) überprüften die Zuverlässigkeit einer Feststellung der richtigen Farbgebung, indem sie bei 41 Jugendlichen die optimale Folienfarbe zweimal im Abstand von zwei Wochen bestimmten. Die Übereinstimmung des Ergebnisses von erster und zweiter Untersuchung war gering und weit unterhalb des Wertes, der für ein diagnostisches Verfahren zu fordern ist. Auch bei Jugendlichen, die Symptome eines »Scotopic Sensitivity Syndroms« aufwiesen, wurde keine höhere Zuverlässigkeit erreicht.

Farbige Brillengläser werden bei Kindern und Erwachsenen mit Leseproblemen eingesetzt und es gibt zahlreiche Berichte über positive Erfahrungen bzw. Aussagen von Betroffenen, die ein Verschwinden von Kopfschmerzen und sonstigen vegetativen Beschwerden beim Lesen sowie eine Verbesserung der Lesefähigkeit angeben. Bei einer Befragung von 114 Personen, die über Jahre Colorbrillen benutzten, wurde der langzeitige Einsatz der Brille von über 90 % als hilfreich angegeben. Von der Mehrzahl wurde über positive Wirkungen nicht nur auf das Lesen, sondern auch auf Sprache und Schriftbild berichtet (Whiting et al. 1994).

In Diskussionen über die Effektivität von Farbgläsern werden von Kritikern der Methode Placebo-Effekte zur Erklärung von Verbesserungen der Lesefähigkeit und einem Rückgang subjektiver Beschwerden beim Lesen für möglich gehalten. Um spezifische Wirkungen von Placebo-Effekten abgrenzen zu können, wurden deshalb randomisierte, placebokontrollierte Doppelblindstudien durchgeführt. Deren Ergebnisse sind jedoch widersprüchlich. Wilkins et al. (1994) beobachteten eine Verbesserung der Lesefähigkeit, doch war diese sowohl in der Gruppe mit exakter Anpassung der Brillenfarbe als auch in der Kontrollgruppe mit ungünstiger Farbgebung nachweisbar. Zwischen beiden Gruppen fanden sich weder hinsichtlich Lesegeschwindigkeit noch hinsichtlich Lesegenauigkeit und Leseverständnis signifikante Unterschiede, ein Ergebnis, das am ehesten für Placebo-Effekte spricht. Harris und MacRow-Hill (1999) hingegen sahen bei lese-rechtschreibschwachen Kindern und Erwachsenen mit den Symptomen der »Dystorsion« in der Therapiegruppe eine signifikant höhere Verbesserung der Leserate gegenüber der Placebogruppe. Sie nehmen deshalb eine spezifische Wirkung von Farbgläsern auf die Lesegeschwindigkeit an. Im Gegensatz zu Wilkins et al. benutzten sie allerdings für die Placebogruppe nicht Brillen mit »falschen« Farben, sondern farblose Linsen und erklärten den Probanden, dass die Farbe unsichtbar gemacht worden sei. Es ist fraglich, ob damit tatsächlich die Bedingungen einer Blindstudie erreicht wurden und die Placebo-Effekte bei Therapie- und Kontrollgruppe als identisch anzusehen sind. Robinson und Foreman (1999) verglichen die Entwicklung der Lesefähigkeit bei der Anwendung von Brillen mit und ohne Färbung. Die Therapiekinder wurden in drei Gruppen eingeteilt, die entweder Brillen mit der individuell optimalen Farbe, einer anderen Farbe (Placebogruppe) oder mit blauer Farbe erhielten. Nach vier Monaten wechselten alle Therapiekinder auf die optimale Farbe. Nach zwanzig Monaten zeigten alle drei Therapiegruppen gegenüber der Vergleichsgruppe signifikant bessere Leistungen hinsichtlich von Lesegenauigkeit und Leseverständnis, nicht aber bezüglich der Lesegeschwindigkeit. Das Cross-Over-Design wurde leider nicht durchgehalten, da nach vier Monaten nur die Placebo- und die Gruppe mit blauen Brillengläsern auf optimale Farben wechselten und nicht auch umgekehrt die optimal eingestellten Kinder auf Placebofarben, sodass Placebo-Effekte als Hintergrund der Verbesserung der Lesefähigkeit durch diese Studie nicht auszuschließen sind.

Positive Effekte von blauen Brillengläsern auf die Lesefähigkeit wären nach der Hypothese, dass eine LRS auf einer Dysbalance zwischen tonischen und phasischen Rezeptoren beruht, zu erwarten. Christenson ct al. (2001) konnten jedoch keinerlei positive Effekte blauer Brillengläser nachweisen.

Zusammenfassende Bewertung
Auch wenn in letzter Zeit andere Modelle zur Erklärung der Wirkung farbiger Folien und Brillen herangezogen werden, ist das **theoretische Konzept** der Irlen-Methode durch keine wissenschaftlich begründete Theorie gestützt. Auch lässt sich die angebliche Störung der visuellen Wahrnehmung bei LRS-Kindern mit Symptomen eines »Scotopic Sensitivity Syndroms«

durch eine Untersuchung der visuellen Fähigkeiten (Schwelle für das Erkennen von Kontrasten, von Bewegung usw.) nicht objektivieren (Simmers et al. 2001).

Die **Untersuchungsmethode** zur Bestimmung der richtigen Farbe ist ausgesprochen unzuverlässig. Damit bleibt fraglich, ob sich die optimale Farbe überhaupt ausreichend sicher feststellen lässt, und die Entscheidung, welche Farbe für die Brillengläser gewählt wird, scheint eher von zufälligen Faktoren abhängig.

Trotz der geringen theoretischen Fundierung und der Unsicherheiten in der Diagnostik hat die **Irlen-Therapie** weite Verbreitung gefunden. Immer mehr Optiker bieten Colorbrillen an und in den USA haben sich optometrische Kliniken auf die Betreuung von Kindern mit spezifischen Lernstörungen spezialisiert und verordnen jedem zweiten Kind, bei dem Lese-Rechtschreib-Störungen im Vordergrund stehen, farbige Brillengläser (Evans et al. 1999).

Im Gegensatz zu den meisten anderen alternativen Methoden gibt es für die Anwendung von Colorbrillen mehrere relativ gut kontrollierte Evaluationsstudien. Trotz der Bemühungen um eine Objektivierung spezifischer Therapieeffekte lässt sich aber wegen der Widersprüchlichkeit der Ergebnisse und einiger methodischer Mängel der Studien bisher kein endgültiges Urteil über den Wert der Irlen-Therapie abgeben. Einige Arbeitsgruppen haben positive Effekte auf die Lesegenauigkeit und das Leseverständnis festgestellt, nicht aber auf die Lesegeschwindigkeit. Die Ergebnisse anderer Studien lauten genau umgekehrt oder sind ohne Nachweis eines spezifischen Effektes geblieben. Leider entspricht keine Untersuchung mit positivem Ergebnis allen Anforderungen an aussagefähige Therapiestudien, sodass unspezifische Placebo-Effekte nicht mit ausreichender Sicherheit auszuschließen sind.

Der Nachweis eines spezifischen Effektes von Colorbrillen auf die Lese- und Rechtschreibfähigkeit steht somit noch aus. Nach einer Einschätzung des Berufsverbandes der Augenärzte Deutschlands (www.augeninfo.de/patinfo/legasth.htm, 11.03.2002) und mehrerer amerikanischer wissenschaftlicher Fachgesellschaften (Amercian Academy of Pediatrics, Amercian Academy of Ophthalmology, Amercian Academy of Pediatric Ophthalmology and Strabismus 1998) kann die Irlen-Therapie derzeitig nicht als sinnvolles Behandlungsverfahren für Kinder mit Lernstörungen angesehen werden.

Weiterführende Literaturhinweise

Irlen, H. (1991). Reading by the colors. New York: Publishing Group.
Irlen, H. (1997). Lesen mit Farben. Bei Dyslexie und anderen Lesestörungen helfen: Die Irlen-Methode. Freiburg: Verlag für Angewandte Kinesiologie.

8.2.2.2 Rasterbrille

Zugrunde liegendes Konzept

Während des Sehens führt das Auge zwischen kurzen Phasen der Fixation rasche Bewegungen (Mikrosakkaden) aus. Diese Blicksprünge sind erforderlich, damit das Licht eines Objektes nicht immer auf die gleiche Stelle der Netzhaut einwirkt, da dies zu einem Ausbleichen des Sehpurpurs führen würde (Toxler-Effekt). Mithilfe einer Rasterbrille sollen diese **unbewussten Augenbewegungen** angeregt werden. Wie auf Internetseiten zahlreicher Optiker nachzulesen ist, verspricht man sich davon nicht nur ein Training der äußeren Augenmuskulatur, sondern auch eine Verbesserung der Durchblutung, der Sauerstoffversorgung und der Leistungsfähigkeit des gesamten visuellen Systems. Dieses Augentraining erhöhe die visuelle Konzentration, die Differenzierungsfähigkeit für Schrift und gehe mit einer allgemeinen Entspannung des Auges einher.

Praktisches Vorgehen in der Therapie
Bei einer Rasterbrille sind die Augengläser durch eine schwarze Folie, in die im Abstand von 3 mm kleine Löcher gestanzt sind, bedeckt. Beim Tragen der Brille muss das Auge beim Ausführen von Sakkaden von Loch zu Loch springen, und damit größere Blicksprünge als üblich durchführen. Es wird ein tägliches Tragen der Brille über 15–60 Minuten empfohlen. Da dieses anfangs ungewohnt ist und zu Irritationen führt, soll während einer Eingewöhnungszeit die Dauer des Tragens langsam gesteigert werden.

Wirksamkeitsnachweise
Ein Wirksamkeitsnachweis wurde bisher nicht erbracht. Obwohl eine Rasterbrille für Kinder mit einer Legasthenie, wie auch bei vielen anderen Störungen, empfohlen wird, wurde bislang nicht der Versuch unternommen nachzuweisen, dass sich die Lese- und Rechtschreibfähigkeit durch eine solche Brille verbessert.

Das Tragen einer Rasterbrille ist für Kinder nicht nur lästig, sondern kann auch zu **negativen Auswirkungen** auf die Funktion des visuellen Systems führen (Schäfer 1998). Dadurch dass der Blick beim Springen zwischen den einzelnen Rasterpunkten über eine schwarze Fläche geführt wird, vermindert sich der Kontrast und es fällt schwerer, die Augen auf einen bestimmten Gegenstand einzustellen. Bei Vorliegen eines latenten Schielens, das bei über der Hälfte aller Menschen zu beobachten ist, wird die Fehlstellung der Blickachsen durch das Gehirn korrigiert, sobald beide Augen auf einen Gegenstand schauen. Wenn durch die Rasterbrille das Fixieren eines Punktes mit beiden Augen erschwert ist, kann eine solche Korrektur nicht mehr optimal erfolgen und ein latentes in ein manifestes Schielen mit Auftreten von Doppelbildern übergehen.

Eine Rasterbrille ist demzufolge nicht nur ohne jeglichen Nutzen, sondern auch unangenehm und in einigen Fällen sogar schädlich. Der Berufsverband der Augenärzte Deutschlands warnt deshalb in seinen im Internet veröffentlichten Patienteninformationen nachdrücklich vor dem Tragen von Rasterbrillen (www.augeninfo.de/patinfo/legasth.htm, 11.03.2002).

8.2.2.3 Training des beidäugigen Sehens

Zugrunde liegendes Konzept
Sehfehler erschweren das Erkennen von Buchstaben und können damit das Erlernen des Lesens und Schreibens verzögern. Nehmen Kinder ein Wort unscharf, doppelt oder verschwommen wahr, so werden sie Mühe haben, sich das Wortbild einzuprägen und beim Lesen automatisch wieder zu erkennen.

Ein Training des beidäugigen Sehens geht von der Vorstellung aus, dass eine Fehlstellung der Augen im Sinne eines **latenten Schielens**, auch wenn diese nur minimal ist, zu instabilem Sehen führt, verbunden mit vermehrter Anstrengung beim Fixieren eines Wortes. Diese visuelle Schwäche äußere sich im Schulalltag mit den Symptomen einer Lese-Rechtschreib-Störung. Als Ursache einer Instabilität der binokularen Fusion werden Defizite im magnozellulären visuellen System angenommen (Stein et al. 2000). Dieses System ist für die Wahrnehmung von Informationen mit geringem Kontrast und von langsamen Bewegungen verantwortlich. Funktionsstörungen im magnozellulären System werden in den letzten Jahren zunehmend als pathogenetischer Hintergrund der LRS diskutiert (von Suchodoletz 1999).

Beidäugiges Sehen erfordert ein feines Zusammenspiel der Augen. Bei einem manifesten Schielen, das bei etwa 5 % aller Kinder zu beobachten ist, haben die Sehachsen beider Augen nicht die gleiche Ausrichtung. Dadurch bildet sich im Zentrum eines jeden Auges ein anderes Objekt ab und Doppelbilder sind die Folge, wenn diese nicht kompensiert werden. Den Effekt einer fehlenden Übereinstimmung der Sehachsen kann jeder selbst leicht überprüfen, indem er durch seitlichen Druck gegen einen Augapfel dessen Sehachse leicht verschiebt. Bei Kindern mit einem manifesten Schielen unterdrückt das Gehirn, ohne dass dies dem Kind bewusst wird, das Bild eines Auges (Amblyopie), wodurch störende Doppelbilder verhindert werden.

Von latentem bzw. verdecktem Schielen (**Heterophorie**) bzw. **Winkelfehlsichtigkeit** (bevorzugte Bezeichnung durch Optiker) wird gesprochen, wenn die Sehachsen der Augen nur geringfügig voneinander abweichen und durch eine automatische Korrektur Doppelbilder vermieden werden. In den meisten Fällen von latentem Schielen wird durch eine Veränderung der Spannung der Augenmuskeln die Fehlstellung automatisch korrigiert, sobald beide Augen ein Objekt gemeinsam fixieren (motorische Fusion). Erst wenn ein Auge abgedeckt wird und kein gemeinsamer Fixationspunkt vorhanden ist, tritt die Abweichung der Sehachsen zutage. Seltener wird die Korrektur nicht durch einen Ausgleich über eine Veränderung der Anspannung der Augenmuskulatur vorgenommen, sondern durch eine Verschmelzung der unterschiedlichen Seheindrücke zu einem Bild durch visuelle Verarbeitungsprozesse im Gehirn (sensorische Fusion).

Nach Auffassung der Befürworter eines Trainings des beidäugigen Sehens zur Behandlung einer LRS geht eine **motorische Fusion** mit verstärkter Anstrengung einher und führe zu schneller Ermüdung beim Lesen, Augenreizungen und Kopfschmerzen. Die Anstrengung sei den Kindern anzumerken, da sie beim Lesen die Augen reiben, blinzeln, die Stirn runzeln, helles Licht vermeiden und feinmotorischen Anforderungen (Schreiben, Malen, Basteln) aus dem Weg gehen. Die Korrektur eines latenten Schielens durch **sensorische Fusion** wiederum führe zu einer subjektiven Sehunruhe, die durch wechselnd auftretende Doppelbilder, Lichtempfindlichkeit sowie durch Probleme beim räumlichen Sehen und bei der Einstellung auf Objekte unterschiedlicher Entfernung charakterisiert sei. Beim Lesen mache sich eine Sehunruhe dadurch bemerkbar, dass die Kinder nur mühsam, fehlerhaft und langsam lesen, schnell die Zeile verlieren, sehr nah an den Lesetext herangehen und eine Kopfschiefhaltung zeigen. Sie verfügten außerdem über ein schlechtes räumliches Sehen, was sich daran zeige, dass sie Mühe haben, einen Ball zu fangen oder mit einem Tennisschläger zu treffen.

Praktisches Vorgehen in Diagnostik und Therapie

Ein latentes Schielen wird von Optikern in der Regel mit der Mess- und Korrektionsmethode nach Haase (MKH) festgestellt. Zeigt sich auch nur eine minimale Abweichung der Sehachsen, wird eine Behandlung für erforderlich gehalten. Am häufigsten erfolgt diese mit **Prismenbrillen**. Diese haben den Effekt, dass der durch sie hindurchfallende Lichtstrahl abgelenkt wird und damit trotz Fehlstellung der Augäpfel Objekte an korrespondierenden Stellen der Netzhaut abgebildet werden. Häufiger ist nach längerem Tragen ein Prismenwechsel erforderlich, da der Fehlwinkel nicht konstant bleibt.

Eine Korrektur des latenten Schielens mit Prismenbrillen wird in Deutschland überwiegend durch Optiker vorgenommen. Andere Behandlungsmethoden sind ein Abdecken eines Auges über einen längeren Zeitraum, um ein Führungsauge herauszubilden (**Okklusionstherapie**), Fusions- sowie **Konvergenzübungen** in verschiedenen Blickrichtungen und **Schieloperationen**.

Wirksamkeitsnachweise

Auf Internetseiten von Optikern und in Publikationen (Safra 1993, Schroth 1999) wird über erstaunliche Erfolge berichtet. Wulff (2000) hält eine frühzeitige Prismenbrillenverordnung für außerordentlich wirksam. »Kinder, bei denen sich mit der Prismenbrille keinerlei positive Auswirkungen zeigen, sind die Ausnahme.« Er verweist auf seine über zwanzigjährigen positiven Erfahrungen. Nach seinen Angaben treten innerhalb von drei bis sechs Monaten Fortschritte auf, wenn eine erste Prismenbrillenverordnung bereits im Vorschulalter erfolgt. Die Kinder könnten sich danach besser konzentrieren, seien belastbarer, Fein- und Grobmotorik verbesserten sich und das Selbstbewusstsein steige. Bei einer Verordnung in der ersten oder zweiten Klasse werden deutliche Erfolge innerhalb von ein bis zwei Jahren postuliert, während sich Prismenbrillen ab der dritten Klasse nur noch auf Fähigkeiten, die erst später erworben werden (z. B. Fremdsprachen), positiv auswirken würden, Rechtschreibfehler sich aber kaum besserten.

Genauere Zahlen liefert Pestalozzi (1992). Bei den von ihm ausgewerteten 137 Fällen zeigten nach einer Einschätzung von Eltern, Lehrern und Therapeuten 71 % der mit Prismenbrillen versorgten Kinder eine gute bis sehr gute Besserung der LRS-Symptomatik, 18 % keine Veränderungen beim Lesen und Rechtschreiben, aber ein Verschwinden subjektiver Beschwerden und nur 12 % kein Ansprechen auf die Behandlung. Über ähnlich gute Ergebnisse wurde von Otto et al. (1989) berichtet, die ein latentes Schielen bei LRS-Kindern durch ein Abdecken eines Auges (Okklusionsbehandlung) und tägliche Konvergenzübungen für ein bis zwei Jahre behandelten.

Wie wenig zuverlässig Angaben über Therapieerfolge sind, wenn keine aussagefähige Methodik mit Kontrolle möglicher Störeinflüsse eingesetzt wird, geht aus einer Arbeit von Schwarz (1992) hervor. Frau Schwarz, die als klinische Logopädin an der Universität Zürich tätig war, wollte die von Pestalozzi und Otto et al. berichteten Verbesserungen der Lese- und Rechtschreibfähigkeit mit psychometrischen Verfahren objektivieren. Da Otto zu einer Kooperation nicht bereit war, konnten nur die von Pestalozzi behandelten Kinder nachuntersucht werden. Dabei zeigte sich, dass diese außer einer Prismenbrille gleichzeitig eine intensive konventionelle Legasthenie-Behandlung erhalten hatten. Damit war nicht zu entscheiden, ob Verbesserungen der Lese- und Rechtschreibleistungen auf das Tragen der Brille oder die übliche Legasthenie-Therapie zurückzuführen waren. Um trotzdem zu einer Aussage über die Effektivität von Prismenbrillen zu kommen, verglich Schwarz zwanzig der in der eigenen Ambulanz behandelten Kinder mit zwanzig nach Alter und Diagnose ähnlichen Kindern von Pestalozzi. Im Ergebnis zeigte sich, dass die Gruppe mit Prismenbrille eher etwas schlechtere Leistungen im Lesen und Rechtschreiben erreichte als diejenige, die keine Sehkorrektur erhalten hatte. Es fanden sich somit keine Hinweise auf positive Effekte einer Behandlung von Winkelfehlsichtigkeit. Eine Prismenbrillenverordnung schien eher einen negativen Einfluss auf die Leistungen der Kinder auszuüben, der damit erklärt wurde, dass diese Kinder und evtl. auch deren Eltern und Therapeuten im Vertrauen auf die Wirkung der Brille bei den mühsamen Übungen am Lese- und Rechtschreibprozess weniger motiviert waren.

Die meines Wissens bislang einzige randomisierte, placebokontrollierte Studie zur Wirksamkeit der Behandlung instabilen binokularen Sehens mit Okklusionstherapie wurde von Stein et al. (2000) publiziert. 143 LRS-Kinder mit latentem Schielen wurden nach Zufallskriterien in zwei Gruppen unterteilt und Sehstabilität der Augenkontrolle sowie Leseleistung über neun Monate verfolgt. Beiden Gruppen wurden Brillen mit gelben Gläsern zum Tragen während des Lesens verordnet. Gelbe Brillengläser wurden gewählt, da für das magnozelluläre System Gelb derjenige Bereich im Lichtspektrum ist, der am optimalsten verarbeitet wird, und von einigen Autoren Störungen dieses Systems als Ursache der LRS angesehen werden. In der Therapiegruppe wurde das linke Brillenglas abgedeckt, während in der Placebogruppe beide Brillengläser durchsichtig waren. In beiden Gruppen verbesserten sich sowohl die Stabilität der Fixation als auch die Lesefähigkeit kontinuierlich, in der Therapiegruppe jedoch wesentlich deutlicher als in der Placebogruppe. Wie eine kritische Stellungnahme von Fawcett (2001) deutlich macht, belegt diese Studie die Effektivität der Behandlung eines latenten Schielens mittels Okklusionsbehandlung jedoch nicht, da methodische Mängel und eine unvollständige Datenauswertung die Aussagekraft der Untersuchung einschränken.

Zusammenfassende Bewertung

Die Verordnung von Prismenbrillen zur Behandlung einer Lese-Rechtschreib-Störung oder sonstiger Lernstörungen wird von den meisten Augenärzten ausgesprochen skeptisch betrachtet. Die Kritikpunkte beziehen sich sowohl auf den theoretischen Hintergrund als auch auf Diagnostik und Therapie.

Gegenüber der Methode, mit der in der Regel eine Winkelfehlsichtigkeit festgestellt wird (**POLA-Test mit MKH**), werden erhebliche Bedenken geäußert. Die Durchführung des Tests entspricht nicht natürlichen Bedingungen, sondern es wird auf das beidäugige Sehen Einfluss genommen und dieses dadurch verändert. Eine Beurteilung der tatsächlichen Augenstellung im Sehprozess sei dadurch nicht möglich. Die Ergebnisse seien zudem wenig zuverlässig und Fehlinterpretationen eine häufige Folge. Die Fragwürdigkeit der Diagnosestellung geht aus einer 1992 von Lang veröffentlichten Tabelle hervor. Danach wurde von Pestalozzi mit den üblichen Verfahren bei 20 % von 175 Kindern ein latentes Schielen mit Abweichung des Auges nach innen festgestellt, während der POLA-Test bei den gleichen Kindern eine Häufigkeit von 78 % ergab. Im Gegensatz zu Pestalozzi, der vorwiegend ein Schielen nach innen diagnostizierte, zeigten von den 300 Kindern mit einer Winkelfehlsichtigkeit, über die Otto et al. berichteten, 85 % eine Augenabweichung nach außen. In Anbetracht solcher Diskrepanzen scheint es mehr als fragwürdig, aus Untersuchungsergebnissen mit dem POLA-Testgerät eine Indikation zur Prismenbrillenverordnung abzuleiten. Vom Bundesverband der Augenärzte Deutschlands wird deshalb empfohlen, von einem latenten Schielen nur zu sprechen, wenn ein solches mit mehreren Verfahren nachgewiesen wurde.

Ob ein latentes Schielen überhaupt **therapeutische Konsequenzen** haben sollte, ist umstritten. Eine Winkelfehlsichtigkeit ist weit verbreitet und in der Regel mit keinerlei Beschwerden verbunden. 65 % aller Kinder zeigen diese Auffälligkeit. Wenn von LRS-Kindern mit einem latenten Schielen Beschwerden beim Lesen angegeben werden, dann ist bislang nicht belegt, dass diese auf die Schwächen beim binokularen Sehen zurückzuführen sind.

Gefahren einer Prismenbrillenverordnung

Ein latentes ist gegenüber einem manifesten Schielen dadurch gekennzeichnet, dass die Fehlstellung der Blickachsen automatisch korrigiert wird. Dies erfolgt entweder durch eine Veränderung der Muskelspannung, sobald beide Augen ein Objekt fixieren, oder durch Verarbeitungsprozesse im Gehirn. Auch wenn die Augen eine leichte Fehlstellung aufweisen und damit die Bilder auf der Netzhaut des rechten und linken Auges nicht am gleichen Ort entstehen, so ist das Gehirn in der Lage, diese Nichtübereinstimmung ausreichend zu kompensieren. In psychologischen Experimenten wurde bei Erwachsenen mit Spezialbrillen die Bildprojektion auf die Netzhaut verändert.

Anfangs traten Doppelbilder auf, doch dann lernte das Gehirn, diese auszugleichen, und die visuelle Wahrnehmung normalisierte sich. Damit konnte nachgewiesen werden, dass auch noch im späteren Alter auftretende Fehlprojektionen auf die Netzhaut automatisch korrigiert werden, ohne dass Leistungseinbußen oder Beschwerden auftreten.

Bei einer Winkelfehlsichtigkeit besteht nach Prismenbrillenverordnung die Gefahr, dass das Gehirn den alten Fehlwinkel, an den es sich gewöhnt hatte, wieder einstellt. Dadurch nimmt der Schielwinkel im Laufe der Zeit zu und die Prismenstärke muss ständig nach oben korrigiert werden (Schäfer 1998). Bei etwa einem Drittel der Fälle wird der Schielwinkel schließlich so groß, dass eine Operation erforderlich wird. Der Berufsverband der Augenärzte Deutschlands warnt deshalb nachdrücklich vor einer Prismenbrillenverordnung zur Behandlung einer Lese-Rechtschreib-Störung.

Prismenbrillen sind somit weder bei einer Lese-Rechtschreib-Störung noch bei anderen Lernstörungen eine echte Hilfe. Eine Winkelfehlsichtigkeit wird viel zu häufig diagnostiziert, da das derzeitig übliche diagnostische Verfahren mit einer hohen Fehlerquote behaftet ist. Auch halten die berichteten Therapieerfolge einer kritischen Überprüfung nicht stand. Negative Folgen des Tragens von Prismenbrillen überwiegen gegenüber einem eventuellen Nutzen.

8.2.2.4 Training der Blicksteuerung

Theoretisches Konzept
Während des Lesens gleitet der Blick nicht kontinuierlich über einen Text, sondern es wechseln Fixierungen von Textpunkten und **Blicksprünge** miteinander ab. Während der Zeit der Fixation steht das Auge still und der im Zentrum liegende Buchstabe bildet sich am Ort des schärfsten Sehens ab. Aber auch Buchstaben rechts und links werden miterfasst. Bei Schriften, die wie im Deutschen von links nach rechts verlaufen, erkennt ein guter Leser etwa 10–15 Zeichen rechts vom Fixationspunkt, während Buchstaben links kaum beachtet werden. Genau umgekehrt verhält es sich bei Schriften, die von rechts nach links geschrieben werden. Die Dauer der Fixation beträgt je nach Schwierigkeitsgrad des Wortes 50–400 Millisekunden. Die Fixationszeiten werden durch schnelle, etwa 30 Millisekunden dauernde Blicksprünge abgelöst. Die Schrittweite ist von der Struktur des jeweiligen Wortes abhängig und beträgt durchschnittlich acht Buchstaben in Textrichtung.

Neben Blicksprüngen in Leserichtung (**Prosakkaden**) treten auch solche in Gegenrichtung (**Antisakkaden**) auf. Antisakkaden werden im Gegensatz zu Prosakkaden willkürlich gesteuert und dann beobachtet, wenn eine Überprüfung der zuvor aufgenommenen Information erforderlich wird. Dies ist der Fall, wenn ein während der Sakkade übersprungener Wortteil nicht richtig entschlüsselt werden kann. Bei guten Lesern sind etwa 10–15 % der Blicksprünge Antisakkaden. Je schwieriger der Text, umso häufiger treten diese auf (Fischer 1999, Werth 2001).

Blickbewegungen lassen sich heutzutage mithilfe von Infrarot-Messgeräten exakt erfassen und die einzelnen Komponenten, wie Fixationsdauer und Zahl der Pro- und Antisakkaden, quantitativ beurteilen. Inzwischen liegen zahlreiche Untersuchungsbefunde von guten und schlechten Lesern vor, die darauf hinweisen, dass bei Kindern mit einer Legasthenie häufig Auffälligkeiten in der Blicksteuerung bestehen. Diese sind allerdings für eine Legasthenie nicht spezifisch, sondern auch bei Kindern mit anderen Störungen nachzuweisen (Fischer 2001).

Empfehlungen zum Training der Blicksteuerung gehen davon aus, dass **Auffälligkeiten in der Augenmotorik** zu Schwierigkeiten beim Lesen und Rechtschreiben führen. Ein unsystematisches Scannen des zu lesenden Textes erschwere ein Erkennen der Buchstabenreihenfolge und damit gelinge ein Worterfassen nur mühsam. Hinsichtlich der Art von Blickbewegungsauffälligkeiten bei LRS-Kindern werden falsch bemessene Längen der Blicksprünge und inadäquate Fixationszeiten genannt. Die Arbeitsgruppe um Fischer sieht als wesentlichen Befund Häufungen der willkürlichen Augenbewegungen (Ausführung von Antisakkaden) an, die in Abhängigkeit vom Alter bei 20–50 % der LRS-Kinder zu beobachten seien (Biscaldi et al. 2000).

Als **Ursachen** für Störungen in der Blicksteuerung werden von Fischer et al. (1998) Dysfunktionen des Stirnhirns, von Nicolson et al. (1999) Defizite der Kleinhirnfunktion angenommen.

Praktisches Vorgehen in Diagnostik und Therapie

Zur Diagnostik und zum Training der Blickmotorik werden kleine **Geräte,** die einem Gameboy ähneln, und verschiedene **Computerprogramme** angeboten (Blicklabor Freiburg, Medienwerkstatt Mühlacker, Celeco-Software). Auf dem Bildschirm der Diagnose- und Trainingsgeräte bzw. dem Computermonitor erscheinen Muster mit sich ändernder Orientierung. Das Kind hat die Aufgabe, mit Tastendruck anzuzeigen, welche Orientierung zuletzt aufgetreten ist. Die Geschwindigkeit des Orientierungswechsels kann eingestellt werden. Je nachdem, welche Auffälligkeit in der Blicksteuerung festgestellt wird, werden Fixationsdauer, Pro- oder Antisakkaden sowie Größe, Zielgenauigkeit und zeitliche Koordination der Blicksprünge trainiert. In Abhängigkeit vom Trainingsziel verbleibt das Muster entweder in der Mitte, springt zur Seite oder wird mit Ablenkreizen kombiniert. Neben Programmen mit abstrakten Mustern gibt es solche mit Lesetexten.

Die Übungen sollen von den Kindern mehrmals täglich jeweils für fünf bis zehn Minuten durchführt werden. Der Schwierigkeitsgrad wird an die Leistungen der Kinder angepasst. Die während der einzelnen Trainingseinheiten erreichten Ergebnisse können gespeichert und ausgewertet werden. Nach mehreren Wochen wird eine Verbesserung der Blicksteuerung und sekundär der Lese- und Rechtschreibfähigkeit erwartet.

Wirksamkeitsnachweise

In mehreren Untersuchungen konnte nachgewiesen werden, dass sich die Leistungen in den unmittelbar trainierten Aufgaben verbessern. Am Ende des Trainings sind 80 % der Kinder schneller und sicherer in der Lage, am Trainingsgerät Reize mit den Augen zu verfolgen und bewusste Blicksprünge zuverlässig auszuführen. Die Fehlerzahl in Antisakkaden-Aufgaben verringerte sich um etwa 20 %. Nach dem Training zeigen LRS-Kinder in etwa die gleichen Leistungen wie unauffällig entwickelte Kinder (Fischer und Hartnegg 2000).

Eine exakte Blicksteuerung wird als Voraussetzung für ein sicheres Lesen angesehen. Ein Training der Kontrolle der Fixationszeiten und der Blicksprünge sei zwar keine LRS-Therapie im engeren Sinne, schaffe jedoch die Voraussetzung dafür, dass sonderpädagogische Übungen erfolgreich sein können. Darüber, ob sich die Lernfähigkeit beim Schriftspracherwerb durch ein Training der Blicksteuerung tatsächlich erhöht, gibt es bislang aber keine zuverlässigen Angaben. In Publikationen wird darauf hingewiesen, dass sich bei etwa einem Drittel der Kinder unmittelbar nach dem Training das Ergebnis im Lesetest verbessert hätte. Die Kinder würden die Zeilen nicht mehr so oft verlieren, Textstellen schneller wieder finden und auch beginnen, von sich aus zu lesen. Durch das Training verbessere sich auch das Schriftbild (Fischer et al. 1998, Fischer 2001). Werth (2001, S. 98–99) berichtet über Therapieerfolge bei zwanzig Kindern. Bei fast jedem zweiten Kind wurde innerhalb einer halben Stunde durch ein Training der Blicksteuerung eine erhebliche Verbesserung der Leseleistung erreicht. Die Fehlerrate sank im Zürcher Lesetest um 72 % bei gleichzeitiger Verlängerung der Lesezeit. Die Kinder hatten es gelernt, einzelne Textstellen länger zu fixieren und damit besser zu entschlüsseln. Genauere Angaben zu dieser Studie fehlen, sodass zur Verlässlichkeit der Daten keine Aussage möglich ist.

Es bleibt abzuwarten, ob sich diese verblüffend positiven Ergebnisse durch kontrollierte Studien bestätigen lassen. Bislang liegt meines Wissens nur eine einzige Evaluationsstudie mit einer Kontrollgruppe vor, die der Frage nachgegangen ist, ob ein Training der Blickmotorik die Effektivität von Leseübungen erhöht. Mit Ausnahme des Lesens wortunähnlicher Pseudowörter wurden bei LRS-Kindern nach einem Training der Blicksteuerung keine größeren Fortschritte in der Lesefähigkeit erreicht als bei untrainierten Kindern. Lesezeit und Lesegenauigkeit besserten sich in beiden Gruppen in gleicher Weise (Biscaldi-Schäfer et al. 2002). Ein Blicktraining scheint somit keinen relevanten Einfluss auf die schriftsprachlichen Leistungen von Kindern auszuüben.

Zusammenfassende Bewertung

Wie mehrere Untersuchungen übereinstimmend zeigen, sind bei lese-rechtschreibschwachen Kindern häufiger Defizite bei der Blicksteuerung zu beobachten. Dass aber derartige Schwächen die Ursache für Probleme beim Lesen und Schreiben sind, ist bislang nicht belegt. Gegen einen kausalen Zusammenhang zwischen Lese-Rechtschreib-Störung und Defiziten in der Blicksteuerung sprechen eine ganze Reihe von Befunden. So wurden Auffälligkeiten in der Blicksteuerung in gleicher Weise bei Kindern mit einem hyperkinetischen Syndrom festgestellt und selbst jedes fünfte unauffällig entwickelte

Kind hat Schwächen bei der Blickkontrolle, ohne dass Störungen im Schriftspracherwerb auftreten. Die Korrelation zwischen Lesefähigkeit und Variablen der Blicksteuerung ist zudem mit r=0.4 sehr niedrig (Biscaldi et al. 1998). Das **theoretische Konzept,** auf dem ein Training der Blicksteuerung bei Kindern mit einer Lese-Rechtschreib-Störung beruht, ist demzufolge recht spekulativ.

Hinsichtlich der **Untersuchungsmethoden,** mit denen Störungen bei der Blicksteuerung festgestellt werden, sind zahlreiche Fragen offen. So fehlen Nachweise für die Zuverlässigkeit der erhobenen Befunde. Gütekriterien wie Retest-Reliabilität wurden nicht untersucht und damit ist unklar, ob sich die eingesetzten Verfahren für die Einzelfalldiagnostik von Störungen der Blickmotorik eignen.

Übungen der Blicksteuerung führen zu einer verbesserten Blickkontrolle in den Aufgaben, die unmittelbar trainiert werden. Bislang fehlt jedoch ein Nachweis, dass Kinder durch ein Blicktraining vom Leseunterricht stärker profitieren als untrainierte. Bisherige Ergebnisse sprechen eher dagegen. Der Auffassung, dass bei einem Nachweis von Schwächen in der Blickkontrolle diese auch behandelt werden sollten, kann nicht ohne Weiteres zugestimmt werden. Ein Training der Blicksteuerung ist nur dann sinnvoll, wenn die Kinder davon auch einen tatsächlichen Nutzen haben und sich ihre schulische Leistungsfähigkeit nachweislich bessert. Da es bislang dafür keine ausreichenden Hinweise gibt, halten amerikanische Fachgesellschaften (Amercian Academy of Pediatrics, Amercian Academy of Ophthalmology, Amercian Academy of Pediatric Ophthalmology and Strabismus 1998) ein Training visueller Strategien zur Behandlung von Kindern mit Lernstörungen nicht für angebracht.

Weiterführende Literaturhinweise
Fischer, B. (1999). Blick-Punkte. Neurobiologische Prinzipien des Sehens und der Blicksteuerung. Bern: Huber.
Werth, R. (2001). Legasthenie und andere Lesestörungen – wie man sie erkennt und behandelt. Beck: München.

8.2.2.5 Training des dynamischen Sehens

Zugrunde liegendes Konzept
Beim Lesen springt das Auge von einem Fixationspunkt zum anderen. Eine visuelle Verarbeitung erfolgt nur bei Fixation, während zur Zeit des Blicksprungs die visuelle Aufnahme unterdrückt wird. Der Leseprozess besteht somit in einer Analyse von schnell aufeinander folgenden Einzelbildern. Etwa fünf Bildeindrücke pro Sekunde sind beim Lesen zu verarbeiten.

Im Konzept, das einem Training des dynamischen Sehens zugrunde liegt, wird davon ausgegangen, dass bei lese-rechtschreibschwachen Kindern die nacheinander im Gehirn eintreffenden **Einzelbilder unvollständig voneinander getrennt** werden. Während eines Blicksprungs werde das vorangegangene Bild nur teilweise gelöscht und die Seheindrücke der verschiedenen Fixationspunkte überlagern sich. Dadurch würden Buchstaben verschwommen wahrgenommen und nicht richtig erkannt. Zur Überprüfung werden wiederholte Rücksprünge (Antisakkaden) erforderlich (Werth 2001). Das dynamische Sehen wird als Leistung des magnozellulären visuellen Systems angesehen (Fischer und Hartnegg 2002).

Praktisches Vorgehen in der Therapie

Zum Training des dynamischen Sehens werden spezielle Übungen zum Erkennen von Buchstaben, zum simultanen Wahrnehmen, zum Erfassen von Buchstabensequenzen, zur Vergrößerung des Blickfeldes sowie zur Reduktion von Störeinflüssen auf das Erkennen von Wortsegmenten durchgeführt. Tägliche Übungen von fünf bis zehn Minuten über mehrere Wochen reichten in der Regel aus, um Therapieerfolge zu erzielen. In anderen Trainingsprogrammen werden Übungen mit abstrakten Mustern empfohlen, ähnlich wie beim Training der Blicksteuerung (Fischer et al. 2000).

Wirksamkeitsnachweise

Ein Training des dynamischen Sehens erfolgt in der Regel im Zusammenhang mit anderen visuellen Übungen. Belege, dass ein solches Training die Fähigkeit zum dynamischen Sehen verbessert bzw. dieses sich positiv auf das Erlernen des Lesens und der Rechtschreibung auswirkt, wurden bislang nicht vorgelegt.

Zusammenfassende Bewertung

Derzeitig kann nicht als erwiesen gelten, dass LRS-Kinder Schwierigkeiten bei der Erfassung von Bildsequenzen durch eine unvollständige Trennung einzelner Seheindrücke haben. Außer beim theoretischen Konzept sind auch bei der Diagnostik und Therapie viele Fragen offen. Bevor ein Training des dynamischen Sehens bei LRS- Kindern empfohlen wird, sollten Nachweise der Effektivität abgewartet werden.

8.2.3 Training von Hemisphärendominanz bzw. Hemisphärenkoordination

8.2.3.1 Training der Händigkeit

Entstehungsgeschichte

Die Vermutung, dass zwischen einer Lese-Rechtschreib-Schwäche und Störungen bei der Entwicklung der Hemisphärendominanz ein kausaler Zusammenhang besteht, geht auf Orton (1925) zurück. Orton nahm an, dass Buchstaben bzw. Wortbilder in der linken Hemisphäre gespeichert werden und in der rechten sich deren Spiegelbild abbilde. Bei einer **unvollständigen hemisphäriellen Spezialisierung** oder einer **gekreuzten Lateralität** von Hand und Auge würde das Spiegelbild nur ungenügend unterdrückt und Verwechslungen von Buchstaben beim Lesen und Schreiben bzw. Spiegelschrift seien die

Folge. Seither wurden noch weitere Hypothesen darüber aufgestellt, welche Besonderheiten in der Hemisphärenspezialisierung zu Problemen beim Schriftspracherwerb führen.

Zugrunde liegendes Konzept

Von Vertretern der Edu-Kinestetik werden Beidhändigkeit, gekreuzte Hand-/ Augedominanz bzw. durchgehende Rechtshirndominanz als wesentliche Ursache einer Lese-Rechtschreib-Störung angesehen: »Konsequente Lateralität ist das effizienteste Dominanzmuster... Wenn das Muster nicht konsequent ist und **gemischte Lateralität** vorliegt, sind die Gehirnhälften manchmal verwirrt, wann sie arbeiten und was sie tun sollen. ... Zusammen umfasst diese Gruppe die Mehrheit der ›Legastheniker‹ und gut fünfzig Prozent der als Lernbehinderte klassifizierten Menschen ... Dem Lernenden, bei dem eine Dominanz der rechten Gehirnhälfte oder eine gemischte Lateralität vorliegt, fällt Lesen und Schreiben nicht so leicht« (Dennison 1994, S. 95 f.).

Nach entgegengesetzter Auffassung ist die Lese-Rechtschreib-Störung mit **extremer Rechts- bzw. Linkshändigkeit** verbunden (**Right-Shift-Theory** nach Annett 1996). Probleme beim Lernen werden auf eine unzureichende Arbeitsteilung zwischen rechter und linker Hemisphäre zurückgeführt.

Seit den siebziger Jahren wird auch die Frage diskutiert, ob eine **Umschulung von Linkshändigkeit** im Vorschulalter die Ursache spezifischer Schwächen im Schriftspracherwerb sein könnte. Bei Sattler (2001, S. 70) heißt es: »Da eine Umstellung der angeborenen Händigkeit *nicht zu einer Umstellung der Dominanz im menschlichen Gehirn führt*, kommt es zu einer Überbelastung der nichtdominanten Gehirnhälfte und zu Übertragungsschwierigkeiten im Corpus callosum, wodurch die verschiedensten *Primärfolgen* entstehen können.« Neben der Lese-Rechtschreib-Störung werden Raum-Lage-Labilität, Merk- und Konzentrationsstörungen, Sprachstörungen und eine feinmotorische Ungeschicklichkeit als Primärfolgen aufgeführt. Als Sekundärfolgen werden zahlreiche psychische Symptome von Selbstunsicherheit über Verhaltensstörungen bis zum Bettnässen genannt.

Praktisches Vorgehen in Diagnostik und Therapie

Zur Diagnostik der Hemisphärendominanz werden unterschiedliche Untersuchungsverfahren sowie Fragebögen eingesetzt und die Befunde durch Beobachtung ergänzt.

In der Behandlung wird ein **Geschicklichkeitstraining mit der Hand** durchgeführt, deren Präferenz erhöht werden soll. Hierbei werden feinmotorische Übungen wie Basteln oder Malen eingesetzt. Bei Kindern, die einige Aufgaben rechts- und andere linkshändig ausführen und die dann als umgeschulte Linkshänder klassifiziert werden, wird ein solches Lateralitätstraining als **Rückschulung** bezeichnet. Sattler (2000) gibt genaue Anleitungen für ein solches Training. Bis ins Erwachsenenalter hinein sei eine Rückschulung mit insgesamt positivem Effekt möglich.

Wirksamkeitsnachweise

Über erfolgreiche Behandlungen wird anhand von Einzelfallschilderungen berichtet. Dabei wird darauf hingewiesen, dass sich außer der Lernfähigkeit auch Konzentrationsfähigkeit und Verhalten besserten. Kontrollierte Effektivitätsstudien liegen bislang nicht vor.

Zusammenfassende Bewertung

Inzwischen gibt es mehrere größere Studien, die dem Zusammenhang zwischen Hirndominanz und Lese-Rechtschreib-Störung nachgegangen sind. Die Ergebnisse sind insgesamt widersprüchlich. In einigen Studien wurde keinerlei Zusammenhang zwischen Links-, Rechts- bzw. Beidhändigkeit und Lese-Rechtschreib-Leistungen gefunden (Locke und Macaruso 1999). In den Arbeiten, in denen sich eine derartige Beziehung abzeichnet, waren die Korrelationen äußerst niedrig. So klärte in einer Untersuchung von Strehlow et al. (1996) die Händigkeit nur 2,4 % der Varianz der Rechtschreibleistungen auf. Geringe Abweichungen in der Dominanzentwicklung sind zudem für eine Lese-Rechtschreib-Störung nicht spezifisch. Auch bei vielen anderen Störungsbildern, wie z. B. Autismus oder Schizophrenie, wurden etwas andere Verteilungsmuster hinsichtlich Präferenzen einzelner Funktionen als in der Durchschnittsbevölkerung beobachtet (Kundart 2001).

Hinsichtlich der **Diagnostik** von Auffälligkeiten der Dominanzentwicklung besteht eine erhebliche Unsicherheit. Die Untersuchung erfolgt uneinheitlich und die Zuverlässigkeit der Ergebnisse ist unklar. Eine Bestimmung der Lateralität und insbesondere die Feststellung einer umgeschulten Linkshändigkeit ist mit vielen offenen Fragen verbunden.

Die Effektivität einer **Behandlung** ist nicht belegt. Weder wurde nachgewiesen, dass durch ein Training eine dauerhafte Umstellung von Präferenzen möglich ist noch dass sich die Lernfähigkeit verbessert.

Fasst man den Wissensstand zum Thema Lese-Rechtschreib-Störung und Hemisphärendominanz zusammen, so lässt sich sagen, dass eine auffällige Lateralitätsentwicklung als Ursache einer Lese-Rechtschreib-Störung als weitgehend ausgeschlossen gelten kann. Ein Training der Hemisphärendominanz zur Behandlung einer LRS oder anderer Lernstörungen erscheint somit wenig sinnvoll. Es gibt bislang keinerlei Belege dafür, dass Lateralitätsübungen zu einer Beschleunigung des Erwerbs der Schriftsprache oder einer Erhöhung der allgemeinen Lernfähigkeit führen.

Weiterführende Literaturhinweise

Sattler, J. B. (2000). Der umgeschulte Linkshänder oder Der Knoten im Gehirn. Donauwörth: Auer Verlag.

Sattler, J. B. (2001). Das linkshändige Kind in der Grundschule. Donauwörth: Auer Verlag.

8.2.3.2 Training der Ohrdominanz

Zugrunde liegendes Konzept
Ein Training zur Herausbildung von Rechtsohrdominanz wurde von Tomatis (1998) erstmals zur Diskussion gestellt. Diese Behandlungsmethode beruht auf der Hypothese, dass eine Lese-Rechtschreib-Störung **Folge von Linksohrigkeit** sei. Wenn das linke Ohr dominant ist, würden akustische Informationen primär in die rechte Hemisphäre projiziert. Sprache, einschließlich der Schriftsprache, werde aber in der linken Hemisphäre verarbeitet. Somit sei eine Übertragung der einlaufenden neuronalen Impulse von der rechten in die linke Hemisphäre erforderlich, bevor der eigentliche Verarbeitungsprozess beginnen kann. »Diese Erschwernis kann zu einer verspäteten, schlechteren oder sogar falschen Wahrnehmung der Laute führen, aus denen sich ein Wort zusammensetzt. Auch verbrauchen diese Kinder mehr von ihrer wertvollen Energie für den Erkennungsvorgang« (Warnke 1995, S. 45). Insbesondere bei Störschall, wie Hintergrundgeräuschen im Klassenzimmer, käme es zu Fehlverarbeitungen. Dies würde beim Erwerb des Lesens und Schreibens zu Verzögerungen und zu Störanfälligkeit führen.

Praktisches Vorgehen in der Therapie
Die Kinder werden angehalten, über mehrere Wochen täglich für eine Viertel- bis eine halbe Stunde Musik oder Geschichten über Kopfhörer zu hören. Für das rechte Ohr wird die Lautstärke zunehmend erhöht und für das linke erniedrigt. Man erwartet sich davon eine **Umstellung der Ohrpräferenz** auf das rechte Ohr.

Ein alternatives Vorgehen besteht darin, nur dem rechten Ohr die Stimme eines Geschichtenerzählers einzuspielen und dem linken Ohr Musik. Die Stimme entfernt sich mit der Zeit, sodass das Kind sich immer stärker auf das Verstehen mit dem rechten Ohr konzentrieren muss (Warnke 1995).

Ein Training der Ohrdominanz wird häufig mit anderen Trainingsverfahren (Hochtontherapie, Lateraltraining) kombiniert.

Wirksamkeitsnachweise
Bislang gibt es weder dafür, dass durch ein derartiges Training die Ohrpräferenz von links auf rechts umgestellt werden kann, noch dafür, dass sich die Lese-Rechtschreib-Fähigkeit verbessert, ausreichende Hinweise. Befürworter des Verfahrens berufen sich auf eigene positive Erfahrungen bei der Anwendung der Therapie.

Zusammenfassende Bewertung
Der **theoretische Hintergrund** des Vorgehens ist zweifelhaft, da es bislang keine Belege dafür gibt, dass sich bei LRS-Kindern die Ohrpräferenz grundlegend von der anderer Kinder unterscheidet. Wie bei der Händigkeit haben sich in einigen Studien Abweichungen des Musters der Ohrigkeit bei LRS-Kindern gegenüber Vergleichskindern ergeben, die aber nur gering ausgeprägt sind und somit nicht die Schwierigkeiten von LRS-Kindern beim Er-

werb der Schriftsprache erklären können. Kinder mit Linksohrigkeit zeigen keine diesbezüglich schlechteren Schulleistungen, als es der durchschnittlichen Erwartung entspricht.

Da weder ein überzeugendes theoretisches Konzept vorliegt noch gezeigt wurde, dass ein **Training** der Ohrdominanz zu einer Verbesserung der Lernfähigkeit führt, kann ein Training zur Umstellung der auditiven Dominanz auf das rechte Ohr kaum als sinnvolles Therapieverfahren angesehen werden.

Weiterführende Literaturhinweise

Tomatis, A. (1998). Das Ohr – die Pforte zum Schulerfolg. Dortmund: verlag modernes lernen, Borgmann KG.

Warnke, F. (1995). Was Hänschen nicht hört ... Elternratgeber Lese-Rechtschreib-Schwäche. Freiburg i. Br.: Verlag für Angewandte Kinesiologie.

8.2.3.3 Hemisphärenspezifisches Training

Zugrunde liegendes Konzept

Kappers (1997) geht davon aus, dass im Laufe der Entwicklung ein Wechsel der Hemisphärenbevorzugung im Lese- und Schreibprozess eintritt. Der Schwerpunkt der Anforderungen beim Erlernen der Schriftsprache liegt anfangs auf einer Identifizierung räumlich angeordneter, visueller Zeichen und auf der Integration intermodaler Informationen (Laut-Buchstabe-Zuordnung), und somit bei Aufgaben, zu deren Erledigung die rechte Hemisphäre besonders geeignet ist. Später besteht nach einer Automatisierung des Lese- und Schreibprozesses die Hauptanforderung in einer Entschlüsselung semantischer und syntaktischer Informationen. Die Verarbeitung solcher sprachlicher Codes erfolgt am effektivsten in der linken Hemisphäre. Tritt z. B. infolge einer funktionellen Über- oder auch Unterentwicklung einer Hirnhälfte der **Übergang von der primär rechtshemisphäriellen zur linkshemisphäriellen Verarbeitung zu früh oder zu spät** ein, so treten nach der Auffassung von Kappers die Symptome einer Lese-Rechtschreib-Störung auf. Wenn die Verarbeitung der Schriftsprache in der rechten Hemisphäre verbleibt, dann gelinge den Kindern zwar die Phonem-Graphem-Transformation, nicht aber das Erfassen des sprachlichen Zusammenhangs. Die Kinder würden langsam und fragmentiert, jedoch relativ richtig lesen (P-Typ der LRS). Erfolgt hingegen der Übergang auf die linke Hemisphäre zu früh, dann würden die formalen Charakteristika des Textes zu wenig beachtet und den Kindern sehr viele Fehler unterlaufen (L-Typ der LRS).

Eine Korrektur der Verarbeitung in der falschen Hemisphäre soll dadurch erreicht werden, dass die Schriftsprachinformation gezielt in eine Hemisphäre projiziert wird. Dies kann dadurch realisiert werden, dass Buchstaben oder Wörter mithilfe eines Tachistoskops nur in einer Gesichtsfeldhälfte erscheinen oder dass ein Kind Buchstaben und Wörter mit einer Hand ertastet. Eine vorwiegend rechtshemisphärielle Verarbeitung sei auch zu erreichen, wenn Wörter mit unterschiedlichen Schriftarten gedruckt seien. Umgekehrt werde die linke Hemisphäre vermehrt in den Verarbeitungsprozess einbezogen, wenn die Kinder beim Lesen die Aufgabe erhalten, reimende oder in einen bestimmten Kontext zu stellende Wörter herauszufinden (Bakker 1994).

Praktisches Vorgehen in der Therapie

Die Kinder erhalten solcherart gestaltete Leseaufgaben, dass die Information primär nur bzw. vorwiegend in eine Hemisphäre gelangt. Am häufigsten werden dazu **tachistoskopische Darbietungen** benutzt. Das Kind wird dabei aufgefordert, einen Punkt in der Mitte eines Bildschirms zu fixieren. Für Bruchteile von Sekunden erscheinen im rechten bzw. linken Gesichtsfeld die zu lesenden Wörter. Die Projektionszeit ist so kurz, dass das Kind nicht schnell zum Wort hinschauen und dieses ins zentrale Gesichtsfeld rücken kann. Befindet sich ein Wort im linken Gesichtsfeld, so bildet es sich auf der rechten Hälfte der Netzhaut eines jeden Auges ab und wird damit primär in die rechte Gehirnhälfte übermittelt. 15–20 Trainingseinheiten von je dreißig Minuten werden für erforderlich gehalten, um nennenswerte Effekte zu erzielen.

Wirksamkeitsnachweise

In den siebziger Jahren hat die Arbeitsgruppe um Gutezeit mehrere Effektivitätsstudien publiziert, die darauf hinweisen, dass tachistoskopische Übungen zu einer signifikanten Verbesserung von Rechtschreibung, Lesegenauigkeit und Lesegeschwindigkeit führen. In die Studien wurden Kontrollgruppen einbezogen, jedoch kein Doppelblinddesign gewählt. Die Effektivität des Vorgehens wurde insbesondere damit erklärt, dass die kurzen Projektionszeiten zu einer genaueren visuellen Wahrnehmung zwingen, das Interesse der Kinder wecken und die selektive Aufmerksamkeit fördern.

Seit einigen Jahren wird eine visuelle Halbfeldstimulation mittels Tachistoskop störungsspezifisch eingesetzt. Bei LRS-Kindern vom L-Typ (schnelles Lesen mit vielen Fehlern) wird die rechte Hemisphäre stimuliert und bei solchen vom P-Typ (langsames Lesen mit wenig Fehlern) die linke. Van Strien et al. (1995) variierten diese Methodik. Sie gingen davon aus, dass negative Emotionen insbesondere rechtshemisphäriell verarbeitet werden. Bei LRS-Kindern vom L-Typ benutzten sie deshalb in ihrem tachistoskopischen Übungsprogramm zur Aktivierung der rechten Hemisphäre Wörter, die negative Emotionen hervorrufen. Sie konnten im Vergleich zu neutralen Wörtern signifikant bessere Effekte auf die Lesefähigkeit erzielen.

Zusammenfassende Bewertung

Ob die Ausgangshypothesen Verarbeitungsprozesse bei LRS-Kindern adäquat widerspiegeln, ist fraglich. Bei einer Überprüfung des Konzepts mit dem Dichotic-Listening-Verfahren konnten Patel und Licht (2000) keine Belege für dessen Richtigkeit finden. Bei LRS-Kindern vom L- bzw. P-Typ waren keine Unterschiede hinsichtlich der Hemisphärendominanz bei der Verarbeitung auditiver Stimuli nachweisbar.

Bislang gibt es aber mehrere Studien unabhängiger Arbeitsgruppen, die darauf hinweisen, dass die gezielte Stimulation einer Hemisphäre zur Verbesserung der Lesefähigkeit beitragen kann. Allerdings haben sich erhebliche individuelle Unterschiede gezeigt. Bei einigen Kindern wurde ein völliges Verschwinden der Lese-Rechtschreib-Störung beobachtet, während andere Kinder auf das Training überhaupt nicht ansprachen. Auch ergab sich entgegen der theoretisch begründeten Erwartung kein Unterschied zwischen der Effektivität einer Aktivierung der rechten bzw. linken Hemisphäre bei LRS-Kindern vom P- oder L-Typ. Vieles spricht also dafür, dass die beschriebenen Erfolge auf Placebo-Effekte zurückzuführen sind und nicht auf eine spezifische Wirksamkeit des Verfahrens. Um spezifische Effekte nachzuweisen, wären placebokontrollierte Blindstudien erforderlich, die bislang nicht vorliegen.

Abgesehen von der Fragwürdigkeit des theoretischen Konzeptes und der Wirksamkeit des Verfahrens, ist ein hemisphärenspezifisches Training auch wegen des hohen Aufwandes für die Praxis wenig geeignet.

8.2.3.4 Motorisches Hemisphären-Koordinations-Training (Edu-Kinestetik)

Entstehungsgeschichte
Die Edu-Kinestetik ist ein Behandlungsverfahren aus dem Bereich der **Kinesiologie,** die von dem Arzt und Chiropraktiker G. J. Goodheart begründet wurde. Goodheart gelangte 1964 aufgrund einer erfolgreichen Therapie eines Patienten mit Flügelschulter durch das Massieren der Ansatzpunkte des geschwächten Muskels zu der Auffassung, dass nicht verspannte, sondern geschwächte Muskeln besondere Beachtung verdienen. Muskeln stünden mit den Organen in Verbindung und ein »schwacher« Muskel würde auf Störungen der Körperorgane hinweisen. Durch Massage des geschwächten Muskels bzw. seiner Reflexpunkte könne eine Dysfunktion der Organe beseitigt werden. Damit war die ursprüngliche Form der »Angewandten Kinesiologie« (**Lehre von der Bewegung**) geboren. Später wurden verschiedene Strömungen der Alternativmedizin integriert, wie die von den neurolymphatischen (F. Chapman) und den neurovaskulären Reflexen (T. J. Bennett) oder der Beeinflussung der Zirkulation des Nervenwassers (W. G. Sutherland). Auch wurden Beziehungen zwischen »schwachen« Muskeln und dem Energiefluss in den Meridianen, denen in der chinesischen Volksmedizin eine große Bedeutung zukommt, hergestellt und eine Stärkung schwacher Muskeln über Akupunkturpunkte empfohlen.

Zentrales diagnostisches Verfahren wurde der »**Muskeltest**«, mit dem »schwache« Muskeln und damit Blockierungen des Energieflusses in den Meridianen und Organstörungen sowie deren Ursachen festgestellt werden. Der Test wird auch eingesetzt, um das Fehlen von Spurenelementen zu belegen, Verträglichkeiten von Speisen bzw. allergieauslösende Stoffe zu erkennen und Stressreaktionen sowie emotionale Störungen aufzuspüren.

Wesentliche Behandlungselemente sind Massagen entlang der Wirbelsäule und von spezifischen Druckpunkten sowie spezielle Bewegungsübungen.

Inzwischen wird die Kinesiologie in über vierzig Ländern insbesondere von Naturärzten, Heilpraktikern und Psychotherapeuten eingesetzt. Als **Indikationen** gelten allgemeine Befindlichkeitsstörungen, Leistungsschwäche, übermäßiger Stress, emotionale Störungen, psychosomatische Beschwerden und vieles andere mehr. Die Kinesiologie hat sich in verschiedene Richtungen weiterentwickelt. »Touch for Health« (Gesund durch Berührung) geht auf J. Thie zurück. »Three in One« (Körper, Seele, Geist) betont den ganzheitlichen Anspruch der Kinesiologie. Bei der Psycho-Kinesiologie steht das Erkennen und Lösen seelischer Konflikte im Mittelpunkt. Die Wellness-Kinesiologie soll helfen, Stress und Lampenfieber abzubauen.

Die **Edu-Kinestetik** (Educational Kinesiology) wurde von dem amerikanischen Sonderpädagogen Paul Dennison ins Leben gerufen. »Sie ist eine neue revolutionäre Lernmethode.« (Dennison 1994, S. 13). »Die Edu-Kinestetik dient der Diagnose von Blockierungen beim Lernprozess und der Behebung von Lernbehinderungen durch Beseitigung der Blockierungen im Energiekreislauf« (S. 158). Dennison griff die Auffassungen von G. Doman und C. H. Delacato auf und verband diese mit kinesiologischem Gedankengut. Er entwickelte die **Dennison-Lateralitätsbahnung (DLB)**, von der ausgehend sich zahlreiche Varianten der Edu-Kinestetik herausgebildet haben. Die Anwendung dieser speziellen kinesiologischen Therapiemethode erfolgt vorwiegend durch Lehrer, Heilpädagogen, Logopäden, Ergotherapeuten und Psychologen. Sie wird einzeln und in Gruppen eingesetzt und soll die Lernfähigkeit sowohl bei unauffälligen Kindern als auch bei Kindern mit Konzentrations- und Lernstörungen verbessern. Eine Variante der Edu-Kinestetik ist die »**Pädagogische Kinesiologie**« (Koneberg und Förder 1996).

Zugrunde liegendes Konzept

Nach Doman und Delacato verläuft die Entwicklung eines Kindes in einzelnen Schritten, die in festgelegter Reihenfolge erworben werden. Als besonders wichtig wird das Erlernen von **Überkreuzbewegungen** während der Krabbelphase angesehen. Dieses Bewegungsmuster würde die Ausreifung der Zusammenarbeit der Großhirnhälften durch eine gleichzeitige Aktivierung beider Hemisphären fördern. Es wird postuliert, dass sich die im Balken verlaufenden Verbindungen zwischen rechter und linker Großhirnhälfte durch ein unzureichendes Ausführen von Überkreuzbewegungen, z. B. durch ein Überspringen der Krabbelphase, nicht ausreichend herausbilden. Das Kind verharre auf der »homolateralen« Entwicklungsstufe und verbrauche später viel Energie, um dieses Defizit auszugleichen.

In der Edu-Kinestetik wird zur Erklärung einer LRS der **Zusammenarbeit zwischen beiden Hirnhälften** eine ganz zentrale Bedeutung zugesprochen. »Sei es wegen eines Geburtstraumas, eines angeborenen Defekts, emotionalen Stresses oder Hyperaktivität, bei ›Legasthenikern‹ sind die rechte und die linke Gehirnhälfte nicht aufeinander abgestimmt, wenn sie sich mit Symbolen befassen« (Dennison 1994, S. 62 f.). Bei Innecken (2000, S. 29) heißt es über weitergehende Auswirkungen: »Von der guten Zusammenarbeit der beiden Gehirnhälften profitiert aber nicht nur die grobmotorische Geschicklichkeit des Kindes, sondern natürlich alle Bereiche ebenso. Die Integration und Koordination aller Sinne, die logische Denkfähigkeit und die Entwicklung der Kreativität, das Sprechen, die Fähigkeit Gefühle wahrzunehmen und auszudrücken, die soziale Kompetenz und die Entwicklung der Persönlichkeit.«

Ein lese-rechtschreibschwaches Kind zeige ein »**homolaterales Muster**«. »Ein homolateraler Mensch ist begrenzt auf eine ›einseitige‹ Denkweise. Er hat zu einem gegebenen Zeitpunkt jeweils zu einer Gehirnhemisphäre Zugang« (Dennison und Dennison 1997, S. 75). »Das ›Abblocken‹ der rechten Gehirnhälfte beeinträchtigt Lesen und Schreiben« (Dennison 1994, S. 158). Der Leseprozess von LRS-Kindern wird folgendermaßen beschrieben: »Da es den Text nur mit seinem rechten Auge aufnimmt, aktiviert es entsprechend nur die linke Gehirnhälfte und seine analytische Leistung. Die Fähigkeit der rechten Gehirnhälfte, Wörter als Ganzes wieder zu erkennen, liegt dadurch weitgehend brach. Dem Kind gelingt das Lesen zwar, aber nur langsam und mit großer Mühe. Würde das Kind hingegen nur mit seinem linken Auge lesen, wird es vermutlich darauf angewiesen sein, zu erraten, ob es sich um ein *Haus* oder eine *Maus* handelt. Die rechte Gehirnhälfte, die durch das Wahrnehmen des linken Auges aktiviert wird, begnügt sich nämlich mit einem Gesamteindruck des Wortes und findet die genauen Einzelheiten nicht weiter interessant!« (Innecken 2000, S. 31).

Praktisches Vorgehen in Diagnostik und Therapie

Die **Diagnostik** erfolgt mit dem Muskeltest. »In der Kinesiologie wird der Muskeltest eingesetzt, um Informationen vom Körpergedächtnis zu erhalten. Unsere Zellen speichern Erinnerungen« (Grüber 1998, S. 31). »Mit dem Muskeltest lassen sich jene Faktoren ausfindig machen, die als Stressoren wirken« (Koneberg und Förder 1996, S. 15). Häufig wird die Oberarm- und Schultermuskulatur, insbesondere der Muskel, der den Arm seitlich anhebt (Musculus deltoideus), als Kennmuskel verwendet. Das Kind drückt mit dem um 90 Grad seitlich angehobenen Arm gegen den Widerstand des Untersuchers. Sobald dieser spürt, dass das Kraftmaximum erreicht ist, steigert er den Testdruck. Kann das Kind dem Druck standhalten, so wird von »starker Muskelreaktion« gesprochen, bricht die Kontraktion jedoch zusammen, von einem »schwachen« Muskel. Der Muskeltest wird u. a. eingesetzt, um zu klären, ob Buchstaben »in Übereinstimmung mit dem Energiefluss der ›Liegenden 8‹« geschrieben werden (Dennison 1994, S. 145).

»Indem man die Muskeln ins Gleichgewicht bringt, ermöglicht man dem ›Legastheniker‹, zum ersten Mal angemessen zu lesen und zu schreiben, da man anscheinend dafür sorgt, dass alle Informationssysteme ständig funktionieren« (Dennison 1994, S. 61). Dieses Gleichgewicht wird durch **Überkreuzbewegungen** hergestellt. Diese ähneln der Krabbelbewegung, d. h., bei einer Bewegung des Armes einer Seite wird gleichzeitig das Bein der Gegenseite aktiviert. »Ihr liegt dieselbe Koordination der Gehirnhemisphären zugrunde, die auch für das Lesen und Schreiben notwendig ist« (Dennison

1994, S. 66). Für besonders wichtig wird ein Überschreiten der Mittellinie angesehen (Buchner 1997). Dazu eignet sich das Malen einer »Liegenden 8« in der Luft. Bei der ursprünglichen Dennison-Lateralitätsbahnung, auch als **Brain-Gym** bezeichnet, nehmen die Augen während der Überkreuzbewegungen vorgeschriebene Stellungen (z. B. Blick nach links oben) ein. Den einzelnen Übungen werden ganz spezifische Wirkungen auf die Lernfähigkeit zugesprochen (Innecken 2000). Dennison (1994) empfiehlt 25 Wiederholungen der einzelnen Bewegungen drei- bis viermal pro Tag.

Die Überkreuzbewegungen werden mit anderen Verfahren der Kinesiologie kombiniert eingesetzt. Innecken (2000) beschreibt die Wirkung einiger der von Dennison und Dennison (1996) empfohlenen zusätzlichen Techniken genauer, wie das Berühren der »**Positiven Punkte**« der Stirn (»Durch das Halten der Stirnpunkte verlagert sich die Aufmerksamkeit auf die Stirnlappen des Gehirns, ein Bereich, der einen klareren Blick auf die Probleme ermöglicht.« S. 53), der »**Gehirnknöpfe**« (»Durch Rubbeln der dem Nieren-Meridian zugeordneten Akupunkturpunkte unterhalb des Schlüsselbeins und gleichzeitiges Halten des Bauchnabels wird die ›Batterie‹ des Körpers aufgeladen und die beiden Gehirnhälften können besser zusammenarbeiten.« S. 36) oder der »**Anschaltknöpfe**« (»Während die Gehirnknöpfe die Integration von rechter und linker Gehirnhälfte unterstützen, aktivieren die Anschaltknöpfe die Integration von oberen und unteren, sowie vorderen und hinteren Gehirnbereichen.« S. 37). Weiterhin in der Behandlung eingesetzt werden ein **Reiben des Ohres** (»aktiviert über 400 Akupunkturpunkte an den Ohren und lenkt auf diese Weise die Aufmerksamkeit des Kindes auf das Zuhören, die Ohren werden wieder ›angeschaltet‹.« S. 48) und ein »**Energiegähnen**« (»Die Kiefergelenkmuskeln sind häufig die verspanntesten im ganzen Körper. ›Zähne zusammenbeißen‹ schränkt aber unsere Wahrnehmung und unser Denken ein, denn sehr viele Nervenverbindungen zum Gehirn passieren das Kiefergelenk.« S. 51).

Wirksamkeitsnachweise

Zur **Verlässlichkeit des Muskeltests**, der die diagnostische Grundlage für die Therapie mit kinesiologischen Methoden bildet, liegen inzwischen einige nach wissenschaftlichen Kriterien gestaltete Untersuchungen vor. Breitenbach und Keßler (1997) geben eine Übersicht und überprüften in einer eigenen Studie im Doppelblindversuch die Aussagefähigkeit des Muskeltests bei 99 Kindern einer Schule zur individuellen Sprachförderung. Sie kamen zu dem Ergebnis, dass mit diesem Untersuchungsverfahren keine verlässliche Aussage möglich ist. Pothmann et al. (2001) setzten den Muskeltest ein, um allergieauslösende Substanzen bei Kindern mit chronischen Störungen zu erkennen (Hyperaktivität, Neurodermitis, Asthma, Kopf- oder Bauchschmerzen u. a.). Zwischen dem Ergebnis der ersten und zweiten Untersuchung durch denselben Untersucher wurde, wenn dieser das erste Ergebnis kannte, eine mäßige Übereinstimmung festgestellt (Retest-Reliabilität: Intraclass-Kappa 0.62). Um zu sehen, ob übereinstimmende Diagnosen auch bei Unkenntnis des Ergebnisses der Voruntersuchung erhalten werden, führten sie eine Überprüfung der Quarkverträglichkeit im Blindversuch durch. Kinder, bei denen der erste Muskeltest eine Unverträglichkeit gegen die eine und Verträglichkeit gegenüber einer anderen Quarksorte ergeben hatte, wurden ein zweites Mal dem Muskeltest unterzogen, ohne dass dem Untersucher bekannt war, welche Quarksorte jeweils getestet wurde. Nun lag die Übereinstimmung zwischen erstem und zweitem Muskeltest auf Zufallsniveau. Die Trefferquote betrug 48 % und entspricht damit in etwa dem Ergebnis von 50 % Richtigen, das beim Raten zu erwarten wäre. Auch die Übereinstimmung zwischen zwei Untersuchern und die Übereinstimmung des Muskeltests mit Ergebnissen in einem Allergietest gingen nicht über die Treffergenauigkeit auf Zufallsniveau hinaus. Der Muskeltest erwies sich somit als ein Verfahren, das für die Diagnostik völlig ungeeignet ist.

Für die **Effektivität der Behandlung** gibt es, obwohl die Edu-Kinestetik breiten Eingang in Pädagogik und Therapie gefunden hat, keine verlässlichen Belege. Dennison (1994, S. 60) berichtet über eindrucksvolle, augenblickliche Heilungen: »Nachdem sie die Überkreuzbewegungen durchgeführt hatte, klingelte das Telefon; ich stand mit dem Rücken zu ihr, als sie laut zu lesen begann. Zu meiner Verwunderung las nun eine Stimme, die sich ganz anders anhörte, die nun von perfektem Ausdruck, Worterkennung und Verständnis gekennzeichnet war.« Siewers (1994) beschreibt zwei Kinder, bei denen nach kinesiologischen Übungen eine deutliche Besserung des Lernvermögens aufgetreten sei. Als objektiver Beleg für die Effektivität der Therapie wird eine Normalisierung der Ordnungsschwelle angeführt.

Von kinesiologisch tätigen Therapeuten wird immer wieder betont, dass durch ganz wenige Behandlungen enorme Lernfortschritte zu erzielen seien. So schrieb mir eine Kinesiologin: »Unsere Aufgabe besteht darin, die Denkweise des Kindes zu verstehen (mithilfe von kinesiologischen Modellen) und ihnen eine Brücke zur besseren Kommunikation in Familie und Schule zu bauen. Dies geschieht in ca. vier Sitzungen, die von den Eltern selber bezahlt werden. Das ist nach unseren Erfahrungen die beste Arbeitsvoraussetzung. Danach ist die LRS in vielen Fällen kein Problem mehr.«

In einer Effektivitätsstudie überprüften Klicpera und Gasteiger-Klicpera (1996) ein komplexes Trainingsprogramm, das neben edu-kinestetischen Übungen ein auditives Training und ein Lesetraining beinhaltete. Nach dem Training hatte sich die Lesegeschwindigkeit erhöht, die Anzahl von Lese- bzw. Rechtschreibfehlern jedoch nicht verringert. Dramatische Verbesserungen sind also keinesfalls eingetreten und die Erhöhung der Lesegeschwindigkeit könnte auch alleine durch das Lesetraining bedingt sein. Nach den Erfahrungen von Cammisa (1994), die den Effekt eines einjährigen kinesiologischen Trainings bei 25 Schülern überprüfte, bewirken edu-kinestetische Übungen Verbesserungen der Leistungsfähigkeit, die in dieser Studie jedoch nur im Bereich der visuomotorischen Geschicklichkeit signifikant waren. Khalsa (1988) berichtete über positive Effekte der Lateralitätsbahnung auf die Grobmotorik.

Sehr ermutigend fielen die Ergebnisse einer Pilotstudie von Donczik (1994) aus, der 63 LRS-Kinder mit der Dennison-Lateralitätsbahnung behandelte. Er beobachtete deutlich positive Effekte auf die Leseleistung. Im

Gegensatz zur Studie von Klicpera und Gasteiger-Klicpera (1996) besserten sich allerdings die Lesefehler und nicht die Lesegeschwindigkeit. Als weitere Wirkungen werden Erhöhungen von Lernfähigkeit, kognitiver Geschwindigkeit und des Gedächtnisses (verbal-auditives sowie visuelles Kurzzeit-, Arbeits- und Langzeitgedächtnis) beschrieben. Die Verbesserungen traten bei einzelnen Kindern schon nach einer einzigen Bahnungsübung auf. Der Autor weist darauf hin, dass es sich um eine Pilotstudie handelt, deren Aussagefähigkeit aufgrund der gewählten Methodik (weder Kontroll- noch Placebogruppe, kein Blinddesign) stark eingeschränkt ist. Wie sehr sich Ergebnisse in offenen gegenüber Blindstudien unterscheiden können, geht aus der oben zitierten Untersuchung von Pothmann et al. (2001) zur Überprüfung des kinesiologischen Muskeltests hervor.

Klinkoski und Leboeuf (1990) sichteten fünfzig Arbeiten, die zwischen 1981 und 1987 durch das Internationale Kolleg für Angewandte Kinesiologie zur Effektivität kinesiologischer Therapien veröffentlicht worden waren. Zwanzig wurden als wissenschaftliche Arbeiten eingestuft, aber keine dieser Studien erfüllte alle Kriterien, die an Studien zur Überprüfung der Wirksamkeit eines Behandlungsverfahrens zu stellen sind, und keine setzte adäquate statistische Verfahren ein. Belege für spezifische Wirkungen der Kinesiologie konnten somit nicht gefunden werden.

Zusammenfassende Bewertung
Die esoterischen Anteile des **theoretischen Konzepts** sollen nicht weiter hinterfragt werden, da sie auf Glauben beruhen. Die Plausibilität der Wirkung edu-kinestetischer Übungen wird aber zum Teil auch mit naturwissenschaftlichen Argumenten begründet, auf die im Folgenden kurz eingegangen werden soll. Zum einen sind die Auffassungen von Doman und Delacato zu nennen, nach denen die kindliche Entwicklung in einer festgelegten Reihenfolge erfolgt und ein Überspringen des Krabbelstadiums als Ursache für spätere Entwicklungsauffälligkeiten angesehen wird. Diese Hypothese muss heute als überholt gelten (Stellungnahme der Gesellschaft für Neuropädiatrie: Hanefeld 1992). Inzwischen hat sich gezeigt, dass die Entwicklung eines Kindes sehr variabel verlaufen kann und bei Kindern, welche die Krabbelphase überspringen, nicht gehäuft Lernschwierigkeiten auftreten. Zum anderen halten die Grundannahmen über die Projektion von Sinneseindrücken des linken Auges bzw. Ohres primär in die rechte Hemisphäre und umgekehrt einer naturwissenschaftlichen Betrachtungsweise nicht stand. Im Gegensatz zum motorischen System ist die Lateralisierung im sensorischen Bereich wesentlich komplizierter. Die große Bedeutung, die einer Koordination beider Hirnhälften für die Lernfähigkeit eines Kindes zugesprochen wird, ist rein spekulativ. Ein Fehlen des Balkens, der großen Verbindung zwischen der rechten und linken Hirnhälfte, wird bei manchen Kindern als seltene, angeborene Fehlbildung beobachtet. Die Kinder fallen weder durch eine Lese-Rechtschreib-Störung noch durch andere wesentliche psychische oder Lernstörungen auf, sondern werden meist zufällig entdeckt, wenn eine Untersuchung des Gehirns aus anderen Gründen, z. B. wegen einer Migräne, erfolgt.

Der **Muskeltest,** der im Zentrum der kinesiologischen Diagnostik steht, ist nach übereinstimmenden Ergebnissen mehrerer aussagefähiger Studien als völlig wertlos einzustufen.

Ob die **Behandlung** spezifische Effekte zeigt, ist bislang nicht belegt. Schilderungen von Einzelfällen mit dramatischen Verbesserungen der Lese- und Rechtschreibfähigkeit durch wenige Übungsstunden stehen Erfahrungen gegenüber, dass eine kinestetische Therapie zwar die motorische Geschicklichkeit eines Kindes erhöht, auf die Lernfähigkeit aber bestenfalls geringfügige positive Auswirkungen ausübt. Lediglich eine Untersuchung von Donczik (1994) kommt zu einer positiven Bewertung, doch ist auch nach Auffassung des Autors selbst die Aussagefähigkeit dieser Studie wegen gravierender methodischer Mängel als gering einzustufen.

Spezifische Effekte von Überkreuzbewegungen auf die Lese- und Rechtschreibfähigkeit bzw. die allgemeinen Schulleistungen sind somit insgesamt nicht belegt. Solche sind aus theoretischer Sicht auch eher nicht zu erwarten, da sich Überkreuzbewegungen und Bewegungen über die Mittellinie nicht prinzipiell von anderen motorischen Übungen gleichen Komplexitätsgrades unterscheiden. Positive Effekte der Edu-Kinestetik auf die Lernfähigkeit sind allenfalls unspezifischer Natur. Es ist durchaus plausibel, dass sich eine Unterbrechung von Lernphasen durch Bewegung und Entspannungsübungen sowohl bei lese-rechtschreibschwachen als auch bei unauffälligen Schülern positiv auf Motivation und Konzentrationsfähigkeit auswirken. Die Übungen ähneln dem Vorgehen beim psychomotorischen Training, das zu einer psychischen Stabilisierung, kaum aber zu einer Verbesserung der Schulleistungen führt (s. Abschnitt 8.2.4.1), und damit sind auch ähnliche Wirkungen von der Edu-Kinestetik zu erwarten.

Die Edu-Kinestetik verfügt somit weder über ein nachvollziehbares theoretisches Fundament, noch kann sie auf nachgewiesene Erfolge verweisen, sodass die Stiftung Warentest (1996, S. 303) bei einer Bewertung alternativer Behandlungsverfahren zu dem Ergebnis kommt, dass die Anwendung der Edu-Kinestetik nicht zu empfehlen ist.

Weiterführende Literaturhinweise

Buchner, C. (1997). BRAIN-GYM & Co. – kinderleicht ans Kind gebracht. Freiburg i. Br.: VAK Verlag für Angewandte Kinesiologie.

Dennison, P. (1994). Befreite Bahnen. Freiburg: Verlag für Angewandte Kinesiologie.

Dennison, P., und Dennison, G. (1996). BRAIN-GYM. Freiburg i. Br.: VAK Verlag für Angewandte Kinesiologie.

Dennison, P., und Dennison, G. (1997). EK für Kinder. Das Handbuch der EDU-KINESTETIK für Eltern, Lehrer und Kinder jeden Alters. Freiburg i. Br.: VAK Verlag für Angewandte Kinesiologie.

Grüber, I. (1998). Praxisbuch Kinesiologie. München: Südwest Verlag.

Innecken, B. (2000). Kinesiologie – Kinder finden ihr Gleichgewicht. München: Don Bosco.

Koneberg, L., und Förder, G. (1996). Kinesiologie für Kinder. München: Gräfe & Unzer.

8.2.3.5 Auditives Hemisphären-Koordinations-Training (Lateraltraining)

Entstehungsgeschichte
Ausgehend von der Hypothese, die auch der Edu-Kinestetik zugrunde liegt, dass die LRS durch eine **unzureichende Koordination der Hirnhemisphären** bedingt sei, wurden unterschiedliche auditive Trainingsverfahren zur Verbesserung der Zusammenarbeit der linken und rechten Hirnhälfte entwickelt.

Als **Einsatzgebiete** werden neben der Lese-Rechtschreib-Störung auch Sprach-, Stimm- und Sprechstörungen, akustische- und/oder visuelle Verarbeitungsdefizite, Schwierigkeiten in der Grob-, Fein- und Graphomotorik, Gleichgewichtsprobleme, Autismus, sonstige Lernstörungen und psychosomatische Beschwerden genannt. Das Training wird überwiegend durch Logopäden, Sonderpädagogen, Ergotherapeuten und Psychologen angeboten.

Zugrunde liegendes Konzept
Für effektive Wahrnehmungsvorgänge sei eine schnelle Verbindung zwischen der linken und rechten Hemisphäre erforderlich. Diese wird vorwiegend über den Balken (Corpus callosum) realisiert. Ist dieser unzureichend entwickelt, so komme es zu Minderleistungen bei Aufgaben, die einen schnellen **interhemisphäriellen Informationsaustausch** erfordern. Insbesondere Lesen und Schreiben verlangen eine vielfache Verknüpfung visueller, auditiver und kinästhetischer Eindrücke der rechten und linken Hemisphäre. Ist der Balken unzureichend ausgebildet, so sei ein Kind bei allem Schriftsprachlichen völlig überfordert und werde damit zum Legastheniker.

Ein Lateraltraining soll eine **Nachreifung des Corpus callosum** bewirken und die Geschwindigkeit des interhemisphäriellen Austausches erhöhen.

Praktisches Vorgehen in der Therapie
Für das Training sind unterschiedliche Geräte auf dem Markt. In der Regel bieten diese den Kindern über Kopfhörer **Musik oder Sprache an, die zwischen dem rechten und linken Ohr hin und her wandert.** Die Kinder sollen nach einer gewissen Zeit die von der CD abgespielten Lieder mitsingen bzw. die Texte mitsprechen. Die eigene Stimme wird aufgenommen und mit eingespielt. Sie pendelt gleichfalls – und zwar gegensinnig zur CD-Musik – zwischen rechts und links (Warnke 1997, Minning und Minning 2001).

Ein anderes, auf dem gleichen theoretischen Gedanken beruhendes Verfahren ist das **dichotische Hörwahrnehmungstraining**. Das Kind hört dabei auf dem rechten bzw. linken Ohr unterschiedliche akustische Reize wie Silben oder kurze Wörter, die gleichzeitig eingespielt werden.

In der Regel wird ein tägliches, zwei- bis dreimaliges Training von 10–15 Minuten über die Dauer von einigen Wochen bis Monaten empfohlen. Es wird häufig in Kombination mit anderen auditiven Verfahren wie Hochtonfilterung oder Ordnungsschwellentraining eingesetzt.

Wirksamkeitsnachweise
Auf der Homepage der Firma MediTech wird über eine Umfrage bei fünfzig Familien berichtet. Danach gaben nach sechs Monaten 94 % Verbesserungen der Leseleistungen und 86 % der Rechtschreibleistungen an (www.meditech.de, 12.06.2002).

Streit (1997) erfasste Effekte des auditiven Hemisphären-Koordinations-Trainings auf die Unbehaglichkeitsschwelle und das Verhalten bei hyperkinetischen Kindern. Positive Wirkungen wurden sowohl auf die Unbehaglichkeitsschwelle als auch auf das Verhalten (Einschätzung durch die Eltern) beobachtet. Beides stand jedoch nicht miteinander in Verbindung, sodass die Verhaltensveränderungen kaum auf eine verbesserte auditive Verarbeitung zurückgeführt werden können. Die Autorin weist darauf hin, dass unspezifische Placebo-Effekte wegen des Fehlens einer Kontrollgruppe nicht auszuschließen sind.

Klicpera und Gasteiger-Klicpera (1996) überprüften im Rahmen einer kontrollierten, randomisierten Studie die Effektivität des Hemisphären-Koordinations-Trainings bei Kindern der zweiten und dritten Klasse. Neben dem Lateraltraining wurden weitere auditive und kinesiologische Übungen durchgeführt. Es kam im Vergleich zur Kontrollgruppe zu keiner bedeutsamen Verminderung von Lese- bzw. Rechtschreibfehlern. Lediglich die Lesegeschwindigkeit erhöhte sich, was die Autoren eher auf das Mitlesen während des Trainings als auf spezifische Effekte des Verfahrens zurückführen.

Hansen-Ketels (1997) setzte das Lateraltraining in Kombination mit anderen auditiven Verfahren bei Sonderschülern ein und berichtete über »einige positive Veränderungen im Lern- und Arbeitsverhalten«.

In einer Evaluationsstudie (Tewes et al. 2003) wurde das Lateraltraining mit Übungen zahlreicher basaler Funktionen (Automatisierungstraining) kombiniert eingesetzt. Es wurden erhebliche Verbesserungen in allen überprüften Parametern beobachtet (Rechtschreiben, Lesen, Konzentrationsfähigkeit). Die Studienergebnisse sind jedoch insgesamt widersprüchlich und wenig plausibel (s. Abschnitt 8.2.5), sodass sie kaum als Beleg für eine Wirksamkeit des Lateraltrainings angesehen werden können.

Zusammenfassende Bewertung
Im theoretischen Konzept wird davon ausgegangen, dass eine unzureichende Koordination der rechten und linken Hirnhälfte zumindest teilweise als Ursache für eine Lese-Rechtschreib-Schwäche anzusehen sei. Dafür gibt es bislang keine ausreichenden Hinweise (s. auch Abschnitt 8.2.3.4).

Eine Verbesserung der Lese- und Rechtschreibleistungen bei fast allen trainierten Kindern, wie sie aus einer Umfrage bei Eltern vermutet werden kann, konnte in einer kontrollierten Studie (Klicpera und Gasteiger-Klicpera 1996) auch nicht annäherungsweise bestätigt werden. Die extrem positiven Resultate einer anderen Effektivitätsprüfung (Tewes et al. 2003) sind wegen methodischer Mängel wenig aussagefähig. Die Angaben zur Wirksamkeit sind also insgesamt widersprüchlich. Vor einem Einsatz des Hemisphären-Koordinations-Trainings bei LRS-Kindern sollten deshalb Untersuchungen, welche die Effektivität derartiger Übungen aufgrund aussagefähiger Studien belegen, abgewartet werden.

8.2.4 Sensomotorisches Training

8.2.4.1 Psychomotorisches Training

Zugrunde liegendes Konzept
Das psychomotorische Training beruht auf der Hypothese, dass die Lese-Rechtschreib-Störung auf **Defizite in der Sensomotorik** zurückzuführen ist. Schwächen in der Raumorientierung, der Artikulation, der Schreib- und Allgemeinmotorik werden als Ausdruck einer unzureichenden sensomotorischen Rückkopplung zwischen gesprochener, gehörter und geschriebener Sprache aufgefasst. Das Training soll die bewusste und unbewusste Sinneswahrnehmung schulen, indem Bewegung mit taktilen, kinästhetischen, visuellen und auditiven Sinneseindrücken verknüpft wird. Erwartet wird, damit die Grundlage für effektive Lernprozesse zu schaffen. Dabei wird davon ausgegangen, dass ein Transfer zwischen dem Training basaler sensomotorischer Funktionen und höheren Lernprozessen stattfindet (Eggert 1975).

Praktisches Vorgehen in der Therapie
Mehrmals pro Woche werden über einen Zeitraum von einigen Monaten **sensomotorische Übungen** durchgeführt. Das Training ist für Kindergruppen konzipiert. Es werden u. a. Rechts/Links- und Raum-Lage-Übungen durchgeführt, durch Balancieren das Gleichgewicht geschult und Aufgaben zur Wahrnehmung des Körperschemas gestellt. Detaillierte Übungsprogramme wurden publiziert.

Wirksamkeitsnachweise
In einer kontrollierten Studie wurde der Effekt des psychomotorischen Trainings auf die Rechtschreibleistung, Motorik, emotionale Stabilität und soziale Integration überprüft. Als Kontrollgruppen wurden zum einen Kinder ohne Behandlung und zum anderen Kinder, die ein kognitiv-verbales Übungsprogramm mit Lese- und Rechtschreibübungen absolvierten, herangezogen. In beiden Therapiegruppen wurde sowohl eine Verbesserung der Rechtschreibleistung als auch der motorischen Fähigkeiten erreicht. Obwohl die beiden Behandlungsprogramme ganz unterschiedlich waren, wurden relativ übereinstimmende Veränderungen erzielt. Die Behandlungseffekte sind also weitgehend unspezifisch. Allenfalls ließen sich leichtere Differenzen in der Hinsicht nachweisen, dass das psychomotorische Training im Vergleich zum kognitiv-verbalen zu einer geringfügig ausgeprägteren Verbesserung der emotionalen Befindlichkeit, des Selbstwertgefühls und der Kontakte zu Gleichaltrigen, Eltern und Lehrern führte. Andererseits war die Erhöhung der Schulleistungen etwas geringer ausgefallen (Eggert 1975).

Zusammenfassende Bewertung

Das psychomotorische Training scheint deutlich **positive Wirkungen auf die psychische Stabilität** von LRS-Kindern auszuüben, jedoch nicht zu einer nennenswerten Verbesserung der Lese-Rechtschreib-Leistungen zu führen. Damit ist es als einziges oder zentrales Therapieangebot zur Behandlung des Versagens beim Schriftspracherwerb wenig geeignet. Die bisherigen Erfahrungen sprechen jedoch dafür, dass psychomotorische Übungen, insbesondere bei lese-rechtschreibgestörten Kindern mit erheblicher emotionaler Verunsicherung, eine sinnvolle Ergänzung eines multimodalen Therapieprogramms sein können.

Weiterführende Literaturhinweise

Eggert, D. (Hrsg.) (1975). Psychomotorisches Training. Ein Projekt mit lese-rechtschreibschwachen Grundschülern. Weinheim: Beltz.

8.2.4.2 Kybernetische Methode

Entstehungsgeschichte

Die Kybernetische Methode wurde von Dreher und Spindler entwickelt, die als betroffene Eltern beobachteten, dass Kinder bei dem Versuch, schwierige Aufgaben zu lösen, intensive Bewegungen mit Mund und Fingern durchführen. Daraus schlossen sie, dass die Steuerung von Sprechwerkzeugen und Hand ganz wesentliche Voraussetzungen für effektives Lernen sind. Kybernetes bedeutet Steuermann, und da Dreher und Spindler das Hauptaugenmerk auf die Steuerung von Bewegungen richteten, nannten sie die von ihnen entwickelte Methode »Kybernetische Methode«. Diese hat insbesondere in Österreich Verbreitung gefunden. Seit dem Jahre 2000 ist sie an einigen staatlichen pädagogischen Instituten Österreichs in die Ausbildung integriert und in Kärnten laufen Schulversuche zur Überprüfung der Wirksamkeit des Verfahrens.

Die Kybernetische Methode wird als pädagogisches Grundprinzip für Vor-, Grund- und Förderschulen empfohlen. Sie soll das Erlernen von Lesen, Schreiben und Rechnen erleichtern und wird auch für die Behandlung von Kindern mit einer Legasthenie bzw. Dyskalkulie als effektiv angesehen. Durch den Einsatz der Kybernetischen Methode beim Erstunterricht könne man der Entwicklung einer Lese-Rechtschreib-Störung, aber auch von Rechenstörungen wirksam vorbeugen. Ausbildungsangebote richten sich nicht nur an Lehrer, sondern auch an Ergotherapeuten, Logopäden und Eltern.

Ein sehr ähnliches Behandlungsverfahren, bei dem allerdings im Gegensatz zur Kybernetischen Methode nur die Mund- und nicht auch die Fingermotorik trainiert wird, wurde von Kretschmann (1993) publiziert. Sünnemann (1993) empfiehlt dieses Verfahren als »**rechtshirnorientiertes Lernen**«.

Zugrunde liegendes Konzept

Handgeschicklichkeit und Sprache werden als die wesentlichsten Charakteristika des Menschen herausgestellt. Die Notwendigkeit, immer feinere Bewegungen mit der Hand ausführen zu müssen, habe zur Entwicklung des menschlichen Gehirns geführt. Die Bedeutung der Hand und der Sprache spiegele sich im Aufbau der motorischen Hirnrinde wider, in der die Repräsentation von Hand- und Sprechmotorik die größten Bereiche einnimmt.

Die Lese-Rechtschreib-Störung wird als Ausdruck eines sensomotorischen Defizits aufgefasst. Es wird davon ausgegangen, dass die Unterscheidung einzelner Laute in einem Wort nicht durch einen akustischen Verarbeitungsprozess, sondern durch ein langsames Mitsprechen und durch die Wahrnehmung der damit verbundenen Bewegungen zustande kommt. Lautieren sei kein »Heraushören«, sondern ein »**Heraussprechen**«. Dieses Konzept ähnelt der motorischen Theorie der Sprachwahrnehmung von Liberman et al. (1967), wonach im Sprachverstehensprozess Phoneme durch eine Analyse ihrer phonetischen Merkmale erkannt werden.

Eine korrekte Artikulation wird als Voraussetzung für das Erkennen von Lauten und dieses wiederum für ein lautgetreues Schreiben betrachtet. Nicht das Ohr, sondern der Mund steuere die Hand beim Schreiben. Defizite werden bei LRS-Kindern sowohl im Bereich der Mundkoordination als auch der Fingerbewegungen angenommen (Dreher und Spindler 1996).

Die Begründung für die Wirksamkeit mundmotorischer Übungen fällt bei Kretschmann etwas anders aus. Nach ihr ist die LRS Folge einer unzureichenden Überlappung von auditivem und visuellem Gedächtnis. Durch die **Einbeziehung des motorischen Gedächtnisses**, das in der Therapie durch Wahrnehmungs- und Bewegungsübungen im Bereich der Sprechmotorik aktiviert werden soll, könne dieser Mangel ausgeglichen werden.

Praktisches Vorgehen in der Therapie

Die Kybernetische Methode »arbeitet primär mit dem Medium der bewussten Bewegungserfahrung« (Dreher und Spindler 1996, Bd. 1, S. 7). In einem ersten Schritt lernen die Kinder, **Fingerbewegungen** gezielt zu steuern. Danach werden Mundbewegungsmuster eingeführt. Bei der Artikulation von Einzellauten werden die Kinder angehalten, »**große Mundbewegungen**« durchzuführen und sich die damit verbundenen Mundbilder einzuprägen (Visualisierung des Sprechaktes). Das Aneinanderreihen einzelner Laute wird mit der Technik des »**kybernetischen Dehnsprechens**« erarbeitet. Es folgen Übungen zur unabhängigen Steuerung von Finger- und Mundbewegungen (**Abkoppelung der Steuerung der Sprechwerkzeuge und der Hand**). Die Kinder üben anschließend lautgetreues Schreiben parallel mit gedehnter Artikulation (**mundgesteuertes Schreiben**).

Kretschmann legt ihr Hauptaugenmerk darauf, den Kindern Mundbewegungen bewusst zu machen. Die Kinder sollen lernen, Unterschiede zwischen den Lauten beim Nachsprechen zu spüren und Wortbilder als Bewegungsmuster im Gedächtnis zu behalten.

Wirksamkeitsnachweise

Über erstaunliche Erfolge – auch noch bei älteren LRS-Kindern – wird auf der Grundlage von Einzelfallbeobachtungen berichtet. Insgesamt bewerten Dreher und Spindler (1996, Bd. 1, S. 11) ihre Methode als extrem erfolgreich: »Es gibt nach den jüngsten Erfahrungen wiederum keine Grundschulkinder mehr, denen nicht wirksam geholfen werden kann.«

Ergebnisse von Effektivitätsstudien gibt es bislang noch nicht. Ein Schulversuch mit acht Grundschulklassen und acht weiteren Klassen zum Vergleich wurde in den Jahren 2000 bis 2002 in Kärnten durchgeführt. Dieser wird nach vorläufigen Ergebnissen als sehr erfolgreich eingeschätzt (Dreher und Dreher-Spindler 2002a).

Eine Befragung von Teilnehmern an Lehrgängen zur Kybernetischen Methode am Pädagogischen Institut Klagenfurt ergab, dass 80–90 % dieses Vorgehen für wissenschaftlich fundiert halten und meinen, dass es für den Erstunterricht nützlich sei. Bei lese-rechtschreib- sowie rechenschwachen Kindern erziele es deutlich bessere Ergebnisse als alle Verfahren, die von den Teilnehmern bislang verwendet wurden (Dreher und Dreher-Spindler 2002b).

Zusammenfassende Bewertung

Bei der Kybernetischen Methode werden motorische Funktionen und taktile Wahrnehmung ganz ins Zentrum beim Erlernen der Kulturtechniken Lesen, Schreiben und Rechnen gestellt. Eine derartig einseitige Betrachtungsweise kann jedoch dem komplexen Charakter der Schriftsprache und des Rechnens kaum gerecht werden. Gaidoschik (2001) setzt sich mit den Grenzen des Behandlungskonzeptes ausführlich auseinander.

Als ein Baustein beim Schriftspracherwerb können motorische und kinästhetische Übungen aber eine Bereicherung darstellen und sowohl altersgerecht entwickelten als auch lese-rechtschreibschwachen Kindern den Lernprozess erleichtern. Dies entspricht den Grundprinzipien der Heil- und Sonderpädagogik, nach denen die Einbeziehung möglichst vieler Sinnesbereiche in den Lernprozess angestrebt wird. In vielen LRS-Förderprogrammen sind kinästhetische und motorische Elemente bereits enthalten. Im Gegensatz zur Kybernetischen Methode erfolgt in der Regel aber kein isoliertes Training von Finger- und Mundbewegungen, sondern eine Koppelung von Lauten bzw. Buchstaben an Gesten, ähnlich der Gebärdensprache, oder eine Unterbrechung des Lernens durch motorische Übungen (s. auch Kap. 4).

Bislang gibt es für die Wirksamkeit eines Trainings von Finger- und Mundmotorik losgelöst vom Schriftspracherwerb keine Belege. Die Kybernetische Methode, die motorische und kinästhetische Übungen ganz in den Mittelpunkt rückt, kann deshalb in dieser Form nicht empfohlen werden. Hingegen erscheint eine **Einbeziehung der Wahrnehmung und des Übens von Sprechbewegungsmustern in ein komplexes Programm zur Förderung des Schriftspracherwerbs durchaus sinnvoll.**

Weiterführende Literaturhinweise

Dreher, H., und Spindler, E. (1996). Rechnen lernen mit der kybernetischen Methode. Band 1: Grundlagen, Band 2: Praxis. Rottenburg: Rottenburger Verlag.

Kretschmann, M. (1993). So lernst du lesen und schreiben – Hilfe für Legastheniker. München: Ehrenwirth Verlag.

Spindler E., und Dreher, H. (in Vorbereitung). Lesen und Rechtschreiben lernen. Rottenburg: Rottenburger Verlag.

8.2.4.3 Taktil-Kinästhetische Methode

Zugrunde liegendes Konzept

Das Nachsprechen komplizierter Wörter (z. B. Schellfischflosse) bereitet vielen LRS-Kindern Mühe. Ursache dafür seien **taktil-kinästhetische Störungen** (Donczik und Clausnitzer 2001). Eine Kontrolle über Sprechbewegungen erfolgt nicht nur über eine akustische Rückmeldung, sondern auch über taktile und kinästhetische Wahrnehmungen. **Taktile Wahrnehmungen** entstehen dadurch, dass Berührungen der Schleimhäute und der wechselnde Druck in den Sprechorganen an das Gehirn übermittelt werden. **Kinästhetische Wahrnehmungen** sind Informationen, die aus der Sprechmuskulatur stammen und Auskunft über den Spannungszustand der Muskeln geben (Erregungen der Muskelspindeln).

Beim Lesen und Schreiben wird anfangs laut und später innerlich mitgesprochen und der Vorgang damit über taktil-kinästhetische Rückmeldungen kontrolliert. Wird ein Mitsprechen unterbunden, so steigt sowohl bei normalen als auch bei lese-rechtschreibschwachen Schülern die Fehlerzahl erheblich an. Dies lässt sich überprüfen, indem die Kinder aufgefordert werden, die Zunge zwischen die Zähne zu nehmen oder herauszustrecken (Becker 1985). Da somit eine taktil-kinästhetische Rückmeldung zu einer Reduktion von Rechtschreibfehlern führt, wird in einem Training dieser Wahrnehmungsmodalitäten auch in Körperbereichen außerhalb der Sprechwerkzeuge eine Therapiemöglichkeit gesehen.

Eine andere Erklärung für die Wirksamkeit eines taktil-kinästhetischen Trainings wird von Peters (1981) gegeben. Danach eröffnet das Betasten von Buchstaben und Wörtern mit einer Hand (taktile Übungen) die Möglichkeit, Informationen isoliert in eine Hemisphäre zu senden. Akustische und visuelle Informationen hingegen erreichen immer primär beide Hirnhälften. Eine isolierte Informationsweitergabe an nur eine Hemisphäre würde die Ausbildung einer bei LRS-Kindern häufig nicht vorhandenen klaren Lateralisierung begünstigen und damit den Lese- und Rechtschreibprozess fördern.

Praktisches Vorgehen in Diagnostik und Therapie

Zu den taktil-kinästhetischen Lernelementen gehört das **Betasten von Buchstaben und Wörtern** mit einer Hand bei verbundenen Augen. Auch können Buchstaben und Wörter in die Luft geschrieben, **mit Knetmasse geformt** oder auf dem Boden nachgegangen werden. Das Sprechen und Lautieren kann rhythmisch oder singend erfolgen und Silben werden durch Klatschen unterstrichen. Des Weiteren erhalten die Kinder die Aufgabe, Buchstaben und Wörter, die **auf Hand oder Rücken geschrieben** werden, zu erkennen (Rosenkötter 1997). Eine andere Möglichkeit besteht in der Einführung einer **Gebärdensprache,** bei der einzelne Buchstaben durch Gesten symbolisiert werden. Die Kinder lernen es, die Gesten des Lehrers zu lesen und das Lautieren durch solche zu unterstützen (Dummer-Schmoch 1994, Klein 1996, s. auch Kap. 4).

Die taktil-kinästhetische Methode wird in der Regel mit anderen Fördermethoden kombiniert z. B. als **Visuell-Auditiv-Kinästhetische (VAK)** bzw. **Visuell-Auditiv-Kinästhetisch-Taktile (VAKT) Methode** (Blau und Loveless 1982).

Wirksamkeitsnachweise

Eine systematische Überprüfung der Effektivität erfolgte bislang nicht. Sinatra und Blau (1983) berichteten über zehn LRS-Kinder, die durch ein Betasten von Buchstaben und Wörtern diese schneller erlernten als mit üblichen Unterrichtsmethoden. Dabei fanden sich keine Unterschiede beim Tasten mit der rechten bzw. linken Hand. Nach Rosenkötter (1997) führt die Einführung der Lautgebärdensprache zu einer Verlangsamung des Schriftspracherwerbs, gleichzeitig aber auch zu einer sinkenden Anzahl lese-rechtschreibschwacher Kinder.

Zusammenfassende Bewertung

Da nur wenige und unsystematische Beobachtungen vorliegen, ist eine Einschätzung der Wirksamkeit taktil-kinästhetischer Übungen nicht möglich. Die allgemeinen Erfahrungen in der Heil- und Sonderpädagogik sprechen aber dafür, dass eine Einbeziehung taktiler und kinästhetischer Wahrnehmungsbereiche in die Förderung zu einer Verbesserung von Lernergebnissen führt. Als ergänzende Methode erscheint das Verfahren somit sinnvoll, nicht jedoch als zentrale Säule einer Lese-Rechtschreib-Förderung.

Weiterführende Literaturhinweise

Becker, R. (1985). Die Lese-Rechtschreib-Schwäche aus logopädischer Sicht. Berlin: Verlag Volk und Gesundheit.
Dummer-Smoch, L. (1994). Mit Fantasie und Fehlerpflaster. Reinhardt: München.
Klein, J. (1996). Gebärden für Laute und ein Baukasten für Wörter, Lesen und Schreiben. Hamburg: Reinbek Verlag.

8.2.5 Training zur Automatisierung basaler Funktionen

Entstehungsgeschichte

Ausgangspunkt sind Arbeiten, die u. a. aufgrund der Beobachtung, dass LRS-Kinder mit Schwächen in der Aufmerksamkeits- und Aktivitätsregulation auch Schwierigkeiten beim Balancieren mit geschlossenen Augen haben, ein Automatisierungsdefizit als Ursache der Lese-Rechtschreib-Schwäche diskutieren (Raberger und Wimmer 1999, Shiffrin und Schneider 1977). Diese Hypothese aufgreifend wurden unterschiedliche Übungen basaler Fähigkeiten zu einem Automatisierungstraining zusammengestellt.

Das Verfahren wird in Deutschland derzeitig von mehr als tausend Ärzten, Psychologen, Ergo- und Sprachtherapeuten eingesetzt (Priebs und Warnke 2000), sei aber auch in England und Australien verbreitet.

Zugrunde liegendes Konzept
Automatisierung bedeutet, dass komplexe Prozesse der Informationsverarbeitung unbewusst gesteuert und Teilbereiche auf untergeordnete Ebenen verlagert werden. Dadurch werden Kapazitäten für eine bewusste Informationsverarbeitung frei und das Arbeitsgedächtnis wird entlastet.

Bei einer Therapie von LRS-Kindern nach diesem Behandlungskonzept wird davon ausgegangen, dass der Schriftsprachstörung ein **Automatisierungsdefizit im Bereich basaler Verarbeitungsprozesse** zugrunde liegt. Ein Training einfacher auditiver, visueller und motorischer Funktionen soll zu deren Automatisierung und über einen Transfereffekt zu einer Verbesserung beim Erwerb des Lesens und Rechtschreibens führen.

Praktisches Vorgehen in Diagnostik und Therapie
Mit einem Gameboy-ähnlichen Gerät (Brain-Boy-Universal) werden basale Funktionen beurteilt, um Automatisierungsdefizite zu erfassen. Das Training erfolgt mit dem gleichen Gerät. Über die Richtigkeit ihrer Reaktionen erhalten die Kinder unmittelbare Rückmeldungen. **Diagnostik- und Trainingsbereiche** sind visuelle und auditive Ordnungsschwelle, Richtungshören, Tonhöhenunterscheidung, Erkennen auditiver Muster sowie motorische Reaktionen auf Reize und nach einem vorgegebenen Takt.

Das Training kann einzeln oder in Gruppen erfolgen. Bei einem Training zu Hause werden mehrmals täglich Übungseinheiten von wenigen Minuten empfohlen. Eine Verbesserung von Lese-, Rechtschreib- und Konzentrationsfähigkeit sowie allgemeinen Schulleistungen wird nach wenigen Wochen erwartet.

Wirksamkeitsnachweise
Priebs und Warnke (2000) verweisen auf ermutigende Berichte zahlreicher Familien sowie auf äußerst positive Erfahrungen vieler Therapeuten in ihren Praxen und unzähliger Lehrer im Förderunterricht, ohne dass Behandlungsergebnisse systematisch erfasst wurden.

Wie in einer Untersuchung von Michalski und Tewes (2001) nachgewiesen werden konnte, steigern Kinder durch ein Automatisierungstraining ihre Leistungen in den meisten unmittelbar trainierten Aufgaben signifikant. Der Frage, ob dies mit einer Verbesserung auch beim Lesen und Rechtschreiben oder der Konzentrationsfähigkeit einhergeht, wurde in einer Folgestudie nachgegangen. Hinsichtlich der Rechtschreibung wird über eindrucksvolle Therapieeffekte berichtet (Tewes et al. 2003). Im Rechtschreibtest (DRT) war die Fehlerzahl nach dem Training um 19 % (gegenüber 6 % in der Kontrollgruppe) und bei Kombination mit einem Lateraltraining (s. Kap. 8.2.3.5) sogar um 43 % zurückgegangen. Ob es sich hierbei um Effekte des Automatisierungstrainings handelt, ist allerdings fraglich, wenn Durchführung und Ergebnisse der Studie, die in der Publikation nur unvollständig wiedergegeben sind, genauer betrachtet werden. Aus dem Forschungsbericht (Tewes 2002), der das Studiendesign ausführlicher darstellt, geht hervor, dass die Therapiekinder neben einem Automatisierungstraining ergänzende „Transfer-Übungen" (spezifische Lese- und Rechtschreibübungen) durchführten, so dass nicht zu entscheiden ist, ob Verbesserungen im Rechtschreibtest durch diese „Transfer-Übungen" oder durch das Automatisierungstraining bedingt sind. Außerdem ist bei der Überprüfung auf Therapieerfolge zu berücksichtigen, dass die behandelten Kinder am Ende der sechsmonatigen Trainingsphase nicht weniger Fehler als die Kontrollkinder machten. Die Therapiegruppen waren im Rechtschreibtest nur primär erheblich schlechter (Prozentrang 9 bzw. 5) als die Kinder der Vergleichsgruppe (Prozentrang 24). Da das Ausmaß von Therapieeffekten vom Ausgangswert abhängt, können die unterschiedlichen Veränderungen in den Gruppen auch alleinige Folge der Differenzen in den Ausgangswerten sein. Um Fehlinterpretationen auszuschließen, ist es deshalb bei Überprüfungen der Wirksamkeit von Behandlungsverfahren üblich, die Ausgangswerte bei der Auswertung zu berücksichtigen, was in dieser Studie verabsäumt wurde. Werden zudem alle beobachteten Therapieeffekte und nicht nur die Rechtschreibleistung in die Betrachtung einbezogen, dann erscheinen die Ergebnisse insgesamt wenig plausibel. In der Rechtschreibung verbesserten sich die Therapiegruppen deutlicher als die Kontrollgruppe, in der Lesefähigkeit steigerten sich alle Gruppen erheblich und hinsichtlich der Konzentrationsfähigkeit verschlechterten sich die mit einem Automatisierungstraining behandelten Kinder, während sich die Vergleichskinder und die zusätzlich mit einem Lateraltraining behandelten verbesserten. Diese widersprüchlichen Ergebnisse und insbesondere die erheblichen Verbesserungen der Kontrollgruppe (Lesetest um 44 %, Konzentrationstests um 38 % bzw. 32 %) lassen sich kaum sinnvoll erklären, so dass Fehler bei der Durchführung der Studie anzunehmen sind. Werden die Studienergebnisse in ihrer Gesamtheit betrachtet, so können sie nicht als Beleg für eine Effektivität des Automatisierungstrainings angesehen werden.

Zusammenfassende Bewertung

Im **theoretischen Konzept** wird von Automatisierungsstörungen als Ursache der LRS ausgegangen. Jedes Lernen von Routinefunktionen kann als Automatisierungsprozess angesehen werden, so auch das Erlernen des Lesens und Schreibens. Kinder mit einer umschriebenen Lese-Rechtschreib-Störung haben aber keine gravierenden Schwierigkeiten, von der Laut- und Schriftsprache unabhängige Funktionen zu erwerben. Eine allgemeine Automatisierungsstörung besteht somit nicht und es bleibt fraglich, ob eine Automatisierung basaler Fähigkeiten zu einem besseren Erwerb der Schriftsprache beitragen kann.

Das **Training** setzt sich aus mehreren Einzelbausteinen, die z. T. schon seit längerem für die Behandlung von lese-rechtschreibgestörten Kindern eingesetzt werden, zusammen. Wie weiter oben ausgeführt (Kap. 7, Kap. 8.2.1.1, 8.2.1.2), konnte bislang für keine dieser einzelnen Methoden ein Transfereffekt auf das Lesen und Schreiben nachgewiesen werden. Es ist wenig plausibel, dass eine Kombination unwirksamer Einzelbausteine nennenswert erfolgreicher ist.

Das Automatisierungstraining besteht in stereotypen Anforderungen, die den Kindern keinen Gestaltungsspielraum lassen. Harnischmacher (2001) konnte zeigen, dass Übungen, die sich auf Reaktionen auf vorgegebene, einfache Aufgaben beschränken, zu deutlich geringeren Lerneffekten führen als Anforderungen, welche die Kreativität von Kindern herausfordern. In dieser Studie wurde die Effektivität eines Tondifferenzierungstrainings (ein Baustein in der Trainingsbatterie des Automatisierungstrainings) mit der von wesentlich kreativeren Übungen (Komponieren von Melodien am Computer in Zweiergruppen) verglichen. Kinder der letzteren Gruppe erreichten wesentlich deutlichere Verbesserungen in der Tonhöhendifferenzierungsfähigkeit als diejenigen, die an dem reinen Tonhöhendifferenzierungstraining teilgenommen hatten.

Bislang ist somit nicht ausreichend belegt, dass eine Automatisierung von Basisfunktionen tatsächlich zu einer Verbesserung der Lese-Rechtschreib-Fähigkeit oder anderer schulisch relevanter Leistungen beitragen kann. Bevor nicht aussagefähige Studien vorliegen, kann im Rahmen einer LRS-Therapie nicht zu einem Training der Automatisierung von Basisfunktionen geraten werden.

8.3   Körperorientierte Verfahren

8.3.1 Cranio-Sacral-Therapie

Entstehungsgeschichte
In den dreißiger Jahren beschrieb W. G. Sutherland das cranio-sacrale System. Sutherland war ein in den USA lebender Arzt, der sich mit Möglichkeiten der Manual-Therapie auseinander setzte. Seine Ideen wurden in den siebziger Jahren durch den Chirurgen J. E. Upledger weiterentwickelt.

Die Cranio-Sacral-Therapie wurde anfangs von Ärzten und Physiotherapeuten, später vorwiegend von Heilpraktikern angewendet. In den letzten Jahren findet sie auch im Kindes- und Jugendalter Verbreitung und wird von Physiotherapeuten, Ergotherapeuten, Logopäden und Psychologen zur Behandlung von Entwicklungsauffälligkeiten eingesetzt.

Inzwischen haben sich in vielen Ländern Institute gebildet, die Ausbildung und Therapie anbieten. Nach wie vor ist das Sutherland-Institut in Florida für alle die Leiteinrichtung.

Zugrunde liegendes Konzept

Gehirn und Rückenmark sind zum Schutz vor mechanischen Schädigungen von Nervenwasser und Hirnhäuten umgeben. Dieser Wassersack, der sich im Inneren von Schädel und Wirbelsäule befindet, bildet das Liquorsystem. Nach Ansicht von Vertretern der Cranio-Sacral-Therapie erhöhe und vermindere sich der **Druck im Liquorraum in rhythmischer Folge** mit einer Frequenz von 8–14 pro Minute (Cranialer-Rhythmus-Index, CRI). Dieser Wechsel des Liquordrucks komme dadurch zustande, dass am Beginn eines Zyklus eine gesteigerte Nervenwasserproduktion zu einer intrakraniellen Druckerhöhung und damit zu einer Ausdehnung des Schädels führe. Sobald die Zugkräfte an den Schädelnähten ein gewisses Außenmaß überschreiten, würden spezifische Rezeptoren ein Signal zur Drosselung der Nervenwasserproduktion aussenden. Dadurch sinke der Liquordruck wieder, bis durch ein Nachlassen der Dehnungskräfte die hemmenden Impulse ausbleiben und ein erneuter Zyklus beginne.

Die **Frequenz des Druckwechsels** ließe Rückschlüsse auf Störungen zu. Eine Frequenz unter acht würde für eine Hypofunktion und eine über 14 für eine Hyperfunktion des neuronalen Systems sprechen. Bei eingeschränkter Elastizität der Schädelnähte sei ein Überdruck die Folge, der zu zahlreichen Symptomen führe. Die Behandlung besteht in einer Lösung blockierter Pendelbewegungen (Rossaint et al. 1991).

Im Erwachsenenalter werden als **Indikation** für eine Cranio-Sacral-Therapie u. a. Symptome nach Unfällen, Migräne, Allergien, Depressionen und Schmerzen angesehen. Im Kindesalter zählen Entwicklungs- und Verhaltensstörungen zu den Hauptindikationen. Außer bei lese-rechtschreibschwachen Kindern wird eine Cranio-Sacral-Therapie insbesondere bei Kindern mit hyperkinetischen Störungen empfohlen. Im Säuglingsalter kommt diese Behandlungsmethode nach Risiken in Schwangerschaft und Geburt sowie bei Schlaf- und Gedeihstörungen zur Anwendung.

Praktisches Vorgehen in Diagnostik und Therapie

Die **Diagnostik** erfolgt durch ein Ertasten des – zumeist am Schädel beurteilten – cranio-sacralen Rhythmus. Wegen seiner zentralen Bedeutung wird er auch »Atem des Lebens« genannt. Vertreter der Cranio-Sacral-Therapie geben an, dass eine Verbreiterung bzw. Verschmälerung des Schädels um 0,1 bis 1 mm zu ertasten sei. Geübte Untersucher könnten diesen Rhythmus aber auch an jedem anderen Organ erfassen. Im Bereich der Wirbelsäule seien es feine Drehbewegungen, die Auskunft über die Funktionsfähigkeit des Systems geben würden.

Die **Behandlung** hat zum Ziel, Blockierungen, die den angenommenen Pulsationen entgegenstehen, zu beseitigen. Dabei wird zwischen indirekter und direkter Technik unterschieden. Bei der häufiger zur Anwendung kommenden indirekten Technik wird durch einen leichten, kaum merklichen Druck mit den Fingern nach Erreichen des Extrempunktes der Pulsation ein Zurückgleiten verhindert. Durch mehrfache Wiederholungen lockere sich das Gewebe und erlange seine ursprüngliche Pulsationsfähigkeit zurück. Bei der direkten Technik wird ein Pendelausschlag durch leichten Druck erhöht. Alle Eingriffe werden sanft und schonend durchgeführt und der ausgeübte Druck beträgt nur wenige Gramm.

Eine Sitzung dauert etwa eine halbe Stunde und führt durch die sanfte körperliche Berührung und die intensive Zuwendung zu einer deutlichen Entspannung.

Wirksamkeitsnachweise

Hinsichtlich der **Verlässlichkeit der Untersuchung** des cranio-sacralen Systems liegen von Upledger et al. zwei Studien vor. 1977 berichtet die Arbeitsgruppe über einen Vergleich der Untersuchungsergebnisse von vier Ärzten bei 25 Vorschulkindern. Hinsichtlich der Einschränkung der jeweiligen Bewegungen kamen sie zu weitgehend übereinstimmenden Ergebnissen. In einer weiteren, 1978 publizierten Studie wurden bei 203 Kindern im frühen Schulalter 19 »Bewegungsvariablen« der cranio-sacralen Diagnostik mit Auffälligkeiten in der Schule in Beziehung gebracht. Bei Kindern mit allgemeiner motorischer Ungeschicklichkeit, Lernproblemen oder Verhaltensstörungen fanden sich signifikant häufiger auffällige cranio-sacrale Befunde.

Die **Behandlungserfolge** wurden bislang keiner kontrollierten Überprüfung unterzogen. Im Lehrbuch der cranio-sacralen Therapie von Upledger und Vredevoogd (2000) wird von schnellen und dramatischen Verbesserungen mit z. T. völligem Abklingen der Symptome gesprochen. Eine erstaunliche Verbesserung der Lesefähigkeit träte ein und dauerhafte Erfolge seien oft schon mit wenigen Behandlungen zu erzielen. Ausführlicher wird von Behandlungsergebnissen bei über hundert autistischen Kindern berichtet, ohne jedoch auf konkrete Daten einzugehen. Unter der Behandlung bessere sich zuerst das selbstverletzende Verhalten und später würden die Kinder emotional ausgeglichener, kooperativer und kreativer werden.

Zusammenfassende Bewertung

Die **theoretische Grundlage** ist rein spekulativ. Ein cranio-sacraler Rhythmus wurde bislang nicht durch objektive Methoden belegt. Bei Langzeit-Liquordruck-Messungen konnten pulssynchrone Druckschwankungen, die durch eine Übertragung des wechselnden Blutdrucks auf den Schädelinnenraum zurückzuführen sind, nachgewiesen werden, nicht jedoch ein eigenständiger Rhythmus. Auch gibt es keine objektiven Messungen der angeblich wechselnden Ausdehnung des Schädels, obwohl es sich hierbei um einen relativ einfach zu erfassenden Parameter handelt.

Eine **spezifische Wirkung** der Cranio-Sacral-Therapie ist bislang durch keine Untersuchung belegt, eine Besserung von Symptomen durch unspezifische Faktoren aber durchaus denkbar. Diagnostik und Behandlung gehen mit einer etwa halbstündigen, sanften, körperlichen Manipulation einher, die – wie andere Körpertherapien auch – zu einer körperlichen und seelischen Entspannung führt. Dies könnte zusammen mit Suggestiveffekten zu einer spürbaren Verminderung von Versagensängsten beim Lesen und Schreiben und damit zu verbesserten Schulleistungen beitragen.

Weder bei der Lese-Rechtschreib-Störung noch bei anderen Störungen kann die Cranio-Sacral-Therapie bislang als sinnvolle Behandlungsmethode angesehen werden. Sowohl die Gesellschaft für Neuropädiatrie (Karch et al. 2002) als auch die Stiftung Warentest (1996, S. 221) kommen in Stellungnahmen zu dem Ergebnis, dass die Cranio-Sacral-Therapie nicht zu empfehlen sei.

Weiterführende Literaturhinweise

Rossaint, A., Lechner, J., und Assche, R. v. (1991). Das cranio-sacrale System. Heidelberg: Hüthig Buch Verlag.

Upledger, J. E., und Vredevoogd, J. D. (2000). Lehrbuch der craniosacralen Therapie. Heidelberg: Haug.

8.3.2 Spiraldynamik

Zugrunde liegendes Konzept
Der Name Spiraldynamik drückt aus, dass spiralförmige Bewegungen im Zentrum der Therapie stehen. Die Spirale sei eine häufige Bewegungsform in der Natur und dadurch gekennzeichnet, dass sich zwei Pole um drei Achsen drehen. Derartige dreidimensionale Verschraubungen seien anatomisch optimale **Bewegungen, die Gesundheit, Wohlbefinden und Leistungsfähigkeit fördern.**

Von den Vertretern dieser Methode wird die Spiraldynamik als ein dreidimensionales, dynamisch und systematisch aufgebautes Bewegungs- und Therapiekonzept angesehen. Einflüsse der Medizin und Physiotherapie werden mit Tanz, Gymnastik und Yoga verbunden.

Ursprüngliche **Indikationen** waren Muskelverspannungen, eingeschränkte Beweglichkeit, Abnutzungserscheinungen und orthopädische Leiden. Inzwischen wird die Spiraldynamik für eine Vielzahl von Einschränkungen der Leistungsfähigkeit und des Wohlbefindens sowohl im Erwachsenen- als auch im Kindesalter empfohlen.

Eine Anwendung der Spiraldynamik bei Kindern mit Lernstörungen wird damit begründet, dass durch die spezifischen Bewegungsübungen Verspannungen und Blockierungen gelöst und die seelischen und körperlichen Grundlagen für optimale Lernprozesse geschaffen würden. Es werde die Aufnahmefähigkeit erhöht, Freude am Lernen gefördert und der freie Fluss der Atmung ermöglicht (Lauper-Bieli 2002).

Praktisches Vorgehen in Diagnostik und Therapie
Nach blickdiagnostischen Kriterien werden Stärken und Schwächen in der Bewegungskoordination erkannt und Verspannungen und Blockierungen

festgestellt. Die Behandlung erfolgt durch spezielle Bewegungsübungen, die insbesondere aus schraubenden und drehenden Elementen bestehen.

Wirksamkeitsnachweise
Die Effektivität der Behandlungsmethode wird aufgrund positiver Erfahrungen von Therapeuten angenommen, ohne dass systematische Evaluationsstudien zum Nachweis der Wirksamkeit durchgeführt wurden. Bislang gibt es keine Hinweise darauf, dass spiraldynamischen Bewegungen spezifische Wirkungen zuzusprechen sind, die über den Erholungseffekt anderer gymnastischer Übungen hinausgehen.

Zusammenfassende Bewertung
Dass sich spezielle Bewegungsübungen förderlich auf die Lese- und Schreibfähigkeit auswirken können, dafür spricht eine gut kontrollierte Doppelblindstudie, die in der angesehenen Zeitschrift »THE LANCET« publiziert wurde (McPhillips et al. 2000). Bei vielen LRS-Kindern sind motorische Koordinationsschwächen und ein Persistieren von Säuglingsreflexen zu beobachten. Dies werteten die Autoren dieser Studie als Hinweis auf basale neurologische Defizite und vermuteten, dass eine Kompensation dieser Schwächen auch zu einer Verbesserung von Lese- und Schreibleistungen führen müsste. Zwanzig LRS-Kinder wurden angeleitet, über einen Zeitraum von einem Jahr abends etwa zehn Minuten lang Bewegungsübungen zur Unterdrückung persistierender Säuglingsreflexe, insbesondere des asymmetrischen tonischen Nackenreflexes, durchzuführen. Als Kontrollgruppen dienten zwanzig Kinder ohne Behandlung und weitere zwanzig, die unspezifische Bewegungsübungen durchführten. Die Untersuchung erfolgte im Doppelblinddesign und die Gruppenzuordnung nach Zufallskriterien. Am Ende des Behandlungszeitraumes war bei den Therapiekindern nicht nur ein Abklingen des asymmetrischen tonischen Nackenreflexes zu beobachten, sondern gegenüber den Kontrollgruppen auch signifikant bessere Leistungen im Lesetest, in der Blicksteuerung (Abnahme der Häufigkeit sakkadischer Augenbewegungen) und der Schreibgeschwindigkeit, nicht jedoch hinsichtlich der Rechtschreibung. Die Studie zeigt, dass es durchaus sinnvoll sein kann, eine Verbesserung von Leseleistungen über spezifische Bewegungsübungen anzustreben. Ob sich hieraus jedoch ein effektives Therapieverfahren, das zu relevanten Verbesserungen der Schulleistungen führt, entwickeln lässt, muss abgewartet werden.

Die Spiraldynamik ist als eine Möglichkeit anzusehen, die motorische Koordinationsfähigkeit bei Schulkindern zu verbessern und Erholungsphasen in den Lernprozess einzubauen. Ob spiraldynamische Übungen ähnlich wie eine Unterdrückung persistierender Säuglingsreflexe spezifische Effekte auf die Lernfähigkeit von Kindern ausüben, ist bislang unklar. Bevor ein Nachweis von relevanten Verbesserungen der Schulleistungen durch spiraldynamische Techniken erbracht wird, ist die Spiraldynamik nicht als sinnvolles Therapiekonzept zur Behandlung einer Lese-Rechtschreib-Störung zu betrachten.

Weiterführende Literaturhinweise
Lauper-Bieli, R. (2002). Spiraldynamik. Von Kopf bis Fuß in Bewegung – Spielerische Körperarbeit mit Schulkindern. Zürich: Pro Juventute.

8.4 Spezielle Lernmethoden

8.4.1 Neuro-Feedback (EEG-Bio-Feedback)

Entstehungsgeschichte
Bio-Feedback ist ein Verfahren, bei dem unbewusst gesteuerte, physiologische Funktionen gemessen und die Ergebnisse an die Versuchsperson zurückgemeldet werden. Insbesondere vegetative Parameter, die Auskunft über das augenblickliche Stressniveau geben, wie Herzfrequenz, Blutdruck, Atmung, Hautwiderstand und Hauttemperatur, werden beim Bio-Feedback benutzt. Beim Neuro-Feedback (EEG-Bio-Feedback) ist die **bioelektrische Aktivität des Gehirns die gemessene und rückgemeldete Variable.**

Bio-Feedback-Methoden wurden in den sechziger Jahren zum Studium der Regelung automatischer physiologischer Funktionen entwickelt. Seit den siebziger Jahren werden sie bei psychosomatischen Erkrankungen therapeutisch genutzt. In den achtziger Jahren wurde erstmals darüber berichtet, dass sich die Lernfähigkeit durch EEG-Bio-Feedback steigern lässt.

Neuro-Feedback-Methoden sind insbesondere in den USA verbreitet und finden in den letzten Jahren auch in Deutschland Anwendung. Der Einsatz erfolgt vorwiegend durch Psychologen, Pädagogen und Lernberater.

Zugrunde liegendes Konzept
Ein wesentliches Grundprinzip der Funktion des Nervensystems besteht in der Weitergabe und Speicherung von Informationen als elektrische Ladungen bzw. Impulse. In Abhängigkeit vom Erregungszustand ändert sich die elektrische Spannung von Nervenzellen und, wenn diese einen Grenzwert überschreitet, wird die Information als elektrischer Impuls über eine Nervenfaser an nachgeschaltete Nervenzellen weitergeleitet.

Von der Kopfoberfläche kann die Summe der elektrischen Ladungsänderungen der Nervenzellen mittels Elektroenzephalografie abgeleitet werden. Das Elektroenzephalogramm (EEG) lässt sich als Überlagerung vieler Frequenzen darstellen. Anhand der Energie einzelner Frequenzbänder kann der Wachheitsgrad bzw. der Erregungszustand des Gehirns beurteilt werden. Langsamere Frequenzen (Delta- und Thetawellen) sind Ausdruck von Entspannung. Alphawellen (8–12 Hz) über den vorderen Ableitbereichen werden mit der Speicherung von Gedächtnisinhalten in Zusammenhang gebracht und Betawellen (über 12 Hz) mit analytischen Denkprozessen.

Bei der Anwendung des Neuro-Feedbacks im Kindesalter wird davon ausgegangen, dass Lernprobleme Ausdruck gestörter Erregungszustände des

Gehirns sind. Durch ein Sichtbarmachen des eigenen Aktivitätsniveaus soll das Kind in die Lage versetzt werden, sein **Gehirn in einem optimalen Erregungszustand zu stabilisieren** und ein Abkippen in Unter- oder Übererregung zu verhindern. Dies wirke sich auf alle stressbedingten Leistungsbeeinträchtigungen positiv aus (Birbaumer und Rockstroh 1985).

Als **Indikation** für ein Neuro-Feedback werden ganz unterschiedliche Störungsbilder, wie Nervosität, Ängste, psychosomatische Beschwerden, Schmerz, depressive Verstimmungen, Epilepsie, Sucht und Schlafstörungen angegeben. Es eigne sich aber auch zur Steigerung der allgemeinen geistigen Leistungsfähigkeit bei unauffälligen Personen.

Der Einsatz bei LRS-Kindern geht davon aus, dass ängstliche Verspannungen und Lernblockaden bei schriftsprachlichen Anforderungen den Schwierigkeiten beim Schriftspracherwerb zugrunde liegen. Durch Neuro-Feedback soll sich das Kind in ein Aktivitätsniveau versetzen, das optimale Lern- und Gedächtnisleistungen ermöglicht.

Nach einem anderen Erklärungsansatz beruht die positive Wirkung des Neuro-Feedbacks im Rahmen einer LRS-Therapie darauf, dass die Veränderung der Großhirnaktivität durch das Training sich auf basale Hirnstammfunktionen auswirke und dadurch die sensorische Integration verbessere.

Praktisches Vorgehen in der Therapie

Das Training erfolgt mit einem **Neuro-Feedback-Gerät.** Auf der Kopfoberfläche werden ein bis vier Elektroden angebracht. Die Spannungsdifferenz zwischen diesen aktiven Elektroden und einer indifferenten Elektrode in einem Bereich ohne EEG-Aktivität (z. B. Ohrläppchen) wird gemessen und millionenfach verstärkt. Eine hochentwickelte Technik ist erforderlich, da minimale Potenzialdifferenzen (um 50 μV) erfasst werden müssen.

Die aufgezeichnete EEG-Aktivität wird einer Frequenzanalyse unterworfen und die Energie in festgelegten Frequenzbändern berechnet. Die Energie der relevanten Frequenzbereiche wird sowohl auf einen Bildschirm für den Therapeuten als auch auf einen für den Patienten übertragen. Für Kinder wird die Rückmeldung in Computerspiele eingebunden. Wenn die Aufgabe darin besteht, die Energie im Theta-Frequenzband (4–7 Hz) zu vermindern und im SMR-Band (12–15 Hz) zu erhöhen, so kann diese Information durch die Farbe und die Geschwindigkeit einer Figur codiert werden. Je besser die Aufgabe gelingt, umso heller leuchtet z. B. die Figur auf und umso schneller bewegt sie sich durch ein Labyrinth. Nach den Erfahrungen von Neuro-Feedback-Therapeuten sind Kinder durch diese spielerische Darstellung erfolgreich zu einem solchen Training zu motivieren.

Übungen werden unter Anleitung mehrmals pro Woche über 30–45 Minuten durchgeführt. In der Regel sind zehn bis fünfzig Sitzungen erforderlich, bis sich das Kind ohne Gerät in den optimalen Aktivitätszustand versetzen kann.

Wirksamkeitsnachweise

Neuro-Feedback-Therapeuten berichten über erhebliche Verbesserungen von Konzentrationsfähigkeit, Gedächtnis und Lernleistung. Auch die Fähigkeit zur Strukturierung des Lernprozesses und das Selbstwertgefühl würden deutlich ansteigen.

Bislang gibt es keine kontrollierten Studien, die Therapieeffekte bei LRS-Kindern überprüft hätten. Über die Effektivität des Neuro-Feedbacks bei Kindern mit Lernstörungen bzw. hyperkinetischem Syndrom wurde in mehreren Arbeiten aus den USA (Tansey 1985, 1991, Linden et al. 1996) berichtet. Bei wiederholter Überprüfung des IQ wurde ein Anstieg der Werte in Intelligenztests um neun bis zwanzig Punkte festgestellt. Aus einer Verminderung der Diskrepanzen zwischen Verbal- und Handlungs-IQ wird auf eine Zunahme der interhemisphäriellen Synchronie durch das Training geschlossen. Im Eltern-Rating wird eine deutliche Erhöhung der Aufmerksamkeitsfähigkeit angegeben.

In der wohl einzigen deutschen Evaluationsstudie (Fuchs 1999) erhielten 22 Kinder mit einem hyperkinetischen Syndrom über drei Monate eine Neuro-Feedback-Therapie (30 Sitzungen à 45 Minuten). Es wurden signifikante Verbesserungen von Handlungs-IQ, Konzentrationsfähigkeit, Impulsivität, Arbeitsgeschwindigkeit und Verhaltenssteuerung nachgewiesen. Diese Veränderungen waren vergleichbar mit denjenigen, die bei einer mit Ritalin behandelten Kontrollgruppe beobachtet wurden.

Zusammenfassende Bewertung

Beim Neuro-Feedback handelt es sich um eine sehr aufwändige Methode, die an teure Geräte gebunden ist. Ob es sich bei den berichteten Verbesserungen der Lernfähigkeit tatsächlich um spezifische Wirkungen des Trainings oder um Placebo-Effekte handelt, ist unklar. Die intensive Zuwendung zum Kind und die Anwendung einer eindrucksvollen Hightech-Apparatur könnten durchaus relevante Placebo-Effekte hervorrufen. Kontrollierte Studien – insbesondere auch bei LRS-Kindern – fehlen und die bisherigen offenen Evaluationsstudien schlossen nur wenige Kinder ein, sodass eine endgültige Beurteilung der Effektivität dieser Behandlungsmethode bislang nicht möglich ist.

Nach Dieterich (2000) sind bei der Anwendung des Neuro-Feedbacks zur Steigerung der Lernfähigkeit zahlreiche Fragen offen. So sei es bislang nicht nachgewiesen, dass tatsächlich Veränderungen im Frequenzspektrum der EEG-Aktivität zu erreichen sind. Beschriebene Verschiebungen der Frequenzen könnten auch Artefakte von Augenmuskeleinstreuungen sein. Außerdem sei zu berücksichtigen, dass bei lerngestörten Kindern nicht selten Veränderungen in der EEG-Hintergrundaktivität bestehen. Der optimale Aktivitätszustand des Gehirns könnte deshalb in ganz anderen Frequenzbereichen liegen, als dies bei unauffällig entwickelten Kindern der Fall ist, nach deren Werten beim Neuro-Feedback die Zielfrequenzen festgelegt werden.

Insgesamt lässt sich sagen, dass das Neuro-Feedback vom Ansatz her ein durchaus interessantes Verfahren ist, dessen spezifische Wirksamkeit plausibel erscheint. Ein hinreichender Beleg für die Effektivität wurde bisher jedoch nicht erbracht, sodass aussagefähige Untersuchungen abgewartet werden sollten, bevor ein Einsatz in der Praxis empfohlen wird.

Weiterführende Literaturhinweise
Dieterich, R. (2000). Lernen im Entspannungszustand. Göttingen: Verlag für Angewandte Psychologie.

8.4.2 Davis-Methode

Entstehungsgeschichte
Ronald D. Davis war selbst Legastheniker. Bis ins Erwachsenenalter hinein konnte er Bücher kaum lesen und musste, wollte er ein Straßenschild entziffern, anhalten und die Buchstaben mühsam zusammensetzen. Die ärztliche Diagnose lautete: »Schwere Lernstörung als Folge einer Geburtsschädigung«; aber auch von »frühkindlichem Autismus« war die Rede. Trotz enormer Schulprobleme wurde Davis Maschinenbautechniker und in diesem Beruf sehr erfolgreich. 1980, im Alter von 38 Jahren, fiel ihm auf, dass seine Schreibprobleme stark schwankten. Notizen während Bildhauerarbeiten – seinem Hobby – anzufertigen, gelang ihm mal besser und mal schlechter. Bislang hatte er seine Lese- und Rechtschreibstörung als Restsymptom einer Geburtsschädigung akzeptiert. Nun kamen ihm Zweifel, denn als Maschinenbauingenieur verglich er ein geschädigtes Gehirn mit einem defekten Motor, der eben immer gleich schlecht arbeitet. Um der Sache nachzugehen, schloss er sich in einem Hotelzimmer ein und probierte aus, wodurch sich seine Lese-Rechtschreib-Schwierigkeiten verbessern bzw. verschlechtern lassen. Nach drei Tagen konnte er plötzlich die Buchstaben der Gästeinformation klar erkennen und ebenso, dass Wörter eindeutig durch Leerzeichen abgegrenzt und damit leicht zu unterscheiden sind. Überrascht ging er in die nächstgelegene Bibliothek, ergriff das erstbeste Buch, die »Schatzinsel« von Stevenson, und las dieses an einem Tag durch. Dieser Erfolg motivierte ihn, seine Erfahrung anderen zugänglich zu machen. Im Laufe der nächsten Monate erarbeitete er die Grundlagen seiner Therapie und gründete das Reading Research Council in Kalifornien, das mittlerweile Ableger in vielen Ländern, u. a. auch in Deutschland und der Schweiz, hat. Die Institute bieten Ausbildung und Therapie an und die Davis Dyslexia Association International koordiniert alle Aktivitäten.

Inzwischen wird die Davis-Therapie nicht nur zur Behandlung der Legasthenie, sondern auch bei Schwierigkeiten in Mathematik, bei Aufmerksamkeitsstörungen, allgemeinen Schulproblemen, motorischer Ungeschicklichkeit und Verhaltensauffälligkeiten eingesetzt.

Zugrunde liegendes Konzept
Nach Davis liegen der Lese-Rechtschreib-Störung folgende drei Besonderheiten der Wahrnehmung und des Denkens zugrunde: ein Vorherrschen bild-

haften Denkens, die Fähigkeit zur aktiven Desorientierung und typische Reaktionen auf diese Desorientierung.

LRS-Kinder würden **statt in Wörtern und Sätzen in Bildern** denken und eine reiche innere Bilderwelt besitzen. Sie erfassten auch geschriebene Texte als Ganzes, anstatt buchstaben- und zeilenweise vorzugehen. Das Denken in Bildern wird als Begabung betrachtet, die logisches Durchdringen von Problemen erleichtere.

Die Schnelligkeit und die Vielfältigkeit des **bildhaften Denkens** führe dazu, dass nicht immer alle Eindrücke sofort begriffen und integriert werden könnten. Dann drehe der Legastheniker das innere Bild vor seinem geistigen Auge und betrachte es aus den unterschiedlichsten Blickwinkeln sowie in verschiedenen Ausschnitten (**Fähigkeit zur Desorientierung**). Diese einzigartige Begabung wird auf der einen Seite als **Grundlage genialen Denkens** und kreativen Problemlösens angesehen, auf der anderen Seite aber auch als **Hintergrund der Lese-Rechtschreib-Störung.** »Dieselbe geistige Funktion, die Genialität erzeugt, erzeugt auch die Legasthenie« (Davis 1995, S. 21). Für die Auslösung von Desorientierung beim Lesen und Schreiben werden insbesondere Funktionswörter (der, am, unter, weil) verantwortlich gemacht, da diese nicht als Bild vorstellbar seien. Sie werden in der Davis-Sprache als »Auslösewörter« bezeichnet.

Die Desorientierung führe zu Fehlern, auf die das Kind Strategien entwickele, die aber die Probleme der verzerrten Wahrnehmung nicht wirklich lösen könnten. Ein lese-rechtschreibgestörtes Kind nehme seine inneren Bilder als Realität, bliebe dadurch zwanghaft bei einer einmal eingeschlagenen Lösungsstrategie und mache somit immer wieder die gleichen Fehler. Falsche Problemlösungsstrategien seien übermäßige Konzentration auf den Lese- und Schreibprozess, Auswendiglernen, unleserliche Handschrift, um falsche Rechtschreibung zu verbergen, sowie Vermeidungsverhalten bei allem, was Lesen und Schreiben betrifft. »Die schlimmste von allen zwanghaften Lösungen, die Legastheniker aushecken, ist wahrscheinlich die ›Konzentration‹« (Davis, 1995, S. 49). Dies alles führe zu Frustration und den typischen Verhaltensweisen lese-rechtschreibgestörter Kinder.

Die Beseitigung einer LRS setze ein Überwinden der Desorientierung voraus, was durch eine bewusste Kontrolle der Wahrnehmungsprozesse erreicht werden könne.

Praktisches Vorgehen in Diagnostik und Therapie

Zuerst werden in einem Gespräch Stärken und Schwächen des Kindes erfasst. Nachdem auf diese Weise die »**Wahrnehmungsdiagnose**« gestellt wurde, werden gemeinsam mit Kind und Eltern Therapieziele festgelegt.

Am Anfang der Behandlung steht die Kontrolle der Desorientierung durch eine **Davis-Orientierungs-Beratung.** Das Kind lernt, durch **Davis-Fokussier-Techniken** sein geistiges Auge auf den optimalen Punkt zu richten (Orientierungspunkt), der sich in einem Neigungswinkel von 45 Grad etwa 7–30 cm oben hinter dem Kopf befindet. Kinder, die Schwierigkeiten haben, sich diesen Punkt vor ihrem inneren Auge vorzustellen, können auch eine »Ausrichtungs- und Feineinstellung« auf das Hören vornehmen (kinästhetische Methode).

Nach Davis ist die Desorientierung beim Lesen dadurch bedingt, dass den Legasthenikern für Buchstaben und »Auslösewörter« keine Bilder zur Verfügung stehen und sie dadurch verwirrt würden. Um eine visuelle Vorstellung zu ermöglichen, werden Buchstaben und Wörter dreidimensional hergestellt, wozu sich Knetmasse gut eignet. Wörter werden nicht nur als Buchstabenfolge und somit als Symbole erarbeitet, sondern in gleicher Weise als Gegenstände geformt. Den etwa zweihundert »Auslösewörtern« wird besondere Aufmerksamkeit geschenkt, da sie im Gegensatz zu konkreten Wörtern (Haus, Baum) kaum Ansätze zur Visualisierung bieten. Sie werden genau beschrieben, ihre Bedeutung nachgeschlagen und diese dann in mehreren Objekten oder Szenen aus Knetmasse erzeugt. Die Fähigkeit, sich die »Auslösewörter« als Gruppe von Objekten vorzustellen, wird als »**Davis-Symbol-Beherrschung**« bezeichnet. LRS-Kindern falle diese Methode zur Überwindung der Desorientierung in der Regel nicht schwer, da sie über eine hervorragende bildliche Vorstellungskraft verfügten.

In einer nächsten Stufe wird das Gelernte auf das Lesen und Schreiben angewandt. Den Kindern wird die Technik vermittelt, einzelne Buchstaben und Wörter nacheinander mit dem Auge abzutasten, anstelle eines Bilddenkens, bei dem das ganze Wort simultan erfasst wird.

Ergänzend werden Übungen zur Stressreduzierung (»Kontrolle des Energielevels«), des »Gleichgewichts in der Sprache« und des »Zeitsinns« durchgeführt.

Eine Behandlung umfasst etwa dreißig Stunden, die in einer Davis-Legasthenie-Beratungswoche absolviert werden. Nachfolgeberatungen werden einmal pro Woche empfohlen.

Eine Davis-Legasthenie-Korrektur wird in der Regel in Form von Einzelberatungen angeboten. In den USA wurde die Methode durch Pfeiffer für Gruppen adaptiert, um sie in Schulklassen anwenden zu können. In der Schweiz wurde 2001 in drei Klassen unterschiedlicher Schulen ein Modellprojekt zur Erprobung der Davis-Methode im regulären Schulunterricht gestartet.

Wirksamkeitsnachweise
In Prospekten und auf Homepages wird auf positive Erfahrungen bei Tausenden von Legasthenikern und auch Schülern mit sonstigen Lern- oder Verhaltensproblemen hingewiesen. Es werden Aussagen von Betroffenen zitiert, die darüber berichten, dass sie im Lesen und Schreiben von der Anwendung des Davis-Verfahrens erheblich profitiert hätten. Die positiven Wirkungen gingen weit über den Schriftsprachbereich hinaus. Die Kinder könnten sich nun besser konzentrieren, seien ruhiger und das Rechnen gelinge leichter.

Kontrollierte Studien, welche die Effektivität der Methode belegen, wurden bislang nicht durchgeführt.

Zusammenfassende Bewertung

Die Davis-Methode baut auf den Erfahrungen eines einzelnen Legasthenikers auf und hat sich zu einem in sich geschlossenen Gedankengebäude entwickelt. Das **Konzept** geht von einer Hochbegabung im Bereich der visuellen Vorstellungskraft und damit verbunden von speziellen Denkstrategien aus. In empirischen Untersuchungen zur visuellen Wahrnehmung bei LRS-Kindern konnten dafür aber bislang keine Hinweise gefunden werden.

In der **Davis-Behandlung** stehen visuelle Strategien und kinästhetische Erfahrungen ganz im Vordergrund. Visuelle und taktile Übungen sind auch in viele andere LRS-Förderprogramme integriert. So werden bestimmte Merkmale im Wortbild durch visuelle Symbole (Farbgebung, Unterstreichungen) betont bzw. die taktile Wahrnehmung (Betasten von Buchstaben und Wörtern) einbezogen. Bei der Davis-Methode wird die visuelle und kinästhetische Wahrnehmung aber einseitig überbetont und der auditive Bereich sowie der Erwerb von orthografischen Regeln und von Lese- und Schreibroutinen vernachlässigt. Somit ist nicht zu erwarten, dass Behandlungserfolge mit der Davis-Therapie gleichwertig oder gar besser als diejenigen herkömmlicher Behandlungsverfahren sind.

Eine Besonderheit des Davis-Konzeptes besteht darin, dass die Lese-Rechtschreib-Störung nicht als individuelle Schwäche, sondern als besonderes Talent angesehen wird, das zu genialen Denkleistungen befähige. Dies kann zu einer erheblichen Stärkung des Selbstwertgefühls des Kindes beitragen und sich positiv auf den Lernerfolg auswirken.

Insgesamt kann die Davis-Methode nicht zur Behandlung von Kindern mit einer Lese-Rechtschreib-Störung empfohlen werden. Sie beruht auf einem theoretisch nicht begründeten Konzept und trotz ihrer Anwendung in vielen Ländern wurde bislang kein Nachweis einer spezifischen Wirksamkeit erbracht.

Weiterführende Literaturhinweise

Davis, R. D. (1995). Legasthenie als Talentsignal. Lernchancen durch kreatives Lesen. Kreuzlingen: Ariston.

Steltzer, S. (2001). Wenn die Wörter tanzen. Legasthenie und Schule – Erfahrungen und Perspektiven von Schulkindern. München: Droemersche Verlagsanstalt.

Temple, R. (1998). Legasthenie und Begabung. Ronald D. Davis und traditionelle Methoden. Ein Vergleich. Kreuzlingen: Ariston.

8.4.3 Neurolinguistisches Programmieren (NLP)

Entstehungsgeschichte

Das neurolinguistische Programmieren geht auf Arbeiten von Richard Bandler und John Grinder aus dem Jahre 1975 zurück. Der Mathematiker und Informatiker Bandler und der Linguist Grinder untersuchten Interaktionsprozesse, um Faktoren herauszufinden, welche zu einer erfolgreichen Kommunikation führen. Damit wollten sie zu einer Optimierung von Psychotherapie und Beratung beitragen. Sie analysierten Kommunikationsprozesse bei Personen mit der Fähigkeit zu besonders geschickter Interaktion. Zu Beginn ihrer Arbeit beobachteten Bandler und Grinder das Kommunikationsverhalten bekannter Psychotherapeuten, wie z. B. das von Virginia Satir während familientherapeutischer Sitzungen, von Fritz Perls bei der Gestalttherapie und von Milton Erickson während einer Hypnotherapie. In weiteren Arbeiten wurden erfolgreiche Kommunikatoren aus Wirtschaft, Politik und Kultur in die Beobachtung einbezogen. Aus den Ergebnissen wurden Grundlagen für das neurolinguistische Programmieren (NLP) erarbeitet.

Die Bezeichnung »Neurolinguistisches Programmieren« soll verdeutlichen, dass das Verhalten des Menschen durch ein Zusammenwirken von neurologischer und linguistischer Ebene programmiert wird. **Neuro** steht für das Nervensystem, das die biologische Grundlage für Wahrnehmungs- und Denkprozesse bildet, und **linguistisch** für den Ausdruck innerer Prozesse mittels Laut- und Körpersprache. **Programmieren** weist darauf hin, dass durch das Erkennen der eigenen inneren Prozesse und die richtige Deutung des Ausdrucks des Kommunikationspartners Verhalten verändert (programmiert) werden kann.

Die theoretischen Grundannahmen beruhen auf einem positiven Menschenbild. Es wird davon ausgegangen, dass Menschen nicht auf die reale äußere Welt, sondern die subjektive Abbildung der Wirklichkeit reagieren. Diese Reaktionen seien immer perfekt und stets die beste Wahl, die aufgrund der verfügbaren Informationen getroffen werden kann. Der Mensch habe alles, was er brauche, bereits in sich und handele immer in positiver Absicht. Aufgrund seiner Erfahrung entwickle er Modelle von der Welt. Da seine Erfahrung aber begrenzt sei, eigneten sich nicht alle Modelle gleich gut, er könne diese jedoch verändern und damit lernen, optimaler zu handeln. Was ein Einzelner lernen könne, könnten grundsätzlich auch alle anderen. Sie verfügten über alle Ressourcen, die erforderlich sind, um Veränderungen zu erreichen.

NLP ist pragmatisch ausgerichtet und hat zum Ziel, alternative Wege zur Problemlösung aufzuzeigen. Der erste Schritt besteht in einer exakten Analyse des Problems. In der Kommunikation bedeutet dies eine genaue Wahrnehmung des emotionalen Ausdrucks von Sprache, Gestik und Mimik des Kommunikationspartners. Dabei werden die gewonnenen Informationen systematisch nach Sinnesqualitäten unterschieden. Es wird davon ausgegangen, dass eine veränderte Wahrnehmung innere Überzeugungen, Situationsinterpretationen, emotionale Reaktionen und das Verhalten beeinflusst. Auf dieser Grundlage gelinge es, optimale Lösungswege zu erarbeiten.

Ausgehend von den USA breitete sich NLP in den achtziger Jahren sehr schnell auch in Deutschland aus. Inzwischen wurden zahlreiche Institute gegründet und die grundlegenden Publikationen sind auch in Deutsch erschienen. NLP wird in fast **allen Bereichen des menschlichen Lebens zur Optimierung der Problembewältigung** empfohlen. NLP-Kurse werden sowohl zum Persönlichkeits-, Kommunikations- und Gruppentraining als auch zur Optimierung von Beratungsgesprächen, Therapieabläufen, Mitarbeiterführung und Konfliktmanagement angeboten. Für den Alltag wird NLP zur Verbesserung von Lebensplanung und Gesundheit eingesetzt und in der Wirtschaft zur Verkaufsoptimierung und Kundenbetreuung empfohlen. Im Kindesalter eigne sich NLP zur Verbesserung von Lernprozessen und zur Behandlung von Verhaltensstörungen.

Für die Behandlung von lese-rechtschreibschwachen Kindern wird insbesondere die visuelle Rechtschreib-Strategie (**Wortbilder-Technik**) eingesetzt, wie sie in den achtziger Jahren vom Amerikaner Robert Dilts entwickelt wurde.

Zugrunde liegendes Konzept

Bei der Behandlung von LRS-Kindern mittels NLP wird davon ausgegangen, dass sich die gedanklichen Prozesse beim Lesen und Schreiben bei guten und schlechten Rechtschreibern grundsätzlich voneinander unterscheiden. NLP soll dem LRS-Kind ermöglichen, seine Arbeitsstrategien bewusst zu steuern und damit zu beeinflussen.

Bei guten Rechtschreibern beruhe das Schreiben vorwiegend auf visuellen Prozessen. Vor dem Schreiben würde das Wortbild vor dem inneren Auge aufgerufen. Dies sei daran zu erkennen, dass mit den Augen deutlich wahrnehmbare Suchbewegungen durchgeführt werden. Sichere Rechtschreiber schauten kurz nach oben links. Nach dem Niederschreiben eines Wortes erfolge mithilfe des kinästhetischen Repräsentationssystems eine Überprüfung des Wortbildes auf Korrektheit. Ein richtig geschriebenes Wort rufe das Gefühl der Vertrautheit hervor, was mit angenehmen Emotionen verbunden sei. Das auditive Repräsentationssystem sowie die Kenntnis von Rechtschreibregeln würden nur als ergänzende Hilfsmittel eingesetzt. Gute Rechtschreiber würden eine klare Strategie bei der Suche nach der richtigen Schreibweise verfolgen und Fehler als Herausforderung, Neues zu lernen, und nicht als Misserfolg und Frust erleben.

Als Ursache der Schwierigkeiten bei der Rechtschreibung wird bei LRS-Kindern ein **unzureichender Einsatz des visuellen Repräsentationssystems** angenommen. Statt vom Wortbild auszugehen, würden lese-rechtschreibschwache Kinder den Schwerpunkt auf eine akustische Analyse des Lautbildes legen. Da zudem das kinästhetische Repräsentationssystem nicht als Hilfs- und Kontrollinstanz eingesetzt werde, rufe es nicht das Gefühl der Sicherheit hervor, sondern führe zu negativen Emotionen mit Orientierungslosigkeit und Stress. Statt einer konstanten Problemlösungstaktik würden LRS-Kinder zwischen auditiven, kinästhetischen und visuellen Strategien in unfruchtbaren Schleifen hin und her wechseln.

Ziel der LRS-Therapie mithilfe von NLP ist es, den Kindern die Wortbildtechnik zu vermitteln und Blockaden, die ein Visualisieren des Wortbildes verhindern, zu erkennen und zu lösen. Damit soll es möglich werden, innerhalb weniger Stunden Rechtschreibschwierigkeiten stressfrei zu überwinden, ohne dass ein Drill von Regeln und ein Einschleifen von Routinen erforderlich sei.

Praktisches Vorgehen in Diagnostik und Therapie
Eine LRS- Behandlung mit NLP erfolgt in festgelegten Schritten.

1. Schritt – Vereinbarung des Ziels
Während dieser Phase werden die angestrebten Ziele genauer definiert, wobei besonderer Wert auf emotionale Komponenten gelegt wird. Das Kind erhält die Aufgabe, eine emotional positive Situation zu beschreiben, und lernt, diese innerlich als »Farbtonfilm« aufzurufen. Treten Schwierigkeiten beim Schreiben auf, kann sich das Kind dieses positive Erlebnis vergegenwärtigen und so Misserfolgsgefühle abbauen.

2. Schritt – Erkennen von Blockaden
In diesem zweiten Schritt soll herausgefunden werden, ob ein stressfreies Aufrufen der Wortbilder durch negative Gefühle – z. B. bedingt durch Hänseleien der Mitschüler oder abwertende Bemerkungen der Lehrer – behindert wird. Ziel ist es, die Angst vor Fehlern beim Schreiben aufzulösen.

3. Schritt – Training der Visualisierung des Wortbildes
Das Kind trainiert, sich Wörter vor seinem inneren Auge vorzustellen und »tanzende« Buchstaben zu fixieren. Zur Visualisierung eines Wortbildes führt das Kind zuerst die Augenbewegung aus, die bei guten Rechtschreibern beim Visualisieren eines Wortes beobachtet wird (»Kalibrierung des Ver-Augenbewegungsmusters«). Als nächstes ruft sich das Kind das emotional positiv besetzte Erlebnis auf, das es zu Beginn der Therapie gelernt hat, sich bei Stress zu vergegenwärtigen. Dann wird das Wort in deutlichen Buchstaben ins Blickfeld des Kindes gehalten und es aufgefordert, alle Besonderheiten genau zu betrachten und sich das Wortbild als Ganzes einzuprägen. Danach soll das Wort buchstabiert werden; gelingt dies vor- und rückwärts, so wird es niedergeschrieben und das geschriebene Wort mit dem inneren Wortbild verglichen. Anschließend wird überprüft, ob das geschriebene Wort das Gefühl der Richtigkeit hervorruft (»kinästhetische Überprüfung«). Ist dies der Fall, dann erlebt das Kind wieder positive Gefühle im Zusammenhang mit dem Schreiben. Die nächste Aufgabe besteht darin, täglich neue Wörter in den visuellen Wortspeicher aufzunehmen.

Probleme in der Therapie, die bei einigen Kindern auftreten, seien in der Regel durch eine Variation der Technik zu beheben. Wenn ein Kind ein Wortbild nur undeutlich visualisieren kann, dann lässt sich dies verbessern, indem Schriftgröße und Farbe so lange verändert werden, bis sie dem individuellen Optimum des visuellen Systems des jeweiligen Kindes entsprechen. Dabei werden für die Rechtschreibung wesentliche Einzelheiten hervorgehoben und markiert. Auch können Wortbilder vor emotional positiv empfundenem Hintergrund visualisiert werden.

Vom Erlernen der Wortbildtechnik und einer Verknüpfung des Schreibens mit positiven Emotionen wird ein Auflösen der Rechtschreibprobleme erwartet. Die Behandlung bzw. Lernberatung erfolgt in der Regel einmal pro Woche über einige Wochen bis Monate.

Ein ausbleibender Erfolg wird damit erklärt, dass Blockaden nicht ausreichend aufgelöst sind. Diese seien Folge einer Stigmatisierung als »Legastheniker« bzw. als »behindertes Kind« oder hervorgerufen durch Versagensängste vor Diktaten. Ein Therapieerfolg bleibe aber auch aus, wenn das Kind innerlich nicht an einer Verbesserung seiner Rechtschreibfähigkeit interessiert sei. Dies sei der Fall, wenn es fürchte, die vermehrte Zuwendung der Eltern zu verlieren, oder wenn es Angst hat, bei guter Rechtschreibung von den Klassenkameraden als Streber angesehen und gehänselt zu werden. Derartige Blockaden seien durch eine genaue Analyse von Sprache, Mimik und Gestik während des Schreibprozesses zu erkennen. Nur in Einzelfällen, wenn Blockaden aufgrund unlösbarer Konflikte oder nicht verarbeiteter, schwerer Traumen bestehen bleiben, sei durch NLP keine Verbesserung der Rechtschreibleistungen zu erreichen.

Wirksamkeitsnachweise

Anhand von Einzelfallbeschreibungen wird auf die Effektivität der Methode hingewiesen (Schick 1994, Karig 1996). Dabei wird betont, dass sich NLP nicht nur auf die Rechtschreibleistungen positiv auswirke, sondern auch auf Konzentrationsfähigkeit, Lernmotivation und emotionale Stabilität.

Robert Dilts (1995), der seine eigene Lese-Rechtschreib-Schwäche mit NLP erfolgreich behandelte, entwickelte wesentliche Grundlagen für den Einsatz dieses Therapiekonzepts bei Kindern mit einer Legasthenie. Er überprüfte bei 44 durchschnittlichen Rechtschreibern, ob die Blickrichtung beim Visualisieren für den Lernerfolg tatsächlich von entscheidender Bedeutung ist. Er beobachtete in derjenigen Gruppe, welche die optimale „Ver-Augenstellung" mit Blick nach links oben zum Visualisieren eines Wortbildes einsetzte, beim Einprägen neuer Wörter eine Leistungssteigerung von 20–25 %, während diejenigen, die nach rechts unten blickten, einen Leistungsabfall von 15 % aufwiesen. Letztere Augenposition ruft nach der NLP-Theorie Emotionen auf, nicht aber bildliche Vorstellungen. Genauere Angaben zu dieser Untersuchung werden nicht vorgelegt, sodass die Zuverlässigkeit der Ergebnisse nicht beurteilt werden kann. Malloy (1995) überprüfte bei 25 Studenten aus dem ersten Studienjahr Psychologie, ob mit der visuellen NLP-Technik nach Dilts bessere Rechtschreibleistungen erzielt werden als mit einem Standard-Rechtschreibtraining. Gegenüber einer Kontrollgruppe zeigten beide Trainingsgruppen signifikant bessere Leistungen und die NLP-Gruppe wiederum signifikant besser als die Standard-Trainingsgruppe.

Kontrollierte Studien der Rechtschreibfähigkeit vor und nach einer NLP-Therapie zur Überprüfung der Effektivität des Vorgehens bei lese-rechtschreibgestörten Kindern erfolgten bislang nicht.

Zusammenfassende Bewertung

Neurolinguistisches Programmieren in der LRS-Therapie ist eine Mischung aus psychotherapeutischen Ansätzen und Vermittlung von Lernstrategien. Die **psychotherapeutischen Anteile** haben das Ziel, Selbstsicherheit beim Schreiben zu vermitteln und das Kind zu befähigen, Schreibfehler ohne Abwertung der eigenen Persönlichkeit zu verarbeiten. Die **Lernstrategien** sind recht einseitig ausgerichtet und scheinen eher für die englische als die deutsche Schriftsprache geeignet zu sein. Sie beruhen auf dem Einprägen von Wortbildern als Ganzes unter Vermeidung der Lautanalyse. Im Gegensatz zum Englischen werden im Deutschen viele Wörter, zumindest in Teilen, lautgetreu geschrieben. Im Deutschen stellt somit der auditive Zugangsweg, der bei NLP ausdrücklich umgangen wird, eine wesentliche Hilfe beim Erlernen des Lesens und Rechtschreibens dar. Schon aus diesem Grund scheint NLP wenig geeignet zu sein, das Lesen und Schreiben der deutschen Schriftsprache effektiv zu erlernen. Auditive Strategien und orthografische Regeln werden kaum als Hilfen eingesetzt.

Insgesamt beruht eine LRS-Therapie mit neurolinguistischem Programmieren auf nicht belegten Annahmen über Lese- und Rechtschreibprozesse, die den gegenwärtig gültigen Modellen widersprechen. Ein Effektivitätsnachweis wurde bislang nicht erbracht, sodass NLP zur Behandlung eines legasthenen Kindes nicht empfohlen werden kann.

Weiterführende Literaturhinweise

Beaver, D. (1996). Locker Lernen. NLPädagogik für Lehrerinnen und Lehrer. Paderborn: Junfermann.

Blickhan, D., und Seidel, I. (1999). Mama, die Schule nervt mich! Wie Eltern ihren Kindern und sich selbst mit NLP helfen können. Freiburg i. Br.: Herder.

Dilts, R. (1995). Die NLP-Rechtschreibstrategie. In K. H. Schick (Hrsg.), NLP & Rechtschreibtherapie. Praxishilfen für Unterricht und Therapie (S. 47–67). Paderborn: Junfermann.

Grinder, M. (1997). Ohne viele Worte. Nonverbale Muster für erfolgreiches Unterrichten. Freiburg i. Br.: Verlag für Angewandte Kinesiologie.

Kobler, H. P. (1998). Der Schlüssel zum neuen Lehren. Wege zum perfekten Unterricht. Paderborn: Junfermann.

Markova, D. (1996). Wie Kinder lernen. Eine Entdeckungsreise für Eltern und Lehrer. Freiburg i. Br.: Verlag für Angewandte Kinesiologie.

8.5 Psychotherapie

Zwei prinzipiell unterschiedliche Gründe können Anlass sein, eine Psychotherapie bei lese-rechtschreibgestörten Kindern in Erwägung zu ziehen. Ein Grund, an eine solche Behandlung zu denken, sind ausgeprägte psychische Begleit- bzw. Sekundärsymptome, die sich in Versagensängsten, Selbstwertzweifeln oder aggressiv-oppositionellem Verhalten äußern können. Dass in diesen Fällen eine psychotherapeutische Behandlung erforderlich sein kann, steht außer Zweifel. Hierauf soll im Folgenden aber nicht weiter eingegangen werden, da eine Behandlung zusätzlich zur LRS auftretender Symptome nicht Thema dieses Kapitels ist. Ein anderer Grund für eine Psychotherapie bei LRS-Kindern ist nach Ansicht einiger Therapeuten das Versagen beim

Schriftspracherwerb selbst. Die legasthenen Fehler werden dabei als neuroti-
sche Symptome angesehen und Verbesserungen der primären Lernstörung
durch eine Psychotherapie angestrebt. Nur diese Indikation soll im Weiteren
besprochen werden.

Zugrunde liegendes Konzept

Bei einer psychotherapeutischen Behandlung der LRS wird von der Annahme ausgegangen, dass Schwierigkeiten beim Erwerb der Schriftsprache **Folge
eines unbewältigten Konflikts in der frühen Kindheit** sind. Die Art des Konflikts wird je nach psychotherapeutischer Schule unterschiedlich angegeben.
Aus **psychoanalytischer** Sicht sind legasthene Fehler verschlüsselte Botschaften, mit denen das Kind seine unbewältigte Vergangenheit zu verarbeiten
versucht. Für Migden (1998) stehen sie für eine unzureichende Hemmung
ödipaler Fantasien und Impulse. Nach anderer Lesart gelten sie als Hinweis
auf aggressive Gefühle und die Angst vor einer Ablösung von der Mutter.
LRS-Symptome hätten einen unbewussten Sinn und drückten Protest aus
(Rau-Luberichs 1997). Im **transaktionsanalytischen** Verständnis ist für die
Entstehung einer Legasthenie ein Zusammentreffen früher Scriptentschei-
dungen mit ungünstigen Lernerfahrungen verantwortlich (Peters 1992). **Ge-
stalttherapeutischen** Theorien zufolge liegt den Problemen beim Schriftspracherwerb eine gestörte Ich-Entwicklung im Kontext kultureller Einflüsse
zugrunde (Blumenthal 2001). Mertens (1997) erklärt die Symptome aus
»traumatischen Erfahrungen, insbesondere während der Periode des Spre-
chenlernens in Verbindung mit dem emotionalen Rückzug des Vaters. ...
Die psychoanalytische Behandlung deckt überwältigende Angst vor Scham,
Hilflosigkeit, Objekt- und Autonomieverlust auf.« Die Lese-Rechtschreib-
störung sei eine „seelische Erkrankung, der eine unbewusste Psychodynamik
zugrunde liegt. .... eine Individuationsstörung, die durch das Zusammenspiel
traumatischer Erfahrungen und früher Entwicklungsprozesse geprägt ist.
Das heißt, es findet eine gegenseitige Beeinflussung der Faktoren statt, die zu
mehr oder minder starken Ich-Verzerrungen, gehemmten Entwicklungspro-
zessen und neurotischen Konflikten führen und schließlich das Symptom der
Legasthenie verursachen." (Mertens 2002, S. 227).

    Ziel der Psychotherapie ist es, den zugrunde liegenden Konflikt aufzude-
cken, emotional zu bearbeiten und so die Schwierigkeiten beim Schriftspracherwerb aufzulösen.

Praktisches Vorgehen in der Therapie

Die Art der Intervention richtet sich nach der psychotherapeutischen Schule,
welcher der Therapeut angehört. So werden tiefenpsychologisch orientierte,
transaktionsanalytische und gestalttherapeutische Therapien von Kind und/
oder Eltern sowie systematische Familientherapien angeboten. In der Regel
dauert die Behandlung mehrere Monate bis Jahre. »Der Mittelpunkt und
zentrale Kern der Behandlung ist die psychotherapeutische Beziehung zum
Kind und zur Familie« (Rau-Luberichs 1997).

Wirksamkeitsnachweise
In kasuistischen Beiträgen wurde der Behandlungsverlauf bei einzelnen Kindern beschrieben (u. a. Mertens 2002). Dabei bleibt unklar, ob die beobachteten Verbesserungen im Lesen und Rechtschreiben durch die psychotherapeutischen Interventionen oder durch davon unabhängige Faktoren, wie z. B. allgemeine Entwicklungsfortschritte oder begleitende Fördermaßnahmen, bedingt waren. Kontrollierte Studien zur Effektivität psychotherapeutischer Legastheniebehandlungen liegen bislang nicht vor.

Zusammenfassende Bewertung
Die einer Behandlung legasthener Symptome mit psychotherapeutischen Methoden zugrunde liegenden theoretischen Konzepte beruhen auf Annahmen zur Ursache der Lese-Rechtschreib-Störung, die nicht den gegenwärtigen Wissensstand widerspiegeln. Belege für positive Auswirkungen auf Lese- und Rechtschreibleistungen gibt es bislang nicht. Eine Behandlung der Legasthenie mit psychotherapeutischen Verfahren kann somit nicht empfohlen werden.

Unabhängig hiervon ist eine Psychotherapie aber dann als sinnvoll und erforderlich anzusehen, wenn LRS-Kinder emotionale Störungen, wie ausgeprägte Versagensängste, Selbstwertzweifel oder soziale Unsicherheit, sowie Störungen im Sozialverhalten zeigen. Im **Ergebnis der Behandlung** kann eine psychische Stabilisierung der kindlichen Persönlichkeit erwartet werden, nicht aber ein Verschwinden der Probleme beim Lesen und Rechtschreiben.

8.6 Medikamente und andere Präparate

8.6.1 Medikamente

Zugrunde liegendes Konzept
Der Verordnung von Medikamenten liegt der Gedanke zugrunde, dass es sich bei der LRS um eine **hirnorganisch bedingte Leistungsminderung** handelt. Die Medikation soll zu einer **allgemeinen Verbesserung der kognitiven Fähigkeiten** und damit verbunden der Lernfähigkeit beim Schriftspracherwerb führen.

Praktisches Vorgehen
Bei LRS-Kindern werden am häufigsten Psychostimulanzien und Nootropika, deutlich seltener Tranquilizer oder andere Medikamente verordnet.

Psychostimulanzien unterdrücken Müdigkeit und wirken kurzzeitig leistungs- und konzentrationssteigernd. Aus der Gruppe der Psychostimulanzien ist Koffein das bekannteste. Zur Verbesserung der Leistungsfähigkeit von lese-rechtschreibschwachen Kindern wird vorwiegend Methylphenidat (Ritalin®) verordnet.

Zu den **Nootropika** werden Medikamente gerechnet, die durch eine Verbesserung des Hirnstoffwechsels positive Auswirkungen auf Gedächtnis, Konzentrations- und Lernfähigkeit ausüben sollen. Sie werden insbesondere bei chronischen hirnorganischen Erkrankungen und in der Rehabilitationsphase nach Schädel-Hirn-Traumen, Schlaganfall und anderen hirnorganisch bedingten Leistungsminderungen eingesetzt. Unter der Vorstellung, dass die Lese-Rechtschreib-Störung eine hirnorganisch erklärbare Lernschwäche darstellt, kommen Nootropika auch bei der LRS zum Einsatz. Das am häufigsten verwendete Nootropikum ist Piracetam.

Die Hauptindikationen für **Tranquilizer** sind akute und chronische Angstzustände. Behandlungsversuche mit Tranquilizern gehen von der Hypothese aus, dass die Symptome der Lese-Rechtschreib-Störung Ausdruck einer Lernhemmung infolge einer Versagensangst beim Lesen und Schreiben sind. Unter den Tranquilizern ist Diazepam das Standardpräparat.

Wirksamkeitsnachweise

Im Gegensatz zu allen anderen Möglichkeiten einer LRS-Therapie liegen über die Effektivität von Medikamenten zahlreiche gut kontrollierte Evaluationsstudien vor. Somit ist eine weitgehend abgesicherte Aussage über die Wirksamkeit von Medikamenten bei der Behandlung einer Lese-Rechtschreib-Störung möglich.

Die Wirkung von Methylphenidat, als Hauptvertreter der Gruppe der **Psychostimulanzien,** wurde in den achtziger Jahren mehrfach überprüft (Aman und Werry 1982, Gittelman et al. 1983, Richardson et al. 1988). Es konnten nur geringe bzw. keine relevanten Verbesserungen der Leseleistungen von LRS-Kindern nachgewiesen werden. Die Lese-Rechtschreib-Störung zählt deshalb auch nicht zu den Indikationen von Psychostimulanzien (AACAP 2002). Im Gegensatz zu Kindern mit einer reinen Lese-Rechtschreib-Störung ist beim Vorliegen eines hyperkinetischen Syndroms die Behandlung mit Methylphenidat äußerst effektiv. In 160 Doppelblindstudien mit insgesamt über 5000 Kindern konnte nachgewiesen werden, dass sich Methylphenidat bei etwa 70 % der hyperkinetischen Kinder positiv auf die Lernfähigkeit und das Verhalten auswirkt. Da eine hyperkinetische Störung bei 30–50 % der LRS-Kinder als zusätzliche Symptomatik nachweisbar ist, kann die Verordnung von Psychostimulanzien auch bei LRS-Kindern sinnvoll sein (Dykman und Ackerman 1991). In einer Übersichtsarbeit kommen Beitchman und Young (1997) zu dem Ergebnis, dass Methylphenidat bei LRS-Kindern mit einem Aufmerksamkeitsmangelsyndrom die Lesefähigkeit verbessert und die Kinder in die Lage versetzt, im Unterricht konzentrierter mitzuarbeiten und Aufgaben zu beenden.

In den achtziger Jahren wurde der Frage der Wirksamkeit von **Nootropika** bei der Behandlung einer Lese-Rechtschreib-Störung in mehreren Studien nachgegangen. Im deutschsprachigen Raum wurde meines Wissens in jüngster Zeit nur eine Arbeit publiziert, die zu dem Ergebnis kam, dass sich Lese- und Rechtschreibleistung sowie die Fähigkeit zur sprachlichen Informationsverarbeitung unter Piracetam verbessern (Hässler und Tilch 1996). Da diese

Studie aber offen angelegt war und eine Kontrollgruppe fehlte, ist deren Aussagefähigkeit begrenzt. Doppelblindstudien aus dem angloamerikanischen Raum zeigten widersprüchliche Resultate (Tallal et al. 1986, Ackerman et al. 1991, Debert 1994, Helfgott et al. 1986). Insgesamt sprechen die Ergebnisse dafür, dass Nootropika zu einer Erhöhung der Lesegeschwindigkeit, nicht aber zu einer Verbesserung von Leseverständnis oder einer Verminderung von Lese- und Rechtschreibfehlern führt. Eine Übersicht über kontrollierte Piracetam-Studien mit Doppelblinddesign, die insgesamt 751 Kinder einschlossen, stellten Wilsher und Taylor (1994) zusammen. Da unter Piracetam relevante Nebenwirkungen nicht zu befürchten sind, kommen die Autoren trotz der geringen positiven Effekte auf die Lesefähigkeit zu dem Schluss, dass ein Einsatz des Medikaments bei Kindern mit einer LRS gerechtfertigt sei.

Tranquilizer und **Antihistaminika** erwiesen sich nach den wenigen vorliegenden Erfahrungen bei Kindern mit einer Lese-Rechtschreib-Störung als unwirksam (Aman und Werry 1982, Levinson 1991).

Zusammenfassende Bewertung

In mehreren gut kontrollierten Studien konnte nachgewiesen werden, dass sich die Lesegeschwindigkeit bei LRS-Kindern durch Medikamente verbessern lässt. Lese- und Rechtschreibfehler und das Leseverständnis hingegen sind medikamentös bislang kaum zu beeinflussen.

Psychostimulanzien (z. B. Methylphenidat) sind bei einer isolierten Lese-Rechtschreib-Störung nicht indiziert. Wenn jedoch bei einem LRS-Kind gleichzeitig ein hyperkinetisches Syndrom besteht, wie dies relativ häufig der Fall ist, dann kann eine Einnahme von Methylphenidat durchaus sinnvoll sein. Hyperkinetische Kinder werden unter Psychostimulanzien oft wesentlich konzentrierter, lernfähiger und weniger verhaltensauffällig, sodass erst durch die Pharmakotherapie die Voraussetzungen für Lernfortschritte geschaffen werden. Wie durch kontrollierte Studien gezeigt wurde, sprechen LRS-Kinder mit einem hyperkinetischen Syndrom genauso gut wie andere hyperkinetische Kinder auf eine Methylphenidat-Medikation an.

Hinsichtlich einer Behandlung mit **Nootropika** (z. B. Piracetam) liegen kontrollierte Studien mit insgesamt über 700 LRS-Kindern vor. Diese belegen, dass unter Nootropika eine Erhöhung der Lesegeschwindigkeit eintrat, während sich Lesefehler, Leseverständnis und Rechtschreibfähigkeit kaum beeinflussen lassen. Die Wirkung auf die Lesegeschwindigkeit ist am ehesten auf das aktivierende Potenzial von Medikamenten dieser Gruppe zurückzuführen. Eine echte Steigerung der Lernfähigkeit im Schriftsprachbereich ist jedoch nicht zu erreichen. Die Effektivität von Nootropika ist allerdings auch bei anderen Hirnerkrankungen eher gering und recht zweifelhaft. Eine kritische Übersicht zu Arzneimittelwirkungen kommt deshalb zu dem Fazit: »Für Nootropica gibt es keine Indikation« (transparenz-telegramm 1990/91).

Über die Wirksamkeit von Benzodiazepinen und **anderen Medikamenten** in der LRS-Therapie liegen nur wenige Mitteilungen vor, die keine Hinweise darauf liefern, dass sich die Lese- und Rechtschreibfähigkeit nennenswert verbessern lässt.

Eine effektive medikamentöse Behandlung der Lese-Rechtschreib-Störung ist somit bislang nicht bekannt. Demzufolge heißt es auch in den Leitlinien zur Diagnostik und Therapie von psychischen Störungen: »Eine spezifische Medikation zur Behandlung der Lese-Rechtschreib-Schwäche bzw. Rechenschwäche gibt es nicht.« (Warnke et al. 2000, S. 209). Eine medikamentöse Behandlung von LRS-Kindern ist nur dann indiziert, wenn dies aufgrund zusätzlicher psychischer Störungen erforderlich wird.

Weiterführende Literaturhinweise

American Academy of Child and Adolescent Psychiatry (Hrsg.) (2002). Practice parameter for the use of stimulant medications in the treatment of children, adolescents, and adults. Journal of the American Academy of Child and Adolescent Psychiatry, 41, Suppl., 26S-49S.

transparenz-telegramm (1990/91). 10.000 Arzneimittel im Vergleich. Wirksamkeit, Anwendungsgebiete, Dosierungen, Verträglichkeit, Wechselwirkungen, Therapiekosten (S. 1197). Berlin: A.V. I. Arzneimittelverlags GmbH.

Warnke, A., Amorosa, H., Aster, M. v., Oehler, K., Strehlow, U., und Niebergall, E. (2000). Umschriebene Entwicklungsstörungen schulischer Fertigkeiten (F.81). In Deutsche Gesellschaft für Kinder- und Jugendpsychiatrie und Psychotherapie, Bundesarbeitsgemeinschaft leitender Ärzte für Kinder- und Jugendpsychiatrie und Psychotherapie und Berufsverband der Ärzte für Kinder- und Jugendpsychiatrie und Psychotherapie (Hrsg.), Leitlinien zur Diagnostik und Therapie von psychischen Störungen im Säuglings-, Kindes- und Jugendalter (S. 197–211). Köln: Deutscher Ärzteverlag.

Wilsher, C. R., und Taylor, E. A. (1994). Piracetam in developmental reading disorders: A review. European Child and Adolescent Psychiatry, 3, 59–71.

8.6.2 Homöopathie

Entstehungsgeschichte

Die Homöopathie verdankt ihre Entstehung vor ca. 200 Jahren der Unzufriedenheit mit der damals üblichen medikamentösen Behandlung. Häufig wurden giftige Substanzen in hoher Dosierung eingesetzt und oft waren die Nebenwirkungen ausgeprägter als die heilenden Effekte. Der Arzt Samuel Hahnemann wollte sich mit dieser Situation nicht abfinden und setzte sich deshalb intensiv mit der Wirkung von Medikamenten auseinander. Damals verbreitete sich gerade die Behandlung schwerer Infektionskrankheiten mit Chinarinde. Da Hahnemannn keine exakte Beschreibung von deren Wirkung finden konnte, nahm er Chinarinde selbst ein. Er beobachtete bei sich eine Pulsbeschleunigung, Schweißausbrüche und Schüttelfrost und sah darin eine Ähnlichkeit mit den Symptomen der Malaria, gegen die Chinarinde empfohlen wurde. Hieraus leitete er das erste Grundprinzip der Homöopathie, die **Ähnlichkeitsregel (Simileprinzip)** ab. »Ähnliches soll mit Ähnlichem geheilt werden«, ist ein seit der Antike immer wieder geäußerter Gedanke und bis heute ein Credo der Homöopathie. Um die Wirkung potenzieller Arzneimittel auszuprobieren, begann Hahnemann mit Gesunden zu experimentieren. Die Beschwerden, die bei Gesunden nach der Einnahme einer Substanz auftraten, galten ihm als die Symptome, die im Krankheitsfall durch dasselbe Mittel geheilt werden könnten. Auf der Grundlage dieser Erfahrungen wurde in der »Materia Medica« eine umfangreiche Sammlung von »**Arzneimittelbildern**« zusammengetragen.

Bei Behandlungsversuchen mit den so identifizierten Arzneimitteln beobachtete Hahnemann auch Vergiftungserscheinungen und Verschlimmerungen der Symptome. Er stellte deshalb Verdünnungen her und entwickelte daraus das **Potenzierungsprinzip**, welches lautet: »Je mehr verdünnt, desto stärker die Wirkung.« Die Verdünnungen werden insbesondere bei den Hochpotenzen in extremer Weise durchgeführt. Die Potenz D20 (1:10^{20}) entspricht etwa der Verdünnung von einem Gramm Substanz im atlantischen Ozean. Hahnemann sah in seinen letzten Jahren die Potenz C30 (Verdünnung 1:10^{60}) als Standardpotenz an. Bei einer solchen Verdünnung ist die Wahrscheinlichkeit, dass sich in den eingenommenen Tropfen oder Kügelchen noch ein einziges Molekül der Urtinktur befindet, äußerst gering. In der homöopathischen Literatur wurden Behandlungen von Potenzen bis zu D1.000.000 (Verdünnung 1:$10^{1.000.000}$) beschrieben. Die Wirkung von homöopathischen Mitteln, in denen sich kein einziges Molekül des Arzneimittels mehr befindet, wird mit der **Imprint-Theorie** erklärt. Die intensive Verschüttelung bzw. Verreibung der Substanz im Prozess der Verdünnung würde »Stoffliches« in »heilsame« Schwingungen verwandeln. Damit werde das geistige Wesen der Ursubstanz auf das Lösungsmittel übertragen. Benveniste, ein französischer Wissenschaftler, glaubte, einen Nachweis der Imprint-Theorie erbracht zu haben. Seine Forschungsergebnisse wurden 1991 in der angesehenen Zeitschrift »Nature« veröffentlicht. Der Versuch mehrerer Arbeitsgruppen, diese Experimente zu reproduzieren, scheiterte jedoch (Schäfer 1995).

Die Homöopathie verbreitete sich in Deutschland und Frankreich recht schnell. Anfang des 20. Jahrhunderts hatte sie in den USA eine Blütezeit, ist dort gegenwärtig aber kaum noch bekannt. Sie erlebt in Europa seit den siebziger Jahren eine Renaissance. In einigen Entwicklungsländern wird sie als preiswerte Alternative zur Schulmedizin geschätzt und in vielen Krankenhäusern als zentrales Therapiekonzept eingesetzt.

Nach Umfragen ist die Homöopathie das beliebteste unter den alternativen Heilverfahren. Jeder Zehnte verfügt über eigene Erfahrung und in der Bevölkerung hätten über 70 % nichts dagegen, homöopathisch behandelt zu werden. 75 % der niedergelassenen Ärzte verschreiben zumindest gelegentlich homöopathische Präparate und auch an einigen Universitätskliniken, wie z. B. der Kinderklinik der Universität München, hat die Homöopathie Eingang gefunden (Stadie 2002).

Die Verschreibung homöopathischer Medikamente erfolgt durch Ärzte, die nach einer Ausbildung die Zusatzbezeichnung »Homöopathie« erwerben können. Höherpotente homöopathische Präparate werden auch von

Heilpraktikern eingesetzt und dienen gleichfalls zur Selbstmedikation. Die Hochpotenzen unterliegen keiner staatlichen Kontrolle, da der Gesetzgeber davon ausgeht, dass derartige Verdünnungen keine nennenswerten Mengen an Substanz enthalten und somit nicht zu negativen Begleiterscheinungen führen können.

Zugrunde liegendes Konzept
Nach Hahnemann sind Krankheitssymptome und Beschwerden Ausdruck einer Entgleisung der inneren Lebenskraft. Durch homöopathische Medikamente sollen die jedem Menschen eigenen Selbstheilungskräfte mobilisiert, angeregt und aktiviert werden.

Die homöopathische Behandlung von Kindern mit einer Lese-Rechtschreib-Störung beruht auf der Vorstellung, dass die Lernschwäche Ausdruck einer **allgemeinen Dysbalance der Lebenskraft** sei und durch eine homöopathische Anregung der inneren Energien Lern- und Konzentrationsfähigkeit erhöht werden.

Praktisches Vorgehen in Diagnostik und Therapie
In der Homöopathie wird nicht eine Krankheit und deren Ursache behandelt, sondern ein Bündel von Symptomen entsprechend der »Konstitution des Kindes«. Vor der Behandlung steht deshalb eine genaue Erfassung der Symptomatik, aber auch der allgemeinen Befindlichkeit, der Interessen, der Reaktionen auf Umweltreize, der Lebenssituation und der Persönlichkeitsbesonderheiten. Daraus wird eine **Grundkonstitution** abgeleitet, aus der sich ergibt, welches Medikament das wirksame ist. Da die gesamte Lebenssituation genau erfasst wird, erheben homöopathisch arbeitende Therapeuten den Anspruch auf eine ganzheitliche Behandlungsweise.

Bei der Homöopathie gibt es – anders als in der Schulmedizin – **keine standardisierten Medikamentenempfehlungen,** sondern jedes Kind wird ganz individuell behandelt. Für die gleichen Symptome werden oft unterschiedliche Präparate und für unterschiedliche Symptome die gleichen Mittel eingesetzt.

Homöopathische Therapien werden in der Regel mit umfangreichen und komplizierten Einnahmevorschriften versehen. Auch sollten die Medikamente vor dem Schlucken länger im Mund behalten werden, da eine Aufnahme über die Mundschleimhaut besonders effektiv sei. Die Berührung von Metall ist zu vermeiden, weshalb Tropfen mit einem Hornlöffel einzunehmen sind.

Wirksamkeitsnachweise
Für Lernstörungen wurden bislang keine Untersuchungen zur Wirksamkeit homöopathischer Mittel publiziert.

Hinsichtlich der prinzipiellen Effektivität der Homöopathie wird auf die über 200-jährige Erfahrung verwiesen. Inzwischen gibt es Tausende von Einzelfallbeobachtungen und z. T. wird über verblüffende Verbesserungen berichtet. Auch wurden zahlreiche klinische Studien publiziert, die zu positiven Ergebnissen gekommen sind. Die meisten Studien sind jedoch von geringer

Aussagekraft, da erhebliche methodische Mängel die Interpretation der Ergebnisse beeinträchtigen und insbesondere Placebo-Effekte nicht auszuschließen sind (Wolf und Windeler 2000).

In den letzten Jahren wurden aber auch einige klinische Prüfungen, die wissenschaftlichen Kriterien für Therapiestudien entsprechen, durchgeführt. Bei etwa einem Drittel der Studien kommen die Autoren zu dem Ergebnis, dass homöopathische Medikamente effektiver als Präparate ohne Wirkstoff (Placebos) sind. Allerdings wurde bislang das Ergebnis keiner Studie mit positivem Ausgang durch eine andere Arbeitsgruppe bestätigt. Alle bisherigen Versuche zur Replikation endeten mit negativen Resultaten (Strubelt und Claussen 1999).

Zusammenfassende Bewertung

Der Ansatz von Hahnemann kann nach den Maßstäben der damaligen Zeit als durchaus innovativ gewertet werden. Hahnemann gelang es, durch Experimente und exakte Beobachtung die Wirkungen von Arzneimitteln bei Gesunden genauer zu erfassen, wodurch empirisch begründete Erkenntnisse über Nebenwirkungen gewonnen wurden. Die aus den Erfahrungen abgeleiteten Ähnlichkeits- und Potenzprinzipien entsprechen jedoch nicht mehr heutigen naturwissenschaftlichen Auffassungen. Die Aussage von Walach (1993) »Homöopathische Arzneimittel heilen – ohne dass ein biochemischer Wirkstoff vorhanden oder nachweisbar wäre« ist durch rationale Überlegungen nicht nachvollziehbar.

In den bei der Zubereitung homöopathischer Medikamente verwendeten Lösungsmitteln befinden sich, auch wenn es sich um relativ reine Lösungen handelt, Spuren einer Vielzahl von sonstigen Stoffen. Bei größeren Verdünnungen übersteigen diese minimalen Verunreinigungen schließlich die Konzentration der eigentlichen Wirksubstanz um ein Vielfaches. Weshalb sich aber die Wirkungen der Urtinktur durch Verschütteln und Verreiben potenziere, nicht aber diejenige der Moleküle der Verunreinigung der Lösungsmittel, ist kaum zu verstehen. Auch nehmen wir viele der in homöopathischen Präparaten verordneten Substanzen mit der Nahrung täglich in deutlich größerer Menge zu uns, als sie in den Tropfen oder Kügelchen enthalten sind.

Dafür dass homöopathische Präparate die Lernfähigkeit von Kindern erhöhen, gibt es bislang keinerlei Belege. Ob homöopathische Präparate an sich wirksam sind, ist derzeitig sehr umstritten.

Hochpotenzen enthalten kaum Wirkstoffe, schädigende Nebenwirkungen sind also nicht zu erwarten. Anders verhält es sich bei Nieder- und Mittelpotenzen (Verdünnung bis $1:10^6$). Stiftung Warentest (1996, S. 195) zählt unter den Risiken Vergiftungserscheinungen durch toxische Stoffe wie Arsen, Quecksilber, Blei, Cadmium und Giftpflanzen auf. Auch können Allergien und Lichtüberempfindlichkeit als unangenehme Nebenwirkungen auftreten. Des Weiteren wird darauf hingewiesen, dass Pflanzenextrakte zum Einsatz kommen, die im Verdacht stehen, das Erbgut zu schädigen oder die Entstehung von Krebs zu begünstigen.

Von der Einnahme homöopathischer Präparate kann somit keine spezifische Verbesserung der Lernfähigkeit erwartet werden. Allerdings ist bei Verwendung von Hochpotenzen auch nicht mit schädigenden Nebenwirkungen zu rechnen.

Weiterführende Literaturhinweise

Lockie, A. (2001). Homöopathie-Handbuch für die ganze Familie. Körperliche und seelische Störungen erkennen, behandeln, dauerhaft heilen. München: Zabert Sandmann.

Schmidt, S. (2001). Nie mehr Schulstress. Hilfe mit Bach-Blüten und Homöopathie. Lernstörungen, Angst und Unruhe, Bauchweh und Kopfschmerzen sanft behandeln. Mit einem Blick: Wegweiser zum richtigen Mittel. München: Gräfe & Unzer.

Sommer, S. (2001). Homöopathie. Heilen mit der Kraft der Natur. Schnelle Hilfe für die ganze Familie. Sanfte Medizin für Körper, Geist & Seele. Geringer Aufwand – große Wirkung. München: Gräfe & Unzer.

8.6.3 Bach-Blüten-Therapie

Entstehungsgeschichte

Im Konzept der Bach-Blüten-Therapie werden Gedanken der Homöopathie und der psychoanalytischen Typologie nach C. G. Jung miteinander verbunden. Um 1930 beschrieb Edward Bach 38 negative Seelenbilder, die er jeweils einer Blüte bzw. Heilpflanze zuordnete. Zur Bewertung der Wirkung einer Pflanze zog er Veränderungen der eigenen Stimmung bzw. seiner Schmerzen bei Annäherungen an eine Pflanze heran. Er entwickelte ein ausgefeiltes Behandlungskonzept, das er nicht nur auf psychische Verstimmungszustände, sondern auf alle Befindlichkeitsstörungen und Erkrankungen anwendete. Er postulierte, dass keine Störung unheilbar sei und keine Krankheit der Macht der richtigen Pflanze widerstehen könne.

Inzwischen gibt es in vielen Ländern regionale Bach-Zentren. Das Dr.-Edward-Bach-Center in England fungiert als zentrale Koordinationsstelle.

Zugrunde liegendes Konzept

Bach ging davon aus, dass die Welt von einer Energie, die sowohl den Menschen als auch die Pflanzen präge, durchdrungen sei. Jedes menschliche Gefühl entspräche einem bestimmten Energiezustand und fände im bioenergetischen Feld der korrespondierenden Blüte sein Gegenstück. Blockierungen und inadäquate Verarbeitungen von Gefühlen würden zu Leistungsminderung oder körperlichen Beschwerden führen. Die **Blockierung eines Gefühls könne durch die zugehörige Blüte** beseitigt werden. Dadurch würden negative Gefühlszustände abklingen und das seelische Gleichgewicht wieder hergestellt. Nach den Verfechtern der Bach-Blüten-Therapie handelt es sich um eine sanfte und ganzheitliche Behandlungsmethode.

Als **Indikation** werden insbesondere Stress, Krisensituationen und allgemeine Befindlichkeitsstörungen angesehen. »Die Stärke der Blüten-Therapie liegt in der Normalisierung psychischer Störungen und in der Lösung innerer Konflikte ... Kinder sprechen besonders gut auf sie an« (Blome 1995, S. 9). Bei lese-rechtschreibgestörten Kindern würde durch eine Aktivierung der Selbstheilungskräfte die Lernfähigkeit erhöht sowie Versagensangst und Misserfolgserwartung abgebaut.

Praktisches Vorgehen in Diagnostik und Therapie

Die Auswahl der richtigen Blütenkonzentrate erfolgt nach einem ausführlichen Gespräch, in welchem der Bach-Blüten-Therapeut intuitiv die blockierten Gefühle erfasst. Bis zu sechs verschiedene Blütenextrakte werden verordnet. In der Regel werden 4 x 4 Tropfen über einige Wochen gegeben. Eine positive Wirkung wird nach wenigen Wochen erwartet. Nach ausgefeilten Tabellen sind auch Selbstdiagnose und Selbstbehandlung möglich (Scheffer 1999).

Die Herstellung der Bach-Blüten-Tropfen erfolgt nach den Rezepten von Bach aus Blüten der Originalstandorte. Diese werden an einem sonnigen Tag morgens, wenn sie gerade voll aufgeblüht sind, gepflückt und in Quellwasser gelegt. Der Extrakt wird zu gleichen Teilen mit Weinbrand aufgefüllt und durch eine Verdünnung von 1:240 ein Blütenkonzentrat hergestellt. Nach weiteren Verdünnungsschritten entsprechen die fertigen Tropfen der homöopathischen Stufe D5 (1:100.000).

Wirksamkeitsnachweis

Kontrollierte Studien über die Wirksamkeit der Bach-Blüten-Therapie wurden bislang nicht durchgeführt. Insbesondere liegen keine Untersuchungen darüber vor, ob sich die Lernfähigkeit und psychische Stabilität von LRS-Kindern bessert. In Einzelfallberichten wird von spektakulären Erfolgen gesprochen.

Zusammenfassende Bewertung

Bislang gibt es keine Hinweise darauf, dass eine Bach-Blüten-Therapie bei LRS-Kindern spezifische positive Wirkungen entfaltet. Auch für andere Störungen gibt es keinen Nachweis einer Wirksamkeit, sodass Stiftung Warentest (1996, S. 214) zu dem Ergebnis kommt, dass es keine Indikation für eine Bach-Blüten-Therapie gibt. Risiken sind durch Bach-Blüten-Extrakte nicht zu befürchten, außer dass evtl. eine sinnvolle Behandlung unterbleibt. So ist es z. B. äußerst bedenklich, wenn bei akuter Selbstmordgefahr primär als Notfallmittel der Blüten-Extrakt »Rescue Remedy« empfohlen wird, statt an kompetente Behandlungsstellen zu verweisen (Blome 1995, S. 418).

Weiterführende Literaturhinweise

Bach, E. (2000). Heile Dich selbst. Die geistige Grundlage der Original Bach-Blütentherapie. München: Hugendubel.

Blome, G. (1995). Das neue Bach-Blüten-Buch. Freiburg i. Br.: Verlag H. Bauer.

Scheffer, M. (1999). Die Original Bach-Blüten-Therapie. Das gesamte theoretische und praktische Bach-Blütenwissen. München: Hugendubel.

Schmidt, S. (2001). Bach-Blüten für Kinder. Förderung der Entwicklung, Hilfe bei Notfällen, Extra: Bewährte Mischungen. München: Gräfe & Unzer.

8.7 Zusammenfassung

Die Lese-Rechtschreib-Störung ist für die Entwicklung eines Kindes ein erhebliches Handicap. Wird keine ausreichende Unterstützung gegeben, ist zu befürchten, dass die Kinder im Erwachsenenalter funktionelle Analphabeten sind. Deshalb ist die intensive Suche von Fachleuten, aber auch Laien nach effektiven Hilfen für diese Kinder nur zu verständlich. Im Ergebnis dieser Bemühungen entstanden unzählige Therapieempfehlungen, die von Experten, Fachfremden und insbesondere Betroffenen und deren Eltern entwickelt wurden. Gerade Behandlungskonzepte von Laien zeigen ein hohes Maß an Engagement und emotionaler Beteiligung, gehen aber oft nicht vom aktuellen Kenntnisstand über Lern- und Entwicklungsprozesse aus und entsprechen dann nicht dem gegenwärtigen Wissensstand.

Obwohl alternative Behandlungsverfahren von ihrem Konzept her oft grundverschieden sind, weisen sie einige Gemeinsamkeiten auf. Immer wieder sind folgende **Charakteristika** anzutreffen:

- eindrucksvolle Vergleiche und Bilder werden zur Erläuterung der Wirkmechanismen herangezogen,
- Grundannahmen werden als gegeben hingenommen und nicht infrage gestellt,
- naturwissenschaftliche Erkenntnisse werden vereinfacht bzw. verkürzt auf das eigene Gedankengebäude übertragen, wobei Fehl- und Überinterpretationen auftreten,
- Anspruch auf ganzheitliches Vorgehen wird erhoben, auch wenn die Intervention sehr einseitig ist,
- eine eigene Nomenklatur wird entwickelt, die das Verständnis der postulierten Wirkmechanismen für Außenstehende erschwert,
- in den Beschreibungen wird von sensationellen Entdeckungen, revolutionären Erneuerungen des Lernvorgangs und verblüffenden Ergebnissen gesprochen,
- es wird die Erwartung auf dramatische Erfolge in kurzer Zeit geweckt,
- das Überspringen von Lese- bzw. Rechtschreibstufen wird als nicht ungewöhnlich dargestellt,
- ein Versagen der Therapie sei nur in seltenen Fällen zu beobachten,
- Erfolge seien ohne große Anstrengungen zu erreichen,
- als ausreichende Wirksamkeitsbelege gelten Schilderungen von Betroffenen und Erfahrungen der Therapeuten.

Positive Effekte seien nicht nur beim Lesen und Schreiben zu erwarten, sondern auch beim Rechnen und hinsichtlich Konzentrationsfähigkeit, Verhalten, Selbstwertgefühl und manch anderem. Dementsprechend werden die meisten Methoden außer bei der Behandlung einer Lese-Rechtschreib-Störung auch zur Therapie bei Rechenschwäche, hyperkinetischem Syndrom sowie allgemeinen Lern- und Lebensproblemen empfohlen und für Kinder und Erwachsene gleichermaßen als geeignet angesehen. Sowohl normal verlaufende als auch gestörte Lernprozesse ließen sich günstig beeinflussen, sodass eine Integration in den Schulalltag propagiert wird. Manche der in diesem Kapitel aufgeführten Methoden haben bereits Eingang in Sonder- und Regelschulen gefunden und werden mancherorts an staatlichen Einrichtungen im Rahmen der Ausbildung gelehrt.

Die **Konzepte** alternativer Therapieverfahren sind so vielfältig wie das praktische Vorgehen in der Behandlung. Bei der Entwicklung von Ideen zur Kompensation einer Lese-Rechtschreib-Störung wird auf naturwissenschaftlich begründete, aber auch auf esoterische Vorstellungen aus anderen Erfahrungsbereichen zurückgegriffen oder es werden ganz neue Konzepte unterbreitet. Für fast alle unkonventionellen Behandlungsmethoden gilt, dass, sofern Grundannahmen als gegeben akzeptiert werden, sie in sich durchaus schlüssig und überzeugend sind. Sie erscheinen Betroffenen bzw. deren Eltern recht plausibel und auch Therapeuten greifen alternative Konzepte gerne auf, da diese einfache Erklärungen für Ursachen von Lernschwächen und klare Handlungsanleitungen für deren Beseitigung liefern. Damit erfreuen sich alternative Angebote nicht nur bei Eltern, sondern auch bei vielen Therapeuten, Erziehern und Lehrern eines hohen Ansehens.

Ein genaueres Hinterfragen – und das gilt nicht nur für esoterisch begründete Konzepte – zeigt aber, dass viele Probleme ungeklärt sind. Steht beispielsweise ein Training psychischer Grundfunktionen im Zentrum der Behandlung, wird vorausgesetzt, dass eine Schwäche, die sich bei einem LRS-Kind nachweisen lässt, gleichzeitig die Ursache der LRS ist und damit auch behandelt werden muss. Dabei wird übersehen, dass sich bei allen Menschen Stärken und Schwächen finden lassen und auch bei unauffällig entwickelten Kindern oder solchen mit anderen Schulproblemen nicht selten unterdurchschnittliche Leistungen in einzelnen Bereichen zu beobachten sind. Nicht jede Teilleistungsschwäche führt zu Lernstörungen und ist für die Entwicklung eines Kindes relevant. Der Nachweis einer Teilleistungsstörung bei einem LRS-Kind ist also nicht gleichbedeutend mit dem Nachweis der Ursache der spezifischen Lernstörung. Das häufig zu hörende Argument, dass bei einem Kind mit Lernproblemen unterdurchschnittliche Leistungen in einem Bereich der Wahrnehmung, Motorik, Augenkoordination usw. behandelt werden müssen, klingt einleuchtend, entspricht aber nicht unbedingt den tatsächlichen Bedürfnissen der Kinder. Aus der Tatsache, dass eine Teilleistungsschwäche bei LRS-Kindern gehäuft auftritt, lässt sich ein sinnvolles Therapiekonzept nicht ohne Nachweis der Relevanz der Schwäche ableiten.

Ein weiterer Bereich, der bei alternativen Behandlungsangeboten als kritisch zu bewerten ist, betrifft die **Diagnostik**. Vor dem Einsatz eines jeden in diesem Kapitel erwähnten Behandlungsverfahrens wird eine ausführlich und individuell gestaltete Diagnostik gefordert. Wie diese zu erfolgen hat, ist oft genau vorgeschrieben, ohne dass jedoch die vorgesehenen Methoden hinsichtlich ihrer Zuverlässigkeit und Aussagefähigkeit überprüft wurden. Die subjektive Sicherheit, mit der auf diese Art und Weise Diagnosen gestellt werden, sollte nicht über die Fragwürdigkeit der Ergebnisse hinwegtäuschen. Als Beispiel sei der Muskeltest genannt, der die Grundlage für edukinestetische Behandlungen bildet. Obwohl Vertreter der Kinesiologie von der Richtigkeit ihrer Diagnosen auf der Grundlage des Muskeltests fest überzeugt sind, zeigten Überprüfungen der tatsächlichen Aussagefähigkeit des Tests, dass die Resultate nicht verlässlicher sind als solche, die durch Würfeln zu erhalten wären (siehe auch Kap. 8.2.3.4).

Die wenigen Studien hinsichtlich des diagnostischen Vorgehens anderer alternativer Behandlungsmethoden sprechen dafür, dass deren Ergebnisse kaum sicherere Informationen über ein Kind liefern als der kinesiologische Muskeltest. Damit ist fraglich, ob tatsächlich Zutreffendes über ein Kind ausgesagt wird, wenn am Ende der Eingangsdiagnostik die Feststellung steht: »gestörte Hemisphärenkoordination«, »sensorische Dysbalance«, »Überempfindlichkeit auf Anteile des Lichtspektrums« oder »eingeschränktes dynamisches Sehen«. Bei einem ungenügend abgesicherten Test können solche Beurteilungen rein zufällig zustande kommen oder lediglich die subjektiven (Vor-)Urteile des Untersuchers widerspiegeln. Nach dem bisherigen Stand alternativer Diagnostik ist zu erwarten, dass Eltern, die ihr lese-rechtschreibgestörtes Kind von Vertretern verschiedener Therapierichtungen untersuchen lassen, so viele unterschiedliche Erklärungen für die Ursache der Probleme ihres Kindes und damit Empfehlungen zu deren Beseitigung erhalten, wie Therapeuten aufgesucht werden.

Nun interessiert Betroffene bzw. deren Eltern und Therapeuten aber weniger, inwieweit das Konzept eines Behandlungsverfahrens wissenschaftlichen Kriterien entspricht und die Diagnostik klare Aussagen ermöglicht, sondern vorwiegend, ob eine **Behandlung** auch tatsächlich hilft. Verfechter alternativer Behandlungsverfahren verweisen gerne auf die Glaubwürdigkeit des zugrunde liegenden Konzeptes. Wenn für das Lesen und Schreiben bestimmte psychische Grundfähigkeiten, wie akustische Analyse, Augenkoordination, motorische Geschicklichkeit, notwendig sind, dann sei es nur logisch, dass Minderleistungen in einem Bereich zu Lese- und Rechtschreibschwierigkeiten führen. Der Hinweis darauf, dass die Vorgehensweise einleuchtend und überzeugend ist, reicht aber zur Klärung der **Wirksamkeit einer Behandlung** nicht aus. Der einzige Weg, zu einer verlässlichen Aussage über die Effektivität einer Therapie zu gelangen, besteht in einer Überprüfung der Behandlungsergebnisse. Wie diese erfolgen sollte, darüber gehen die Meinungen zwischen den Vertretern unterschiedlicher Therapieschulen weit auseinander.

Aus naturwissenschaftlicher Sicht sind kontrollierte Studien zur Beurteilung von Behandlungseffekten unumgänglich. Unsystematische Beobachtungen, aber auch Studien ohne ausreichende Kontrolle möglicher Einflussfaktoren führen leicht in die Irre. Eindrucksvoll wird dies in einer Zusammenstellung der zahlreichen Evaluationsstudien über die Wirksamkeit der gestützten Kommunikation vor Augen geführt. In Studien, die auf unsystematischen Beobachtungen beruhen, wird von geradezu verblüffenden Erfolgen berichtet. In unvollständig kontrollierten Untersuchungen ergaben sich widersprüchliche Ergebnisse, während in kontrollierten Studien keinerlei über dem Zufallsniveau liegende Effekte nachgewiesen werden konnten (Mostert 2001).

In Bezug auf die Behandlung lese-rechtschreibgestörter Kinder bestehen bislang erhebliche Defizite hinsichtlich einer Wirksamkeitsüberprüfung mit aussagefähigen Methoden. Bei den meisten in diesem Kapitel aufgezählten alternativen Behandlungsangeboten fehlen jegliche Belege für deren spezifische Wirksamkeit und keines der Verfahren kann als nachweislich effektiv eingestuft werden. Ein Therapeut mit wissenschaftlich geprägter Denkweise wird Eltern somit kaum raten können, eines dieser Behandlungsangebote in Anspruch zu nehmen. Diese Zurückhaltung wird sich erst ändern, wenn bewiesen wurde, dass ein Therapieverfahren tatsächlich zu relevanten Verbesserungen der Schulleistungen von LRS-Kindern beiträgt.

Ganz anders ist die Sichtweise von Vertretern alternativer Methoden. »Er hat in eigener Erfahrung so viele Heilerfolge gesehen, er weiß durch seine Lehrer und Kollegen von so vielen Fällen, dass für ihn keine Zweifel aufkommen. Die subjektive Überzeugung kann so groß sein, dass der Ruf nach einer wissenschaftlichen Überprüfung nahezu absurd erscheint. Wieso sollte man das Offenkundige zweifelhaften wissenschaftlichen Methoden ausliefern? Die unmittelbare Erfahrung kann als die höchste Instanz für die persönliche Urteilsbildung angesehen werden« (Eberlein 1995, S. 72 f.).

Bei der Bewertung des Stellenwertes alternativer Behandlungsmethoden kommen Vertreter unterschiedlicher Denkschulen somit zu vollkommen entgegengesetzten Feststellungen. Einer völligen Negierung jeglichen Sinns von deren Anwendung stehen begeisterte Schilderungen fantastischer Therapieerfolge gegenüber. Jede Seite ist von der Richtigkeit der eigenen Position überzeugt und kann gute Argumente für den von ihr vertretenen Standpunkt anführen. Kritische Eltern muss diese Situation verwirren und ratlos machen, wenn es darum geht, sich für die »richtige« Therapie zu entscheiden.

Die Widersprüchlichkeit der Meinungen lässt sich auflösen, berücksichtigt man, dass die verschiedenen Denkschulen unter »Wirksamkeit einer Behandlung« ganz Unterschiedliches verstehen. Verfechter wissenschaftlicher Methoden sehen eine LRS-Therapie als wirksam an, wenn das spezifische Vorgehen bei der Intervention zu einer relevanten Verbesserung beim Lesen und/oder Schreiben führt. Solche spezifischen Effekte konnten bislang für keines der unkonventionellen Behandlungsangebote nachgewiesen werden.

Vertreter alternativer Methoden hingegen beurteilen die Wirksamkeit ihrer Angebote anhand positiver Rückmeldungen seitens der Kinder, Eltern und Lehrer sowie anhand der Zufriedenheit und Begeisterung, mit der Kinder und Eltern am Training teilnehmen. Solche Therapieeffekte hängen stärker von der Überzeugungskraft des jeweiligen Therapeuten und weniger von der Art der angebotenen Hilfen ab. Diese sog. Placebo- bzw. Kontexteffekte sind unspezifisch und bei allen Behandlungen zu beobachten, an die Kinder und Eltern mit der Erwartung auf schnelle Verbesserungen herangehen. Sie erklären auch die Übereinstimmung der berichteten Erfolge auf Homepages und in Prospekten für alternative Behandlungsangebote, die völlig unabhängig von der Therapierichtung sind.

Zusammenfassend ist also nach dem bisherigen Kenntnisstand davon auszugehen, dass die in diesem Kapitel aufgelisteten alternativen Behandlungsverfahren keine oder allenfalls nur geringe spezifische Wirkungen auf die Fähigkeit, Lesen und Schreiben zu erlernen, ausüben. Ihre Anwendung kann für lese-rechtschreibschwache Kinder aber trotzdem von erheblichem Nutzen sein, wenn unspezifische Effekte dazu führen, dass die Kinder wieder mit Lernzuversicht und Freude am Unterricht teilnehmen. Denn auch für den Schriftspracherwerb gilt, dass Fortschritte nur zu erwarten sind, wenn das Lernen in entspannter Atmosphäre stattfindet und den Kindern Erfolgserlebnisse und Selbstsicherheit im Umgang mit der Schrift vermittelt werden. Spektakuläre Erfolge ohne Anstrengung und in kürzester Zeit, wie sie von Vertretern alternativer Methoden vielfach versprochen werden, sind aber kaum zu erwarten.

Literatur

Ackerman, P. T., Dykman, R. A., Holloway, C., Paal, N. P., und Gocio, M. Y. (1991). A trial of piracetam in two subgroups of students with dyslexia enrolled in summer tutoring. Journal of Learning Disabilities, 24, 542–549.

Aman, M. G., und Werry, J. S. (1982). Methylphenidate and diazepam in severe reading retardation. Journal of the American Academy of Child Psychiatry, 21, 31–37.

American Academy of Child and Adolescent Psychiatry (Hrsg.) (2002). Practice parameter for the use of stimulant medications in the treatment of children, adolescents, and adults. Journal of the American Academy of Child and Adolescent Psychiatry, 41, Suppl., 26S-49S.

American Academy of Pediatrics (1998). Learning disabilities, dyslexia, and vision: A subject review. Pediatrics, 102, 1217–1219.

American Speech-Language-Hearing Association (Hrsg.) (1996). Central auditory processing: Current status of research and implications for clinical practice. American Journal of Audiology, 5, 41–54.

Annett, M. (1996). Laterality and types of dyslexia. Neuroscience and Biobehavioral Reviews, 20, 631–636.

Bach, E. (2000). Heile Dich selbst. Die geistige Grundlage der Original Bach-Blütentherapie. München: Hugendubel.

Bakker, D. J. (1994). Dyslexia and the ecological brain. Journal of Clinical and Experimental Neuropsychology, 16, 734–743.

Becker, R. (1985). Die Lese-Rechtschreib-Schwäche aus logopädischer Sicht. Berlin: Verlag Volk und Gesundheit.

Beitchman, J. H., und Young, A. R. (1997). Learning disorders with a special emphasis on reading disorders: A review of the past 10 years. Journal of the American Academy of Child and Adolescent Psychiatry, 36, 1020–1032.

Berwanger, D. (2002). Untersuchung der zeitlichen Diskriminationsfähigkeit bei Kindern mit einer Sprachentwicklungsstörung und/oder Lese-Rechtschreib-Störung. Dissertation an der Medizinischen Fakultät der Ludwig-Maximilians-Universität München. München: Verlag Dr. Hut.

Birbaumer, N., und Rockstroh, B. (1985). Kann sich das Gehirn selbst kontrollieren? Psychologie heute, 12, 46–53.

Biscaldi, M., Fischer, B., und Hartnegg, K. (2000). Voluntary saccadic control in dyslexia. Perception, 29, 509–521.

Biscaldi, M., Gezeck, S., und Stuhr, V. (1998). Poor saccadic control correlates with dyslexia. Neuropsychologia, 36, 1189–1202.

Biscaldi-Schäfer, M., Wagner, B., Hennighausen, K., Schulz, E., und Fischer, B. (2002). Effekte eines täglichen Trainings der Blickmotorik auf die Leseleistung von Kindern mit umschriebener Lese-Rechtschreib-Schwäche. In U. Lehmkuhl (Hrsg.), Seelische Krankheit im Kindes- und Jugendalter – Wege zur Heilung. Abstractband. XXVII. Kongress der Deutschen Gesellschaft für Kinder- und Jugendpsychiatrie und Psychotherapie (S. 25–26). Berlin, 3.-6. April 2002. Göttingen: Vandenhoeck & Ruprecht.

Blau, H., und Loveless, E. J. (1982). Specific hemispheric-routing-TAK/v to teach spelling to dyslexics: VAK und VAKT challenged. Journal of Learning Disabilities, 15, 461–466.

Blome, G. (1995). Das neue Bach-Blüten-Buch. Freiburg i. Br.: Verlag H. Bauer.

Blumenthal, M.-N. (2001). A field of difference: A Gestalt perspective on learning disabilities. In M. McConville und F. Wheeler (Hrsg.), The heart of development. Vol. 11: Adolescence: Gestalt approaches to working with children, adolescents and their worlds (S. 153–169). Cambridge: Analytic Press, Inc.

Breitenbach, E., und Keßler, B. (1997). Edu-Kinestetik aus empirischer Sicht. Eine empirische Überprüfung des Muskeltests. Sonderpädagogik, 27, 8–18.

Breitmeyer, B. (1992). Die Rolle der tonischen (P) und phasischen (M) Kanäle beim Lesen und bei Lesestörungen. Schweizerische Zeitschrift für Psychologie, 51, 43–54.

Buchner, C. (1997). BRAIN-GYM & Co. – kinderleicht ans Kind gebracht. Freiburg i. Br.: VAK Verlag für Angewandte Kinesiologie.

Cacace, A. T., und McFarland, D. J. (1998). Central auditory processing disorder in school-aged children: A critical review. Journal of Speech, Language, and Hearing Research, 41, 355–373.

Cammisa, K. M. (1994). Educational kinesiology with learning disabled children: An efficacy study. Perceptual and Motor Skills, 78, 105–106.

Christenson, G. N., Griffin, J. R., und Taylor, M. (2001). Failure of blue-tinted lenses to change reading scores of dyslexic individuals. Optometry, 72, 627–633.

Cramer, B. (1994). Psychologische Therapie zur Verbesserung der Situation zentralfehlhöriger Kinder. In P. Plath (Hrsg.), Zentrale Hörstörungen. Materialsammlung vom 7. Multidisziplinären Kolloquium der Geers-Stiftung (Bd. 10, S. 162–178). Bonn: Schriftenreihe Geers-Stiftung.

Cramer, B. (1996). Zentrale Fehlhörigkeit im Schulalter – Ein therapeutischer Ansatz. In S.-M. Behrndt (Hrsg.), Lese-Rechtschreib-Schwäche im Schulalltag (S. 125–

149). Reihe: A. Pehnke (Hrsg.), Greifswalder Studien zur Erziehungswissenschaft, Bd. 3. Frankfurt a. M.: Peter Lang.

Davis, R. D. (1995). Legasthenie als Talentsignal. Lernchancen durch kreatives Lesen. Kreuzlingen: Ariston.

Debert, W. (1994). Interaction between psychological and pharmacological treatment in cognitive impairment. Life Sciences, 25/26, 2057–2066.

Dejean, Y. (1996). »Tomatis-Methode« gut gewollt, aber unsinnig? – ernst zu nehmende Therapiemethode oder Scharlatanerie? HNO-Mitteilungen, 46, 14–19.

Dennison, P. (1994). Befreite Bahnen. Freiburg i. Br.: Verlag für Angewandte Kinesiologie.

Dennison, P., und Dennison, G. (1996). BRAIN-GYM. Freiburg i. Br.: Verlag für Angewandte Kinesiologie.

Dennison, P., und Dennison, G. (1997). EK für Kinder. Das Handbuch der EDU-KINESTETIK für Eltern, Lehrer und Kinder jeden Alters. Freiburg i. Br.: Verlag für Angewandte Kinesiologie.

Dieterich, R. (2000). Lernen im Entspannungszustand. Göttingen: Verlag für Angewandte Psychologie.

Dilts, R. (1995). Die NLP-Rechtschreibstrategie. In K. H. Schick (Hrsg.), NLP & Rechtschreibtherapie. Praxishilfen für Unterricht und Therapie (S. 47–67). Paderborn: Junfermann.

Donczik, J. (1994). Können edukinestetische Übungen (BRAIN-GYM) Legasthenikern helfen? Die Sprachheilarbeit, 39, 297–305.

Donczik, J., und Clausnitzer, V. (2001). Taktil-kinästhetische Wahrnehmung und Lese-Rechtschreib-Schwäche. Ergotherapie, 2, 20–29.

Dreher, H., und Dreher-Spindler, E. (2002a). Schulprojekt in Kärnten. Kybernetische Methode im Erstunterricht. Erste Untersuchungsergebnisse 2001/2. Schwarzach: Eigenverlag.

Dreher, H., und Dreher-Spindler, E. (2002b). Umfrage unter den Teilnehmerinnen und Teilnehmern der Lehrgänge I und II am PI-Klagenfurt über die Kybernetische Methode. Schwarzach: Eigenverlag.

Dreher, H., und Spindler, E. (1996). Rechnen lernen mit der kybernetischen Methode. Band 1: Grundlagen, Band 2: Praxis. Rottenburg: Rottenburger Verlag.

Dummer-Smoch, L. (1994). Mit Fantasie und Fehlerpflaster. Reinhardt: München.

Dykman, R. A., und Ackerman, P. T. (1991). Attention deficit disorder and specific reading disability: Separate but often overlapping disorders. Journal of Learning Disability 24, 96–103.

Eberlein, G. L. (1995). Kleines Lexikon der Parawissenschaften. München: Beck.

Eggert, D. (Hrsg.) (1975). Psychomotorisches Training. Ein Projekt mit lese-rechtschreibschwachen Grundschülern. Weinheim: Beltz.

Evans, B. J. W., Patel, R., Wilkins, A. J., Lightstone, A., Eperjesi, F., Speedwell, L., und Duffy, J. (1999). A review of the management of 323 consecutive patients seen in a specific learning difficulties clinic. Ophthalmics and Physiological Optics, 19, 454–456.

Fawcett, A. J. (2001). Mono-ocular occlusion for treatment of dyslexia. The Lancet, 356, 89/90.

Fischer, B. (1998). Untersuchungen zur Blicktüchtigkeit: Neurobiologische Grundlagen – Diagnose – Hilfen. Anwendungsgebiete für ExpressEye und FixTrain. Universität Freiburg: Institut für Biophysik.

Fischer, B. (1999). Blick-Punkte. Neurobiologische Prinzipien des Sehens und der Blicksteuerung. Bern: Huber.

Fischer, B. (2001). Sehen – Hören – Blicken. Entwicklung und Entwicklungsrückstände bei Legasthenie und Aufmerksamkeitsdefizit. Forum der Kinder- und Jugendpsychiatrie und Psychotherapie, 11, 19–27.

Fischer, B., und Hartnegg, K. (2000). Effects of visual training on saccade control in dyslexia. Perception, 29, 531–542.

Fischer, B., und Hartnegg, K. (2002). Age effects in dynamic vision based on orientation identification. Experimental Brain Research, 143, 120–125.

Fischer, B., Biscaldi, M., und Hartnegg, K. (1998). Die Bedeutung der Blicksteuerung bei der Lese-Rechtschreib-Schwäche. Sprache – Stimme – Gehör, 22, 18–24.

Fischer, B., Hartnegg, K., und Mokler, A. (2000). Dynamic visual perception of dyslexic children. Perception, 29, 523–530.

Fuchs, Th. (1999). Aufmerksamkeit und Neurofeedback. Evaluation eines psychophysiologischen EEG-Biofeedback-Behandlungsprogramms bei Aufmerksamkeits- und Hyperaktivitätsstörungen im Kindesalter. Theorie und Forschung. Bd. 592, Regensburg: Roderer.

Gaidoschik, M. (2001). Kein Königsweg: Kritik der Kybernetischen Methode. Rechenschwäche Magazin, 4, 1–6.

Gilmor, T. (1999). The efficacy of the Tomatis method for children with learning and communication disorders: A meta-analysis. International Journal of Listening, 13, 12–23.

Gittelman, R., Klein, D. F., und Feingold, I. (1983). Children with reading disorders – II. Effects of methylphenidate in combination with reading remediation. Journal of Child Psychology and Psychiatry, 24, 193–212.

Grüber, I. (1998). Praxisbuch Kinesiologie. München: Südwest Verlag.

Günther, H., und Günther, W. (1992). Diagnose auditiver Störungen bei Sprachauffälligkeiten und Lese-Rechtschreibschwierigkeiten im Primarbereich. Die Sprachheilarbeit, 37, 5–19.

Hanefeld, F. (1992). Therapie nach Doman-Delacato (Stellungnahme der Gesellschaft für Neuropädiatrie). pädiatrische praxis, 43, 514–516.

Hansen-Ketels, V. (1997). Klangtherapie in der Förderschule: Erste Ergebnisse mit Lateral- und Hochtontraining bei Kindern mit Lese-, Sprach- und Verhaltensauffälligkeiten. In H. Rosenkötter, U. Minning und S. Minning (Hrsg.), Hörtraining und Klangtherapie (S. 81–88). Lörrach-Hauingen: AUDIVA.

Harnischmacher, C. (2001). Eine Evaluationsstudie zur auditiven Wahrnehmungsförderung durch computergestützte Lernsituationen bei sprachbeeinträchtigten Kindern. Die Sprachheilarbeit, 46, 164–169.

Harris, D., und MacRow-Hill, S. J. (1999). Application of ChromaGen haploscopic lenses to patients with dyslexia: A double-masked, placebo-controlled trial. Journal of the American Optometric Association, 70, 629–640.

Hässler, F., und Tilch, P. (1996). Piracetam in der Kinder- und Jugendpsychiatrie. Pädiatrie und ihre Grenzgebiete, 35, 19–30.

Helfgott, E., Rudel, R. G., und Kairam, R. (1986). The effect of piracetam on short- and long-term verbal retrieval in dyslexic boys. International Journal of Psychophysiology, 4, 53–61.

Henkel, B. (1994). »Das Hörtraining« im Zusammenhang mit der Legasthenie und deren Behandlung nach C. A. Volf. In Legasthenie, Bericht über den Fachkongress 1993, (S. 92–96). Berlin: Bundesverband Legasthenie.

Hess, M. M. (2001). Auditive Verarbeitungs- und Wahrnehmungsstörungen im Kindesalter. HNO, 8, 593–597.

Hesse, G., Nelting, M., Mohrmann, B., Laubert, A., und Ptok, M. (2001). Die stationäre Intensivtherapie bei auditiven Verarbeitungs- und Wahrnehmungsstörungen im Kindesalter. HNO, 8, 636–641.

Innecken, B. (2000). Kinesiologie – Kinder finden ihr Gleichgewicht. München: Don Bosco.

Irlen, H. (1991). Reading by the colors. New York: Publishing Group.

Irlen, H. (1997). Lesen mit Farben. Bei Dyslexie und anderen Lesestörungen helfen: Die Irlen-Methode. Freiburg i. Br.: Verlag für Angewandte Kinesiologie.

Kappers, E. J. (1997). Outpatient treatment of dyslexia through stimulation of the cerebral hemispheres. Journal of Learning Disabilities, 30, 100–125.

Karch, D., Groß-Selbeck, G., Rating, D., Ritz, A., und Schlack, H.-G. (2000). Hörtraining nach Tomatis und »Klangtherapie«. Monatsschrift Kinderheilkunde, 9, 868–870.

Karch, D., Groß-Selbeck, G., Schlack, H.-G., und Ritz, A. (2002). Rating KRANIO-SAKRALTHERAPIE. Stellungnahme der Gesellschaft für Neuropädiatrie. Kommission zu Behandlungsverfahren bei Entwicklungsstörungen und zerebralen Bewegungsstörungen. http://www.neuropaediatrie.com/aerzte/Stellungnahme/KRANIOSAKRAL.htm, vom 18.07.2002.

Karig, F. (1996). Behebung von Legasthenie/LRS mit NLP-Methoden. NLP aktuell, 1, 15–17.

Kershner, J. R. (1990). Two-year evaluation of the Tomatis listening training program with learning disabled children. Learning Disability Quarterly, 23, 43–53.

Khalsa, G. K. (1988). Effect of educational kinesiology on static balance of learning disabled students. Perceptual and Motor Skills, 67, 51–54.

Klein, J. (1996). Gebärden für Laute und ein Baukasten für Wörter, Lesen und Schreiben. Hamburg: Reinbek Verlag.

Klicpera, C., und Gasteiger-Klicpera, B. (1996). Auswirkungen einer Schulung des zentralen Hörvermögens nach edu-kinesiologischen Konzepten auf Kinder mit Lese- und Rechtschreibschwierigkeiten. Heilpädagogische Forschung, 22, 57–64.

Klinkoski, B., und Leboeuf, C. (1990). A review of the research papers published by the International College of Applied Kinesiology from 1981 to 1987. Journal of Manipulative and Physiological Therapeutics, 13, 190–194.

Koneberg, L., und Förder, G. (1996). Kinesiologie für Kinder. München: Gräfe & Unzer.

Kretschmann, M. (1993). So lernst du lesen und schreiben – Hilfe für Legastheniker. München: Ehrenwirth Verlag.

Kujala, T., Karma, K., Ceponiene, R., Belitz, S., Turkkila, P., Tervaniemi, M., und Näätänen, R. (2001). Plastic neural changes and reading improvement caused by audiovisual training in reading-impaired children. Proceedings of the National Academy of Sciences U-S-A, 98, 10509–10514.

Kundart, J. (2001). Eye, hand, and hemisphere: Unraveling laterality and learning disabilities: Part I – Etiology and diagnosis. Journal of Optometric Vision Development, 32, 26–32.

Lauper-Bieli, R. (2002). Spiraldynamik. Von Kopf bis Fuß in Bewegung – Spielerische Körperarbeit mit Schulkindern. Zürich: Pro Juventute.

Leupold, R. (1996). Zentrale Hör-Wahrnehmungsstörungen. Auswirkungen und Erfahrungen. Dortmund: verlag modernes lernen.

Levinson, H. N. (1991). Dramatic favorable responses of children with learning disabilities or dyslexia and attention deficit disorder to antimotion sickness medications: Four case reports. Perceptual and Motor Skills, 73, 723–738.

Liberman, A. M., Cooper, F. S., Shankweiler, D. P., und Studdert-Kennedy, M. (1967). Perception of the speech code. Psychological Review, 74, 431–461.

Linden, M., Habib, T., und Radojevic, V. (1996). A controlled study of the effects of EEG biofeedback on cognition and behavior of children with attention deficit disorder and learning disabilities. Biofeedback and Self-Regulation, 21, 35–49.

Locke, J. L., und Macaruso, P. (1999). Handedness in developmental dyslexia: Direct observation of a large sample. Journal of Neurolinguistics, 12, 147–156.

Malloy, T. E. (1995). Empirische Untersuchung der Effektivität der Visuellen Rechtschreibstrategie. In K. H. Schick (Hrsg.), NLP & Rechtschreibtherapie. Praxishilfen für Unterricht und Therapie (S. 69–92). Paderborn: Junfermann.

McPhillips, M., Hepper, P. G., und Mulhern, G. (2000). Effects of replicating primary-reflex movements on specific reading difficulties in children: A randomised, double-blind, controlled trial. The Lancet, 355, 537–541.

Mertens, E. (1997). Psychoanalytische Untersuchungen zur Pathologie der Lese-Rechtschreib-Schwäche. Analytische Kinder- und Jugendlichen-Psychotherapie, 28, 57–76.

Mertens, E. (2002). Psychoanalyse der Lese-Rechtschreibschwäche. Behandlung und Theorie der Legasthenie. Frankfurt a. M.: Brandes & Apsel.

Michalski, S., und Tewes, U. (2001). Zentrale Hörstörungen nachweislich trainierbar? Hörakustik, 10, 98–106.

Migden, S. (1998). Dyslexia and self-control. An ego psychoanalytic perspective. The Psychoanalytic Study of the Child, 53, 282–299.

Minning, S., und Minning, U. (2001). Praktischer Einsatz des Hörtrainings in der Therapie und Förderung. In S. Minning, U. Minning und H. Rosenkötter (Hrsg.), Auditive Wahrnehmung und Hörtraining (S. 160–177). Kandern-Holzen: AUDIVA.

Mostert, M. P. (2001). Facilitated communication since 1995. A review of published studies. Journal of Autism and Developmental Disorders, 31, 287–313.

Nicolson, R. I., Fawcett, A. J., Berry, E. L., Jenkins, I. H., Dean, P., und Brooks, D. J. (1999). Association of abnormal cerebellar activation with motor learning difficulties in dyslexic adults. The Lancet, 353, 1662–1667.

Nothdorf, G. (1990). Schalltherapie erfolgreich bei Legasthenie. raum & zeit, 44, 40–43.

Orton, S. T. (1925). Word-blindness in school children. Archives of Neurology and Psychiatry, 14, 581–615.

Otto, J., Egli, A., Frisching, D. v., und Klicpera, C. (1989). Legasthenie. St. Gallen: edition Otto, OPOS.

Patel, T. K., und Licht, R. (2000). Verbal and affective laterality effects in P-dyslexic, L-dyslexic and normal children. Child Neuropsychology, 6, 157–174.

Pestalozzi, D. (1992). Weitere Beobachtungen von Legasthenikern mit Prismenbrillen. Klinische Monatsblätter der Augenheilkunde, 200, 614–619.

Peters, H. (1992). Das Konzept der Neuentscheidung im Förderunterricht mit Legasthenikern. In N. Nagel (Hrsg.), Erlaubnis zum Wachsen. Beiträge aus der Arbeit mit Transaktionsanalyse in Pädagogik und Erwachsenenbildung (S. 59–73). Paderborn: Junfermann.

Peters, M. (1981). Dyslexia: Why and when the visual-acoustic-kinesthetic-tactile remedial approach might work. Perceptual and Motor Skills, 52, 630.

Pothmann, R., Frankenberg, S. v., Hoicke, C., Weingarten, H., und Lüdtke, R. (2001). Evaluation der klinisch angewandten Kinesiologie bei Nahrungsmittel-

Unverträglichkeiten im Kindesalter. Forschende Komplementärmedizin und Klassische Naturheilkunde, 8, 336–344.

Priebs, R., und Warnke, F. (2000). Basale Automatisierungsdefizite als Ursache von Entwicklungsverzögerungen und -störungen. In C. Leyendecker und T. Horstmann (Hrsg.), Große Pläne für kleine Leute. Grundlagen, Konzepte und Praxis der Frühförderung (S. 285–293). München: Reinhardt.

Ptok, M. (2000). Auditive Verarbeitungs- und Wahrnehmungsstörungen und Legasthenie. Hessisches Ärzteblatt, 2, 52–54.

Ptok, M., Berger, R., Deuster, C. v., Lamprecht-Dinnesen, A., Nickisch, A., Radü, H. J., und Uttenweiler, V. (2000). Auditive Verarbeitungs- und Wahrnehmungsstörungen – Konsensus-Statement. HNO, 48, 357–360.

Raberger, T., und Wimmer, H. (1999). Ist Leseschwäche durch ein Automatisierungsdefizit verursacht? Zeitschrift für Pädagogische Psychologie, 13, 74–83.

Rau-Luberichs, D. (1997). Die Legasthenie und ihre psychotherapeutische Behandlung. In J. Bley (Hrsg.), Leitfaden Psychotherapie in Berlin (S. 147–151). Werlte: Goldschmidt-Verlag.

Richardson, E., Kupietz, S. S., Winsberg, B. G., Maitinsky, S., und Mandell, N. (1988). Effects of methylphenidate dosage in hyperactive reading-disabled children: II. Reading achievement. Journal of the American Academy of Child and Adolescent Psychiatry, 27, 78–87.

Robinson, G. L., und Foreman, P. J. (1999). Scotopic sensitivity/Irlen syndrome and the use of coloured filters: A long-term placebo controlled and masked study of reading achievement and perception of ability. Perceptual and Motor Skills, 89, 83–113.

Robinson, G. L., Foreman, P. J., und Dear, K. B. G. (1996). The familiar incidence of symptoms of sctopic sensitivity/Irlen syndrome. Perceptual and Motor Skills, 83, 1043–1055.

Rosenkötter, H. (1995/96). Neue Formen von Hörtraining und Klangtherapie. Pädiatrische Praxis, 50, 211–222.

Rosenkötter, H. (1997). Neuropsychologische Behandlung der Legasthenie. Weinheim: Beltz Psychologie Verlags Union.

Rossaint, A., Lechner, J., und Assche, R. v. (1991). Das cranio-sakrale System. Heidelberg: Hüthig Buch Verlag.

Safra, D. (1993). Orthoptische Legastheniebehandlung – eine mögliche Voraussetzung von Fördererfolgen. In Bundesverband Legasthenie e. V. (Hrsg.), Legasthenie – Bericht über den Fachkongress 1993 (S. 99–119). Emden: Ostfriesische Beschützende Werkstätten.

Sattler, J. B. (2000). Der umgeschulte Linkshänder oder Der Knoten im Gehirn. Donauwörth: Auer Verlag.

Sattler, J. B. (2001). Das linkshändige Kind in der Grundschule. Donauwörth: Auer Verlag.

Schäfer, A. T. (1995). Ein misslungener Nachweisversuch homöopathischer Wirkprinzipien. Skeptiker, 8, 15–19.

Schäfer, W. D. (1998). Visuelle Wahrnehmung bei Legasthenie. Sprache – Stimme – Gehör, 22, 13–16.

Schäffler, T. (2002). Sprachfreie auditive Differenzierung bei LRS: Diagnostik und Training. In: G. Schulte-Körne, (Hrsg.): 14. Kongress des Bundesverbandes Legasthenie, Freiburg 19.–21.09.2002. Abstractband, Emden: Ostfriesische Beschützende Werkstätten GmbH.

Scheffer, M. (1999). Die Original Bach-Blüten-Therapie. Das gesamte theoretische und praktische Bach-Blütenwissen. München: Hugendubel.

Schick, K. H. (1994). Misteaks r wunderfull oppertuniteez 2 lern! Rechtschreibtherapie und NLP. NLP aktuell, 4, 25–29.

Schiedeck, D. E. (2000). Die Auswirkungen des Tomatis Gehörtrainings auf Motorik, visuelle Wahrnehmungsfähigkeit und Lautbildung leicht autistischer Kinder und Jugendlicher im Alter von 4–18 Jahren mit IQ-Minderung (IQ = 50 % – 80 %) und mit Sprache. Theorie und Forschung, Bd. 649. Psychologie, Bd. 202. Regensburg: S. Roderer Verlag.

Schmidt, S. (2001). Bach-Blüten für Kinder. Förderung der Entwicklung, Hilfe bei Notfällen, Extra: Bewährte Mischungen. München: Gräfe & Unzer.

Schroth, V. (1999). Die LEGAMU-Studie. Prismenbrillen bei LEGAsthenie. Multizentrische, interdisziplinäre, kontrollierte, prospektive Studie. Optometrie, 4, 4–11.

Schwarz, C. (1992). Ist das Tragen von Prismenbrillen eine sinnvolle Maßnahme zur Behandlung der Legasthenie? Klinische Monatsblätter für Augenheilkunde, 200, 599–611.

Schydlo, R. (1994). Beziehungen zwischen zentralen Hörstörungen und anderen Teilleistungsschwächen aus kinder- und jugendpsychiatrischer Sicht. In P. Plath (Hrsg.), Zentrale Hörstörungen. Materialsammlung vom 7. Multidisziplinären Kolloquium der Geers-Stiftung (Bd. 10, S. 148–157). Bonn: Schriftenreihe Geers-Stiftung.

Schydlo, R., Atzpodin K., und Lehmkuhl, G. (1998). Wirksamkeit des Audio-Vocalen Integrativen Trainings (AVIT) bei auditiven Wahrnehmungsstörungen im Elternurteil – Ergebnisse einer retrospektiven Beurteilung bei 75 behandelten Kindern. Forum der Kinder- und Jugendpsychiatrie und Psychotherapie, 10, 62–75.

Shiffrin, R. M., und Schneider, W. (1977). Controlled and automatic human information processing. Psychological Review, 84, 127–190.

Siewers, H. (1994). Messbare Erfolge durch kinesiologische Übungen. Praxis Ergotherapie, 7, 91–93.

Simmers, A. J., Bex, P. J., Smith, F. K. H., und Wilkins, A. J. (2001). Spatiotemporal visual function in tinted lens wearers. Investigative Ophthalmology & Visual Science, 42, 879–884.

Sinatra, R., und Blau, H. (1983). Hemispheric routing of tactilely delivered words for dyslexic males. Perceptual and Motor Skills, 57, 179–184.

Solan, H. A., Brannan, J. R., Ficarra, A., und Byne, R. (1997). Transient and sustained processing: Effects of varying luminance and wavelength on reading comprehension. Journal of the American Optometric Association, 68, 503–510.

Sonnenberg, K. E., und Materna, F. (1975). Nachweis zentraler Hörstörungen innerhalb der neurologischen Polysymptomatik der Legasthenie. Folia Phoniatrica, 27, 61–67.

Stadie, V. (2002). Homöopathie. Die Nachfrage steigt. Deutsches Ärzteblatt, 13, C644/C645.

Stein, J. F., Richardson, A. J., und Fowler, M. S. (2000). Monocular occlusion can improve binocular control and reading in dyslexics. Brain, 123, 164–170.

Steinbach, I. (1990). Klangtherapie – Transformation durch heilende Klänge. Sündergellersen: Verlag Bruno Martin.

Steinhagen, K., und Gutezeit, G. (1971). Vergleichende Untersuchung zur akustischen Differenzierungsfähigkeit legasthenischer Kinder. Praxis der Kinderpsychologie und Kinderpsychiatrie, 20, 284–291.

Stiftung Warentest in Zusammenarbeit mit Federspiel, K., und Herbst, V. (1996). Die Andere Medizin. Nutzen und Risiken sanfter Heilmethoden. Berlin: Stiftung Warentest.

Strehlow, U., Haffner, J., Bischof, J., Gratzka, V., Parzer, P., und Resch, F. (2002). Lässt sich durch ein Training an Defiziten basaler kognitiver Leistungen die Lese-Rechtschreib-Leistung verbessern? – Übersicht anhand eines Beispiels von computergestütztem Ton- und Lautdiskriminationstraining. In U. Lehmkuhl (Hrsg.), Seelische Krankheit im Kindes- und Jugendalter – Wege zur Heilung. XXVII. Kongress der Deutschen Gesellschaft für Kinder- und Jugendpsychiatrie und Psychotherapie. Die Abstracts (S. 127/128). Göttingen: Vandenhoeck & Ruprecht.

Strehlow, U., Haffner, J., Parzer, P., Pfueller, U., Resch, F., und Zerahn-Hartung, C. (1996). Händigkeit und kognitive Fähigkeiten: Befunde an einer repräsentativen Stichprobe Jugendlicher und junger Erwachsener. Zeitschrift für Kinder- und Jugendpsychiatrie und Psychotherapie, 24, 253–264.

Streit, B. (1997). Auditive Wahrnehmungstherapie bei Kindern mit Hyperaktivität. In H. Rosenkötter, S. Minning und U. Minning (Hrsg.), Hörtraining und Klangtherapie (S. 89–92). Lörrach-Hauingen: AUDIVA.

Strien, J. W. v., Stolk, B. D., und Zuiker, S. (1995). Hemisphere-specific treatment of dyslexia subtypes: Better reading with anxiety-laden words? Journal of Learning Disabilities, 28, 40–34.

Strubelt, O., und Claussen, M. (1999). Ist Homöopathie mehr als Placebo? Die fehlende Beweiskraft einer sog. Meta-Analyse. Skeptiker, 12, 40–43.

Suchodoletz, W. v. (1999). 100 Jahre LRS-Forschung – was wissen wir heute? Zeitschrift für Kinder- und Jugendpsychiatrie und Psychotherapie, 27, 199–206.

Suchodoletz, W. v., und Alberti, A. (2002). Empirische Untersuchung zur klinischen Relevanz auditiver Wahrnehmungsstörungen. In G. Homburg, C. Iven und V. Maihack (Hrsg.), Zentral-auditive Wahrnehmungsstörungen – Phänomen oder Phantom? Eine interdisziplinäre Diskussion (S. 22–43). Köln: Prolog-Wissen.

Suchodoletz, W. v., Berwanger, D., und Mayer, H. (in Druck). Die Bedeutung auditiver Wahrnehmungsschwächen für die Pathogenese der Lese-Rechtschreibstörung. Zeitschrift für Kinder- und Jugendpsychiatrie und Psychotherapie.

Sünnemann, H. (1993). Hilfreiche Methoden beim Abbau von LRS und Lernstörungen – rechtshirnorientiertes Lernen, Kinesiologie, Klangtherapie. Die Sprachheilarbeit, 38, 297–303.

Tallal, P., und Stark, R. E. (1982). Perceptual/motor profiles of reading impaired children with or without concomitant oral language deficits. Annals of Dyslexia, 32, 163–176.

Tallal, P., Chase, C., Russell, G., und Schmitt, R. L. (1986). Evaluation of the efficacy of piracetam in treating information processing, reading and writing disorders in dyslexic children. International Journal of Psychophysiology, 4, 41–52.

Tansey, M. A. (1985). Brainwave signatures – an index reflective of the brain's functional neuroanatomy: Further findings on the effect of EEG sensorimotor rhythm biofeedback training on the neurologic precursors of learning disabilities. International Journal of Psychophysiology, 3, 85–99.

Tansey, M. A. (1991). Wechsler (WISC-R) changes following treatment of learning disabilities via EEG biofeedback training in a private practice setting. Australian Journal of Psychology, 43, 147–153.

Tewes, U. (2002). Forschungsbericht über das Forschungsvorhaben zum Einsatz des Brain-Boy-Universal und des Lateraltrainers nach Warnke. Ergebnisse einer Studie im Auftrag des Thüringer Kultusministeriums. Unveröffentlichtes Manuskript.

Tewes, U., Steffen, S., und Warnke, F. (2003). Automatisierungsstörungen als Ursache von Lernproblemen. Forum Logopädie, 17, 24–30.

Tomatis, A. (1995). Das Ohr und das Leben: Erforschung der seelischen Klangwelt. Düsseldorf: Walter-Verlag.

Tomatis, A. (1997). Das Ohr des Kindes als auditiv-integratives Organ. Sozialpädiatrie, Kinder- und Jugendheilkunde, 11, 387–390.

Tomatis, A. (1998). Das Ohr – die Pforte zum Schulerfolg. Dortmund: verlag modernes lernen, Borgmann KG.

Tomatis, L. (1996). Die Tomatis-Methode. Sozialpädiatrie und Kinderärztliche Praxis, 18, 384/385.

Transparenztelegramm (1990/91). 10.000 Arzneimittel im Vergleich. Wirksamkeit, Anwendungsgebiete, Dosierungen, Verträglichkeit, Wechselwirkungen, Therapiekosten (S. 1197). Berlin: A.V. I. Arzneimittelsverlags GmbH.

Upledger, J. E. (1977). The reproducibility of craniosacral examination findings. Journal of the American Osteopathic Association, 76, 890–899.

Upledger, J. E., und Leasing, E. (1978). Zusammenhänge zwischen den Kraniosakraluntersuchungsbefunden und Entwicklungsproblemen bei Grundschulkindern. In J. E. Upledger und J. D. Vredevoogd (Hrsg.) (2000), Lehrbuch der craniosacralen Therapie. Nachdruck aus: Journal of the American Osteopathic Association, 77, 738–754.

Upledger, J. E., und Vredevoogd, J. D. (2000). Lehrbuch der craniosacralen Therapie. Heidelberg: Haug.

Walach, H. (1993). Homöopathie – Heilung mit Nichts? Psychologie heute, 20, 40–49.

Warnke, A., Amorosa, H., Aster, M. v., Oehler, K., Strehlow, U., und Niebergall, E. (2000). Umschriebene Entwicklungsstörungen schulischer Fertigkeiten (F.81). In Deutsche Gesellschaft für Kinder- und Jugendpsychiatrie und Psychotherapie, Bundesarbeitsgemeinschaft leitender Ärzte für Kinder- und Jugendpsychiatrie und Psychotherapie und Berufsverband der Ärzte für Kinder- und Jugendpsychiatrie und Psychotherapie (Hrsg.), Leitlinien zur Diagnostik und Therapie von psychischen Störungen im Säuglings-, Kindes- und Jugendalter (S. 197–211). Köln: Deutscher Ärzteverlag.

Warnke, F. (1995). Was Hänschen nicht hört ... Elternratgeber Lese-Rechtschreib-Schwäche. Freiburg i. Br.: Verlag für Angewandte Kinesiologie.

Warnke, F. (1997). Kinder mit verzögertem Laut- und Schriftsprachaufbau. In H. Rosenkötter, S. Minning und U. Minning (Hrsg.), Hörtraining und Klangtherapie (S. 50–55). Lörrach-Hauingen: AUDIVA.

Watson, B. U., und Miller, T. K. (1993). Auditory perception, phonological processing, and reading ability/disability. Journal of Speech and Hearing Research, 36, 850–863.

Werth, R. (2001). Legasthenie und andere Lesestörungen – wie man sie erkennt und behandelt. Beck: München.

Whiting, P. R., Robinson, G. L., und Parrott, C. F. (1994). Irlen coloured filters for reading: A six year follow-up. Australian Journal of Remedial Education, 26, 13–19.

Wilkins, A. J., Evans, B. J. W., Brown, J., Busby, A., Wingfield, A. E., Jeanes, R., und Bald, J. (1994). Double-masked placebo-controlled trial of precision spectral filters in children who use coloured overlays. Ophthalmics and Physiological Optics, 14, 365–370.

Wilsher, C. R., und Taylor, E. A. (1994). Piracetam in developmental reading disorders: A review. European Child and Adolescent Psychiatry, 3, 59–71.

Woerz, M., und Maples, W. C. (1997). Test-retest-reliability of colored filter testing. Journal of Learning Disabilities, 30, 214–221.

Wolf, R., und Windeler, J. (2000). Erfolge der Homöopathie – nichts als Placebo-Effekte und Selbsttäuschung? In M. Shermer und L. Traynor, Heilungsversprechen. Zwischen Versuch und Irrtum. Skeptisches Jahrbuch III (S. 110–144). Aschaffenburg: Alibri Verlag.

Wulff, U. (2000). Gestörtes beidäugiges Sehen und Schulversagen. Ergotherapie & Rehabilitation, 7, 15–22.

Wurm-Dinse, U. (1994). Zusammenhänge zwischen zentraler Fehlhörigkeit und auditiven Wahrnehmungsstörungen – mögliche Auswirkungen auf die Entwicklung von Laut- und Schriftsprache. In P. Plath (Hrsg.), Zentrale Hörstörungen. Materialsammlung vom 7. Multidisziplinären Kolloquium der Geers-Stiftung (Vol. 10, S. 132–147). Bonn: Schriftenreihe Geers-Stiftung.

9 Ein Fazit

Waldemar v. Suchodoletz

9.1 Zielstellungen der Förderung und Behandlung von LRS-Kindern

Wenn an dieser Stelle ein Fazit gezogen wird, dann beruht dieses nur zum Teil auf gesichertem Wissen. Wie in den bisherigen Kapiteln deutlich wurde, sind viele Fragen zur LRS-Therapie nicht abschließend geklärt. Diese zusammenfassenden Betrachtungen spiegeln deshalb auch rein subjektive Auffassungen wider. Sie sind als vorläufig anzusehen und zu revidieren, sobald neue Erkenntnisse zur Behandlung der LRS gewonnen werden.

In der bisherigen Auseinandersetzung mit Therapieangeboten lag der Schwerpunkt auf Möglichkeiten zur Verbesserung der Lese- und Rechtschreibleistungen. Die Betreuung von LRS-Kindern ist aber wesentlich komplexer und hat zahlreiche Aspekte der kindlichen Entwicklung zu berücksichtigen. Zielstellung einer **multimodalen Betreuung** ist neben der Förderung schriftsprachlicher Fähigkeiten eine Stabilisierung der psychischen Entwicklung und eine Anpassung der Anforderungen an die Fähigkeiten des Kindes seitens der Schule und des Elternhauses. Auch sind bei der Behandlung häufig vorhandene zusätzliche Symptome zu beachten. Inhalt dieses Kapitels ist ein Gesamtkonzept für die Betreuung von LRS-Kindern.

Als Voraussetzung jeder Therapie der Lese-Rechtschreib-Störung gilt eine ausführliche Diagnostik, in deren Rahmen andere Ursachen für ein Versagen beim Erwerb der Schriftsprache auszuschließen sind. So ist u. a. sicherzustellen, dass keine unkorrigierten Seh- oder Hörstörungen, schwer wiegenden Konflikte bzw. Intelligenzminderungen den Hintergrund der Lernstörung bilden.

Bei jeder Behandlung ist zu berücksichtigen, dass sich der Förder- und Therapiebedarf von Kind zu Kind unterscheidet. Der Therapieplan muss deshalb auf die individuellen Bedürfnisse des einzelnen Kindes abgestimmt sein. In der Regel wird mit Fördermaßnahmen in der Schule und zu Hause begonnen. Führen diese nicht zu einem hinlänglichen Erfolg, so werden sie durch außerschulische Behandlungsmaßnahmen ergänzt.

9.2 Förderung in der Schule

Die Regelungen für eine Unterstützung von LRS-Kindern innerhalb der Schule sind **länderspezifisch.** Sie reichen von einem auf die Fähigkeiten des Kindes zugeschnittenen Unterricht über spezielle Kurse bis hin zu LRS-Klassen. Die schulische Förderung erfolgt durch Lehrkräfte der Schule mit üblicher Ausbildung oder durch spezifisch weitergebildete Legasthenie-Lehrer.

Folgende **schulische Fördermaßnahmen** kommen infrage:
– innere Differenzierung im Unterricht:
  Durch zusätzliche, auf die individuellen Fähigkeiten und Schwächen der einzelnen Schüler abgestimmte Übungs- und Lernmaterialien geht die Lehrkraft im Rahmen des regulären Unterrichts auf Probleme beim Erwerb des Lesens und Rechtschreibens ein.
– Förderstunden in Deutsch durch eine Lehrkraft der Schule:
  Kinder mit Schwächen im Deutschunterricht erhalten während des regulären Unterrichts oder zusätzlich in Kleingruppen eine dem Lehrplan entsprechende Förderung im Fach Deutsch.
– Spezifischer Förderunterricht für LRS-Kinder einzeln oder in kleinen Gruppen (z. B. klassenübergreifende Stütz- und Förderkurse):
  Eine Förderung erfolgt mit didaktischen Methoden, die spezifisch auf LRS-Kinder zugeschnitten sind.

- LRS-Klassen (z. B. an Sprachheilschulen):
  Spezielle LRS-Klassen werden von den Kindern meist für die Dauer von ein bis drei Jahren besucht.
- Intensivkurse mit Internatsunterbringung:
  Intensivkurse laufen in der Regel über einige Wochen bis Monate.

Für die **spezifische Förderung von LRS-Kindern** stehen zahlreiche Trainingsprogramme zur Verfügung. Diese haben zum Ziel, Vorläuferfertigkeiten für den Schriftspracherwerb zu erarbeiten und durch häufiges Wiederholen Lese- und Rechtschreibroutinen einzuschleifen und zu festigen. Die Förderung sollte so früh wie möglich einsetzen und langfristig angelegt sein. Häufiges Üben in kleinen Einheiten erweist sich als effektiver als längeres Üben in größeren Abständen.

Die Programme gehen von Grundprinzipien der Heil- und Sonderpädagogik aus. Dies bedeutet, dass die Förderung individuell an den Leistungsstand und die Leistungsfähigkeit des Kindes angepasst ist und Überforderung vermieden wird. Die Hilfen werden einzeln oder in Kleinstgruppen angeboten und den Kindern durch das Setzen realistischer Ziele Erfolgserlebnisse vermittelt. Die Übungen werden möglichst vielseitig gestaltet und in kleinen Schritten vom Leichten zum Schweren geführt. In vielen Programmen werden mehrere Sinnesmodalitäten einbezogen, indem z. B. der akustische Bereich durch betontes Mitsprechen berücksichtigt wird, der visuelle durch Einführung von farblich gestalteten Symbolen und der motorisch-kinästhetische durch Handzeichen oder andere Bewegungen mit Koppelung an Silben bzw. Buchstaben.

Die meisten Programme orientieren sich an den normalen Entwicklungsstufen des Schriftspracherwerbs. Sie beginnen mit Übungen zur phonologischen Bewusstheit, einer Vorläuferfertigkeit für lautgetreues Lesen und Schreiben. Dabei lernen die Kinder, Gehörtes in Worte, Silben und Laute zu untergliedern sowie Laute zu verbinden und zu ersetzen. In einem zweiten Schritt werden Laute den einzelnen Buchstaben zugeordnet (Phonem-Graphem-Zuordnung) als Voraussetzung für das Lesen und Schreiben lautgetreuer Wörter. Gelingt den Kindern lautgetreues Arbeiten ausreichend sicher, werden Rechtschreibregeln und schließlich deren Ausnahmen erworben. Durch die Einführung von Algorithmen kann der Lese- und Schreibprozess systematisiert und strukturiert werden. Den Kindern stehen damit Lösungsstrategien zur Verfügung. Jede Rechtschreibregel muss jeweils einzeln eingeübt und gefestigt werden, da kein Transfereffekt von einer Regel zur nächsten erfolgt. Für die meisten Programme stehen ausführliche Übungsmaterialien zur Verfügung.

Beispiele für spezielle LRS-Förderprogramme sind die Lautgetreue Rechtschreib-Förderung von Reuter-Liehr, der Kieler Lese- und Rechtschreibaufbau von Dummer-Schmoch und Hackethal, das Rostocker Lese-Rechtschreib-Training von Kossow, die Psycholinguistische Lese-Rechtschreib-Förderung von Grissemann und das Marburger Rechtschreibtraining von Schulte-Körne und Mathwig.

Obwohl Lesekompetenz viel wichtiger als die Rechtschreibfähigkeit ist, stehen bei der schulischen Förderung Rechtschreibübungen meist im Vordergrund. Eine Ausnahme bildet der Kieler Lese- und Rechtschreibaufbau, bei dem davon ausgegangen wird, dass Probleme beim Leselernprozess in der ersten und zweiten Klasse den Hintergrund von Rechtschreibschwierigkeiten in der zweiten und dritten Klasse bilden. Deshalb wird mit einem Lesetraining begonnen und die Rechtschreibung erst nach Abschluss des Lesekurses einbezogen.

Für den Therapieerfolg entscheidend ist eine Übereinstimmung zwischen dem Entwicklungsstand des Kindes und den Anforderungen im Training. Gelingt dem Kind noch keine ausreichend sichere Laut-Buchstaben-Zuordnung, dann ist ein Training von Rechtschreibregeln wenig sinnvoll. In diesem Fall sind Übungen zur phonologischen Bewusstheit und zum lautgetreuen Schreiben Erfolg versprechender. Umgekehrt sind Lautierungsübungen unnütz, wenn beim lautgetreuen Schreiben keine nennenswerten Probleme mehr bestehen.

9.2.1 Außerschulische Förderung und Behandlung

Sind die schulischen Möglichkeiten ausgeschöpft und ohne ausreichenden Erfolg geblieben, so sind sie durch außerschulische Behandlungsmaßnahmen zu ergänzen. Dies wird in der Regel nach dem ersten Halbjahr der zweiten Klasse zu entscheiden sein. Angebote gibt es von spezifisch qualifizierten (Sonder-)Pädagogen, Logopäden, Psychologen und Ergotherapeuten in Erziehungsberatungsstellen oder freien Praxen (u. a. kinder- und jugendpsychiatrische Praxen). Wohnortnahe Adressen sind beim Schulpsychologen, in Erziehungsberatungsstellen bzw. bei den Landesverbänden des Legasthenieverbandes (www.legasthenie.net) zu erhalten.

Eine LRS-Behandlung sollte grundsätzlich **langfristig** angelegt sein. Realistisch ist ein Zeitraum von mindestens ein bis zwei Jahren. Therapieverfahren, die eine Beseitigung aller Schwierigkeiten in kurzer Zeit versprechen, sollte man skeptisch gegenüberstehen.

Die Angebote zur LRS-Therapie sind in Art und Qualität sehr unterschiedlich. Da es weder verbindliche Ausbildungen für **LRS-Therapeuten** noch Qualitätskontrollen gibt, sind Sinnvolles und Unnützes nebeneinander anzutreffen. Jeder kann sich Legasthenie- bzw. Lerntherapeut nennen und eine Intervention nach eigenen, mehr oder weniger gut begründeten Überzeugungen gestalten. Um sicherzustellen, dass eine geplante Behandlung tatsächlich hilfreich ist, ist Eltern zu raten, vor Beginn der Therapie von unabhängiger Stelle (z. B. Schulpsychologe, Legasthenieverband) genauere Informationen über das Angebot einzuholen und sich nicht ausschließlich auf überzeugend klingende Darstellungen des Therapeuten selbst zu verlassen. Auch eine außerschulische LRS-Therapie sollte vorrangig unmittelbar am Lese- und Rechtschreibprozess ansetzen, Strukturierungshilfen beim Auftreten von Lese- und Rechtschreibproblemen geben und Lernstrategien einüben. Es ist zu fordern, dass die Eltern einbezogen werden und Absprachen mit der Schule erfolgen.

Die **Finanzierung** einer außerschulischen LRS-Therapie wird durch die Jugendhilfe übernommen. Wenn die psychosoziale Entwicklung und Eingliederung eines Kindes infolge einer Lese-Rechtschreib-Störung längerfristig gefährdet ist, dann wird von einer drohenden oder bereits bestehenden seelischen Behinderung gesprochen. Diesen Kindern steht eine Eingliederungshilfe nach § 35a des Kinder- und Jugendhilfegesetzes zu. Ein soziales Integrationsrisiko kann z. B. durch Gefährdung einer begabungsadäquaten Beschulung, Lernverweigerung, psychische oder psychosomatische Symptome, Aufmerksamkeits- und Verhaltensstörungen oder durch Störungen des Sozialkontaktes bedingt sein. Über die Gewährung einer Eingliederungshilfe wird durch die Jugendhilfe auf Grundlage ärztlicher, psychologischer und/oder sonderpädagogischer Gutachten entschieden. Die Kosten für nicht anerkannte Behandlungsmaßnahmen sind meist von den Eltern selbst zu tragen. Hinsichtlich genauerer Informationen über Begutachtung und Finanzierungsmöglichkeiten sei auf den LRS-Leitfaden von Warnke et al. (2002) verwiesen.

9.2.2 Computer-Lernprogramme

Computer-Lernprogramme können im Rahmen der Förderung von LRS-Kindern eine **wertvolle Ergänzung** darstellen. Dies gilt sowohl hinsichtlich der Einbeziehung in Förderunterricht und Therapie, wofür sich insbesondere gut strukturierte Programme eignen, als auch bezüglich des selbstständigen Übens zu Hause, wofür spielerisch gestaltete Lernsoftware empfehlenswerter ist. Computerprogramme können aber einen Lehrer bzw. Therapeuten nicht ersetzen, sondern lediglich ein Förderangebot sinnvoll ergänzen.

Gute Programme faszinieren Kinder und motivieren sie, sich mit schriftsprachlichen Problemen auseinander zu setzen. Die Abneigung gegenüber jeglichem Lesen und Schreiben kann so überwunden werden. Computerprogramme trainieren in der Regel ganz spezifische Lernschritte. Sie müssen also sorgfältig ausgewählt werden, damit sie dem Leistungsstand des Kindes entsprechen. Bevor Eltern für ihr Kind Lernsoftware zur Unterstützung des Lesen- und Schreibenlernens erwerben, sollten sie sich mit dem Deutschlehrer bzw. LRS-Therapeuten beraten.

Empfehlenswerte Lernprogramme haben hohe Anforderungen zu erfüllen. Die Lernziele müssen in kleine Teilschritte untergliedert sein, damit Lernerfolge in überschaubarer Zeit erreichbar sind. Die grafische Oberfläche sollte übersichtlich und die Bedienbarkeit durch eine Begrenzung auf wenige Funktionsknöpfe mit immer gleichen Aufgaben komfortabel gestaltet sein. Durch eine didaktisch durchdachte Aufarbeitung und den Einsatz akustischer und visueller Vorgaben bzw. Rückmeldungen führt ein gutes Programm zu hoher Arbeitsintensität und anhaltender Aufmerksamkeit. Es ist darauf zu achten, dass mehrere Schwierigkeitsstufen einstellbar und Eingabe sowie Speicherung von eigenen Wörtern und Texten möglich sind. Einzelne

Übungseinheiten dürfen nicht länger als zehn Minuten dauern, um nicht zu hohe Anforderungen an Geduld und Ausdauer bis zum Erreichen eines Teilzieles zu stellen. Da ein Computer nicht ungeduldig wird und Rückmeldungen in neutraler Form gibt, werden Fehlermeldungen vom Kind als weniger frustrierend und kränkend erlebt, als wenn sie seitens der Lehrer oder Eltern erfolgen. Es besteht deshalb eine höhere Bereitschaft zu Wiederholungen der Übungen, bis der Lernschritt erfolgreich absolviert ist.

Für Eltern ist es nicht leicht herauszufinden, ob ein Programm den zu fordernden hohen Qualitätsansprüchen genügt und welches sich speziell für ihr Kind eignet. Wichtige Hilfen für die Auswahl sind im Internet zu erhalten. So veröffentlicht z. B. das Staatsinstitut für Schulpädagogik und Bildungsforschung in München in regelmäßigen Abständen Bewertungen neuerer Computerlernprogramme für den Bildungsbereich (*www.isb.bayern.de*).

Eltern sollten allerdings keine zu hohen **Erwartungen an die Effekte** des Lernens mit Computerunterstützung haben. Auch die Möglichkeit zur eigenen Entlastung ist begrenzt. Bevor ein Kind an ein Computerprogramm gesetzt werden kann, müssen die Eltern sich in dieses eingearbeitet haben. Nur dann können sie dem Kind adäquate Anleitung geben. Auch später sollten sie die Lernschritte begleiten und Fortschritte kommentieren, sodass der Zeitgewinn für Eltern eher marginal ist. Des Weiteren sind spezifische Lerneffekte, die durch andere Förder- oder Behandlungsmethoden nicht ebenso erreichbar wären, nicht zu erwarten. Der Vorteil des Einsatzes von Lernsoftware besteht eher in deren Faszination für Kinder und der Möglichkeit einer attraktiven Abwechslung im Lernprozess als in der Einführung eines vollkommen neuen Therapieansatzes.

9.2.3 Alternative Behandlungskonzepte

Neben heil- und sonderpädagogisch orientierten Förderprogrammen gibt es eine nahezu unüberschaubare Auswahl an alternativen Angeboten. Die Konzepte unkonventioneller Behandlungsmethoden lassen sich in drei **Kategorien** unterteilen. Der einen Gruppe von Therapieoptionen liegt die Annahme zugrunde, dass eine Teilleistungsstörung im Bereich einer am Lesen und Schreiben beteiligten Grundfunktion Ursache der LRS sei. Auf diesen Überlegungen beruhen z. B. ein Training auditiver, visueller und motorischer Funktionen sowie Übungen zur Blicksteuerung oder zur Hemisphärenkoordination. Zu einer zweiten Kategorie gehören Verfahren, die spezielle Lerntechniken vermitteln, wie z. B. die Davis-Methode oder das Neurolinguistische Programmieren. Die dritte Kategorie beinhaltet Therapieangebote, die eine Erhöhung der allgemeinen Lernfähigkeit und Lernbereitschaft versprechen. Hierzu zählen u. a. körperorientierte Verfahren, Medikamente bzw. homöopathische Mittel und ein Training von Konzentrationsfähigkeit und allgemeinen Handlungsstrategien.

Behandlungen von Basisstörungen führen nach bisherigem Kenntnisstand nicht zu anhaltendem Erfolg. Auch für **spezielle Lerntechniken** oder Methoden, die zu einer **Verbesserung des allgemeinen Lernpotenzials** führen sollen, wurde der Beleg einer spezifischen Wirksamkeit nicht erbracht. Sowohl mit schulmedizinischen als auch mit homöopathischen Medikamenten wurden vielfache Versuche unternommen, die schulische Leistungsfähigkeit von Kindern mit einer LRS zu verbessern. Insgesamt waren die Ergebnisse enttäuschend, sodass davon auszugehen ist, dass Medikamente zur Behandlung einer Lese-Rechtschreib-Störung ungeeignet sind. Ein allgemeines Konzentrationstraining oder ein Üben von Handlungsstrategien scheint wenig zu nützen, solange ein Kind nicht über entsprechende Orthografiekenntnisse verfügt. Nur wenn das Regelwissen bereits erworben wurde, aufgrund falscher Strategien aber nicht erfolgreich eingesetzt wird, sind rechtschreibbezogene Übungen von Kontrollhandlungen sinnvoll.

Im Gegensatz zu Ergebnissen kontrollierter Studien, die keine Hinweise auf die **Effektivität alternativer Behandlungsverfahren** liefern konnten, verweisen Verfechter unorthodoxer Verfahren auf ihre langjährigen Beobachtungen von extrem guten Erfolgen bei fast allen LRS-Kindern einhergehend mit hoher Zufriedenheit der Eltern. Solch positive Erfahrungen werden trotz der Gegensätzlichkeit des Vorgehens von Vertretern aller alternativer Methoden in gleicher Weise angegeben. Da keine spezifischen Effekte nachgewiesen werden können, sind Erfolge am ehesten auf unspezifische Wirkungen zurückzuführen. Diese könnten darin bestehen, dass die zum Teil sehr eindrucksvollen Interventionen sowie ein charismatisches Auftreten und der Optimismus des Therapeuten Motivation und Lernbereitschaft positiv verändern und so zu einem Abbau von Lernhemmungen führen. Dadurch wären auch bei an sich unwirksamen Behandlungen Verbesserungen der Lese-Rechtschreib-Leistungen durchaus vorstellbar. Meist sind solche Placebo- und Kontexteffekte aber nicht anhaltend und auch die vielfach versprochenen dramatischen Fortschritte sind nicht zu erwarten.

Wie bei allen Interventionen sollten auch beim Einsatz von Methoden, deren Effektivität nicht belegt ist, mögliche **negative Auswirkungen** berücksichtigt werden. Nicht selten wird argumentiert, dass eine unkonventionelle Behandlung dem Kind zumindest nicht schade, eventuell aber schnell und umfassend helfe. Eine solche Begründung ist nicht überzeugend, da unnütze Behandlungen die Entwicklung eines Kindes durchaus ungünstig beeinflussen können. Als »Schaden« ist zum einen der zeitliche Aufwand anzusehen. Die Zeit, die ein Kind in einer Therapie verbringt, steht ihm für sinnvolle Übungen, Spiel oder Erholung nicht mehr zur Verfügung. Außerdem führen manche Behandlungsangebote für die Eltern zu erheblichen zeitlichen und finanziellen Belastungen. Zum anderen geht die Anwendung einer Behandlung in der Regel mit einem Verzicht auf andere Maßnahmen einher und führt dazu, dass das Kind eine vielleicht effektivere Förderung bzw. Therapie nicht erhält. Eine außerschulische Behandlung mit alternativen Methoden kann auch dazu beitragen, dass die LRS-Therapie vom eigentlichen Schriftspracherwerb abgekoppelt wird, die Motivation zur Teilnahme an schriftsprachbezogenen Fördermaßnahmen abnimmt und Lehrer das Unterlassen eigener Anstrengungen mit einer solch außerschulischen Betreuung begründen. Nutzen und Aufwand sind deshalb vor Beginn einer jeden Therapie sorgfältig gegeneinander abzuwägen.

Die Auswahl einer Behandlungsmethode sollte immer sorgfältig überlegt sein und eine enge Kooperation mit der Schule gilt als unerlässliche Voraussetzung für einen nachhaltigen Erfolg. Auch wenn das Konzept, auf dem ein alternatives Behandlungsverfahren beruht, eine einfache und auf den ersten Blick überzeugende Erklärung dafür anbietet, wie die Lernstörung des Kindes entstanden ist und wie diese schnell und zuverlässig beseitigt werden kann, so ist stets kritisch nach dem Beleg für die Richtigkeit der Erklärungen und dem tatsächlichen Nutzen für das Kind zu fragen.

Insgesamt hat sich gezeigt, dass dauerhafte Verbesserungen der Lese- bzw. Rechtschreibleistungen nur durch solche Übungen zu erwarten sind, die direkt am Lese- und Rechtschreibprozess bzw. dessen Vorläuferfähigkeiten ansetzen. Alternative Behandlungen sind bislang den Beleg einer spezifischen Wirksamkeit auf die Fähigkeit zum Erlernen des Lesens und Schreibens schuldig geblieben.

9.2.4 Förderung zu Hause

Für eine effektive LRS-Behandlung ist die Mitarbeit der Eltern unerlässlich. Die Eltern sollten deshalb ausführlich beraten sowie in Planung und Durchführung von Behandlungsmaßnahmen einbezogen werden. Sie sind über das Störungsbild genau zu informieren und anhand der Stärken und Schwächen des Kindes sind **realistische Erwartungen** hinsichtlich des erreichbaren Erfolges einer Förderung zu erarbeiten.

Ob Eltern in den Förderprozess unmittelbar integriert werden, ist für den Einzelfall zu entscheiden. Enthält das Lesen und Schreiben mit den Eltern viel Konfliktpotenzial, so sollte die Förderung vorwiegend außerhalb der Familie stattfinden. In den meisten Fällen ist es jedoch günstiger, Eltern in diese einzubeziehen. Häufiges Üben in kleinen Einheiten hat sich als besonders effektiv erwiesen und ist gut zu Hause, aber nur schwer durch eine außerschulische Therapie realisierbar. Wenn Eltern mehrmals täglich für wenige Minuten in adäquater Weise mit ihrem Kind üben, so werden sich bessere Lerneffekte einstellen, als dies durch längere Übungseinheiten in größeren Abständen erreichbar ist. Voraussetzung sind eine ausreichende Anleitung durch den Therapeuten und eine ständige Rückkoppelung über den augenblicklichen Stand des Kindes und die derzeitigen Schwerpunkte der Förderung.

In einigen Familien hat sich unabhängig von einer spezifischen LRS-Therapie ein tägliches gemeinsames Lesen bewährt. Mutter bzw. Vater und das Kind wechseln sich beim Lesen ab. Im Mittelpunkt steht die Geschichte und die gemeinsame Beschäftigung, nicht aber das korrekte Lesen. Die Texte werden so gewählt, dass sie für das Kind interessant, aber auch relativ leicht sind und ihm beim Lesen keine übermäßigen Probleme bereiten. Da es weniger darauf ankommt, dass das Kind richtig liest, sondern eher darauf, dass es sich mit dem Lesen auseinander setzt und Freude daran gewinnt, werden Lesefehler nicht weiter kommentiert und die Eltern sollten über schwierige Wörter unauffällig hinweghelfen. Ähnlich lässt sich das Schreiben im Rahmen didaktischer Spiele (z. B. Scrabble) üben. Wenn darauf geachtet wird, dem Kind Gewinnchancen einzuräumen, wird es daran Spass finden und ein besseres Selbstbewusstsein im Umgang mit der Schriftsprache entwickeln.

9.2.5 Vorbeugung von Problemen beim Schriftspracherwerb

Zur Früherfassung von Kindern mit einem erhöhten LRS-Risiko wurde das **Bielefelder Screening-Verfahren** (Jansen et al. 1999) entwickelt, das die sprachlichen Fähigkeiten von Vorschulkindern auf der Ebene von Silben und Lauten überprüft. Davon und von in Skandinavien erprobten Trainingsmethoden ausgehend entstand ein **Übungsprogramm für Vorschulkinder** (Küspert und Schneider 1999) zur Vorbeugung von Lese- und Rechtschreibproblemen in der Schule. Es besteht vorwiegend aus phonologischen Spielen und Übungen. Diese werden über einen Zeitraum von etwa sechs Monaten täglich 15–20 Minuten lang durchgeführt. Geübt wird in Gruppen von etwa acht Kindern unter Anleitung von Erzieherinnen, die zuvor in das Programm eingeführt wurden. In mehreren Bundesländern wird dieses Training bereits routinemäßig in Kindergärten eingesetzt.

Wie Verlaufsstudien ergeben haben, erreichen trainierte Kinder im Grundschulalter in Deutsch deutlich bessere Ergebnisse. Ob das Programm auch geeignet ist, das Auftreten einer LRS, d. h. einer ausgeprägten, genetisch bedingten Schwäche beim Erlernen der Schriftsprache, zu verhindern, ist allerdings bislang noch offen.

9.3 Optimierung des Umfeldes

Schwierigkeiten beim Erlernen des Lesens und Schreibens sind außerordentlich therapieresistent. Auch bei einer intensiven Behandlung sind Erfolge nur langsam zu erreichen und bei Kindern mit einer deutlichen Lese-Rechtschreib-Störung bleiben trotz langjähriger Therapie Rechtschreibprobleme bis ins Erwachsenenalter hinein bestehen.

Die Betreuung von LRS-Kindern darf sich deshalb nicht nur auf Bemühungen um eine Verbesserung der Lese- und Rechtschreibfähigkeit beschränken, sondern muss auch eine adäquate Berücksichtigung der spezifischen Schwäche durch die Umwelt anstreben. Für die Schullaufbahn bedeutet dies, dass trotz Schwächen im Lesen und Rechtschreiben eine begabungsgerechte Beschulung erfolgt und eine Stigmatisierung vermieden wird. Für die Situation zu Hause ist zu erreichen, dass das Versagen im Schriftspracherwerb nicht als Faulheit oder zu geringe Anstrengungsbereitschaft fehlgedeutet wird und die Schulprobleme nicht zu einer Belastung des familiären Klimas führen. Die Eltern müssen im Rahmen der Betreuung über die Hintergründe der spezifischen Schwächen des Kindes informiert und hinsichtlich des Umgangs mit dem Kind ausreichend beraten werden.

9.3.1 Berücksichtigung einer LRS in der Schule

Rechtschreibleistungen haben in der Schule einen sehr hohen Stellenwert. Deshalb sind bei unzureichender Berücksichtigung der spezifischen Schwächen die Chancen von LRS-Kindern, einen ihrer intellektuellen Leistungsfähigkeit entsprechenden Schulabschluss zu erreichen, deutlich eingeschränkt. In den letzten Jahren in Kraft getretene Legasthenie-Erlasse sollen eine Benachteiligung von LRS-Kindern verhindern und eine **begabungsadäquate Beschulung** auch für diese Kinder gewährleisten.

Ein **Nachteilsausgleich** kann folgende Punkte betreffen:
- Freistellung von Diktaten, die der Feststellung der Rechtschreibkenntnisse dienen
- bei Teilnahme an Diktaten keine Zensierung, sondern verbale Beurteilung mit Betonung der Lernfortschritte
- Zeitzuschlag für die Erledigung von schulischen Aufgaben, die mit Lesen und Schreiben verbunden sind
- Vorlesen schriftlich gestellter Anforderungen (z. B. Textaufgaben in Mathematik)
- vorwiegend mündliche Leistungsfeststellung
- stärkere Gewichtung der mündlichen gegenüber den schriftlichen Leistungen im Fremdsprachenunterricht
- keine Berücksichtigung der Rechtschreibung bei der Notengebung in allen Fächern
- im Zeugnis keine Noten für Lese- und Rechtschreibleistungen
  (im Zeugnis wird vermerkt, dass Lesen und Rechtschreiben in der Deutschnote unberücksichtigt geblieben sind)
- Bei Entscheidungen zur Versetzung bzw. zum Übertritt in höhere Schulformen werden die mangelhaften Lese- und Rechtschreibleistungen nicht als Hinderungsgrund angesehen. Entscheidend ist, ob das Kind aufgrund ausreichender Fähigkeiten in anderen Bereichen mit Erfolg am weiterführenden Schulunterricht teilnehmen kann.

Je nach Legasthenie-Erlass gelten einzelne oder alle aufgeführten Punkte für einige Schuljahre oder bis zum Ende der Schulzeit. Inwieweit in der Schule – z. B. bei der Leistungsbewertung – auf eine Lese-Rechtschreib-Störung Rücksicht genommen wird, ob eine solche Rücksichtnahme verpflichtend ist oder im Ermessen der Schule liegt und bis zu welcher Klasse ein solcher Nachteilsausgleich gewährt wird, ist in den einzelnen Bundesländern unterschiedlich geregelt. Die genauen Bestimmungen sind den jeweiligen Legasthenie-Erlassen zu entnehmen, die auf der Homepage des Elternverbandes (www.legasthenie.net) zu finden sind.

9.3.2 Berücksichtigung einer LRS zu Hause

Die **Hausaufgabensituation** ist in vielen Familien mit einem LRS-Kind ausgesprochen konfliktbeladen und kann das Verhältnis zwischen Eltern und Kind erheblich belasten. Das Erledigen der Hausaufgaben dauert oft extrem lange. Das Kind ist leicht entmutigt und gibt schnell auf. Manche LRS-Kinder reagieren äußerst empfindlich, wenn sie auf Fehler aufmerksam gemacht werden, und beginnen aus kleinsten Anlässen zu weinen. Andere zeigen Trotz, Verweigerung oder Wutausbrüche. Die Situation schaukelt sich leicht auf, sodass selbst bei Anforderungen, denen das Kind gewachsen ist, eine entspannte Atmosphäre nicht mehr möglich ist.

Um solchen Entwicklungen vorzubeugen, sollten Eltern hinsichtlich der Hausaufgabensituation besonders intensiv beraten werden. Ein Gesichtspunkt betrifft deren Strukturierung. Verbindliche Absprachen darüber, wann und wo die Hausaufgaben durchgeführt, welche Hilfestellungen durch die Eltern gegeben und nach welchen Zeiträumen Pausen eingelegt werden, haben sich als günstig erwiesen. Dabei sollte das Kind in den Entscheidungsprozess einbezogen und schrittweise zu immer größerer Selbstständigkeit angeleitet werden.

Die Zeit, die ein LRS-Kind für die Erledigung der Hausaufgaben verbringt, sollte nicht wesentlich länger sein als bei anderen Kindern auch. Wie alle Kinder, so brauchen auch LRS-Kinder genügend Möglichkeiten zum Spielen und zur Erholung. Wenn sich das Kind um die Anfertigung der Hausaufgabe ausreichend bemüht hat, sich aber trotzdem Fehler eingeschlichen haben, so sollte das Ergebnis akzeptiert und nicht auf immer wieder neuem Schreiben bestanden werden. Dies erfordert klare Absprachen mit der Lehrkraft, um negative Reaktionen am nächsten Tag zu vermeiden.

Wie in der Förderung, so sollte auch bei der Erledigung der Hausaufgaben darauf geachtet werden, dass die Anforderungen unter Vermeidung von Über- und Unterforderung den Möglichkeiten des Kindes entsprechen, eine Einteilung in kleine, überschaubare Lernschritte erfolgt, durch eine geschickte Wahl der Reihenfolge Abwechslung entsteht und bei der Erarbeitung neuer Inhalte diese unter Einbeziehung mehrerer Sinnesbereiche (visuell, akustisch, taktil) anschaulich gestaltet werden. Richtige Lösungen sind besonders hervorzuheben. Lob und Anerkennung erhöhen Motivation und Leistungsbereitschaft viel stärker als kritische Anmerkungen. Anerkennung und Ermutigung sollten nicht von der Anzahl der Fehler, sondern von dem Bemühen des Kindes um gute Ergebnisse abhängen.

Ist die Hausaufgabensituation zu einer vorerst nicht korrigierbaren Belastung der Familienatmosphäre geworden, bleibt zu überlegen, ob die Schularbeiten nicht besser außerhalb der Familie erledigt werden. Dies wäre z. B. mit einer Hausaufgabenhilfe oder im Hort denkbar. Entfallen zu Hause

Auseinandersetzungen über die Erledigung der Hausaufgaben, so führt dies in der Regel zu einer deutlichen Entspannung des Verhältnisses zwischen dem Kind und seinen Eltern. Dieses fühlt sich wieder akzeptiert und angenommen und in der entkrampften Atmosphäre gelingt ihm auch eine effektivere Erledigung der schulischen Anforderungen.

9.3.3 Einsatz von Computer und Rechtschreibhilfen

Ob es sinnvoll ist, einem LRS-Kind die Möglichkeit zur Erledigung schriftlicher Aufgaben am Computer zu geben, darüber gehen die Auffassungen auseinander. Einerseits wird befürchtet, dass die Kinder völlig auf den Computer ausweichen und dadurch nicht lernen, ausreichend sicher mit der Hand zu schreiben, bzw. sich gar nicht mehr um eine exakte Schreibweise bemühten. Andererseits werden aber auch die Vorteile eines Computereinsatzes gesehen. Ein Computer ist für viele Kinder attraktiv und mit seiner Hilfe wird es leichter, diese zu einer Auseinandersetzung mit dem Lesen und Schreiben zu motivieren. Endlich gelingt es auch dem LRS-Kind, bei schriftlichen Anforderungen ein akzeptables Ergebnis abzuliefern. Einem Computerausdruck ist nicht mehr anzusehen, wie unvollkommen und fehlerbehaftet die erste Fassung war und wie viele Korrekturen erforderlich wurden, bis schließlich ein zufrieden stellendes Schriftstück ausgedruckt werden konnte.

Bei Abwägen von Vor- und Nachteilen der Benutzung eines Computers zur Anfertigung schriftlicher Aufgaben ergibt sich, dass dieser das Schreiben mit der Hand nicht ersetzen, aber durchaus sinnvoll ergänzen kann. Auch das Schreiben auf einem Computer erfordert ein leidlich exaktes Vorgehen, denn die beste Rechtschreibhilfe ist bei sinnentstellenden Eingaben überfordert. Die Kinder müssen sich also auch hier um eine möglichst korrekte Schreibweise bemühen und die unmittelbare Rückmeldung über die Richtigkeit führt durchaus zu Lerneffekten. Der Einsatz eines Computers zur Erledigung schriftlicher Aufgaben entspricht zudem der späteren Lebensrealität. Insbesondere in höheren Klassen sollten LRS-Kinder deshalb dazu angeregt werden, schriftliche Arbeiten außer mit der Hand auch am Computer anzufertigen. Die Abneigung gegen jegliches Schreiben kann so abgebaut und die Freude am Lernen wiedergewonnen werden.

9.4 Psychische Stabilisierung

Für den Umgang mit einem LRS-Kind gelten im Prinzip die **gleichen Grundsätze wie für alle Kinder.** So wie diese, benötigen auch Kinder mit einer Lese-Rechtschreib-Störung Geborgenheit in der Familie, Anerkennung, Erfolgserlebnisse und Anforderungen, die ihren Fähigkeiten entsprechen. Wie bei allen Kindern erhöhen Ermutigung und Lob den Lerneifer, während Tadel und Bestrafung eher demotivierend wirken und zu Lernverweigerung führen. Lernt ein Kind mit Freude, werden sich Lernfortschritte viel leichter einstellen. Die Ergebnisse bleiben hingegen unbefriedigend, wenn Versagensangst und Misserfolgserwartung vorherrschen.

Besonderheiten für den Umgang mit einem LRS-Kind ergeben sich nicht daraus, dass gänzlich andere Regeln gelten, sondern daraus, dass sich die Grundprinzipien für einen entwicklungsfördernden Umgang weit schwieriger verwirklichen lassen. Dies liegt einerseits an der spezifischen Situation des Kindes selbst, aber auch an den besonderen Anforderungen an Eltern und Lehrer. Ein wesentliches Anliegen der Beratung besteht darin, alle Beteiligten über die Besonderheiten der Situation des Kindes zu informieren, realistische Vorstellungen über Möglichkeiten und Grenzen zu vermitteln, Verständnis zu wecken, von Schuldgefühlen zu entlasten und das Verhältnis zwischen Kind, Eltern und Schule zu entspannen.

Besonderheiten der Situation eines LRS-Kindes

Obwohl sich Kinder mit einer Lese-Rechtschreib-Störung ebenso wie andere Kinder bemühen, es Eltern und Lehrern recht zu machen, erfahren sie in dem wichtigen Bereich des Lesen- und Schreibenlernens überwiegend Misserfolge. Die Kinder reagieren darauf entweder mit Ängstlichkeit, Rückzug und depressiven Symptomen oder mit Auflehnung, Trotz und aggressivem Verhalten. Mangelndes Selbstvertrauen, Demotivierung und Schulunlust sind typische Folgen.

Vermeidung von Misserfolgserfahrungen und bewusstes Schaffen von Erfolgserlebnissen sind deshalb zentrale Anliegen im Umgang mit einem LRS-Kind. Dies kann in vielfältiger Weise geschehen und das optimale Vorgehen wird sich von Kind zu Kind unterscheiden. Misserfolgserlebnisse beim Lesen und Schreiben können vermindert werden, wenn beispielsweise auch kleinere Fortschritte bewusst wahrgenommen und anstelle des Ergebnisses das Bemühen des Kindes bewertet werden. Hilfreich ist es, Lernerfolge in anderen Fächern hervorzuheben und Bereiche, in denen das Kind Stärken zeigt, zu betonen. Im Zusammenhang mit dem Lesen und Schreiben sollten negative Rückmeldungen vermieden und Gelegenheiten zu Bestätigung und Lob bewusst genutzt werden. Auch sollten LRS-Kinder motiviert werden, an außerschulischen Aktivitäten teilzunehmen. So verliert der Bereich Schule etwas von seiner zentralen Bedeutung, Leistungsängste werden abgebaut und die Lernmotivation verbessert.

Besonderheiten der Situation der Eltern

Eltern von LRS-Kindern sind stärker belastet als andere. Sie werden in schulische Belange vermehrt einbezogen, benötigen viel Geduld und wegen der geringeren Selbstständigkeit ihrer Kinder ist ein höherer Zeitaufwand einzuplanen.

Aber auch die psychische Belastung ist deutlich höher. Der Schulerfolg bestimmt in erheblichen Ausmaß die Entwicklungschancen eines Kindes und so ist es nur verständlich, dass Schulschwierigkeiten Sorgen hervorrufen. Gerade für Eltern, die sich intensiv um ihr Kind bemühen, ist es schwer, fortwährend Verständnis und Geduld aufzubringen, wenn vielfach geübte Rechtschreibregeln nicht berücksichtigt werden und Fehler in einfach zu schreibenden Wörtern immer wieder auftreten. Eltern neigen dann dazu, mit den Kindern intensiver zu üben. Überforderung und Begrenzung der Freizeit, die das Kind dringend zur Erholung benötigt, sind die Folge. Trotz Bemühens von allen Seiten werden Lernblockaden auftreten und Erfolge ausbleiben.

Im Umgang mit einem LRS-Kind müssen sich Eltern deshalb immer wieder fragen, ob die Anforderungen an das Kind dessen tatsächlichen Möglichkeiten entsprechen und inwieweit familiäre Spannungen durch die Situation bedingt oder Ausdruck der eigenen Sorgen und Ratlosigkeit sind. Eine Beratung mit Lehrkraft oder Therapeut, ein Austausch mit anderen Eltern in Selbsthilfegruppen (z. B. Landesgruppe des Legasthenieverbandes) oder die Nutzung der Angebote von Familienberatungsstellen können helfen, Sicherheit im Umgang mit den alltäglichen Schwierigkeiten zu gewinnen.

Treten Schulprobleme auf, so werden sie innerhalb der Familie leicht zu einem beherrschenden Thema. Eltern von LRS-Kindern sollten deshalb darauf achten, dass die Schule nicht wesentlich mehr Gewicht erhält, als dies bei Kindern ohne Lernschwierigkeiten der Fall ist. Zwar sollten alle Belastungen und Konflikte, die mit der schulischen Situation zusammenhängen, ausreichend und offen besprochen werden, doch sind daneben andere Themen als gleich bedeutsam zu betrachten. So wichtig die Schule für die Lebenswelt eines Kindes auch ist, so ist sie doch nur ein Bereich neben anderen. Das Kind sollte sich nicht als Problemkind erleben, sondern als eines, das – wie andere Kinder auch – mit einigen Lebensbereichen besser und mit anderen schlechter zurechtkommt und dessen Leben nicht durch seine Schwierigkeiten in der Schule bestimmt wird.

Besonderheiten der Situation der Lehrer

Wird die Lese-Rechtschreib-Störung nicht als solche erkannt, so führt die Diskrepanz zwischen dem Versagen beim Schriftspracherwerb und guten Leistungen in anderen Bereichen leicht zu Fehleinschätzungen. Mangelnder Fleiß beim Üben zu Hause oder fehlende Anstrengungsbereitschaft werden als Ursache der schlechten Leistungen im Fach Deutsch angenommen und Tadel und abwertende Bemerkungen sind die Folge. Bei der Betreuung eines LRS-Kindes ist deshalb von Seiten des Therapeuten enger Kontakt mit der Schule zu halten und mit Einverständnis der Eltern sind Informationen über die Stärken und Schwächen des Kindes weiterzugeben.

Die Lehrkraft wird sich dann bemühen, die Anforderungen mit den individuellen Fähigkeiten des Kindes abzustimmen, ungeduldige oder abwertende Bemerkungen zu vermeiden und das Kind vor Hänseleien anderer Kinder zu schützen. Eine Entdramatisierung von Misserfolgen in der Schule bedeutet für die Kinder eine wesentliche psychische Entlastung und erleichtert ihnen die Bewältigung der Teilleistungsschwäche.

9.5 Behandlung von Zusatzsymptomen

Nicht selten lassen sich bei LRS-Kindern noch andere Entwicklungsauffälligkeiten, insbesondere im Bereich von Sprache und Motorik, beobachten. Relativ viele LRS-Kinder haben im Vorschulalter eine **Sprachentwicklungsstörung** und es fällt ihnen auch noch im Schulalter schwer, zusammenhängend in längeren und komplexeren Sätzen zu erzählen. Andere Kinder fallen durch eine **allgemeine motorische Ungeschicklichkeit** auf und ihr Schriftbild ist ungelenk bis unleserlich. Eine Kombination mit Aufmerksamkeitsstörungen und Rechenschwächen ist gleichfalls nicht ungewöhnlich. In diesen Fällen ist zu entscheiden, ob in der LRS-Therapie die zusätzlichen Symptome z. B. durch die Einbeziehung sprachtherapeutischer oder motorisch übender Elemente berücksichtigt werden oder ob eine ergänzende logopädische, moto- oder ergotherapeutische Behandlung für die Entwicklung des Kindes förderlicher ist.

Psychotherapeutische Maßnahmen werden erforderlich, wenn **psychische oder psychosomatische Begleitstörungen** auftreten. Dies können Ängste, depressive Verstimmungen, Leistungsverweigerung, aggressives Verhalten oder psychosomatische Beschwerden sein wie Einnässen, Kopfschmerzen, Schlafstörungen, Übelkeit oder Appetitlosigkeit im Zusammenhang mit schulischen Belastungssituationen. Infrage kommen Entspannungsübungen, ein Selbstsicherheitstraining oder eine Spieltherapie. Auf diese Weise kann den Kindern geholfen werden, auf Fehler beim Lesen und Schreiben adäquat zu reagieren und schlechtere Leistungen im Deutschunterricht ohne Beeinträchtigung des Selbstwertgefühls zu verarbeiten. Psychotherapeutische Interventionen haben zum Ziel, psychische bzw. psychosomatische Begleitstörungen zu beseitigen und die Persönlichkeitsentwicklung zu unterstützen. Es ist jedoch nicht zu erwarten, dass durch eine Psychotherapie die spezifischen Schwächen beim Erwerb des Lesens und Schreibens behoben werden.

9.6 Zusammenfassung

Wie in den vorangegangenen Abschnitten deutlich wurde, beschränkt sich die Betreuung von Kindern mit einer Lese-Rechtschreib-Störung nicht auf Bemühungen um eine Verbesserung der Lese- und Rechtschreibfähigkeiten. Die Teilleistungsstörung hat außer auf die Schulleistungen auch auf die Persönlichkeitsentwicklung gravierende Auswirkungen. Eine Erhöhung von Selbstwertgefühl und emotionaler Stabilität ist deshalb neben der Förderung des Schriftspracherwerbs ein gleich bedeutsames Behandlungsziel.

Ein komplexes Betreuungskonzept für LRS-Kinder umfasst die Bereiche Schule, Elternhaus und außerschulische Behandlung. **In der Schule** besteht die Möglichkeit, durch eine nach sonder- und heilpädagogischen Grundsätzen aufgebaute Förderung auf die individuellen Stärken und Schwächen der Kinder einzugehen. Ein Nachteilsausgleich hat zudem sicherzustellen, dass die Kinder trotz ihrer Teilleistungsschwäche einen ihren Begabungen entsprechenden Schulabschluss erreichen.

Zu Hause kann die Entwicklung wesentlich unterstützt werden, indem die Eltern Teilbereiche der Förderung übernehmen und durch Verständnis für die Schulschwierigkeiten und ein emotional akzeptierendes Eingehen auf die Nöte des Kindes zu einer Kompensation von schulischen Misserfolgserlebnissen beitragen. Gelingt es, Abneigung und Ängste gegenüber allem Schriftsprachlichen aufzulösen und Lernzuversicht zu vermitteln, so werden sich bei der Förderung des Schriftspracherwerbs Erfolge einstellen. Wie Längsschnittstudien gezeigt haben, ist für die langfristige Entwicklung eines LRS-Kindes der Grad der Unterstützung durch das Elternhaus von ausschlaggebender Bedeutung.

Eine **außerschulische Behandlung** ist bei allen Kindern mit einer ausgeprägteren Lese-Rechtschreib-Störung erforderlich. In diesem Rahmen können auch zusätzliche Schwächen, z. B. im Bereich von Aufmerksamkeit, Sprache, Motorik oder Verhalten, berücksichtigt werden. Jede LRS-Therapie muss längerfristig angelegt sein und eindeutige Behandlungsziele sind zu benennen. Allen Behandlungsangeboten, die schnelle Erfolge ohne große Anstrengung versprechen, sollte man misstrauisch gegenüber stehen. Bei den Bemühungen um das Kind dürfen Schule, Elternhaus und Therapeuten nicht unabhängig voneinander handeln. Eine enge Kooperation ist Grundvoraussetzung für eine erfolgreiche Betreuung.

Durch eine spezifische Förderung und Behandlung ist eine deutliche Verbesserung der Lese- und Rechtschreibleistungen zu erreichen. Bei einer ausgeprägten LRS kann jedoch keine völlige Normalisierung erwartet werden. Kinder, bei denen auch noch in der dritten Klasse ein deutlicher Rückstand zu beobachten ist, haben meist bis ins Erwachsenenalter hinein Schwierigkeiten mit der Schriftsprache. Die **Entwicklung von Leseleistung, Leseverständnis und Rechtschreibfähigkeit** verläuft allerdings nicht parallel.

Hinsichtlich der Fähigkeit, laut zu lesen, erreichen LRS-Kinder bei optimaler Förderung relativ gute Fortschritte. Diese sind insbesondere dadurch bedingt, dass sie sich das gesamte Wortbild einprägen und viele Wörter aus dem Zusammenhang erraten, statt sie zu erlesen. Das exakte, buchstabengetreue Lesen hingegen fällt meist bis ins Erwachsenenalter hinein schwer und unbekannte Wörter können lebenslang nur mühsam erlesen werden.

Das Leseverständnis zeigt meist eine erhebliche Besserungstendenz, sodass bei vielen Erwachsenen mit einer LRS keine nennenswerten Beeinträchtigungen im Leseverständnis mehr nachweisbar sind.

Im späteren Schul- und im Erwachsenenalter stehen Rechtschreibschwierigkeiten im Vordergrund. Obwohl auch LRS-Kinder durch ein gezieltes Training und häufiges Üben ihre Rechtschreibfähigkeiten deutlich verbessern, erreichen sie meist nicht die der Klassenstufe angemessenen Leistungen. Da die anderen Kinder schneller hinzulernen, wird bei vielen LRS-Kindern im Laufe der Schuljahre der Abstand zu Gleichaltrigen trotz deutlicher Lernfortschritte eher größer. Schwächen in der Rechtschreibung müssen im Erwachsenenalter durch entsprechende Strategien kompensiert werden. Dies ist z. B. durch den Einsatz von Computer-Rechtschreibhilfen und die Wahl eines Berufes ohne hohe Anforderungen an die Lese- und Rechtschreibfähigkeit möglich. Berufserfolg und Lebenszufriedenheit sind bei adäquater Berücksichtigung der Teilleistungsschwäche nicht schlechter als bei anderen Erwachsenen.

Für LRS-Kinder ist als entscheidende Hürde die Schulzeit anzusehen und die Effektivität einer Betreuung ist daran zu messen, wie gut es gelingt, den Kindern einen begabungsgerechten Schulabschluss zu ermöglichen und über die Schuljahre hinweg negative Folgen für die Persönlichkeitsentwicklung zu verhindern. Eine Lese-Rechtschreib-Störung darf kein Grund dafür sein, einem Kind den Besuch weiterführender Schulen oder anderer Ausbildungseinrichtungen zu verweigern.

Literatur

Dummer-Smoch, L. H., und Hackethal, R. (1994). Handbuch zum Kieler Leseaufbau. Kiel: Veris.

Dummer-Smoch, L. H., und Hackethal, R. (1996). Handbuch zum Kieler Rechtschreibaufbau. Kiel: Veris.

Grissemann, H. (1998). Psycholinguistische Lese-Rechtschreib-Förderung. Eine Arbeitsmappe zum klinisch sonderpädagogischen Einsatz. Bern: Huber.

Jansen, H., Mannhaupt, G., Marx, H., und Skowronek, H. (1999). Bielefelder Screening zur Früherkennung von Lese-Rechtschreibschwierigkeiten (BISC). Göttingen: Hogrefe.

Kossow, H.-J. (1991). Leitfaden zur Bekämpfung der Lese-Rechtschreib-Schwäche. Übungsbuch und Kommentare. Berlin: Deutscher Verlag der Wissenschaften.

Küspert, P., und Schneider, W. (1999). Hören, lauschen, lernen – Sprachspiele für Kinder im Vorschulalter. Göttingen: Vandenhoeck & Ruprecht.

Reuter-Liehr, C. (1992). Lautgetreue Rechtschreib-Förderung. Bochum: Winkler-Verlag.

Schulte-Körne, G., und Mathwig, F. (2001). Das Marburger Rechtschreibtraining. Ein regelgeleitetes Förderprogramm für rechtschreibschwache Schüler. Bochum: Winkler-Verlag.

Warnke, A., Hemminger, U., Roth, E., und Schneck, S. (2002). Legasthenie. Leitfaden für die Praxis. Göttingen: Hogrefe.

Register